中国检察

· 第 30 卷 ·

主　编　谢鹏程
副主编　邓思清　蔡　巍

中国检察出版社

图书在版编目（CIP）数据

中国检察. 第 30 卷 / 谢鹏程主编. —北京：中国检察出版社，2021.5
 ISBN 978－7－5102－2594－9

Ⅰ.①中… Ⅱ.①谢… Ⅲ.①检察机关－工作－中国－文集 Ⅳ.①D926.3－53

中国版本图书馆 CIP 数据核字（2021）第 075526 号

中国检察　第 30 卷

主编　谢鹏程　副主编　邓思清　蔡　巍

出版发行：中国检察出版社
社　　址：北京市石景山区香山南路 109 号（100144）
网　　址：中国检察出版社（www.zgjccbs.com）
编辑电话：（010）86423708
发行电话：（010）86423726　86423727　86423728
　　　　　（010）86423730　86423732
经　　销：新华书店
印　　刷：北京玺诚印务有限公司
开　　本：710 mm×960 mm　16 开
印　　张：25.75　插页 4
字　　数：445 千字
版　　次：2021 年 5 月第一版　2021 年 5 月第一次印刷
书　　号：ISBN 978－7－5102－2594－9
定　　价：98.00 元

检察版图书，版权所有，侵权必究
如遇图书印装质量问题本社负责调换

卷　首　语

2020年，全国检察机关坚持以习近平新时代中国特色社会主义思想为指导，深入学习贯彻党的十九届五中全会精神和习近平法治思想，把增强"四个意识"、坚定"四个自信"、做到"两个维护"融入检察履职，积极应对各类风险挑战特别是新冠肺炎疫情带来的严重冲击，以高度的政治自觉、法治自觉、检察自觉担当作为，更好服务经济社会高质量发展的同时，推动检察工作自身高质量发展。检察理论研究积极融入"两个大局"思考和谋划检察工作，紧盯事关检察事业长远发展的主要矛盾和突出问题，擘画学术蓝图、肇始工作新局：坚持新理念，自觉以习近平法治思想为引领，深化对司法检察理念的理解与把握，将"坚持客观公正立场""在办案中监督、在监督中办案""秉持客观公正立场""双赢多赢共赢"等新理念融会贯通于研究方法和研究内容中。明确新主题，为检察工作高质量发展提供智力支持。锚定检察工作助推国家治理效能的重要领域，如做实平安中国、法治中国建设的保护产业发展问题、规制网络空间问题、保护弱势群体问题、化解基层矛盾问题等，对标对表党中央决策部署为"四大检察""十大业务"做深、做细、做优提供方案。开启新思路，研究视角从以宏大叙事为主向结合微观专题转变，不动辄鸿篇巨制、不苛求面面俱到、不一味标新立异，而是强调打基础、抓实际，紧紧围绕当前检察工作中的真问题、真需要深挖细掘，如刑事检察中的抗诉请求、民事检察中的抗诉标准、公益诉讼检察中的调查程序等，夯实理论基础、填补制度空白，由此产出了一批探实情、出实招、见实效的作品，本卷《中国检察》收录其中13篇检察理论研究课题优秀成果，与读者共享。

《新时代"枫桥经验"与检察工作》提出，以新时代"枫桥经验"为重要内容的中国特色社会主义社会治理体系具有独特优势，创新发展"枫桥经验"，检察机关要坚持党的领导、坚持以人民为中心、坚持法治与德治相结合、坚持预测预警预防、坚持基层基础建设，提升人民检察参与社会治理、化解基层矛盾、促进平安和谐、引领社会风尚、保障协调发展等能力；要立足法律监督职能，遵循社会治理一般规律，防止把"枫桥经验"泛化、异化和固化。

《非公企业犯罪治理与检察职能发挥》指出，对非公企业犯罪进行有效治理，须转变司法人员运用追究个人犯罪刑事责任方法的思维模式，开辟对非公企业系统的不完善及非公企业组织结构的缺陷进行法律惩罚和治理的新道路。就检察职能发挥而言，应当坚持对非公企业依法平等保护与促进合法规范经营并重，在反思传统企业犯罪追诉模式基础上，构建现行法律框架下的非公企业犯罪治理模式，并进一步探索适用于非公企业犯罪的附条件不起诉制度。

《保护产业发展的检察政策法治化问题研究》从检察政策的非强制性、能动性和实效性等特点着手，结合检察政策在促进产业治理方面的有效应用，提出检察政策在全面推进依法治国进程中的"柔性法治"担当。为优化检察政策保护产业发展的制度功能，认为需要明晰检察政策的角色定位、完善检察政策的运行机制以及确立检察政策的运行效果评估机制。

《检察机关参与网络空间治理研究》提出，检察机关必须主动适应互联网发展大趋势，呼应互联网时代司法的现实需求，契合网络空间的独特性，在探索新型司法规律、司法规则方面迈出坚实一步。作为法律监督机关，在参与网络虚拟社会现实化管理中，检察机关应找准角色定位，充分拓展打击网络犯罪，预防和惩治职务犯罪，促进网络社会管理机制完善、疏导网络舆情等检察职能，在维护社会秩序、促进社会和谐发展中发挥积极的作用。

《检察机关参与构建中小学生欺凌和暴力社会化防治体系研究》针对校

园欺凌和暴力事件的多发态势,详细论证了检察机关参与构建校园欺凌和暴力社会化防治体系的必要性,倡导通过检察建议、附条件不起诉、未成年人犯罪社会调查等职能的综合运用,使检察机关能积极引导、充分参与中小学生欺凌和暴力社会化防治工作,最大限度地教育、感化、挽救涉罪学生。

《检察机关公益诉讼调查程序立法研究》认为,检察机关公益诉讼调查权内生于法律监督权,是为了实现公益诉讼目的而享有的程序性权力。检察公益诉讼调查程序的现行规范未能充分体现调查权的特殊属性,难以满足司法实践需要。建议通过修改《民事诉讼法》《行政诉讼法》进一步完善公益诉讼调查程序立法,遵循协调性、协同性、谦抑性的立法原则,赋予检察机关必要的强制性调查措施,并将规范要求贯穿调查权运行全过程。具体而言,可以在立法上创设查封、扣押、冻结措施,建立协同调查制度,完善调查保障、监督制约措施等。

《新时代检察权的定位、特征与发展趋向》立足国家权力结构新调整和社会主要矛盾新变化的时代背景,提出检察权要以代表公共利益为职责使命,以司法权与监督权的交互融合为基本属性,以检察审查为核心内容。推动检察权的发展完善,要实现从"单一型"向"全面型",从"管理型"向"保障型"、从"分散型"向"集聚型"、从"被动型"向"能动型"从"审批型"向"亲历型"的转变。

《引领司法理念语境下的民事抗诉标准实证研究》按照解构再建构的逻辑思路,以实证研究的方法首先揭示了引领司法理念民事抗诉标准应当具备的内涵、功能要素及作用发挥的途径,在此基础上探讨了抗诉标准针对的裁判问题、适用的案件领域及适宜的监督事由,最后阐述了抗诉标准的内容构成及应用上的把握。

《二审检察院能否新增抗诉请求及其合理控制》指出,允许二审检察院独立提出抗诉请求,是检察机关延伸并正确行使诉权的内在要求,是发挥诉讼监督职权的应有之义。为兼顾被告人的权利保障,可以要求二审检察院只能在原审起诉指控的范围内,新增有利于被告人的抗诉请求,或者针对原审检察院的抗诉对象、抗诉事项新增不利于被告人的抗诉意见和理由,并及时履行告知义务。省级以上检察院对此需要作出统一规范,并随之改进抗诉法律文书制作工作。

《监察体制改革背景下的职务犯罪检察工作——以北京市检察机关的实践为样本》认为,在新的反腐败斗争工作格局中,检察机关需要立足检察职能,积极适应以审判为中心的刑事诉讼制度改革要求,构建以专业化为核心的职务犯罪监察工作体系,从专业平台、专业工具和专业素能等维度统筹推进职务犯罪检察专业化建设,切实提升打击职务犯罪的专业水平,充分发挥指控和证明犯罪的主体作用,推动反腐败工作制度化、法治化,确保案件办理取得良好的法律效果、政治效果和社会效果。

《检察机关侦查司法工作人员职务犯罪工作机制研究》提出,针对司法工作人员职务犯罪,构建符合立法要求、体现侦查规律、植根侦查实践的办案模式与工作机制,要注重检察一体化的运用,加强检察机关内设业务部门之间的线索移送与协作,探索职务犯罪大数据侦查模式。要加强线索审查、评估、分流与发掘,正确认识立案、移案与撤案、强制措施,依法使用强制措施,将办案督导与流程监督密切结合起来,建立健全程序规制、流程监控、业绩考评等机制。

《最高人民检察院指导性案例应用研究》对截至 2020 年 12 月 31 日最高人民检察院发布的 24 批 93 件指导性案例的应用情况分析发现,检察指导性案例的发布频次、应用情况以及影响力总体呈稳步增长、整体向好的态势,但由于认识、数量、技术、制度等因素的制约,依然存在参照适用不足、隐形援引偏多、案例要素表述不统一等问题,建议通过制定实施细则、规范相似性判断和援引规则、建立检察案例数据库、开展案例研习及法学方法、案例分析法培训以及建立考评激励机制予以完善。

《智能办案辅助系统在检察环节的应用》以贵州实践为依托,深入分析了智能办案辅助系统在个案中的辅助作用、在类案中的指导作用、在区域案件中的预测作用,创新阐述了智能办案辅助的法律规制问题,前瞻性论证了智能办案辅助的平台化、工具化取向。

目 录

一、检察机关参与国家治理

新时代"枫桥经验"与检察工作 …………………………………（ 3 ）
 一、枫桥经验的时代发展 …………………………………………（ 4 ）
  （一）"枫桥经验"的形成、发展、创新 ……………………（ 4 ）
  （二）新时代"枫桥经验"的理论内涵 ………………………（ 6 ）
  （三）习近平新时代中国特色社会主义思想指引下的新时代
    "枫桥经验" ………………………………………………（ 9 ）
  （四）新时代"枫桥经验"的浙江实践 ………………………（ 11 ）
 二、新时代"枫桥经验"对检察工作的重要指导意义 …………（ 12 ）
  （一）贯彻落实新时代"枫桥经验"，提升人民检察的
    社会治理能力 ……………………………………………（ 12 ）
  （二）贯彻落实新时代"枫桥经验"，提升人民检察的
    化解基层矛盾能力 ………………………………………（ 13 ）
  （三）贯彻落实新时代"枫桥经验"，提升人民检察的促进
    平安和谐能力 ……………………………………………（ 13 ）
  （四）贯彻落实新时代"枫桥经验"，提升人民检察的
    引领社会风尚能力 ………………………………………（ 14 ）
  （五）贯彻落实新时代"枫桥经验"，提升人民检察的
    保障协调发展能力 ………………………………………（ 15 ）
 三、创新发展新时代"枫桥经验"的浙江检察实践 ………………（ 16 ）
  （一）加强基层民主建设领域法律监督，推进基层
    自治规范化 ………………………………………………（ 16 ）
  （二）加强基层民生保障领域法律监督，推进基层
    治理精准化 ………………………………………………（ 17 ）

（三）加强基层执法司法领域法律监督，推进基层
　　　　治理法治化 …………………………………………（17）
　　（四）加强基层矛盾预防和化解的服务能力，推进基层
　　　　平安和谐 ……………………………………………（18）
四、检察机关创新发展新时代"枫桥经验"的思考 …………（19）
　　（一）处理好局部与整体的关系 …………………………（20）
　　（二）处理好治理与发展的关系 …………………………（20）
　　（三）处理好经验与理论的关系 …………………………（21）
　　（四）处理好主导与多元的关系 …………………………（21）
　　（五）处理好顶层与基层的关系 …………………………（22）
　　（六）处理好秩序与活力的关系 …………………………（22）
　　（七）处理好维稳与维权的关系 …………………………（22）
　　（八）处理好现实与虚拟的关系 …………………………（23）
　　（九）处理好法律与道德的关系 …………………………（23）
　　（十）处理好当前与长远的关系 …………………………（23）

非公企业犯罪治理与检察职能发挥 ……………………………（25）
　引言：从刑事打击走向犯罪治理 ……………………………（25）
　一、非公企业犯罪的治理困境 ………………………………（28）
　　（一）严刑法 ………………………………………………（28）
　　（二）弱刑处 ………………………………………………（30）
　　（三）低刑罚 ………………………………………………（31）
　　（四）虚治理 ………………………………………………（32）
　二、美国联邦检察官办理企业犯罪案件的做法及启示 ……（33）
　　（一）缓起诉协议的源起与发展 …………………………（33）
　　（二）缓起诉协议的主要内容 ……………………………（35）
　　（三）缓起诉协议的价值分析 ……………………………（39）
　三、非公企业犯罪治理的中国模式 …………………………（41）
　　（一）反思传统刑事追诉模式 ……………………………（41）
　　（二）现行法律框架下的治理模式 ………………………（43）
　　（三）探索适用于非公企业犯罪的附条件不起诉制度 …（44）

保护产业发展的检察政策法治化问题研究 ……………………（48）
　一、学理界定：产业发展领域检察政策的理论维度 ………（48）
　　（一）产业发展领域检察政策的内涵辨析 ………………（48）

（二）产业发展领域检察政策的类型梳理 …………………（ 50 ）
　　（三）产业发展领域检察政策的体系形构 …………………（ 53 ）
二、实践考察：产业发展领域检察政策的运行现状 ……………（ 54 ）
　　（一）产业发展领域检察政策的功能探析 …………………（ 54 ）
　　（二）产业发展领域检察政策的局限检视 …………………（ 57 ）
　　（三）国家治理现代化的推进与产业发展领域检察
　　　　　政策的回应 ………………………………………………（ 59 ）
三、法治进路：产业发展领域检察政策的完善及评估 …………（ 60 ）
　　（一）完善产业发展领域检察政策的理念 …………………（ 61 ）
　　（二）完善产业发展领域检察政策的路径 …………………（ 62 ）
　　（三）产业发展领域检察政策的评估机制 …………………（ 64 ）
结语 ………………………………………………………………………（ 65 ）

检察机关参与网络空间治理研究 ……………………………………（ 67 ）

一、检察机关参与网络空间治理的时代背景 ……………………（ 68 ）
　　（一）开辟全面依法治国与全面深化改革的新领域 ………（ 68 ）
　　（二）建立网络强国战略与司法体制改革的新交集 ………（ 69 ）
　　（三）践行司法全面公开与司法为民理念的新举措 ………（ 70 ）
　　（四）维护中国网络主权与保障国家利益的新努力 ………（ 70 ）
　　（五）探索全球互联网治理体系中国方案的新样本 ………（ 71 ）
二、检察机关参与网络空间治理的必要性与可行性 ……………（ 71 ）
　　（一）检察机关参与网络空间治理的必要性 ………………（ 71 ）
　　（二）检察机关参与网络空间治理的可行性 ………………（ 73 ）
三、检察机关参与网络空间治理的体系建构 ……………………（ 75 ）
　　（一）检察机关参与网络空间治理的时代背景 ……………（ 75 ）
　　（二）检察机关参与网络空间治理的体系构建 ……………（ 77 ）
　　（三）检察机关参与网络空间治理的具体方向 ……………（ 78 ）
　　（四）检察机关参与网络空间治理的效果分析 ……………（ 79 ）
四、检察机关参与网络空间治理的未来展望 ……………………（ 79 ）
　　（一）需要解决的核心问题 …………………………………（ 79 ）
　　（二）电子数据的认定问题 …………………………………（ 80 ）
　　（三）数据互通问题研究 ……………………………………（ 86 ）
　　（四）网上法庭平台安全问题研究 …………………………（ 88 ）

检察机关参与构建中小学生欺凌和暴力社会化防治体系研究 …………（89）
  一、校园欺凌和暴力社会化防治体系的概述 …………………（89）
    （一）校园欺凌和暴力的内涵 …………………………………（89）
    （二）校园欺凌与暴力的类型化分析 …………………………（98）
    （三）校园欺凌与暴力的原因与危害 …………………………（99）
    （四）校园欺凌社会化防治体系的建设现状 ………………（102）
  二、检察机关参与校园欺凌社会化防治体系的必要性与可行性 …（103）
    （一）检察机关参与校园欺凌防治体系的必要性 …………（103）
    （二）检察机关参与校园欺凌暴力社会化防治体系的形式 …（105）
  三、检察机关参与校园欺凌防治实证分析 ……………………（107）
    （一）检察机关参与校园欺凌防治的案例 …………………（107）
    （二）试点调研数据汇总分析——以郑州市郑东
        新区为样本 ……………………………………………（110）
    （三）检察机关参与校园欺凌与暴力防治的亮点 …………（123）
  四、检察机关参与校园欺凌防治存在的主要问题 ……………（126）
    （一）校园欺凌防治理念上存在的问题 ……………………（126）
    （二）校园欺凌防治方式上存在的问题 ……………………（127）
  五、检察机关参与校园欺凌防治的对策 ………………………（129）
    （一）树立正确理念 …………………………………………（129）
    （二）检察机关参与校园欺凌防治的原则 …………………（133）
    （三）完善相关的检察制度 …………………………………（137）

检察机关公益诉讼调查程序立法研究 ………………………（148）
  引言 …………………………………………………………（148）
  一、检察机关公益诉讼调查权与调查程序 ……………………（150）
    （一）法律对检察机关公益诉讼调查权作出了概括授权 …（150）
    （二）检察公益诉讼调查权的本质属性决定了其
        调查程序的设计 ………………………………………（151）
    （三）与关联权力（利）之间的差异影响调查程序的设计 …（154）
  二、检察公益诉讼调查程序现行规范之审视 …………………（160）
    （一）国内立法不足 …………………………………………（160）
    （二）国外立法启示 …………………………………………（164）
  三、完善检察公益诉讼调查程序立法的实践需求 ……………（168）
    （一）众多线索因缺乏调查手段而无法成案 ………………（168）

（二）刑事取证难以完全满足公益诉讼调查需求 ………… （169）
　　（三）行政机关对公益诉讼的调查配合度仍显不足 ……… （170）
　　（四）权力运行缺乏程序规范影响长远发展 ……………… （171）
四、检察机关公益诉讼调查程序立法思路 …………………… （171）
　　（一）立法模式 ……………………………………………… （172）
　　（二）立法重点 ……………………………………………… （173）
　　（三）立法原则 ……………………………………………… （174）
五、检察机关公益诉讼调查程序立法构想 …………………… （175）
　　（一）拓展调查方式 ………………………………………… （175）
　　（二）建立调查保障制度 …………………………………… （177）
　　（三）强化调查程序监督制约 ……………………………… （178）
六、公益诉讼调查程序立法建议稿 …………………………… （180）
　　（一）《民事诉讼法》：第六章之后增加一章 ……………… （180）
　　（二）《行政诉讼法》：第五章之后增加一章 ……………… （184）

二、检察权基础理论

新时代检察权的定位、特征与发展趋向 …………………………… （187）
　引言 …………………………………………………………… （187）
　一、新时代检察权的定位 …………………………………… （188）
　　（一）以代表公共利益为职责使命 ………………………… （188）
　　（二）以司法权与监督权的交互融合为基本属性 ………… （190）
　　（三）以检察审查为核心内容 ……………………………… （192）
　二、新时代检察权的特征 …………………………………… （196）
　　（一）本质：在"一元分立"国家权力结构中
　　　　　　　实现权力制衡 ………………………………… （196）
　　（二）功能：在刑事诉讼中承担主导责任 ………………… （197）
　　（三）范围：以诉讼活动为核心领域，并向行政管理
　　　　　　　活动适度延伸 ………………………………… （198）
　　（四）立场：以"中立"地位履行客观公正义务 ………… （199）
　　（五）运行：检察一体框架下注重司法亲历性 …………… （200）
　三、新时代检察权的发展趋向 ……………………………… （201）
　　（一）从"单一型"向"全面型"转变 …………………… （202）

（二）从"管理型"向"保障型"转变 …………………………（202）
　　（三）从"分散型"向"集聚型"转变 …………………………（203）
　　（四）从"被动型"向"能动型"转变 …………………………（205）
　　（五）从"审批型"向"亲历型"转变 …………………………（207）
结语 ……………………………………………………………………（208）

引领司法理念语境下的民事抗诉标准实证研究 ……………………（209）
　引言：从民事抗诉案件改判率说起 …………………………………（209）
　一、民事抗诉标准存在问题的实证分析 ……………………………（211）
　　（一）2018年高检院民事抗诉案件的观察 ……………………（211）
　　（二）对专业群组的调查 …………………………………………（215）
　　（三）民事抗诉标准存在问题的剖析 ……………………………（216）
　二、民事抗诉标准变革 ………………………………………………（219）
　　（一）解决抗诉标准问题的着力点思考 …………………………（219）
　　（二）引领司法理念民事抗诉标准的提出 ………………………（220）
　　（三）引领司法理念民事抗诉标准构建和运用的
　　　　 路径及研究方法 ………………………………………………（223）
　三、引领司法理念民事抗诉标准解构 ………………………………（224）
　　（一）引领司法理念民事抗诉标准的界定 ………………………（224）
　　（二）引领司法理念民事抗诉标准的特殊功能 …………………（225）
　　（三）引领司法理念民事抗诉标准的功能要素 …………………（228）
　　（四）引领司法理念民事抗诉标准作用发挥的路径 ……………（231）
　四、引领司法理念民事抗诉标准的实践运用 ………………………（233）
　　（一）以适用法律不统一作为重点面对的裁判问题 ……………（234）
　　（二）以三类案件作为抗诉标准的重点适用领域 ………………（242）
　　（三）以"适用法律确有错误"作为重点监督事由 ……………（245）
　五、引领司法理念民事抗诉标准的建构及适用把握 ………………（247）
　　（一）引领司法理念的抗诉标准的内容构成 ……………………（247）
　　（二）将阐释司法理念作为抗诉书说理的重要内容 ……………（248）
　　（三）精准定位和解析法律规范 …………………………………（251）
　　（四）以问题导向对适用法律确有错误进行针对性分析 ………（252）
　余论：引领司法理念民事抗诉标准构建的主体及程序 ……………（254）
　　（一）抗诉标准构建的主体 ………………………………………（254）
　　（二）抗诉标准构建的程序 ………………………………………（255）

二审检察院能否新增抗诉请求及其合理控制 ……………………… (257)
 一、国内缺乏全面、明确的规范 ………………………………… (258)
  （一）最高人民检察院：持肯定态度但授权不够到位 ………… (259)
  （二）最高人民法院：持否定态度但主要限于
    "就案说案" …………………………………………………… (261)
 二、实务操作及其分析研讨的不足 ……………………………… (262)
  （一）不同地区之间、检法两院之间的做法存在差异 ………… (262)
  （二）理论研讨未能提供全面、深入的意见 …………………… (263)
 三、允许二审检察院新增抗诉请求的合理性与必要性 ………… (265)
  （一）检察体制的许容性 ………………………………………… (265)
  （二）延伸并正确行使诉权的要求 ……………………………… (268)
  （三）发挥诉讼监督职权的题中应有之义 ……………………… (269)
 四、二审检察院新增抗诉请求的权力边界与规制 ……………… (270)
  （一）执行审级制度：不能任意新增超出起诉
    范围的抗诉请求 ……………………………………………… (270)
  （二）落实"上诉不加刑"原则：不能任意新增对被告人
    不利的抗诉请求 ……………………………………………… (272)
  （三）保障辩护权：不能"突袭"新增抗诉请求 ……………… (275)
 五、结语：兼论"抗诉请求"及其相关概念的区分与表述 …… (276)

三、检察权运行

监察体制改革背景下的职务犯罪检察工作
 ——以北京市检察机关的实践为样本 ………………………… (281)
 一、国家监察体制改革背景下职务犯罪案件办理机制的变化 … (282)
  （一）国家监察体制改革的主要内容 …………………………… (282)
  （二）国家监察体制改革的重要意义 …………………………… (283)
  （三）监察体制改革后职务犯罪案件办理机制变化 …………… (284)
 二、检察机关与监察机关互相配合和互相制约机制建设 ……… (287)
  （一）监检衔接配合机制建设 …………………………………… (287)
  （二）监检制约制衡机制建设 …………………………………… (292)
 三、职务犯罪检察专业化建设是应对改革变化的必由之路 …… (294)
  （一）职务犯罪检察专业化的必要性 …………………………… (294)

（二）职务犯罪检察专业化的内涵 ……………………………（295）
　　（三）平台建设是职务犯罪检察专业化建设的关键 …………（298）
　　（四）专业工具和专业素能是职务犯罪检察专业化的
　　　　 重要保障 ……………………………………………………（301）
四、小结 ………………………………………………………………（304）

检察机关侦查司法工作人员职务犯罪工作机制研究 …………（305）
一、逻辑起点：司法工作人员相关职务犯罪侦查工作
　　机制的理性认识 …………………………………………………（306）
　　（一）司法工作人员相关职务犯罪侦查职权的基本属性 ……（308）
　　（二）司法工作人员相关职务犯罪侦查工作的基本特点 ……（310）
　　（三）司法工作人员相关职务犯罪侦查工作机制的
　　　　 概念与特点 …………………………………………………（311）
二、时代起点：司法工作人员相关职务犯罪侦查工作
　　机制构建的理念 …………………………………………………（312）
　　（一）树立并践行以人民为中心的侦查办案新理念 …………（313）
　　（二）树立并践行以证据为中心的侦查办案新理念 …………（313）
　　（三）树立并践行实体与程序并重的侦查办案新理念 ………（314）
三、实践起点：司法工作人员相关职务犯罪侦查工作机制中的
　　问题与短板 ………………………………………………………（314）
　　（一）法律法规建设方面 ………………………………………（316）
　　（二）工作规范与机制建设方面 ………………………………（318）
　　（三）队伍素能建设方面 ………………………………………（320）
　　（四）基层基础建设方面 ………………………………………（321）
四、实践路径：司法工作人员相关职务犯罪侦查机制构建的
　　重点环节 …………………………………………………………（322）
　　（一）司法工作人员相关职务犯罪侦查机制中检察
　　　　 一体化的完善 ………………………………………………（322）
　　（二）积极构建检察机关内设业务部门协作配合新模式 ……（329）
　　（三）积极探索职务犯罪大数据侦查模式 ……………………（330）
五、机制运行：坚持一切从实际出发，遵循运用侦查规律 ………（330）
　　（一）加强线索审查、评估、分流与发掘 ……………………（331）
　　（二）积极开展立案审查 ………………………………………（331）
　　（三）正确认识立案、移案与撤案、强制措施 ………………（332）

（四）稳妥做好侦查终结工作 …………………………………（332）
　　（五）加强司法工作人员相关职务犯罪侦查的监督制约 ………（333）
　　（六）进一步完善职务犯罪侦查案件质量评查指标体系 ………（333）
　　（七）进一步加强职务犯罪侦查办案风险防控 …………………（333）

最高人民检察院指导性案例应用研究 …………………………………（335）
　一、检察指导性案例基本情况 ……………………………………（336）
　　（一）发布时间 ……………………………………………………（336）
　　（二）案例来源 ……………………………………………………（336）
　　（三）检察机关层级情况 …………………………………………（336）
　　（四）案例分布情况 ………………………………………………（337）
　　（五）案例体例结构 ………………………………………………（337）
　　（六）法律程序与检察职能 ………………………………………（337）
　　（七）案例主题 ……………………………………………………（338）
　二、检察指导性案例相关问题研究 ………………………………（339）
　　（一）指导性案例的"效力" ……………………………………（339）
　　（二）如何理解"参照" …………………………………………（342）
　　（三）"同案同判"与"遵循先例" ……………………………（344）
　三、检察指导性案例应用实证研究 ………………………………（345）
　　（一）指导性案例应用情况分析 …………………………………（345）
　　（二）指导性案例应用情况实务研究 ……………………………（348）
　四、制约指导性案例应用的因素 …………………………………（355）
　　（一）认识因素 ……………………………………………………（355）
　　（二）数量因素 ……………………………………………………（356）
　　（三）技术因素 ……………………………………………………（356）
　　（四）制度因素 ……………………………………………………（357）
　　（五）考评激励因素 ………………………………………………（357）
　五、完善建议 ………………………………………………………（357）
　　（一）研究制定实施细则，激活指导性案例活力 ………………（357）
　　（二）规范相似性判断和援引规则，细化背离报告制度 ………（358）
　　（三）建立检察案例数据库，实现案例资源共享 ………………（359）
　　（四）开展案例研习及法学方法、案例分析法培训，提升
　　　　　司法应用水平 ………………………………………………（360）
　　（五）建立考评激励机制，提高参照适用积极性 ………………（361）

六、结语 …………………………………………………… （361）
智能办案辅助系统在检察环节的应用 ………………………… （362）
一、对智能办案辅助系统的梳理 ………………………… （362）
　（一）简案快办模块系统 ………………………………… （362）
　（二）繁案精办模块系统 ………………………………… （364）
　（三）量刑计算模块系统 ………………………………… （364）
　（四）出庭支持模块系统 ………………………………… （365）
　（五）逮捕条件审查判断模块 …………………………… （366）
　（六）大数据证据合法性审查系统设计成果 …………… （368）
　（七）大数据案件智能研判系统设计成果 ……………… （369）
二、智能辅助办案系统的定位 …………………………… （371）
三、智能辅助办案系统的作用分析 ……………………… （372）
　（一）个案中的辅助性 …………………………………… （372）
　（二）类案中的指导性 …………………………………… （375）
　（三）区域案件的前瞻性 ………………………………… （377）
四、智能辅助办案系统在检察环节应用的法律关系 …… （378）
　（一）智能辅助办案系统的应用规范 …………………… （378）
　（二）智能辅助办案系统的职责划分 …………………… （385）
　（三）智能辅助办案系统的救济措施 …………………… （389）
五、智能辅助办案系统在检察环节应用的未来取向 …… （392）
　（一）应用领域的界限更为清晰 ………………………… （392）
　（二）工具和平台的作用更为明显 ……………………… （393）
　（三）数据使用效益提升 ………………………………… （393）
后记：对智能办案辅助系统质效的分析 ………………………… （395）

一、检察机关参与国家治理

新时代"枫桥经验"与检察工作[*]

浙江省人民检察院课题组[**]

"枫桥经验"是事关国家长治久安的基层社会治理大学问。习近平总书记关于坚持创新发展"枫桥经验"的新理念新思想新战略,是推进基层社会治理现代化的根本遵循,充分表明了以"枫桥经验"为重要内容的中国特色社会主义社会治理体系具有独特优势。50多年来,"枫桥经验"历经管制、管理、治理三个阶段,正与法治建设紧密结合,迈向良法善治新目标。新时代"枫桥经验"旗帜鲜明的突出党的领导,化解矛盾、促进和谐、引领风尚、保障发展是其主要功能。①

---

[*] 本文系2018年度最高人民检察院检察理论研究重点课题"新时代'枫桥经验'(检察版)研究"(项目批准号:GJ2018B01)的研究成果。课题主持人:贾宇,浙江省人民检察院党组书记、检察长。

[**] 课题组成员:余钊飞,杭州师范大学沈钧儒法学院副教授、绍兴市人民检察院副检察长(挂职);李忠强,浙江省人民检察院法律政策研究室主任;曹晓静,浙江省人民检察院法律政策研究室副主任。

① 中国法学会"枫桥经验"理论总结和经验提升课题组:《"枫桥经验"的理论构建》,法律出版社2018年版,第17页。

新时代，唯改革者进，唯创新者强，唯改革创新者胜。做好新时代"枫桥经验"创新发展这张答卷，是检察机关的重大历史使命。当前，面对我国社会主要矛盾发生重大变化，在创新发展"枫桥经验"的过程中，要求我们更加前瞻性地把握形势，高起点谋划，高标准定位，高质量推进新时代"枫桥经验"。检察机关作为国家的法律监督机关，要把握好新时代坚持发展"枫桥经验"的精髓、要义，把坚持党的领导、坚持以人民为中心、坚持自治法治德治、坚持预测预警预防、坚持基层基础建设"五个坚持"的要求落实到检察工作各方面。要在积极履行刑事检察、民事检察、行政检察、公益诉讼检察等职能中，不断深化基层社会治理工作，不断提升参与社会治理的能力和水平，打造新时代坚持发展"枫桥经验"检察样本。

一、枫桥经验的时代发展

"枫桥经验"是源于浙江诸暨、闻名全国的基层社会治理经验。在新时代，历经50多年的发展，经过毛泽东同志批示和推广的"枫桥经验"依然保持强劲发展态势。

（一）"枫桥经验"的形成、发展、创新

1. 第一阶段（1963—1978年）：社会管制经验

1963年2月，中央决定在全国农村开展社会主义教育运动。公安部领导来浙江调研，发现了枫桥没有捕人的经验，就立即向正在杭州视察的毛泽东同志作了汇报，毛泽东同志肯定地说："这叫矛盾不上交，就地解决"，并指示要好好进行总结。根据毛泽东同志的指示，公安部派出调查组赶赴枫桥，在调查核实后，起草了《诸暨县枫桥区社会主义教育运动中开展对敌斗争的经验》，即"枫桥经验"，其主要精神是"发动和依靠群众，坚持矛盾不上交，就地解决，实现捕人少，治安好"。1963年11月22日，毛泽东同志亲笔批示"要各地仿效，经过试点，推广去做"。1964年1月14日，中共中央发出了《关于依靠群众力量，加强人民民主专政，把绝大多数"四类分子"改造成新人的指示》，"枫桥经验"由此推向全国。1965年1月15日，公安部党组在给党中央、毛泽东的一个报告中说"关于矛盾不上交，依靠群众监督，就地改造敌人的指示，在实际斗争中已大见成效。1964年是中华人民共和国成立以来捕人、杀人最少的一年，治安情况比历年都好。"1965年，枫桥的干部群众，着眼于大局，立足于就地改造，运用"枫桥经验"的基本精神，将外出人员寻找回来，有效地教育、改造了22名流窜犯和41名懒汉二流子，创造了就地改造流窜犯的经验。70年代中期，由于"文化大革命"的严重影响，青少年违法犯罪成为严重的社会问题。针对这种情况，枫桥的干部群众在就地改造教育流窜犯的基础上，进一步深化和发展，创造了帮教失足青少年和一般违法人员的经验，为以后全国广泛实施公安基层基础工作建设工程提供了范例。

2. 第二阶段（1978—2012年）：社会管理经验

十一届三中全会后，为调动一切积极因素，建设社会主义现代化，枫桥在全国率先对经过长期有效改造、表现好的"四类分子"摘帽，并总结了摘帽工作经验。1979年2月5日，《人民日报》发表《摘掉一顶帽，调动几代人》的长篇通讯，报道枫桥落实党对"四类分子政策"，做好摘帽工作的经验。枫桥发动群众管理社会治安，率先实行群防群治，从根本上为加强社会治安工作创出了路子。1998年8月，浙江省公安厅、绍兴市委、诸暨市委联合组成调查组，总结出"党政动手，依靠群众，立足预防，化解矛盾，维护稳定，促进发展"的"枫桥经验"，再次被浙江省委、公安部、中央综治委肯定。

3. 第三阶段（2012—今）：社会治理经验

随着发展，枫桥的经济社会面貌发生了深刻的变化，人心思定，安居乐业。但各级领导始终保持清醒的头脑，正确处理稳定与发展的关系，"要戴致富帽，先戴平安帽"，把维护稳定摆在突出位置，以高度的政治责任感和使命感，认真履行保一方平安的职责。多年来，这里的干部换了一茬又一茬，但坚持"枫桥经验"，依靠群众，化解矛盾，维护稳定的传统作风没有变。探索创新了自治、法治、德治"三治融合"、人防物防技防心防"四防并举"等经验做法，促进了经济发展与社会稳定同步推进，人民群众获得感、幸福感、安全感同步提升，成为中国基层社会治理的典范。

通过全国上下的努力，积极探索社会治理新思路新举措，推动"枫桥经验"从地方精致的"盆景"上升为全国精彩的"风景"，从乡村"枫桥经验"衍生出城镇社区"枫桥经验"、海上"枫桥经验"、网上"枫桥经验"等集群，从治安领域扩展到经济、政治、文化、社会、生态等领域。"枫桥经验"是党领导人民创造的一套行之有效的社会治理方案，已经成了新时代政法综治战线必须坚持、发扬的"金字招牌"。

（二）新时代"枫桥经验"的理论内涵

1. 新时代"枫桥经验"的基本概念

新时代"枫桥经验"的基本概念已定位为：在党的领导下，由枫桥等地人民创造和发展起来的化解矛盾、促进和谐、引领风尚、保障发展的一整套行之有效且具有典型意义和示范作用的基层社会治理方法，其基本元素包括党建统领、人民主体、三治融合、共建共治共享、平安和谐。包含三层意思：第一，"枫桥经验"是一套行之有效，具有典型意义和示范作用基层社会治理方法；第二，"枫桥经验"是在党的领导下，由枫桥等地人民创造和发展起来的；第三，"枫桥经验"的功能是化解矛盾、促进和谐、引领风尚、保障发展。

2. 新时代"枫桥经验"的基本元素

（1）党建统领。党建统领就是强调党在社会治理中的统一领导作用，将党的领导贯穿于基层社会治理的各个方面、各个环节，发挥基层党组织的核心堡垒作用和党员的先锋模范作用。早在1977年，公安部为主的联合工作组就根据枫桥人民发动群众抓治安的实践情况，总结出普及"枫桥经验"的六条标准，其中第一条就是"党支部能坚持党的基本路线，加强对治保工作的领导"。"送钱、送物，不如有个好支部"，这是枫桥人民发自肺腑的朴素之言。习近平同志强调要"把基层治理同基层党建结合起来"。党的十九大报告指出："加强基层党组织建设、提升基层社会的组织领导能力，必须贯穿于基层社会治理的全过程"。坚持党的领导是中国特色社会主义的最本质特征，基层社会治理离不开党的领导。党的十九届四中全会确定了"党委领导、政府负责、民主协商、社会协同、公众参与、法治保障、科技支撑"的"七位一体"社会治理治理体系，其中党委领导是"龙头"。党建统领体现了"枫桥经验"的本质特征，体现了中国的政治优势，为"枫桥经验"的形成发展创新提供了根本保障。实践表明，凡是"枫桥经验"坚持和发展的好的地方，都是党建工作和社会治理融合得好的地方，都是基层党组织战斗堡垒作用和党员先锋模范作用发挥得好的地方。创新发展新时代"枫桥经验"，必须全方位推进基层党建，基层党组织建设是当前基层社会建设的中心任务。在城乡一体化大背景下，要特别注重因地制宜、因人而异，创造性开展基层党建工作，紧密结合当前"网格化"的治理基础，通过党建统领，全面提升基层社会治理的领导力和凝聚力。

（2）人民主体。一切为了人民，一切依靠人民，一切由人民来评判。

"民惟邦本，本固邦宁"，这是中国传统文化中民本思想的精髓。人民群众是国家的根本，人民安居乐业国家才能长治久安。早在延安时期，毛泽东同志就指出："我们应该走到群众中间去，向群众学习，把他们的经验综合起来，成为更有条理的道理和方法，然后告诉群众，并号召群众实行起来，解决群众的问题，使群众得到解放和幸福"。1940 年 5 月当时的陕甘宁边区政府和高等法院在给各县司法处的指示信中作出了关于"在人民群众中建立司法基础"的重大决定，标志着边区的司法工作朝着相信和依靠人民群众的方向上转变。习仲勋同志在 1944 年 11 月 5 日的《贯彻司法工作的正确方向》报告中指出，"司法工作方针是要团结人民，我们教育人民，保护人民的正当权益""衡量司法工作的标准就是人民是否满意""司法工作人员必须要走出衙门、深入乡村，只有这样才能把司法政策贯彻得好，才能使司法工作同人民取得密切联系""如果不发挥人民力量，孤独地依靠司法干部去处理那就会拖延时间"。马锡五同志贯彻群众路线，实行审判与调解相结合的办案方法，被称之为"马锡五审判方式"。这种审判方式，既坚持原则，又方便群众，维护了群众的根本利益，在人民司法审判史上产生了重要的影响。"枫桥经验"诞生之初就是发动和依靠群众就地解决矛盾的经验。纵观"枫桥经验"50 多年的发展历程，尽管在不同的历史时期有不同的表现形式，但万变不离其宗，就是坚持走群众路线。"枫桥经验"之所以历久弥新并在不同的历史阶段展示出相应的时代魅力，关键在于基层党组织始终能够坚持从实际出发，走群众路线，并以较高的领导艺术和工作能力与人民群众一起共同维护基层社会的安定团结，保障人民民主的落实和以人为本的传承。习近平同志继承并发展了群众路线的精髓，同时把依靠群众、发动群众建立在更高的基础之上，高度尊重人民群众的主体地位、发展需要、首创精神和自治能力，真正把人民作为治理的主体而不是对象。党的十九大报告明确指出了"以人民为中心"的发展思想，进一步要求党要与群众始终保持血肉联系，最重要的是要始终能够在第一时间倾听和了解广大群众的呼声、诉求，及时回应、真心有效地服务。群众路线是"枫桥经验"的本质所在，是坚持和发展"枫桥经验"的基本途径。

（3）"三治融合"。基层社会治理有其内在复杂性。治理主体多元，治理内容复杂，治理方式交织，区域性、地方性特征鲜明，传统性与现代性共生，稳定性与变动性并存。要顺应城乡经济社会不断发展的需要，顺应基层群众思想观念的深刻变化，建立健全符合国情域情、体现时代特征、规范有序、充满活力的基层治理机制，必须坚持和完善"三治融合"机制。坚持自治、法治、德治相结合，是新时代"枫桥经验"的精髓，也是新时代基层社会治理创新的发展方向。在基层社会治理中实行村民自治和居民自治，是中国特色社会主义民主政治在基层治理领域的实现形式，是健全基层治理体系的核心内容。习近平同志在担任梁家河大队党支部书记期间，就十分重视通过群众自治的方式化解矛盾和推动制度创建，探索着那个时代的乡村治理模式。在"枫桥经验"的发展阶段，枫桥等地的干部群众积极推进"民主法治村"建设，构建以民生带民主、民主促民生为特点的村级公共服务和社会治理体系，取得民主与民生互促双赢的效果。依法治国是我国的基本方略，基层社会治理中的自治，是法治保障中的自治，其核心是在宪法和法律的保障下实行基层自治。保障公民基本权利是社会治理转型过程中的关键，在一定程度上决定了社会治理方向，关系到社会治理能否达到善治的目标。同时，一个社会的和谐发展除了需要不断完善既有的制度规则，更要注重民族精神和优秀文化的传承。在社会治理的过程中，要关注良好道德和风俗习惯的养成，要关注法律的本质在于引导和教化人们走向更高的道德水准。

（4）共建共治共享。党的十九大报告对新时代社会治理做了富有深刻内涵的表述，提出要"打造共建共治共享的社会治理格局"。既是对过去5年我国社会治理实践探索的总结，也是给未来社会治理的发展和创新提出的新目标和新要求，从根本上体现了以人民为中心的主体定位，内涵着对全体人民意志的遵从，对全体人民参与权利的肯定，对全体人民利益的敬畏。共建即共同参与社会建设，在公共财政制度、收入分配制度、社会保障制度的构建工程中，党在发挥领导作用的同时，也必须为社会各界和广大人民的有序参与制度建设落实机制。共治即共同参与社会治理，党和政府要为人民群众参与治理创造条件。共享即共同享有治理成果，习近平总书记强调"我们追求的发展是造福人民的发展，我们追求的富裕是全体人民共同富裕"，改革发展要让人民共同享受到成果。

（5）平安和谐。平安和谐是新时代"枫桥经验"的总目标，平安是"枫桥经验"始终贯穿的目标。2013年，习近平同志提出建设平安中国的目标，要求把平安中国建设置于中国特色社会主义事业发展全局中来谋划，确保中国特色社会主义事业在和谐稳定的环境中推进。强调要着眼于最大限度地增加和谐因素、最大限度地增加社会活力，紧紧围绕完善和发展中国特色社会主义制度、推进国家治理体系和治理能力现代化的总目标，坚持系统治理、依法治理、综合治理、源头治理，创新社会治理体制，改进社会治理方式，提高社会治理水平，全面推进平安中国建设，确保人民安居乐业、社会安定有序、国家长治久安。习近平同志的平安建设思想，推动了"枫桥经验"从一般的化解矛盾的做法上升到了整个平安建设的抓手，实现了功能上的拓展。党的十九大作出了中国特色社会主义进入新时代，我国社会主要矛盾已经转化为人民日益增长的美好生活需要和不平衡不充分的发展之间的矛盾的重大论断。新时代社会主要矛盾变化反映到基层社会，突出表现为人民群众对美好生活的需要不仅仅是丰衣足食、矛盾化解、安定有序，而且也包括民主参与、依法维权、共享建设改革发展成果，还包括社会和谐、风尚良好。针对这些新情况、新特征、新问题、新矛盾，需要进行新探索、总结新经验，不断续写新时代"枫桥经验"的新篇章。

（三）习近平新时代中国特色社会主义思想指引下的新时代"枫桥经验"

习近平总书记关于坚持创新发展"枫桥经验"的新理念新思想新战略，是推进基层社会治理现代化的根本遵循，充分表明了以"枫桥经验"为重要内容的中国特色社会主义社会治理体系具有独特优势。

1. 习近平党的全面领导思想领航"枫桥经验"

习近平总书记强调，坚持党对政法综治工作的绝对领导，按照党建引领的要求，抓党建、带队建、促业务，为政法综治事业发展进步提供根本保证。特别是《中国共产党政法工作条例》的颁布和实施，有力推进了党领导政法工作的制度化建设，为社会治理现代化进程点打下了坚实的制度基础。

2. 习近平以人民为中心的思想充实"枫桥经验"的本质属性

习近平同志担任总书记以后，将"以人为本"思想发展为"坚持人民主体地位"，主要涵盖了以下思想：一是始终把人民放在心中最高位置，牢记为人民服务的宗旨；二是坚持以人为本，树立科学的政绩观和发展观。党的十九大前后，习近平同志对"以人为本"思想、"人民主体"思想做了进一步发展，将其明确为"以人民为中心的发展思想"，主要涵盖了以下思想：一是发展为了人民；二是发展依靠人民；三是发展成果由人民共享。新时代的"枫桥经验"是以人民为中心的基层社会治理，主要表现在以下五个方面：一是坚持人民群众是社会治理主体；二是充分相信群众、依靠群众；三是坚持基层民主自治理念；四是以满足人民群众需求为导向，更加突出民生保障源头治理；五是切实保障人民群众的基本权利。

3. 习近平群众路线思想使"枫桥经验"守正创新

毛泽东同志认为"枫桥经验"回答了两个问题：一是群众是怎样懂得这样做的；二是依靠群众办事是个好办法。习近平同志继承并发展了"一切为了群众，一切依靠群众，从群众中来，到群众中去，把党的正确主张变为群众的自觉行动"这一党的群众路线的精髓，同时把依靠群众、发动群众建立在更高的基础之上，高度尊重人民群众的主体地位、发展需要、首创精神和自治能力，真正把人民作为治理的主体而不是对象。

4. 习近平治理思想丰富"枫桥经验"新时代内涵

（1）习近平平安建设思想。习近平同志在浙江工作期间，最早提出并全面部署"大平安"战略，形成了有关平安建设的一系列理论成果：一是创建"大平安"；二是建设平安浙江的总体目标和具体目标。建设平安浙江的总体目标是经济更加发展、政治更加稳定、文化更加繁荣、社会更加和谐、人民生活更加安康。建设平安浙江的具体目标是"六个确保"：一是确保社会政治稳定；二是确保治安状况良好；三是确保经济运行稳健；四是确保安全生产状况稳定好转；五是确保社会公共安全；六是确保人民安居乐业。

（2）习近平法治建设思想。在浙江工作期间，习近平同志作出建设"法治浙江"的重大决策部署，2006年制定《中共浙江省委关于建设"法治浙江"的决定》，把"法治浙江"建设作为深入实施"八八战略"的重要内容和重要保障来谋划、来推动，取得了丰富的理论成果、制度成果和实践成果。

（3）习近平新型德治思想。2006年5月19日，习近平同志发表了《坚持法治与德治并举》的文章，集中体现了他所倡导的德法并举思想。他强调，法治与德治是车之两轮、鸟之两翼；依法治国是维护社会秩序的刚性手段，以德治国是维护社会秩序的柔性手段，只有把两者有机地结合起来，才能有效地维护社会的和谐，保障社会健康协调地发展。

（4）习近平社会治理思想。2013年，浙江省桐乡市在学习推广、创新发展"枫桥经验"的进程中率先探索"法治为要、德治为基、自治为本"的"三治合一"建设，打造法治、德治、自治相结合的基层社会治理的"桐乡样本"。2015年10月，习近平同志主持党的十八届五中全会通过《中共中央关于制定国民经济和社会发展第十三个五年规划的建议》，该建议明确提出了"人人参与、人人尽力、人人享有，构建全民共建共享的社会治理格局"。"全民共建共享"为"共建共治共享"奠定了思想理论基础。

2018年中央政法工作会议认为，坚持自治、法治、德治相结合，是新时代"枫桥经验"的精髓，也是新时代基层社会治理创新的发展方向。2018年6月26日，中共中央、国务院发布《乡村振兴战略规划（2018—2022年）》，也在"健全现代乡村治理体系"部分明确提出"促进自治法治德治有机结合""坚持自治为基、法治为本、德治为先，健全和创新村党组织领导的充满活力的村民自治机制，强化法律权威地位，以德治滋养法治、涵养自治，让德治贯穿乡村治理全过程"。2019年10月31日，十九届中央委员会第四次全体会议作出《中共中央关于坚持和完善中国特色社会主义制度、推进国家治理体系和治理能力现代化若干重大问题的决定》，决定指出："建设人人有责、人人尽责、人人享有的社会治理共同体，确保人民安居乐业、社会安定有序，建设更高水平的平安中国。"建设人人有责、人人尽责、人人享有的社会治理共同体，就是要坚持人民主体地位，把人民对美好生活的向往作为奋斗目标，以最广大人民根本利益为坐标，以保障和改善民生为方向，多谋民生之利，多解民生之忧，在发展中补齐民生短板，促进社会公平正义，形成有效的社会治理、良好的社会秩序，使人民的获得感、幸福感、安全感更加充实、更有保障、更可持续。

（四）新时代"枫桥经验"的浙江实践

浙江历届省委、省政府十分珍惜"枫桥经验"，高度重视学习推广工作，在习近平新时代中国特色社会主义思想指引下，"枫桥经验"不断被赋予新的时代内涵，形成新的实践成果、理论成果。一是政治统领，巩固基层社会治理凝聚力。强调要"把基层治理同基层党建结合起来"，政治统领是"枫桥经验"的根本保障。二是自治为基，激发基层社会治理源动力。创新完善基层民主自治制度，注重发挥村规民约的自律规范作用，大力培育发展社会组织，积极鼓励市场主体广泛参与。三是法治为本，增强基层社会治理硬实力。制定完善基层社会治理的地方性法规，依法化解基层矛盾纠纷，着力提升基层群众法治素养。四是德治为先，提升基层社会治理软实力。强化道德教化作用，以培育和践行社会主义核心价值观、弘扬"孝善和诚俭美"传统美德等为载体，加强农村群众思想道德教育和文明素质培育。五是智治为用，注入基层社会治理助推力。积极构建"互联网＋"公共服务体系，积极构建"互联网＋"多元矛盾纠纷化解机制，积极构建"互联网＋"社会风险防控体系，积极构建"互联网＋"执法司法体系。

二、新时代"枫桥经验"对检察工作的重要指导意义

坚持发展新时代"枫桥经验",对做好检察工作有着特别重要的现实意义。

(一)贯彻落实新时代"枫桥经验",提升人民检察的社会治理能力

运用新时代"枫桥经验",加强检察环节预防和化解社会矛盾机制建设。这是最高人民检察院在第十三届全国人民代表大会第一次会议上专门提出的工作规划,是新时期的检察工作机制创新。2018年11月13日,最高人民检察院党组书记、检察长张军在党组会上强调,必须牢固树立"四个意识",坚定"四个自信",落实"五个坚持"要求,充分发挥刑事、民事、行政、公益诉讼等各项检察职能,不断提升参与社会治理的能力和水平,打造新时代坚持发展"枫桥经验"检察版。最高人民检察院颁布的《2018—2022检察改革工作规划》中,明确提出要拓展检察机关参与社会治理工作途径,建立检察工作中推广、运用、实践"枫桥经验"工作机制。检察机关参与社会治理具有深厚的实践基础,社会治理与检察工作密切相关,既是检察机关必须承担的重要社会责任,也是检察机关服务大局、保障民生,切实提高检察工作质量和水平的重要契机。检察机关作为国家重要的政治机关和司法机关,既承担着法定职责,也承担着政治职责和社会责任。社会治理离不开检察机关的参与,检察机关在社会治理中取得成效要以群众路线这条根本工作路线为依托。维护社会公共利益与保护弱势群体是检察机关参与社会治理的职能定位。① 在法治建设的大背景下,检察机关参与基层社会治理的过程中,首要关注的就是依法保护公民基本权利的实现。保障公民基本权利是社会治理转型的关键,在一定程度上决定了社会治理的方向。检察机关在履行法定职能的过程中,必须高度关注公民的财产权、教育权、工作权、平等权等核心权利,真正让人民群众拥有获得感、幸福感、安全感。

---

① 程曙明等:《检察机关参与社会治理的定位及路径思考》,载《人民检察》2017年第17期。

(二) 贯彻落实新时代"枫桥经验",提升人民检察的化解基层矛盾能力

当前社会主要矛盾发生了历史性转变,贯彻落实新时代"枫桥经验"就是一个不断化解基层社会矛盾的过程。检察工作要以"人民满意"为最高评价标准,解决基层社会治理中的凸出问题。如要着力解决好扫黑除恶、电信网络诈骗等人民群众最恨的事情,严厉打击犯罪,坚持除恶务尽,让人民群众有更多的安全感;着力解决好冤假错案、执法司法不规范等人民群众最怨恨的事情;强化法律监督,严把事实关、证据关、让人民群众在每一个案件中都感受到公平正义;着力解决好信访申诉不便、阅卷会见难等人民群众最烦的事情,"让数据多跑腿",畅通群众诉求反映便捷通道,让人民群众有更多的获得感。检察机关贯彻落实新时代"枫桥经验",要适应国家治理体系和治理能力现代化的要求,努力解决法律监督体制机制存在的不平衡、不充分、不全面问题。大力加强民事检察,将检察监督发挥作用的领域从打击刑事犯罪前移到平息民事纠纷上,把群众矛盾化解在前期的民事纠纷阶段。通过契合民法原则、诉讼规律以及检察规律的方式,推动社会治理型民事检察权的系统化、规范化、良性化运作。① 大力加强行政检察和公益诉讼检察,通过提升强化检察建议的刚性,促进行政机关自行纠错,把可能引发干群矛盾的监管漏洞、社会风险控制在行政机关内部的萌芽状态。

(三) 贯彻落实新时代"枫桥经验",提升人民检察的促进平安和谐能力

平安和谐是新时代"枫桥经验"的发展目标,就是为人民群众创造良好的社会秩序和发展环境。保障人民群众安居乐业是政法工作的根本目标。围绕这一目标,检察机关必须紧紧抓住人民群众最关心的社会问题、最关注的权益保障问题、最关切的公平正义问题,自觉遵循司法规律,充分发挥打击、预防、监督、教育、保护等检察职能作用。近年来,浙江检察机关紧扣"平安建设"主题,全面实施刑事犯罪综合防治创新提升工程,积极融入党委领导下社会治理大平台,把握刑事犯罪新情况和新特点,坚持惩治和治理并重,有力促进"平安浙江"建设。首先,全面强化黑恶势力犯罪综合防治,强化震慑效应;同时,积极做好行政执法信息衔接、刑事处罚与行政处

---

① 韩静茹:《社会治理型民事检察制度初探——实践、规范、理论的交错视角》,载《当代法学》2014年第5期。

罚对接、村"两委"班子候选人联审对接和有关市场准入黑名单制度对接。其次,全面加强涉企犯罪综合防治,依法严厉打击各类破坏社会主义市场经济秩序犯罪,强化产权司法保护,加强对非公经济的服务保障工作,为企业健康平稳发展贡献检察力量。再次,全面加强金融犯罪和互联网犯罪综合防治,分别制定《关于加强互联网金融刑事检察工作的意见》《关于当前办理涉众型经济犯罪案件的若干意见(试行)》《电信网络诈骗犯罪案件证据收集审查判断工作指引》等文件,有效处理和预防互联网犯罪和金融犯罪,化解和防范金融风险并维护社会稳定。此外,全面强化刑事犯罪源头防治,严格落实普法责任制,在检察官个案办理中将释法说理与法治教育紧密衔接;同时,还建立刑事案件白皮书制度,针对刑事案件中反映出来的发展、稳定、民生等领域的问题,向党委政府提出针对性的社会治安综合治理建议,强化犯罪防治。

(四)贯彻落实新时代"枫桥经验",提升人民检察的引领社会风尚能力

"公益诉讼"是新时代检察工作的重要板块,与人民群众的日常生产生活密切相关。"枫桥经验"的核心元素是"以人民为中心",基于此,浙江检察机关全面深入推进公益诉讼,聚焦群众关注的热点问题,切实加强生态环境和资源保护以及食品药品安全领域公益诉讼工作。注重诉前程序作用,充分发挥检察建议功能,推动行政机关依法履职纠违,促进行政机关与司法机关良性互动。同时建立公益诉讼白皮书制度,合力推进政府治理能力和治理体系法治化。针对当前"枫桥经验"已从农村走向城市、从县域走向市域、从现实走向网络的历史趋势,浙江检察机关充分发挥主观能动性,创造性开展工作推动新时代网上"枫桥经验"的全面发展,主动适应互联网法院改革,依法开展互联网检察工作,积极融入网络综合治理体系建设,积极参与网络空间治理体系和治理能力现代化建设。首先,积极探索"互联网检察"工作新领域。如杭州市余杭区人民检察院针对互联网犯罪特点,立足区域实际,以"枫桥经验"为指引,创新建立"强化职能、检企合作、群防群治、深化预防"的互联网检察余杭模式,为打击网络犯罪开辟了新路径,为惩防网络犯罪提供了新思路。如诸暨市人民检察院与诸暨市委宣传部、法院、公安局、司法局共同实施1963"法润"直播平台,通过以案释法、网络普法,引导群众运用法治思维和法治方式解决生活中遇到的各种矛盾纠纷;诸暨市人民检察院每月都参加直播,内容涉及法律监督、司法救

济、虚假诉讼的辨别和防范等，推动"枫桥经验"向网络延伸。其次，打破信息孤岛实现数据共享，积极融入"互联网＋社会治理"新模式。全面推动浙江省政法机关一体化办案系统，强化司法办案全环节的智能化集约化规范化管理，强化对类案和系统性问题的排查整治和风险防控，为检察机关参与基层社会治理提供法治化的数据支撑。最后，主动对接基层综治信息系统，打造"网格＋检察"平台。如衢州市检察机关全面加强与全科网格和县乡综合指挥平台的融合，探索构建"网格＋检察"工作机制，发挥现代科技作用，通过"信息技术＋检察监督"，依法高效处理网格平台反映的问题和事件，加强类案和系统性问题的整治和防控，有力促进基层依法治理。

（五）贯彻落实新时代"枫桥经验"，提升人民检察的保障协调发展能力

新时代"枫桥经验"就是不断保障经济社会协调发展，让人民群众共享发展成果的进程。检察机关贯彻新时代"枫桥经验"，重点是要依法履职，为国家经济社会发展提供有力的司法保障。一是着力服务和保障民营经济发展。浙江是民营经济大省，民营经济占全省 GDP 总量的 65%，贡献了全省 54% 的税收和 80% 的就业岗位。浙江省检察机关始终将保障民营经济健康发展作为服务党委政府中心工作的重要抓手，先后制定下发了《关于充分发挥检察职能加强产权司法保护的意见》《关于充分履行检察职能依法保障服务民营经济健康发展的意见》等文件。积极回应民营企业家的诉求，发挥检察职能，不断创新改进工作方法，护航民营经济高质量发展。2018年先后推出加强产权保护、营造企业家健康成长环境、保障民营经济发展等一系列举措，积极推行涉民企案件表格化办理模式，做到受理时有"民营案件受理登记表"，办理中执行"民营企业调查表"，案结后有"民营企业后续跟踪表"，进一步强调平等保护意识，切实维护民营企业正常的生产经营秩序。在精准打击侵害民营企业犯罪的同时，提升民营企业风险防范能力，向涉案民营企业发运营风险建议，有针对性地直指企业经营管理中的弊病，打好补丁，预防犯罪风险。二是着力服务和保障长三角区域一体化协调发展。围绕长三角一体化建设战略，创新检察机关服务国家战略的新载体。2018年沪苏浙皖四省市检察机关共同签署《关于建立长三角区域生态环境保护司法协作机制的意见》，合力推进生态环保领域跨区域司法协作机制建设，全面加强生态环境保护领域中的经验和数据交换，协作区域内重大影响

案件和关联案件信息的互通互联。同时，浙江检察机关全面贯彻落实沪苏浙皖四省市人大常委会同步通过的《关于支持和保障长三角地区更高质量一体化发展的决定》，全面拓宽长三角区域内的司法协作，从生态环境保护领域走向全方位、多层次、立体式合作，共同推进长三角区域法治建设。

三、创新发展新时代"枫桥经验"的浙江检察实践

浙江是习近平新时代中国特色社会主义思想的重要萌发地，也是"枫桥经验"的发源地。党的十八大以来，新时代"枫桥经验"逐渐定型，浙江检察在新时代"枫桥经验"的指引下，在实践中提高认识，在认识中不断丰富实践，不断探索人民检察参与社会治理新路子、新方法。特别是，2018年是纪念毛泽东同志批示学习推广浙江诸暨"枫桥经验"55周年暨习近平同志指示坚持发展"枫桥经验"15周年，浙江检察机关按照习近平总书记"秉持浙江精神，干在实处，走在前列，勇立潮头"的要求，全面践行新时代"枫桥经验"，贯彻了一些新理念，探索了一些新做法，取得了一些新成效。①

（一）加强基层民主建设领域法律监督，推进基层自治规范化

优化检察权配置的基本目标是为了更好地实现人民代表大会制度下的权力制约与监督，其终极目标是为了保障人权②。基层治理有其内在复杂性。在基层社会治理进程中，必须坚持和完善基层群众自治这一我国宪法确立的基本政治制度。依法治国要求加强宪法实施、推进依法行政、保证公正司法、实现全民守法，这需要从基层基础抓起。浙江检察机关在服务基层自治这一领域主要是通过有效发挥基层检察室的功能来实现的。检察资源长期在街道基层缺乏固定的"阵地"，没有派驻相应的基层机构和专门的监督力量，导致基层行政执法活动监督主体力量分散，监督手段和监督力度不够。③浙江检察机关将法律监督触角延伸到乡镇，促进经济发展，遏制刑事犯罪，维护司法公正，是贯彻落实新时代"枫桥经验"的重要实践。基层检察室在履行职责服务经济社会发展的同时，能够深入辖区相关部门、单

---

① 贾宇主编：《新时代"枫桥经验"检察实践案例精选》，浙江人民出版社2018年版，第2页。
② 韩成军：《检察权配置基本问题研究》，载《河北法学》2011年第11期。
③ 吴鹏飞：《派驻基层检察室建设的理论与实践》，中国检察出版社2017年版，第28页。

位、群团组织、社区、村庄和合作社，构建检察权与自治权互动机制，为党委政府献计献策，深受群众欢迎。2009年以来，基层检察室普遍设立，为检察机关创新发展"枫桥经验"打造了新平台，检察机关与乡镇党委政府、人民群众联系更加密切，参与基层社会治理的力度更强、措施更多、影响更大。通过建立基层检察室与村居自治组织进行工作对接，对基层选举、村务监督、集体经济组织规范化建设、农村涉法涉诉等问题均进行了有效法律监督，促进了检察权与自治权的良性互动，保障了村、居民自治的规范化、公正化，维护法制统一和尊严。

（二）加强基层民生保障领域法律监督，推进基层治理精准化

当前，随着我国社会主要矛盾的动态发展变化，各种关系人民群众切身利益的复杂社会矛盾应运而生，基层社会治理面临一系列新问题和新挑战。如基层黑恶势力犯罪问题、涉众型经济犯罪问题、互联网新型犯罪问题、未成年人权益保护问题、生态环境保护问题、食品药品安全问题、"美丽乡村"建设过程中的问题以及涉法涉诉信访等问题，都对新时代检察工作提出了更高要求。社会冲突是与现实统治秩序不相协调的，严重的社会冲突都危及着统治秩序及法律秩序的稳定。[①] 由此，因利益多元化而产生的社会矛盾隐患比较突出，如何在利益协调机制、矛盾调处机制、诉求表达机制中贯彻法治思维和法治方式成为新课题。正是在这样的时代背景下，浙江检察机关紧扣时代脉搏，因势利导，全面加强民生领域犯罪惩治，深入开展食药安全、生态环境、涉农、涉众型经济犯罪、电信网络诈骗专项惩治，针对多发性刑事犯罪开展专项预防，立足检察办案资源，建立犯罪状况报告和预防对策建议制度，落实"谁执法谁普法"，深化在法律监督过程中法治宣传教育。

（三）加强基层执法司法领域法律监督，推进基层治理法治化

检察权在国家治理体系中，承担着防止行政权和审判权异化，稳定宪法体制下国家权力正常运行秩序的功能。我国的检察权是在人民代表大会制度下产生的国家权力，社会公益性是检察权发展的时代特征。检察权的权力行使直接表现为代表国家干预社会生活，尤其是对危害国家利益、国家安全和

---

① 顾培东：《社会冲突与诉讼机制》，四川人民出版社1991年版，第20页。

社会公益的行为的干预。① 作为"公共利益代表",检察机关通过监督公权力运行的方式参与社会治理,推动社会善治实现公共利益最大化,从而完成法律监督体系与社会治理体系的衔接融入。一方面,通过批捕起诉、诉讼监督、行政执法监督、公益诉讼等方式,对审判活动、侦查活动、刑罚执行活动、行政执法活动进行监督,促进规范司法和依法行政,充分发挥检察监督对社会治理体系和治理能力现代化建设的促进、保障作用。另一方面,通过支持起诉、督促起诉、重点人群帮教、刑事犯罪预防等手段,构建社会充分参与检察实践的运作机制,借助社会力量推进公共事务良性运行,实现公共利益保护目的。面对法律监督难以深入基层和涉法涉诉问题增多的现实问题,浙江检察机关充分发挥基层检察室作用,全面加强对基层法庭、派出所、司法所等机构执法办案的监督制约,确保基层执法和司法的公平正义。如为进一步加强对公安派出所的执法行为的法律监督,广泛设立"派驻公安机关检察官办公室",全面加强法律监督与引导侦查,基于审查批捕、起诉及侦查监督职能,对公安机关的刑事侦查活动依法开展法律监督。此外,为强化法律监督职能,维护公平正义,保护国家利益、社会公共利益,保护人民群众合法权益,浙江省三级检察机关普遍设立公益损害与诉讼违法举报中心,依法受理属于人民检察院提起公益诉讼的公益损害事项的举报以及对司法机关及其工作人员诉讼违法行为的控告,提升人民群众满意度。

(四)加强基层矛盾预防和化解的服务能力,推进基层平安和谐

党的十九届四中全会对完善正确处理新形势下人民内部矛盾有效机制提出了新要求。这是从坚持和完善共建共治共享的社会治理制度,保持社会稳定、维护国家安全的战略高度提出的一项重大任务。城乡基层社会矛盾的化解需要诸多的手段与平台来驱动,当前社会矛盾的现代化解、综合化解、源头消解显得不足,如何形成一套完善的复合型治理方案一直是基层党组织与政府苦苦思考与努力探索的重大课题。② 在基层社会治理平台和创新举措方面,浙江检察机关重点体现在"五个强化"上:一是强化刑事犯罪预防,促进社会矛盾源头治理。二是强化未成年人护帮教,促进涉案未成年人回归社会。三是强化"最多跑一次"和"最多跑一地"改革,开辟服务群众诉

---

① 韩起祥、丁校波:《论检察权的配置重点和方向》,载《当代法学》2008年第11期。
② 赵天娥:《全面深化改革视域下乡村社会矛盾化解效能的提升》,载《理论探索》2017年第2期。

求便捷通道。四是强化社区矫正，帮助特殊人群教育改造。五是强化智慧检察应用，提高检察环节"枫桥经验"的信息化水平。此外，浙江检察机关不断探索与实践检调对接化解社会矛盾的新路子。浙江检察机关积极探求检察环节多元解决纠纷，健全完善检调对接机制，加强控告申诉环节、刑事和解环节、民事申诉环节三大检调对接机制建设，建立释法说理、优先调解、协调配合、联席会议、重点调处等工作机制，进一步完善律师等第三方参与化解和代理信访申诉、信访矛盾责任包干、风险评估预测、重大涉检纠纷听证、重点对象带案下访等制度。

四、检察机关创新发展新时代"枫桥经验"的思考

社会治理有其一般规律，"枫桥经验"的不断创新发展就是遵循社会治理一般规律的过程。检察机关创新发展新时代"枫桥经验"，必须遵循社会治理的一般规律，立足法律监督职能、拓展社会治理职能，防止"枫桥经验"泛化、异化和固化。"枫桥经验"在社会治理过程中，立足动态管理、服务、教育和防范，将可能发生的犯罪消除在萌芽之中，防止矛盾恶性升级，对误入歧途者热情帮教，使其悔过自新、重返社会。这些成功做法对检察机关参与社会治理具有很强的借鉴意义。"四大检察职能"为检察机关创新发展"枫桥经验"提供一条重要路径。

当前，"枫桥经验"正在迈入"枫桥理论"新阶段，检察工作在司法改革和职能转变的大背景下也发生着一系列重大调整，检察理论也在不断创新发展。如何在"枫桥经验"与检察工作之间寻找合适的切合点，已成为检察机关思考的重大问题之一。在这个过程中，必须坚持理论与实践相统一的原则，不断创新发展新时代"枫桥经验"，深化检察工作的法律监督职能和社会治理职能。新时代"枫桥经验"是一套相对开放动态的基层社会治理方法，检察工作是宪法确定的法律监督事业；两者之间不能全面混同，但存在诸多连接点。检察权是国家治理体系和能力现代化中的重要一环，"枫桥经验"是基层社会治理的典范。两者之间的本质关系是国家治理与社会治理如何有效衔接的关系。检察工作必须紧紧抓住新时代"枫桥经验"在理论和实践上不断创新发展的历史机遇，拓展服务社会治理的途径和方法，创新思维方法，为检察环节创新发展"枫桥经验"提供更丰富的检察元素。检察机关创新发展新时代"枫桥经验"，必须坚持因地制宜原则。作为一项基层社会治理的典型经验，新时代"枫桥经验"已开启理论化和制度化进

程。各地各部门创新发展"枫桥经验"的过程,既是一个理论学习的过程,也是一个实践探索过程。检察机关必须根据自身的法定职能、历史传统、经济社会发展现状和社会治理基础,根据实际情况具体问题具体分析,推动新时代"枫桥经验"的检察实践的全面发展。为此,检察机关创新、发展"枫桥经验",要正确处理好局部与整体的关系、治理与发展的关系、经验与理论的关系、主导与多元的关系、顶层与基层的关系、秩序与活力的关系、维稳与维权的关系、现实与虚拟的关系、法律与道德的关系、当前与长远的关系。

(一)处理好局部与整体的关系

社会治理是事关国家治理能力的全局工作,具体落实到省域、市域、县域等空间范围,必须结合各地实际情况,结合社情民意。"枫桥经验"随着时代的变化早已突破枫桥镇等地域空间,已成为全国基层社会治理的旗帜。新时代"枫桥经验"已深刻融入到国家治理体系和治理能力现代化的大平台,与法治建设、平安建设紧密融合。"枫桥经验"的创新发展不应固化在局部地区,也不应在各地的具体实践中异化。在"枫桥经验"转型升级的过程中,各地应当遵循社会治理的一般规律,坚持好贯彻好党的群众路线;在各地的基层社会治理实践中,因地制宜,突出解决事关群众切身利益的矛盾和问题;使新时代"枫桥经验"在全国基层社会治理实践中不断丰富发展。当前,人民检察主动融入国家治理体系和治理能力现代化进程,对内设机构和检察业务进行了系统性、整体性、重塑性改革,形成了"四大检察""十大业务"的基本格局,不断坚持和完善中国特色社会主义检察制度,有力推进检察监督体系和监督能力现代化的目标和任务。创新发展新时代"枫桥经验"的检察实践,从局部看是优化提升检察机关参与社会治理的能力,从全局看是国家治理体系和治理能力现代化的重要组成部分。

(二)处理好治理与发展的关系

社会治理是国家治理的重要领域,社会治理现代化是国家治理体系和治理能力现代化的应有之义。如果社会治理跟不上经济发展步伐,各种矛盾得不到有效解决,不仅会酿成社会动荡,经济发展也难以为继,也会造成严重的政治后果。"枫桥经验"是一整套社会治理方法,在注重基层社会矛盾化解和促进平安和谐的过程中保障经济社会协调发展。"枫桥经验"的创新发展就是处理好治理和发展关系的过程。只有把社会治理摆到经济社会发展全局中谋划，推动制度完善，才能从源头防范化解矛盾风险，维护社会和谐稳定。检察机关通过办案实现检察监督职能，发现社会治理中的重点、难点、盲点，在党的领导下与其他国家机关、人民群众共同推进社会治理现代化进程，共同开创良法善治新境界，保障经济发展与社会稳定齐头并进，真正贯彻落实"以人民为中心"的发展思想；这是检察机关创新发展新时代"枫桥经验"的重要方向。

（三）处理好经验与理论的关系

"枫桥经验"源于基层实践，历经管制、管理、治理等阶段，正在迈向善治阶段。在50多年的发展历程中，枫桥等地的人民群众注重正确处理变与不变的辩证关系，根据不同时期的形势和任务，不断赋予"枫桥经验"新的时代内涵。"枫桥经验"的创新发展迫切需要系统化和理论化，为新时代基层社会治理提供理论指导和方向引领。从经验到理论是一个去粗取精、去伪存真并发现社会治理一般规律的渐进过程。新时代"枫桥经验"的创新发展既要尊重和辩证分析历史经验，更要跳出经验的局限性，上升为系统理论来指导实践，通过实践再丰富理论。检察机关创新发展"枫桥经验"有着一定的历史基础和经验积累，总结经验提升理论势在必行；特别是要不断开拓检察理论与社会治理理论的交叉领域，实现两者之间的良性互动，适应时代发展，为新时代检察理论创新提供更好的理论基础。

（四）处理好主导与多元的关系

在"加快形成党委领导、政府负责、民主协商、社会协同、公众参与、法治保障、科技支撑的社会治理体制"的进程中，党委和政府是主导，在实践中得到了较为充分的发挥，而社会协调、公众参与则是弱项；民主协商、科技支撑是重要创新方向。如何发挥社会、市场力量在社会治理中的重要作用需要一系列制度创新，如何实现打造社会治理共同体，提升社会治理智能化程度，也是社会治理的新重点。检察机关在创新发展新时代"枫桥经验"的历史进程中，在法律监督过程中充分听取广大人民群众的意见建议，优化人民监督员制度、创新涉法涉诉信访化解机制、提升智慧检察水平等举措，通过检察建议等方式推动制度创新，都是新时代"枫桥经验"的检察实践生动体现。

(五) 处理好顶层与基层的关系

要"更加重视改革顶层设计和总体规划"。进一步强化社会治理的指导思想、根本目的、基本任务、总体要求、管理理念、总体格局等的顶层设计。同时，更加注重基层，将广大农村、社区、社会组织作为社会治理的单元和细胞，统筹好顶层和基层关系。党的十九届四中全会明确了坚持和完善中国特色社会主义制度、推进国家治理体系和治理能力现代化的主要内容；这表明国家顶层设计已经基本完备，在国家治理的框架内如何发挥检察机关在社会治理领域的功能，把检察制度优势转换为治理效能，是检察机关在创新发展新时代"枫桥经验"过程中必须贯彻落实的指导方针；此外，检察机关在参与社会治理的过程中，必须尊重基层人民群众的首创精神，必须将群众智慧转化为检察智慧，将群众期盼转化为检察工作动力。

(六) 处理好秩序与活力的关系

社会治理是以维系社会秩序为核心的。同时良好的秩序也能使社会形成统一整体。要把维系社会秩序和激发社会活力有机结合起来，既要保证社会安定有序、规范运行、调控有力，又要有利于激发全社会的创造活力，最广泛、最充分地调动一切积极因素，促进人的全面发展和社会进步。秩序与活力是社会治理现代化的重要目标，检察机关在参与社会治理的过程中，必须坚持政治效果、法律效果、社会效果相统一，既要保障社会秩序的稳定和谐，又要积极促进社会活力的良性激发；比如在非公经济的法治保障建设进程中，既要严格依法办事，又要考虑宽严相济，实现刚性与柔性相统一。

(七) 处理好维稳与维权的关系

在维护稳定过程中，不能将人民群众正常的维权行为与社会稳定对立起来，不能以稳定为名压制合法的利益表达。要正确看待群众合法的维权行为，从保护群众的合法权益出发，积极疏导和化解矛盾。从这个意义上讲，维权就是维稳，维权才能维稳。既要对群体性、突发性事件积极应对，及时处置，更要在事前防范上下功夫，尽可能使社会矛盾和冲突少产生、少转化、少激化。要克服重事后处置、轻事前防范的倾向，强化主动解决问题和关口前移、源头治理的理念，将工作重心从治标转向治本、从事后救急转向源头治理，不断增强社会治理的前瞻性、主动性、有效性。维护社会稳定、保障人民权益,是检察机关不懈追求的价值目标;检察机关创新发展"枫桥经验"的过程,实际上就是通过法律监督不断稳定社会关系促进社会和谐的过程,同样也是不断保障人民群众人身权、人格权、财产权等重要权益的过程。

(八)处理好现实与虚拟的关系

网络社会、信息社会的发展,使虚拟社会在给生产和生活带来诸多便利的同时,也对维护正常的社会秩序带来了新的挑战,出现了一些影响社会稳定的问题。在加强和创新现实社会治理的同时,还要高度重视加强对虚拟社会的治理,用法治营造清朗健康的网络空间。随着"枫桥经验"不断开拓创新,新时代网上"枫桥经验"正在走向成熟;检察机关创新发展"枫桥经验"的一个重要平台就是加强互联网检察工作。尽管互联网社会根植于现实社会,但具有相对的独立性和独特性,特别是在世界范围内的互联网互通,使其成为全球治理的亮点和难点。检察机关全面贯彻落实"网上群众路线",充分发挥法律监督职能推动网络社会的法治化运转,为网络综合治理体系贡献检察力量,是当前和今后检察机关积极参与社会治理的重要发展方向。

(九)处理好法律与道德的关系

党的十九大对依法治国提出了更高要求,法治是加强社会治理,构建和谐社会的重要基础。但如果道德建设搞不好,社会和谐平安就无从谈起。要进一步加强思想道德建设,使法治和德治相结合。依法治国与以德治国相统一,是检察机关的重要工作指南;坚持自治、法治、德治相结合,是新时代"枫桥经验"的重要发展方向。"一个案例胜过一打文件",检察机关在办案过程中,就是一个坚持法治原则的实践过程,同时也是确立道德标准参照的过程;以案释法,不仅能让全社会更好地理解法治真谛,也让全社会更好地理解新时代道德标准。

(十)处理好当前与长远的关系

社会治理是一项长期工作,有些通过短期努力即能产生立竿见影的效果,有些则需要假以时日。要统筹当前与长远,把阶段目标和长远战略协调推进,摒弃急功近利,防止目标上的短视、行为上的短期和效果上的短命。党的十九届四中全会明确了国家治理体系和治理能力现代化的时间表、路线图，为检察机关确立了目标任务导向；检察机关创新发展新时代"枫桥经验"的过程，在具体检察职能和当前工作上看，是通过办案推进社会治理的法治化；但经过长期积累，从长远看必将对国家治理体系和治理能力现代化的目标实现作出重大的历史贡献。

"枫桥经验"发展实践到今天，它的意义已经远远不限于"小事不出村，大事不出镇，矛盾不上交"，而已经成为基层社会治理的现代化、民主化、法治化的一个范本。在新的历史时期，检察机关要以习近平新时代中国特色社会主义思想为指引，贯彻落实《中共中央关于坚持和完善中国特色社会主义制度、推进国家治理体系和治理能力现代化若干重大问题的决定》，坚持创新发展新时代"枫桥经验"，全面、协调、充分地履行检察职能，加快推进基层社会治理现代化，实现国家治理体系和治理能力现代化，努力建设更高水平的平安中国，不断增强人民群众获得感、幸福感、安全感。

非公企业犯罪治理与检察职能发挥[*]

福建省人民检察院课题组^{**}

引言：从刑事打击走向犯罪治理

非公经济是我国社会主义市场经济的重要组成部分。从全国来看，非公企业提供了 80% 以上的就业岗位，在拉动经济增长、提供就业岗位、增加国家税收、促进市场繁荣、维护社会稳定等方面发挥了重要作用。[①] 然而，

---

* 本文系 2019 年度最高人民检察院检察理论研究重点课题"非公企业保护与检察职能发挥"（项目批准号：GJ2019B02）的研究成果。

** 课题主持人：霍敏，福建省人民检察院党组书记、检察长。课题组成员：陈友聪，福建省人民检察院研究室主任、二级高级检察官；王乔，福建省人民检察院研究室副主任、三级高级检察官；杨小强，福建省人民检察院研究室三级高级检察官；庄明源，泉州市人民检察院检察官助理；陈树斌，泉州市丰泽区人民检察院综合业务部主任。

① 王仁贵：《推动非公经济在法治轨道运行——专访全国政协副主席、全国工商联主席王钦敏》，载《瞭望》2015 年第 10 期。

从历史渊源看，非公企业大多脱胎于小农经济，对建立现代企业制度、引入先进管理理念缺乏热情。不少非公企业急于做大或热衷于短期高额回报的产业，对安全生产投入不足，对经营风险防范不力，无形中提高了非公企业的刑事法律风险。伴随着非公经济长足发展和近年来经济下行压力增大，非公企业违法犯罪问题日益突出，既不利社会安定，也给企业转型发展带来掣肘。[1] 如何对非公企业犯罪进行有效治理，构建惩防一体的治理模式，成为刑事司法领域的一个重要议题。

传统观念认为，刑事司法的基本功能主要通过惩罚企业犯罪来维护市场经济秩序，至于如何推动企业犯罪治理，促进市场经济健康发展，则不是刑事司法应当关心的事情。这是对刑事司法功能的严重误解。司法权作为一项国家权力，是国家治理体系的重要组成部分。促进非公企业犯罪有效治理，保障经济社会健康发展，亦是司法机关义不容辞的职责。然而，以追诉权、求刑权为核心，"重打击、轻保护"的传统刑事追诉模式，缺乏经济调控力，难以有效应对新形势下方兴未艾的非公企业犯罪问题。[2] 其一，传统刑事追诉模式具有"破坏性"。从表面上看，一家非公企业被起诉定罪，其结果不外乎被判处罚金。然而，实际影响远不止于此。非公企业被起诉定罪，容易引发公共信任危机和资本流动性危机。由于存在犯罪记录，涉案企业可能被吊销资质，或被限制进入某些行业领域；银行出于资金安全的考虑，可能会对涉案企业紧缩贷款，甚至提前抽贷；合作伙伴和客户也可能出于交易安全的顾虑，终止与涉案企业的合作。简言之，一家非公企业被起诉、定罪，很可能因行业准入受限、融资渠道受阻、客户流失、资金链断裂而破产倒闭。其二，传统刑事追诉模式具有"滞后性"。只有非公企业犯罪行为发生后，司法机关才进行事后干预。这种事后打击模式停留于企业犯罪表面，只能起到一定的震慑作用，无法从完善企业治理角度要求涉案企业实施根本性变革，也无法有效防止涉案企业再次发生违法犯罪行为。简言之，传统刑事追诉模式对非公企业犯罪只"治标"、不"治本"。其三，传统刑事追诉模式具有"负外部性"。非公企业作为一个社会主体，与外界各类主体发生种种联系，其犯罪行为也具有社会化特性。对非公企业犯罪进行积极追诉，

---

[1] 张远煌主编：《企业家犯罪分析与刑事风险防控报告（2017年卷）》，北京大学出版社2018年版，第186—189页。

[2] 郭林将：《论暂缓起诉在美国公司犯罪中的运用》，载《中国刑事法杂志》2010年第7期，第122页。

不仅会对涉案企业的生存发展产生重大影响,也会产生"负外部性",对企业员工、股东、债权人、客户、消费者等"无辜第三方"产生负面影响;对大型非公企业的犯罪行为进行追诉,甚至可能引发系统性风险,影响社会稳定。总而言之,传统刑事追诉模式对非公企业犯罪以刑事打击为主,主要通过事后惩罚来实现。这种消极震慑模式不仅负面效应大、社会成本高,且无助于非公企业治理水平的提升,无法有效应对方兴未艾的非公企业犯罪问题。①

现代企业制度的诞生源于企业对法律法规的自觉遵守。在近代美国,一些企业较早具有规则意识,并自发组织实施旨在促进企业合法规范经营的刑事合规计划(criminal compliance programs)。② 20 世纪 60 年代,企业刑事合规计划随着防止违反《反托拉斯法》的政策实施进程而得到普及。但在较长一段时间里,企业刑事合规计划的法律意义未得到确认,未能在有关企业的刑事责任认定中起到积极作用。直到 20 世纪 90 年代,美国刑法和刑事诉讼法界才出现有利于促进企业刑事合规计划实施的重要诱因。其一,《组织量刑指南》将刑事合规计划作为对涉案企业进行罚款的主要量刑考虑因素。在《组织量刑指南》指导下,一个完备的刑事合规计划甚至可以将涉案企业的罚款参考数额降低 30%。③ 这极大激发了企业建立刑事合规计划的积极性。其二,也是更为重要的是,联邦检察官将缓起诉协议制度与刑事合规计划有机结合,以缓起诉为条件,促进涉案企业建立并执行有效的刑事合规计划。缓起诉协议与刑事合规计划形成"组合拳",既达成追诉犯罪所寻求的矫正、威慑、重塑之客观效果,又避免过度追诉犯罪可能导致企业破产和社会公共利益受损,实现国家、社会和企业"多方共赢"。

党的十九届四中全会明确提出,坚持和完善中国特色社会主义制度,推进国家治理体系和治理能力现代化。这表明党中央高度重视"治理"之道,积极推进治国理政方略由"管理"转向"治理"。刑事司法作为国家治理的

---

① 张远煌主编:《企业家犯罪分析与刑事风险防控报告(2017 年卷)》,北京大学出版社 2018 年版,第 6 页。

② 刑事合规计划是指为避免因企业或企业员工相关行为给企业带来的刑事责任,国家通过刑事政策上的正向激励和责任归咎,推动企业以刑事法律的标准来识别、评估和预防公司的刑事风险,制定并实施遵守刑事法律的计划和措施。参见孙国祥:《刑事合规的理念、机能和中国的构建》,载《中国刑事法杂志》2019 年第 2 期。

③ Ryan McComell & Jay Martin & Charlotte Simon, "Plan Now or Pay Later: The Role of Compliance in Criminal Cases", Houston Journal of International Law, 2011, Vol. 33, p. 531.

一个重要手段,应积极转变司法理念、充分发挥司法功能,为推进国家治理体系和治理能力现代化贡献司法智慧和力量。具体就非公企业犯罪治理而言,司法机关应实现从刑事打击向犯罪治理的路径转变——积极转变司法人员运用追究个人犯罪刑事责任方法的思维模式,并开辟对非公企业系统本身的不完善及非公企业组织结构的缺陷进行法律惩罚和治理的新道路。① 就检察职能发挥而言,检察机关应反思"重打击、轻保护"的传统刑事追诉模式,通过"犯罪化"与"非犯罪化"两条腿走路,对不同性质的非公企业犯罪,采用不同的刑事司法政策和刑事追诉模式。在现行法律框架下,对于社会危害性较小的非公企业犯罪,根据"可诉可不诉的,政策倾向于不诉"的刑事司法政策,可采用"不起诉+行政处罚+检察建议"的治理模式,将刑事合规计划纳入检察建议之中,实现检察监督与企业变革有机结合,对非公企业犯罪进行有效治理。同时,可借鉴美国缓起诉协议制度,探索适用于非公企业犯罪的附条件不起诉制度,在非公企业犯罪治理上,寻求国家、社会、企业"多方共赢"的最佳局面,实现案件办理的政治效果、社会效果和法律效果有机统一。

一、非公企业犯罪的治理困境

在过去较长一段时间里,对非公企业犯罪过于强调"打击",而忽略"治理"语境。片面强调打击非公企业犯罪,不但无法有效根治非公企业犯罪问题,还可能让非公企业犯罪转入"地下",产生新的次生危害,累积新的风险。从犯罪角度梳理非公企业犯罪打击的变迁与流变,再从治理视角检视非公企业犯罪治理的效果与困境,通过这种"犯罪——治理"二元互动的动态比对,发现当前非公企业犯罪治理存在"严刑法、弱刑处、低刑罚、虚治理"的阶层式构造,可称之为非公企业犯罪治理的"四阶层"现象。

(一) 严刑法

改革开放四十多年来,刑法在维护社会主义市场经济秩序方面发挥了重要作用。然而,基于刑法秩序维护功能的线性思维,刑法越来越多地介入市场经济领域,且呈现出泛化、越位与滞后等趋势,使得刑法的工具价值走向

---

① [日]川崎友巳:《合规管理制度的产生与发展》,载《合规与刑法:全球视野的考察》,李本灿等编译,中国政法大学出版社2018年版,第3页。

非理性化。① 细致梳理非公企业犯罪的现状，发现刑法在规制非公企业犯罪方面呈现以下几个特点。

1. 扩增犯罪罪名

刑事立法是一个动态发展过程，一般会随着经济社会发展、犯罪形势变迁以及人民群众对犯罪的价值判断而调整变化。随着我国市场经济不断发展壮大，刑法越来越广泛地介入市场经济领域。1979年刑法第三章"破坏社会主义经济秩序罪"只有17个罪名；而现行刑法第三章"破坏社会主义经济秩序罪"已扩增至108个罪名，且随着刑法不断修正有继续扩增趋势。这种繁杂的罪名体系使得企业在市场经济活动中被定罪处罚的可能性大为提高。② 对非公企业而言尤为如此，现行刑法第三章增设的一些罪名，虽针对所有的市场经济主体，但实践中几乎沦为民营企业和民营企业家的专属罪名，如非法经营罪、拒不支付劳动报酬罪、骗取贷款罪、非法吸收公众存款罪，乃至一些涉税类犯罪，等等。③ 从司法实践看，民营企业家的刑事法律风险确实更大。根据《2016年中国企业家犯罪分析报告》的统计分析，民营企业家实际被认定的罪名数量达70个，国有企业家只涉及33个罪名。实际触犯的罪名数越多，意味着现实中笼罩着的刑事法网越大，被认定为犯罪的风险也越大。从这个意义上讲，刑法对民营企业的规制比国有企业更严更紧。

2. 扩展犯罪内容

为了调和刑法稳定性与犯罪变化性之间的冲突，刑法条文中出现大量的概括性规定或兜底性条款，事实上也扩展了犯罪内容和非公企业的犯罪圈。④ 例如，现行刑法取消了"投机倒把罪"，规定了"非法经营罪"，但又在"非法经营罪"中规定了"其他严重扰乱市场秩序的非法经营行为"的兜底性条款，为该罪的扩大适用留下空间。据不完全统计，实践中已有72种情形可能被纳入"非法经营罪"的打击范围，而且随着经济社会发展

---

① 张远煌、操宏均：《治理语境下刑法对市场经济秩序的非理性规制及其克服》，载《山东大学学报（哲学社会科学版）》2015年第5期，第68页。

② 张远煌、操宏均：《治理语境下刑法对市场经济秩序的非理性规制及其克服》，载《山东大学学报（哲学社会科学版）》2015年第5期，第75页。

③ 张远煌主编：《企业家犯罪分析与刑事风险防控报告（2017年卷）》，北京大学出版社2018年版，第186—189页。

④ 张远煌、操宏均：《治理语境下刑法对市场经济秩序的非理性规制及其克服》，载《山东大学学报（哲学社会科学版）》2015年第5期，第75页。

变化，还可能有更多新的情形不断被纳入其中。"非法经营罪"俨然变成新的"口袋罪"。客观而言，现行刑法条文中的此类概括性规定或兜底性条款，能在一定程度上填补刑事立法漏洞，严密刑事法网，以较小的立法成本保证刑法"供给"。然而，此类概括性规定或兜底性条款模糊了民事违法、行政违法和刑事犯罪之间的界限，使得一些普通经济纠纷案件或行政违法案件可能被升格为刑事案件进行处理，无形中拓展了非公企业的犯罪圈。

3. 降低犯罪门槛

在维护市场经济秩序的价值追求下，刑法越来越多地介入市场经济领域，由此引发的负面效应是，刑法对经营行为、融资行为、合同履行等行为的规制缺乏必要的谦抑性，有意降低一些罪名的入罪门槛。这也为扩大非公企业犯罪圈提供了立法支撑。例如，因贷款诈骗罪的"主观目的"难以查明，该罪入罪门槛较高，《刑法修正案（六）》为此新设"骗取贷款罪"，直接将骗取贷款的行为入罪。这实际上降低了贷款诈骗罪的入罪门槛，加重了骗取贷款行为的刑事打击力度。自2006年以来，裁判文书网上可检索的有关骗取贷款罪的一审判决达3980份，同期的贷款诈骗罪的判决仅为289份。这就意味着，大量的企业骗贷案件，在排除须具备"非法占有为目的"之主观要件后，不断地涌入刑事打击的视野。

综上而言，刑法介入市场经济领域呈现出泛化、越位等趋势，非公企业的犯罪圈随之不断扩大。这传递给非公企业家的是一种"限制市场自由"的价值追求，与全面深化市场经济体制改革，充分发挥市场在资源配置中的决定性作用的政策导向不符。对此，应增强刑法适应市场经济体制改革的主动性，坚守刑法作为社会治理手段中"最后的手段"的本位角色，并通过"犯罪化"与"非犯罪化"两条腿走路，来确保刑法的"最后手段"角色得以协调推进，最大限度避免因刑法的守成性和刚性给市场经济造成的负面影响。[①]

（二）弱刑处

刑事立法和刑事司法是非公企业犯罪治理的一体两翼。当前，针对非公企业犯罪的刑事立法日趋严密，但刑事司法与非公企业犯罪治理之间仍存在较大的适应性背离，显得有些"力不从心"。一是专业能力不足。现代经济

[①] 张远煌、操宏均：《治理语境下刑法对市场经济秩序的非理性规制及其克服》，载《山东大学学报（哲学社会科学版）》2015年第5期，第70页。

犯罪涉案金额大、涉众性广、资金走向繁复、犯罪手段变化多端，呈现专业化、信息化、智能化等特点。反观司法机关的专业能力稍显不足，对会计审计等专业力量的借助尚未形成长效机制，对大数据、人工智能等信息技术的应用也远远不足，在办理经济犯罪案件时遇到较大挑战。二是协作机制不健全。经济犯罪案件牵涉面广，需构建以经济情报为纽带、以资金监测为手段、以数据信息共享为基础的行政监管机制，并与刑事司法进行有效衔接和协作。然而，各职能部门之间各自为政的现象仍然存在，行政执法与刑事司法衔接机制仍不完善，难以形成强大合力。三是追赃能力有待增强。追赃挽损是被害人最大的关切，也是他们能否感受到公平正义和对司法办案是否满意的重要指标。通过追赃剥夺涉案企业的违法所得，限制其再犯罪能力，也是经济犯罪刑罚的应有之义。但追赃挽损往往受到省际、"线际"（线上指互联网信息技术、线下指地下钱庄）的限制。由于缺乏全国统一的协调机构，地方公安机关得通过公安部协调，才能进行省际间信息沟通。这虽为跨省际、"线际"追赃提供了空间和通道，但由于成本太高、效率低下，严重制约对犯罪资金去向的追查和追赃效果。

刑事立法的严密性、经济犯罪案件复杂性与刑事司法能力有限性之间的张力，凸显了刑事司法资源的不足。这就造成在特定阶段和情形下，刑事司法被当成非常手段来应用，打击经济犯罪呈现"情景化""运动式"特性，以致社会公众质疑司法机关执法司法的选择性。如果刑事司法介入市场经济领域的公正性保障不足，其功能便不是服务保障市场经济健康发展，而是阻碍发展。面对刑法广泛介入市场经济领域的现实，应通过理性司法、公正司法消解刑法"越位"对市场经济发展所带来的负面影响。[①]

（三）低刑罚

根据《企业家刑事风险分析报告（2014—2018）》的研究显示，2018年共有2473名民营企业家遭刑事处遇，其中，10人被判无罪，占涉案民营企业家总数的0.4%；106人被判免予刑事处罚，占4.28%；28人被判单处罚金，占1.13%；2人被判管制，占0.08%；139人被判拘役，占5.62%；2174人被判有期徒刑，占87.9%；14人被判无期徒刑，占0.57%。在被判处有期徒刑的2174名犯罪民营企业家之中，刑期在5年以下的共有1768

[①] 张远煌、操宏均：《治理语境下刑法对市场经济秩序的非理性规制及其克服》，载《山东大学学报（哲学社会科学版）》2015年第5期，第78页。

人，占涉案民营企业家总数的71.5%；刑期在5年以上10年以下的民营企业家244人，占9.87%；刑期在10年以上20年以下的共162人，占6.55%。① 另有学者研究表明，被判处自由刑的企业家中，被判处有期实刑的人数占26%，被判处缓刑人数占74%。② 从以上数据分析可见，涉案民营企业家大多被判处非剥夺自由的刑罚或者短期自由刑，被判处长期自由刑（包括10年以上有期徒刑以及无期徒刑）的人数极少。低刑罚的另一个表现是，企业犯罪中的罚金刑也相对轻缓。据有关统计分析，企业犯罪的平均犯罪数额达104万元，而平均罚金额仅为29.2万。企业犯罪中的罚金数额较小，与犯罪数额呈现不均衡态势。③

综上而言，涉案民营企业家被判处刑罚的总体水平较低。有学者认为，非公企业犯罪后科处的刑罚过低，难以产生一般预防的效果，甚至还会起到反作用，形成"破窗效应"，导致非公企业因违法犯罪成本低而铤而走险。这种观点仅具有片面的合理性。刑罚的运用强调罪责刑相适应，非公企业犯罪刑罚水平的高低与其承担的罪责轻重密切相关。在强调"打击"的语境下，非公企业犯罪的刑罚水平偏低，表明非公企业触犯的罪名和承担的刑责相对较轻。应对非公企业犯罪，不能一味求重或求轻，对其科处的刑罚既要匹配犯罪的实际危害性，又要充分考虑非公企业犯罪的特点。对于社会危害性较小的非公企业犯罪，应坚持低刑罚的处罚方式，广泛运用非监禁刑罚方法和非刑罚处罚方法。

（四）虚治理

如前所述，传统刑事司法模式作为国家惩治犯罪的"刀把子"，片面强调司法机关的刑事打击，无法阻遏非公企业犯罪，更遑论形成有效的综合治理。首先，从治理力量看，治理的主体较为单一。治理理念强调治理主体多元化，体现多元共治的精神。而在非公企业犯罪治理中，存在治理力量单薄

---

① 北京师范大学中国企业家犯罪预防研究中心：《企业家刑事风险分析报告（2014—2018）》，载《河南警察学院学报》2019年第4期，第30页。

② 有学者以"北大法意—法学大数据分析平台"为工具，以"刑事一审案件，被告人类型为法人"为筛选条件，选取了2016年11月之前，中国裁判文书网内的所有案例，并以此作为分析样本进行数据分析，得出上述结论。参见李本灿：《认罪认罚从宽处理机制的完善：企业犯罪视角的展开》，载《法学评论》2018年第3期，第115页。

③ 李本灿：《认罪认罚从宽处理机制的完善：企业犯罪视角的展开》，载《法学评论》2018年第3期，第115页。

和失衡问题。当前对非公企业犯罪的治理，主要还是依靠司法机关，政府主管部门乃至非公企业自身都没有充分参与其中。对此，应注重企业犯罪治理主体的多元化，形成在司法机关主导和政府有关部门参与下，涉案企业积极主动实施变革的多元治理格局。其次，从治理模式看，重事后打击、轻事前预防。目前，司法机关主要依靠刑罚来规制非公企业犯罪。虽也采取一些措施预防非公企业犯罪，但停留于普法宣传阶段，针对性不强，预防效果差强人意。这种注重事后打击的治理模式，只能将非公企业犯罪限缩在一定程度和一定范围内，久而久之必然呈现治理乏力状态，无法从根本上解决非公企业犯罪问题，只能"治标"不能"治本"。而只有坚持"惩防并举、注重预防"的治理模式，增强非公企业合法规范经营的自觉性，才能实现对非公企业犯罪的源头控制，从根本上解决非公企业犯罪问题。①

二、美国联邦检察官办理企业犯罪案件的做法及启示

在美国，为了寻求惩治企业犯罪以维护经济社会秩序良性运转与过度追诉企业犯罪可能导致企业破产和社会公共利益受损之间的平衡，联邦检察官在办理企业犯罪案件时，广泛适用缓起诉协议，要求涉案企业承认犯罪事实并配合调查，缴纳罚款或支付赔偿金，以及建立并执行有效的刑事合规计划等，在涉案企业充分履行缓起诉协议条件下，作出不起诉决定，取得"多方共赢"的法律效果和社会效果，有其值得参考和借鉴之处。

（一）缓起诉协议的源起与发展

缓起诉协议（Deferred Prosecution Agreement），是指检察官基于特定事由，与被追诉对象签订协议，对其暂时不予起诉，并要求其在规定的考察期内充分履行协议内容，待期限届满后，作出最终的起诉或不起诉决定。② 在美国，缓起诉协议最早适用于未成年人犯罪领域，目的是给轻罪未成人改过自新的机会，避免"犯罪标签"对其产生终身的负面影响。直至20世纪90年代，缓起诉协议才开始适用于企业犯罪领域。

---

① 张远煌、龚红卫：《合作预防模式下民营企业腐败犯罪的自我预防》，载《政法论丛》2019年第1期，第115页。
② 郭林将：《论暂缓起诉在美国公司犯罪中的运用》，载《中国刑事法杂志》2010年第7期，第121页。

经过多年研究如何充分解决企业犯罪与个人犯罪量刑之间的差异问题，美国联邦量刑委员会于1991年颁布了《组织量刑指南》，规定在《联邦量刑指南》第八章。①《组织量刑指南》实施后，联邦检察官不再从起诉和撤诉之间二选一，开始与涉案企业达成一致目标、签订协议，在不起诉条件下办理企业犯罪案件。这些协议要么是撤销对企业的指控，即不起诉协议；要么是暂缓对企业的指控，即缓起诉协议。②1993年，洛杉矶联邦检察官办公室与违反出口管制的美国阿穆尔公司达成第一份缓起诉协议。该份协议认可了《组织量刑指南》所确定的原理：有效的刑事合规计划能够极大地降低企业违背道德或违法的风险。这不仅是联邦检察官首次适用缓起诉协议办理企业刑事犯罪案件，也是联邦检察官首次将刑事合规计划纳入考虑范围，决定是否提出刑事指控的公开案件。在该案中，美国阿穆尔公司认真履行缓起诉协议内容，积极开展有效的内部改革，并缴纳了2万美元罚款，洛杉矶联邦检察官办公室最终对该公司作出不起诉决定。③

然而，在20世纪90年代，缓起诉协议被认为是一种缺乏法律明确规定的"灰色地带"。检察官对介入企业犯罪治理并不感兴趣，尤其是在司法部没有提出明确指导意见的情况下，检察官适用缓起诉协议的积极性并不高。据统计，整个20世纪90年代，联邦检察官对企业犯罪适用缓起诉协议的案件仅有8件。④

1999年，时任美国司法部副部长的埃里克·霍尔德（Erid Holder）签署《联邦公司起诉规则》，又称"霍尔德备忘录"（Holder Memo）。"霍尔德备忘录"虽指明了检察官在个案中决定是否起诉公司企业时应考虑的八个因素，但没有就缓起诉协议在办理企业犯罪案件中的适用提出明确指引，以

---

① U. S. Sentencing Commission, Supplementary Report on Sentencing Guidelines for Organizations (1991).

② Scott D. Michel & Kevin E. Thorn, "Deferred Prosecution Agreements: Implications for Corporate Tax Departments", The Tax Executive, 2006, Jan. – Feb., p. 51 – 52.

③ 由于缺乏官方统计资料，联邦检察官适用缓起诉协议的整体状况较难掌握，但通常认为，美国阿穆尔公司违反出口管制案是美国联邦检察官适用缓起诉协议办理企业犯罪的第一案。See Ryan McComell & Jay Martin & Charlotte Simon, "Plan Now or Pay Later: The Role of Compliance in Criminal Cases", Houston Journal of International Law, 2011, Vol. 33, p. 562.

④ Peter Spivack & Sujit Raman, "Regulating the 'New Regulators': Current Trends in Deferred Prosecution Agreements", American Criminal Law Review, 2008, Vol. 45, p. 164.

致联邦检察官仍就缺乏适用缓起诉协议的积极性。① 2002 年，安达信事件爆发后，联邦检察官对该公司的指控，导致公司信誉下降、客户流失，28000名雇员失业，安达信最终被并购，产生非常大的社会影响。美国司法部一时间竟成为众矢之的。许多评论者认为，起诉安达信所带来的社会效益微乎其微，所造成的负面后果却相当严重。前新泽西州联邦地区检察官克里斯托弗·克里斯蒂在国会众议院作证时陈述，安达信案件深深震撼了每一位联邦检察官，促使他们积极寻找处理法人犯罪的第三条道路。② 在此情形下，美国司法部开始将工作重心从起诉阶段转移到诉前阶段，重视缓起诉协议和不起诉协议的适用，以降低公司企业被起诉定罪所产生的消极影响。2003 年，时任美国司法部副部长的拉里·汤普森签署《联邦商业组织起诉原则》（又称"汤普森备忘录"），明确提出审前分流程序是给积极发展合作与合规企业的适当奖励，为此后缓起诉协议的广泛适用做了铺垫。在"汤普森备忘录"的指引下，联邦检察官在办理企业犯罪案件时，开始主动积极地适用缓起诉协议，以减少涉案企业被起诉定罪所造成的负面社会影响。

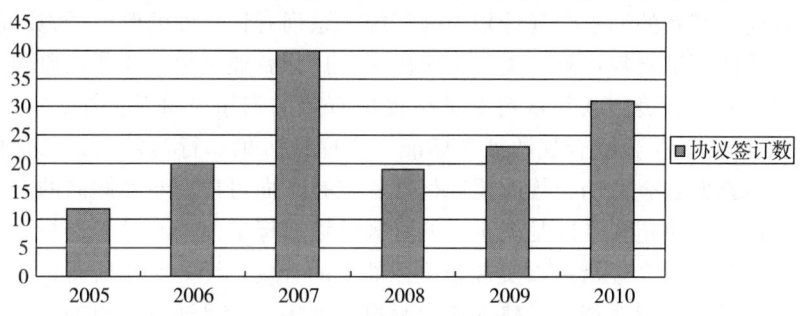

"汤普森备忘录"签署后缓起诉协议的签订情况③

（二）缓起诉协议的主要内容

缓起诉协议实行"一案一协议"。由于个案具体案情不同，美国联邦检察官与涉案企业签订的缓起诉协议的具体条款也不尽相同。但缓起诉协议也

---

① Lauren Giudice, "Regulating Corporation: Analyzing Uncertainty in Current Foreign Corrupt Practices Act Enforcement", Boston University Law Review, 2011, Vol. 91, p. 362.

② 叶良芳：《美国法人审前转处协议制度的发展》，载《中国刑事法杂志》2014 年第 3 期，第 137 页。

③ Ryan McComell & Jay Martin & Charlotte Simon, "Plan Now or Pay Later: The Role of Compliance in Criminal Cases", Houston Journal of International Law, 2011, Vol. 33, p. 563.

有一些共性内容和核心条款,通过考察诸多联邦检察官与涉案企业签订的缓起诉协议,可总结概括出缓起诉协议主要涵括以下几个方面的内容:

1. 认罪与配合调查

联邦检察官一般要求涉案企业在缓起诉协议中承认全部或部分犯罪事实。如果该企业不遵守缓起诉协议,检察官需要继续起诉,涉案企业承认犯罪事实将是证明其犯罪的有力证据。此外,缓起诉协议还包含要求涉案企业配合检方调查的义务条款,包括但不限于:提供与犯罪有关的一切信息,不得以任何形式干扰或妨碍企业相关人员作证,企业自行开展内部调查并向检察官提供调查报告,等等。在缓起诉协议中强调涉案企业认罪与配合调查义务,目的是为了更加高效地推进企业犯罪事实调查和企业内部改革。①

2. 建立并执行刑事合规计划

根据美国司法部的解释,适用缓起诉协议的主要目的是提高司法效率、提供补偿救济机制以及防止再犯。② 因此,要求涉案企业完善内部治理和监督管理机制是缓起诉协议的重点内容之一。通常情况下,联邦检察官要求涉案企业建立有效的刑事合规计划,并实施一系列有针对性的改革措施。能否建立有效的刑事合规计划取决于很多因素,比如企业规模、业务性质和合规传统等。对此,美国联邦量刑委员会提出有效的刑事合规计划的"七个一般性标准":一是建立合规政策和标准,合理预防犯罪行为发生;二是指定高层人员来监督企业的合规政策和标准;三是不向可能有犯罪倾向的个人授予重大的自主决定权;四是就企业的合规政策和标准向所有员工进行有效的普及;五是采取合理措施以实现企业标准下的合规,譬如利用监测、审计系统来检测员工的犯罪行为,建立违规举报制度等;六是通过适当的惩戒机制严格执行合规标准;七是发现犯罪行为后,采取必要的合理措施来应对犯罪行为,并预防类此行为发生。③ 以 1994 年美国联邦检察官与涉嫌证券欺诈的保诚公司达成的缓起诉协议为例,保诚公司为符合缓起诉协议要求,建立刑事合规计划并实施了一系列改革措施,包括扩充合规部门和人员,由高管组成风险管理小组协调法律和合规事宜,建立商业审查委员会系统性地审查所有交易,加强员工培训力度,以及完善用于检测和制止非法行为的审计方

---

① 郭林将:《论暂缓起诉在美国公司犯罪中的运用》,载《中国刑事法杂志》2010 年第 7 期,第 123 页。

② U. S. Attorneys' Manual,§9 - 22.010.

③ Ryan McComell & Jay Martin & Charlotte Simon,"Plan Now or Pay Later:The Role of Compliance in Criminal Cases",Houston Journal of International Law,2011,Vol. 33,p. 530.

案，等等。为了有效执行合规计划，保诚公司还在董事会内部任命成立了合规委员会，在企业八大分区内设立了区域合规官。① 鉴于刑事合规计划在促进企业完善内部治理、防止企业再犯等方面的积极作用，绝大多数缓起诉协议中都含有刑事合规计划条款。例如，2007 年签订的 40 份缓起诉协议中有 31 份包含了刑事合规计划的内容。2008 年至 2010 年的数据也表明，刑事合规计划已成为缓起诉协议的核心内容之一。②

3. 罚款或特别给付

为了惩戒涉案企业和赔偿被害人，缓起诉协议一般要求涉案企业缴纳罚款、赔偿金或采取其他补救措施。美国司法部通过适用缓起诉协议，对涉案企业施加高额罚款，获得不菲的"经济收益"。特别是对在美国开展业务或上市的外国企业而言，这种"高额罚款"正面临着越来越大的争议。不少人士指责美国司法部"动机不纯"，甚至构成对外国企业的"敲诈勒索"。③但客观上讲，美国司法部对此问题是一视同仁的，本土涉案企业也要缴纳高额赔偿金或罚款。例如，在 Bristol-Myers Squibb 案中，涉案企业被要求向投资者支付 3 亿美元的损害赔偿金；在 Computer Associate 案中，联邦检察官要求涉案企业建立 2 亿美元的专项赔偿基金；在 America Online 案中，涉案企业被要求支付 1.5 亿美元的赔偿金和 6 千万美元的罚款。姑且不论高额赔偿金或罚款是否合理，但通过施加赔偿金或罚款，确实使那些存在贿赂、洗钱、财务造假等违法犯罪行为的企业受到应有的惩罚。此外，有的缓起诉协议还要求涉案企业向慈善机构、环保团体等组织支付一定的金钱作为惩罚，但这一做法引发不少批评和质疑。2008 年，美国司法部修订《联邦检察官手册》(U. S. Attorney's Manual)，规定除符合特定条件外，联邦检察官不得要求涉案企业向与犯罪矫治无关的慈善机构、环保团体等组织或个人支付金钱。

4. 监督协议执行

为了监督缓起诉协议有效执行，联邦检察官一般会指定独立监管人 (independent momitor)，监督涉案企业是否认真履行缓起诉协议，重点是监

---

① Ryan McComell & Jay Martin & Charlotte Simon, "Plan Now or Pay Later: The Role of Compliance in Criminal Cases", Houston Journal of International Law, 2011, Vol. 33, p. 562 – 563.

② 2008 年签订的 19 份缓起诉协议里，有 17 份含有刑事合规计划；2009 年，23 份协议里有 18 份；2010 年，31 份协议里有 28 份。

③ 陈瑞华：《美国暂缓起诉协议制度与刑事合规》，载《中国律师》2019 年第 4 期，第 80 页。

督企业合规计划的建立与执行。① 关于监管人的选任，曾引发很大的争议，普遍担心的是监管人选任过程中是否存在潜在的利益冲突。为了解决这一问题，美国司法部于 2008 年签署"莫福德备忘录"（Morford Memo），用于解决缓起诉协议监管人选任事项，试图消除涉案企业关于监管人选任的疑虑，并阐明监管人的职责。"莫福德备忘录"要求美国司法部建立筛选委员会，审核监管候选人是否符合要求。同时，强调监管人的公正性非常重要，反复申明监管人应该是一个独立第三方，而非涉案企业或政府的雇员。此外，"莫福德备忘录"还强调，监管人担当的不是施加惩罚的角色，其核心作用在于评估涉案企业是否建立并执行有效的刑事合规计划。② 不容忽视的问题是，缓起诉协议要求涉案企业改革内部监督制度及引入独立监管人监督机制，其所耗费的高额管理成本，对一些企业造成较大经济压力。据统计，大型企业为了符合缓起诉协议要求，仅监管费支出一项平均高达 600 万美元。③ 因此，除了选用独立监管人之外，监督缓起诉协议执行的另一方案是要求涉案企业主动汇报。部分缓起诉协议中制定了详尽的企业合规计划汇报安排，要求涉案企业首席合规官定期就企业合规计划的建立和执行情况，向司法部或联邦检察官办公室进行汇报。一般在缓起诉协议执行后 4 到 6 个月内，涉案企业须向司法部或联邦检察官办公室进行初始汇报。此后，涉案企业在缓起诉协议执行期内，还要提交两到三份后续报告。④

5. 协议的审查与救济

在美国，联邦检察官拥有签订、撤销缓起诉协议的终局性权力。法官对缓起诉协议的审查，仅有形式意义，而无实质功能。一旦检察官与涉案企业签订缓起诉协议，案件就不再进入法院审理程序。如果检察官认定涉案企业违反缓起诉协议，进而撤销缓起诉协议，其决定也具有终局性，基本不受法院的司法审查。从理论上讲，在缓起诉协议执行期内，如果涉案企业没有遵守缓起诉协议，检察官可以撤销协议，并向法院提起诉讼。然而在实践中，检察官撤销缓起诉协议的情况极少发生。几乎所有达成缓起诉协议的案件，

---

① James K. Robinson & Philip E. Urofsky & Christopher R. Pantel, "Deffered prosecutions and the independent monitor", International Journal of Disclosure and Governance, 2005, Vol. 2, p. 335.

② Morford Memo（2008）.

③ Vikramaditya Khanna & Timothy L. Dickson, "The Corporate Monitor: The New Corporate Czar?", Michigan Law Review, 2007, Vol. 105, p. 1732.

④ Ryan McComell & Jay Martin & Charlotte Simon, "Plan Now or Pay Later: The Role of Compliance in Criminal Cases", Houston Journal of International Law, 2011, Vol. 33, p. 583.

在协议期限届满后,都以检察官放弃起诉结案。需要说明的是,在美国,缓起诉协议被视为检察官与涉案企业签订的合同。尽管缓起诉协议的签订或撤销不受法院的司法审查,但如果缓起诉协议违反美国合同法的禁止性规定,譬如,检察官对涉案企业存在经济胁迫,或缓起诉协议内容显失公平等,涉案企业可依据美国合同法向法院提起诉讼,寻求法院的司法救济,请求法院变更或撤销缓起诉协议。①

(三) 缓起诉协议的价值分析

缓起诉协议的适用既有利于节约司法资源,也有利于维护社会公共利益,还能避免传统刑事追诉模式造成的两难困境——提起公诉可能导致涉案企业破产倒闭,不起诉则无法给予涉案企业必要的惩罚。换言之,缓起诉协议较好体现了联邦检察官办理企业犯罪的基本理念,即实现国家、社会和企业"多方共赢"的最佳局面。

1. 从国家角度看,有利于节约司法资源

企业犯罪大都属于专业性、隐秘性较强的经济犯罪活动,检察官往往很难收集到足以排除合理怀疑的充分证据。加之涉案企业的财力雄厚,能够聘请经验丰富的律师团队进行抗辩,对证据合法性和定罪标准提出挑战,大大增加了司法机关对涉案企业的指控和定罪难度。在美国,对涉案企业的调查取证、审查起诉和审判,往往是一场旷日持久的诉讼活动,需耗费大量的司法资源。美国学者的实证研究表明,很多企业犯罪案件的办理,从案件调查到作出判决,动辄持续几年乃至更长时间。这使得司法机关不得不将大量时间精力和人力物力投入到部分企业犯罪案件的诉讼过程中,而无力对其他经济犯罪案件进行调查、起诉和审判,从而导致不同程度的执法不力、司法不公问题。② 基于此,检察官对企业犯罪案件适用缓起诉协议,既能通过罚款或支付赔偿金,给予涉案企业必要惩戒以维护良好的经济秩序,又能避免冗长繁琐的刑事诉讼程序,从而最大限度地节约司法资源、提高司法效率、维护司法公正。

---

① 郭林将:《论暂缓起诉在美国公司犯罪中的运用》,载《中国刑事法杂志》2010年第7期,第124—125页。

② 陈瑞华:《企业合规视野下的暂缓起诉协议制度》,载《比较法研究》2020年第1期,第12页。

2. 从企业角度看,有利于避免企业陷入困境

从表面上看,一家企业被起诉和定罪,其结果不外乎被判处罚金。但是,无论是在美国,还是在英国、法国等国家,涉案企业一旦被法院宣告有罪,除被判处罚金外,往往还有其他附加处罚,如剥夺与政府签订合同的资格,甚至吊销营业执照,等等。① 此外,企业被起诉定罪,容易引发公共信任危机和流动性危机。银行出于资金安全的考虑,常常会对涉案企业紧缩贷款,甚至提前抽贷;合作伙伴和客户也可能出于交易安全的顾虑,终止与涉案企业的合作。简言之,企业被起诉定罪,很容易因客户流失、融资渠道受阻、资金链断裂而濒临破产倒闭。例如,在前述安达信案件中,安达信会计师事务所因销毁与安然公司有关的大量审计文件,美国联邦检察官以妨害司法罪起诉安达信,美国德州南区联邦地方法院认定罪名成立。判决作出后,安达信宣布停止上市公司审计业务,放弃在美国的全部审计市场,正式退出从事了 89 年的审计行业。更为严重的是,由于商业信誉和专业形象严重受损,许多客户陆续离开安达信,导致安达信最终被安永会计师事务所收购。安达信案表明,检察官起诉一家企业,很可能让该企业陷入生产经营困境,甚至破产倒闭。因此,在"起诉公司相当于判其死刑"的背景下,检察官与涉案企业达成缓起诉协议,能够最大限度降低传统刑事追诉模式的"破坏性"和负面影响。对涉案企业而言,选择缓起诉协议,能够避免遭受更大的损失或付出更严重的代价。②

3. 从社会角度看,有利于维护社会公共利益

如前所述,达成缓起诉协议对检察机关和涉案企业而言是一种"双赢"。检察机关能够避免起诉后法庭是否定罪的不确定性及节约司法资源;涉案企业则能够避免遭受更大损失或付出更严重代价。然而,缓起诉协议制度作为一项司法制度,仅仅基于控辩双方的利益考量,并不足以解释该制度的正当性基础。缓起诉协议制度的确立和实行,还存在更深层次的动因,即基于社会公共利益的考量。③ 随着社会分工越来越细,企业作为一个经济组织牵涉大量的社会因素,往往是牵一发而动全身。企业在职员工、退休员

---

① 陈瑞华:《企业合规视野下的暂缓起诉协议制度》,载《比较法研究》2020 年第 1 期,第 12 页。

② 陈瑞华:《企业合规视野下的暂缓起诉协议制度》,载《比较法研究》2020 年第 1 期,第 12 页。

③ 陈瑞华:《企业合规视野下的暂缓起诉协议制度》,载《比较法研究》2020 年第 1 期,第 11 页。

工、股东、债权人、客户和消费者，乃至上下游企业等，都与该企业利益密切相关。企业一旦因涉嫌犯罪被起诉定罪，很可能陷入生产经营困境，甚至破产倒闭。这不可避免会损害企业员工、股东、债权人、客户，乃至上下游企业等"无辜第三方"的合法权益，甚至引发系统性风险，影响社会稳定。① 基于此，美国联邦检察官在决定是否对一家涉案企业适用缓起诉协议时，不仅会考虑节约司法成本、避免过度追诉等因素，也会把社会公共利益纳入考量因素，乃至作为最重要的考量因素加以权衡。倘若起诉一家涉案企业，可能导致该企业破产倒闭，进而对社会公共利益产生重大影响，那么对该涉案企业适用缓起诉协议将成为更优的选项。总而言之，缓起诉协议作为传统刑事犯罪追诉模式的一种替代性选择方案，既能实现追诉犯罪所寻求的矫正、威慑、重塑之客观效果，又能尽量避免让"无辜第三方"承担额外成本。② 缓起诉协议的适用，既能给予涉案企业必要的惩戒，又能最大限度避免起诉所产生的负面社会影响，取得良好的法律效果和社会效果，符合社会公共利益原则，因而具有广泛社会基础和充分正当性。

三、非公企业犯罪治理的中国模式

他山之石，可以攻玉。鉴于缓起诉协议制度和刑事合规计划在企业犯罪治理方面所取得的积极成效，可汲取其中的有益经验和合理因素为我所用，在反思"重打击、轻保护"的传统刑事追诉模式基础上，构建非公企业犯罪治理的中国模式。

（一）反思传统刑事追诉模式

在此前较长一段时间里，在"重打击、轻保护"理念的影响下，检察机关不论办理个人犯罪还是企业犯罪案件，主要采取积极追诉模式，刑事案件起诉率长期高位运行，检察官起诉裁量权的运用并不充分。据统计，2014年至2018年，我国不起诉率分别占比是5.3%、5.3%、5.9%、6.3%、7.7%，虽然呈现稳步上升的状态，但占比仍然较低。③ 且不论积极追诉模

---

① 刘冬平：《美国适用缓起诉协议打击企业犯罪初步研究》，载《华北水利水电大学学报（社会科学版）》2015年第5期，第76页。

② P. J. Meitl, "Who's the Boss? Prosecutorial Involvement in Corporate America", Northern Kentucky Law Review, 2007, Vol. 34, p. 22.

③ 童建明：《论不起诉权的合理适用》，载《中国刑事法杂志》2019年第4期，第28页。

式对于办理个人犯罪案件是否恰当,但这种以追诉权、求刑权为核心的传统刑事追诉模式缺乏经济调控力,难以有效应对新形势下的非公企业犯罪问题。首先,单纯的刑事追诉停留于非公企业犯罪表面,无法深入非公企业内部,从完善非公企业治理角度要求涉案企业实施根本性变革,也无法有效防止涉案企业再次发生违法犯罪行为。其次,积极追诉容易产生"负外部性",可能导致涉案企业破产倒闭、大量雇员失业,而且其产生的辐射效应可能危及整个资本市场的信心,阻碍相关产业的发展。[①]

近年来,最高检积极调整刑事追诉模式,尤其对民营企业犯罪案件采取了较为宽缓的捕诉政策。2018年11月,最高检发布《明确规范办理涉民营企业案件执法司法标准》,强调人民检察院办理涉民营企业案件,要把控舆论影响和准备风险预案,以合法的办案方式和有效的治理措施,避免给企业的正常生产和工作秩序造成影响,尽可能维护民营企业的声誉。同时强调,对民营企业负责人涉嫌犯罪,可捕可不捕的,政策倾向于不捕;可诉可不诉的,政策倾向于不诉。

用好不起诉权,是对传统积极追诉模式的有效矫正,对于避免过度追诉企业犯罪所造成的负面社会影响,营造良好的营商环境,确实发挥了积极功效。但我们应辩证地看待不起诉权的运用。根据现行法律规定,检察机关对涉案企业作出不起诉决定,不能附加罚款等惩罚措施,也极少要求涉案企业建立并执行有效的刑事合规计划以防止再犯。在此种情况下,涉案企业既没有得到应有惩罚,也没有从企业内部进行根本性变革,建立预防违法犯罪行为的监督管理机制,仍有可能再次发生违法犯罪行为。换言之,这种"重保护、轻打击"的不起诉模式,也只"治标"、不"治本",并非治理企业犯罪的上上之策。

治理理念强调治理方式多元化、柔性化。从这个意义上讲,对于非公企业犯罪问题,单纯追诉或不诉,都不是最好的治理方式。有效治理非公企业犯罪,应坚持"犯罪化"与"非犯罪化"两条腿走路,对不同性质和类型的非公企业犯罪,采用不同的刑事司法政策和刑事追诉模式。对于社会危害性极大的非公企业犯罪行为,譬如严重的食品安全犯罪和环境污染犯罪行为等,应依法予以严厉打击,最大限度剥夺涉案企业的再犯能力。对于社会危害性较小的非公企业犯罪行为,譬如非法吸收公众存款后能足额返还被害

---

① 郭林将:《论暂缓起诉在美国公司犯罪中的运用》,载《中国刑事法杂志》2010年第7期,第122页。

人,因企业创新行为而触犯刑法等,应坚持"非犯罪化"处理,即便需要起诉定罪,也应充分考虑非公企业犯罪的特点,重视非监禁刑罚方法和非刑罚处罚方法的运用。

(二) 现行法律框架下的治理模式

为了克服单纯追诉或不诉所产生的弊端,在现行法律框架下办理非公企业犯罪案件,在"可诉可不诉的,政策倾向于不诉"的刑事政策框架下,对于社会危害性较小的非公企业犯罪行为,可采用"不起诉+行政处罚+检察建议"的综合治理模式。

大多数非公企业违法行为构成犯罪的同时,也违反行政法律法规,可以依法予以行政处罚。然而,非公企业违法行为一旦涉嫌犯罪并移送司法机关,不论司法机关作出起诉或不起诉,判处有罪或无罪,行政机关一般不再对涉案企业进行处罚。根据《人民检察院刑事诉讼监督规则》第373条的规定,人民检察院决定不起诉的案件,对被不起诉人需要给予行政处罚、政务处分或者其他处分的,经检察长批准,人民检察院应当提出检察意见,连同不起诉决定书一并移送有关主管机关处理,并要求有关主管机关及时通报处理情况。然而,在实践中,检察机关很少向有关主管机关提出对被不起诉人给予行政处罚的检察意见或检察建议。据有关统计数据,2018—2019年,F省检察机关作出的不起诉案件中,有466件案件按规定应当向有关主管机关提出对被不起诉人给予行政处罚的检察意见或检察建议,但仅提出了28件检察意见或检察建议,提出数与不起诉数占比仅有6%。某基层检察院近两年办理的30件不起诉案件,都未向有关主管机关提出对被不起诉人给予行政处罚的检察意见或检察建议。这就导致检察机关作出不起诉决定,涉案企业既没有遭到刑事处罚也没有受到行政处罚的"双不罚"后果。对此,检察机关经审查,对涉案企业作出不起诉决定的,应当向有关主管机关提出检察意见或检察建议,建议主管机关对涉案企业依法予以行政处罚。在美国,检察机关也经常会同证券交易委员会、食品药品监督管理局、商务部、财政部等其他政府监管部门,与涉案企业达成所谓的"一揽子和解协议"。例如,在西门子海外贿赂案件中,美国司法部就会同证券交易委员会与西门子公司达成了缓起诉协议;而在中兴通讯公司违反出口管制法案件中,美国司法部就会同商务部、财政部与中兴公司达成了缓起诉协议。[①]

---

① 陈瑞华:《企业合规视野下的暂缓起诉协议制度》,载《比较法研究》2020年第1期,第4页。

根据最高检新修订的《人民检察院检察建议工作规定》，检察机关在作出不起诉决定的同时，可以针对涉案企业内部管理制度不健全，仍存在违法犯罪隐患等问题，向涉案企业发出检察建议，要求涉案企业堵塞漏洞、完善治理、防止再犯。向涉案企业制发的检察建议，不能只提"加强内部管理""建章立制""强化员工培训"等宽泛要求，而是要提出明确的整改意见和措施。具体可围绕涉案企业的企业特性和存在问题，要求涉案企业建立并执行一套符合企业实际的刑事合规计划，包括制作详尽的合规指南手册，设置实施合规计划的责任部门或责任人，就合规计划内容向所有员工进行有效培训，通过适当的惩戒机制督促严格执行合规计划，以及完善发现违法行为时的处理程序，等等。简言之，要把建立并执行有效的刑事合规计划纳入向涉案企业制发的检察建议之中。需指出的是，检察建议不具有强制执行的效力，涉案企业不履行检察建议内容，检察机关只能采取其他监督方式，不能撤销原先的不起诉决定重新提起公诉。从这个角度看，由于缺乏强有力的保障机制，检察建议可能难以达到促进涉案企业堵塞漏洞、完善治理、防止再犯的预期效果。

总体而言，"不起诉+行政处罚+检察建议"的综合治理模式虽能取得一定成效，但受制于现行不起诉制度的适用范围有限和检察建议的刚性效力不足，该模式与美国缓起诉协议制度相较而言，仍有进一步改进和完善的空间。

（三）探索适用于非公企业犯罪的附条件不起诉制度

如前所述，绝大多数缓起诉协议都含有刑事合规计划的内容，可以说，刑事合规计划"深嵌于"美国缓起诉协议制度之中。一方面，刑事合规计划是缓起诉协议的重要内容和正当性基础；另一方面要求涉案企业建立并执行刑事合规计划，需要缓起诉协议作为支撑和最终保障。美国联邦检察官之所以如此重视刑事合规计划的作用，缘由在于刑事合规计划能够使企业对法律的遵守不再依靠严格监视和企业自觉性与诚实性，而是用合理的事前规划来避免违法犯罪行为的发生。即使偶尔发生了违法行为，合规计划也有能力尽早将违法行为扼杀在摇篮中。[1]

相较而言，我国企业的刑事合规意识普遍较低，未能认识到刑事合规计

---

[1] Richard J. Maclaury, "Compliance Programs under Robinson–Patman Act and Other Laws–The Practical Effect of Such Programs or the Absence Thereof", Antitrust Law Journal, 1967, Vol. 37, p. 103.

划对于自身规范经营活动和预防刑事犯罪风险的重要性。然而，随着中兴事件和华为事件的持续发酵，刑事合规计划逐渐引起我国政府、司法机关和企业的重视。有些地方的检察机关已经对介入企业刑事合规活动开展了积极探索。例如，有的检察机关对单位犯罪开展认罪认罚从宽制度探索，对于涉嫌犯罪的企业，检察院聘请相关主管单位、监管部门人员等组成专家团队，对涉案单位的社会危害性、处罚适当性进行综合评估。对于整改到位、认罪认罚的企业，依法适用不起诉。① 此类做法，既可以认定为检察机关对企业犯罪适用认罪认罚从宽制度的探索，也可以说是中国版刑事合规计划的雏形。在我国现行法律框架下，刑事合规计划与认罪认罚从宽制度之间具有一定的相容性，检察机关可以在开展企业犯罪认罪认罚从宽制度实践的基础上，探索检察机关介入企业刑事合规计划的角色和地位，尝试确立检察机关在企业刑事合规计划中"监管者"地位。② 但问题的关键是，刑事合规计划与认罪认罚从宽制度在立法定位、功能目的、制度设计等方面均有所不同。刑事合规计划是为了完善企业内部治理，防止企业再次发生违法犯罪行为，其建立和有效执行通常需要 1 至 3 年时间，且需检察机关或"独立监管人"的持续监管；而认罪认罚从宽制度讲求快诉快审、提高司法效率、节约司法资源。加之检察机关审查起诉具有严格的时间限制，一般情况下难以要求涉案企业在审查起诉期限内建立并执行有效的刑事合规计划。将刑事合规计划"嵌入"认罪认罚从宽制度之中，只能是现行法律框架下的权宜之策。从长远意义上讲，需从立法上赋予检察机关更大的自由裁量权，建立一套适用于我国非公企业犯罪的附条件不起诉制度，为检察机关办理非公企业犯罪案件提供一条新的道路。

附条件不起诉制度含有协商性司法因素，同时设置了考察期，能够促使涉案企业承认犯罪事实，配合调查，完善合规计划，并在涉案企业履行附条件不起诉协议后，对涉案企业做出不起诉决定。适用于非公企业犯罪的附条件不起诉制度，能够很好地将刑事合规计划"嵌入"该制度之中，形成协商性司法与合规激励机制的有机组合体，既能对涉案企业建立并执行合规计划产生极大的激励作用，又能发挥刑事处罚所固有的报应和威慑功能，还能避免因对非公企业起诉定罪而产生"伤及无辜"的负面影响，实现"多方

---

① 参见高检院检察理论研究所专题研究报告：《检察职能有待拓展的空间：刑事合规监督》。
② 参见高检院检察理论研究所专题研究报告：《检察职能有待拓展的空间：刑事合规监督》。

共赢"的法律效果和社会效果。① 具体而言,构建一套适用于非公企业犯罪的附条件不起诉制度,应重点关注和解决以下几个问题:

1. 附条件不起诉制度的适用条件

附条件不起诉制度的适用条件,主要是考察影响检察机关决定对涉案企业适用附条件不起诉的因素,即在何种情况下检察机关可以对涉案企业适用附条件不起诉制度。美国司法部签署的"霍尔德备忘录"和"汤普森备忘录",指明检察官决定是否起诉公司企业时,须考虑公司企业犯罪行为的性质、严重程度、普遍性,是否拥有合规制度,起诉是否会产生附带的不良后果等九个因素。② 这些因素对于我国构建适用于非公企业犯罪的附条件不起诉制度也具有参考借鉴意义。为了防止随意扩大或限缩附条件不起诉制度的适用条件和范围,应当从法律上就附条件不起诉的适用提出明确规定。具体而言,可要求检察机关决定是否对涉案企业适用附条件不起诉时,着重考虑以下几个因素:一是企业犯罪行为的性质、严重程度、社会危害性;二是企业类似行为的历史,包括曾经受到刑事、行政处罚的情况;三是违法犯罪行为在企业内部的普遍性,以及企业高层或管理层对违法犯罪行为的态度;四是企业发现违法犯罪行为的及时性、自觉性,对调查人员的配合度;五是企业是否拥有完备的刑事合规计划,或者是否愿意建立并执行有效的刑事合规计划;六是企业是否在违法犯罪行为发生后采取了补救措施;七是对企业提起公诉有没有附带的不良后果,包括对企业股东、客户、员工等"无辜第三方"造成不成比例的损失;八是对企业违法犯罪行为负有责任的个人进行刑事指控是否已经足够;九是企业是否自愿签订"附条件不起诉协议",并同意由检察机关按照协议内容进行监督和考察。③

2. 附条件不起诉协议的主要内容

与缓起诉协议的情况相似,因个案具体案情不同,检察机关与涉案企业

---

① 陈瑞华:《企业合规视野下的暂缓起诉协议制度》,载《比较法研究》2020 年第 1 期,第 16 页。

② 1999 年,美国司法部签署"霍尔德备忘录",指明检察官决定是否起诉公司企业时,必须考虑以下八个因素:第一,犯罪行为的性质、严重程度;第二,该公司违法犯罪行为的普遍性;第三,该公司的类似行为史;第四,该公司发现违法犯罪行为的及时性、自觉性,对调查人员的配合度;第五,该公司是否拥有合规制度,其合规制度是否完备;第六,该公司采取的补救措施;第七,起诉是否会产生附带的不良后果,包括对无罪的股东、员工造成不成比例的损失;第八,可用的非刑事处罚措施是否足够。2003 年,美国司法部签署"汤普森备忘录",在上述八项因素的基础上添加了第九项因素,即对公司不法行为负责的个人进行犯罪指控是否已经足够。

③ 参见高检院检察理论研究所专题研究报告:《检察职能有待拓展的空间:刑事合规监督》。

签订的附条件不起诉协议的具体条款也不尽相同。但附条件不起诉协议应当要求涉案企业履行一些基本义务,重点是要把刑事合规计划纳入附条件不起诉协议之中。具体而言,附条件不起诉协议应包含以下几个核心条款:一是涉案企业主动承认犯罪事实并配合检察机关的进一步调查;二是涉案企业缴纳一定数额的罚款、赔偿金或采取其他补救措施;三是涉案企业建立并执行有效的刑事合规计划;四是检察机关指派"独立监管人"监督涉案企业对协议的执行情况,并指导其完善和执行刑事合规计划;五是涉案企业定期向检察机关报告附条件不起诉协议,特别是刑事合规计划的执行情况。①

3. 附条件不起诉协议的审查与救济

如前所述,美国联邦检察官拥有签订、撤销缓起诉协议的终局性权力。联邦法官对缓起诉协议的审查,仅有形式意义,而无实质功能。与美国缓起诉协议制度不同的是,英国的缓起诉协议需要法官进行审查并作出批准,方可产生法律效力。在英国,签订缓起诉协议之前,检察官必须向法官证明,签订缓起诉协议可能更符合司法公正的要求,所有条款都是公平、合理和相称的。在检察官提交缓起诉协议后,法官会举行秘密的听证会,对协议条款进行审查。一旦接受了缓起诉协议,审判法官会在公开的听证会上正式批准该项协议。②

在我国,审查起诉是一个独立的刑事诉讼阶段,检察机关作出不起诉决定,不受法院的司法审查,但公安机关和当事人可以申请复议复核。在适用于非公企业犯罪的附条件不起诉制度中,检察机关应当拥有签订和撤销附条件不起诉协议的终局性权力。但为了防止检察机关滥用起诉裁量权,检察机关签订或撤销附条件不起诉协议,应当允许公安机关和当事人申请复议复核。具体而言,检察机关与涉案企业签订附条件不起诉协议时,应通报公安机关。公安机关认为检察机关与涉案企业签订的附条件不起诉协议违反法律规定的,可以要求检察机关复议、复核。检察机关复议、复核后,如发现附条件不起诉协议确有问题的,应及时撤销或修改协议;如认定协议合法有效的,则予以维持。检察机关认为涉案企业没有履行附条件不起诉所确立的各项义务,进而撤销附条件不起诉协议的,涉案企业也可以向检察机关申诉,要求检察机关进行复查。

---

① 参见高检院检察理论研究所专题研究报告:《检察职能有待拓展的空间:刑事合规监督》。
② 陈瑞华:《企业合规视野下的暂缓起诉协议制度》,载《比较法研究》2020年第1期,第5—6页。

保护产业发展的检察政策法治化问题研究*

黄茂钦**

一、学理界定：产业发展领域检察政策的理论维度

（一）产业发展领域检察政策的内涵辨析

1. 检察政策的本质：检察工作领域的软法规范

目前，有关检察政策的概念尚未形成通说，但主要观点有以下几种：有

---

* 本文系2018年度最高人民检察院检察理论研究一般课题"保护产业发展的检察政策法治化问题研究"（项目批准号：GJ2018C30）的研究成果。

** 课题主持人：黄茂钦，西南政法大学经济法学院教授，博士生导师。课题组主要成员：李楠，西南政法大学经济法专业博士研究生，《西南法律评论》编辑；杨丽梅，西南政法大学经济法专业博士研究生，广东盈隆律师事务所管委会副主任；窦婷婷，西南政法大学经济法专业博士研究生，重庆市渝北区人民检察院二级检察官；王文文，西南政法大学经济法专业博士研究生，重庆市综合经济研究院副研究员；戴航宁，西南政法大学经济法专业博士研究生；尹亚军，深圳大学在站博士后；余淼，西南政法大学经济法专业博士研究生，重庆市沙坪坝区市场监督管理局法规科副科长；郭芳芳，西南政法大学经济法专业博士研究生。

学者认为，检察政策是有关检察工作的目标、方针和策略的类型丰富的权威性意见；① 另有学者指出，检察政策主要是指由最高检察机关和各省级检察机关制定的一系列指导检察工作的文件、规定等；② 还有学者主张，检察政策是检察机关根据国家政策以及检察制度和检察工作需要，制定实施的规范和指导检察工作的目标、方针和政策的总和。③ 其中，第一种观点阐释了检察政策的类型化特点，反映出检察政策有着丰富的类型；第二种观点分析了检察政策的制定机关，反映出检察政策在制定方面的某些规律；第三种观点强调了检察政策的制定依据，凸显了检察政策所具有的某种回应性特征。上述三种观点从不同的角度探讨了检察政策，有助于全面地理解检察政策的内涵。

笔者认为，检察政策主要指检察机关依据党和国家政策及检察工作的需要而制定和实施的指导检察工作和推进检察实践的政策性文件的总和。其本质是检察工作领域具有一定约束力的软法规范。④

具体来看，检察政策这一类软法规范的特点体现在以下三个方面：

一是非强制性。检察政策作为一种软法规范，并不依靠国家强制力保障实施，而是依靠检察人员、相关单位及公众的自愿自觉履行。作为公共政策的组成部分，检察政策是公共治理背景下的柔性司法制度，其制定与实施没有法律那般明确，违反或不履行检察政策的后果也远不及法律般严格。事实上，正是在这种较为"宽松"的运行机制保障下，检察政策才能确保检察人员与检察制度间形成良性互动。

二是能动性。这主要是指检察机关制定和实施检察政策的主动性。在司法主动服务于经济发展新常态的背景下，检察机关不断出台和调整检察政策，积极回应党和国家在中国特色社会主义事业建设中的方针政策，回应人民群众的关切，回应一线检察人员对具体检察工作的要求。其在一定程度上弥补了司法活动被动性可能带来的僵化、滞后等局限，为经济社会发展作出

---

① 谢鹏程：《论检察政策》，载《人民检察》2011年第3期，第21页。
② 但伟：《从检察政策的属性分析来解读新一轮检察改革的目标选择——以十七年来最高检察机关颁行的检察政策为样本》，载《河南社会科学》2013年第12期，第37页。
③ 王守安：《论检察政策及其实施》，载《河南社会科学》2014年第2期，第31页。
④ 所谓软法，指效力结构未必完整、无需依靠国家强制力保障实施、但能够产生社会实效的法律规范。与之相应的一个概念即硬法，其含义一般是指国家立法中具有命令——服从行为模式、能够依靠国家强制力保证实施的法律规范。参见罗豪才、宋功德：《认真对待软法——公域软法的一般理论及其中国实践》，载《中国法学》2006年第2期；罗豪才、宋功德：《软法亦法——公共治理呼唤软法之治》，法律出版社2009年版，导言。

了重要贡献。

三是实效性。检察政策的制定是为了实现特定目的或价值追求。在实践中，某些特定领域的检察政策对检察实践的发展起到了事实上的约束效果，并产生社会实效。这种实效性既可以通过在个案的司法裁决上运用具体检察政策来体现，也可通过广泛地宣示检察政策得以强化。

2. 产业发展领域检察政策的特点

作为检察政策在保护产业发展方面的体现，产业发展领域的检察政策符合检察政策的本质，同时也显现出其自身的特色。与刑事及民事检察政策的定位不同的是，保护产业发展的检察政策属于经济领域的检察政策，与经济政策①的关系密切。其生成的基础源自党和国家颁行的相关公共政策，对促进产业发展具有重要作用。在司法主动服务于经济发展新常态的背景下，优化营商环境、保护产业发展是检察政策的应有之义。

进一步讲，产业发展领域的检察政策体现出以下特点：其一，产业发展领域的检察政策旨在促进和保护产业发展，具有目的导向性；其二，它突出能动司法在服务经济发展和回应人民关切中的作用，具有及时有效性；其三，与经济领域的检察政策之间具有包含关系，内容较为分散庞杂，缺乏系统性；其四，符合检察政策的本质要求，并呈现出类型化特色。

（二）产业发展领域检察政策的类型梳理

根据产业发展领域检察政策的内涵，可将此领域的检察政策细分为以下五类（如表一所示）：

1. 保护产业发展的司法解释②

这是指最高人民检察院单独或与最高人民法院联合发布的司法解释，它是最高人民检察院为统一解释和适用法律、维护司法公正、弥补产业领域立法不足而制定的主要规范。例如，为依法惩处非法采矿、破坏性采矿犯罪活动，保护采矿业持续、健康发展，最高人民法院、最高人民检察院联合发布的《最高人民法院、最高人民检察院关于办理非法采矿、破坏性采矿刑事

---

① 关于经济政策的类型，学界就此提出了若干分类标准；一般而言，经济政策包括财政政策、货币政策、产业政策、收入分配政策、对外经济政策等类型。实践中，检察政策在服务于经济发展过程中与诸多类型的经济政策均有联系。

② 李大勇：《论司法政策的正当性》，载《法律科学》2017年第1期，第20页。

案件适用法律若干问题的解释》（2016 年），① 即适其例。

2. 保护产业发展的检察建议②

检察机关在工作过程中发现某些行业或者相关单位存在影响产业发展的问题，可对其提出检察建议。例如，浙江省瑞安市人民检察院立足检察职能，向中国人民银行瑞安市支行制发《检察建议书》（瑞检建〔2014〕10号），③ 督促其对相关银行业务加强管理和指导，籍此有助于保障该地区金融产业的健康发展。

3. 保护产业发展的工作报告

这主要是指检察机关工作报告中与产业保护相关的内容。例如，2019年《最高人民检察院工作报告》在"2019 年工作安排"部分指出，"紧紧围绕稳增长、促改革、调结构、惠民生、防风险、保稳定，立足检察职能积极作为、精准服务"等，均是对产业领域检察工作的指导和规划。④

4. 保护产业发展的指导性案例

这主要是指最高人民检察院发布的相关指导性案例，旨在通过加强案例指导来惩防不同产业中的经济犯罪。例如，《第九批指导性案例》中，通过"李丙龙破坏计算机信息系统案（检例第 33 号）"和"李骏杰等破坏计算机信息系统案（检例第 34 号）"等案例，⑤ 对检察机关办理此种类型的案件进行办案指导，即有助于保护信息产业的发展。

5. 有关批复和会议纪要等

这主要是指检察机关的有关批复和会议纪要等，多体现在具体检察工作与检务保障方面。例如，浙江省人民检察院为更加准确有力地依法打击各种诈骗犯罪，发布《诈骗类犯罪案件专题研讨会会议纪要》（检诉〔2005〕20号），作为该省各地检察机关的执法办案参考，发挥了保护当地金融产业发

---

① 参见《最高人民法院、最高人民检察院关于办理非法采矿、破坏性采矿刑事案件适用法律若干问题的解释》（2016 年），载最高人民检察院网站，https://www.spp.gov.cn/zdgz/201611/t20161129_174155.shtml，最后访问时间：2019 年 5 月 15 日。

② 刘铁流：《检察机关检察建议实施情况调研》，载《人民检察》2011 年第 2 期，第 73 页。

③ 参见《检察建议推动金融机构完善内控机制》，载温州检察网，http://www.zjwz.jcy.gov.cn/system/2014/06/23/011699717.shtml，最后访问时间：2019 年 5 月 15 日。

④ 参见张军：《最高人民检察院工作报告——2019 年 3 月 12 日在第十三届全国人民代表大会第二次会议上》，载新华网，https://www.spp.gov.cn/spp/gzbg/201903/t20190319_412293.shtml，最后访问时间：2019 年 5 月 15 日。

⑤ 参见《第九批指导性案例》，载最高人民检察院网站，https://www.spp.gov.cn/spp/jczdal/201710/t20171017_202593.shtml，最后访问时间：2019 年 5 月 15 日。

展的积极作用。

表一 产业发展领域检察政策的类型

序号	类型	例证
类型（一）	保护产业发展的司法解释	《最高人民法院、最高人民检察院关于办理非法采矿、破坏性采矿刑事案件适用法律若干问题的解释》（2016年）。
类型（二）	保护产业发展的工作报告	浙江省瑞安市人民检察院立足检察职能，向中国人民银行瑞安市支行制发的《检察建议书》（瑞检建〔2014〕10号）。
类型（三）	保护产业发展的检察建议	2019年《最高人民检察院工作报告》在"2019年工作安排"部分指出，"紧紧围绕稳增长、促改革、调结构、惠民生、防风险、保稳定，立足检察职能积极作为、精准服务"。
类型（四）	保护产业发展的指导性案例	《第九批指导性案例》中，通过"李丙龙破坏计算机信息系统案"和"李骏杰等破坏计算机信息系统案"等案例，对检察机关办理此种类型的案件进行办案指导。
类型（五）	有关批复和会议纪要等	浙江省人民检察院为更加准确有力地依法打击各种诈骗犯罪，发布《诈骗类犯罪案件专题研讨会会议纪要》（检诉〔2005〕20号），作为该省各地检察机关的执法办案参考。

在司法实践中，上述五种类型的检察政策多用于惩防经济犯罪，并体现在某些具体领域：

一是为企业营造良好营商环境领域。这主要指检察政策旨在为企业生产经营营造良好营商环境提供司法保障，以此增强企业风险防范和应对能力，加强企业平等保护，推动构建新型政商关系。例如，最高人民检察院检察长张军在十三届全国人大二次会议上作《最高人民检察院工作报告》时指出，2018年最高检出台办理涉民企案件的11项具体检察政策，从严格区分产权纠纷与恶意侵占、个人财产与企业法人财产界限等多个方面，① 为民营企业生产经营提供良好营商环境，这有助于实现我国产业组织政策的运行目标。

---

① 张军：《出台办理涉民企案件11项具体检察政策》，载正义网，http://news.jcrb.com/jx-sw/201903/t20190312_1974757.html，最后访问时间：2019年5月17日。

二是知识产权保护领域。例如，2018 年《最高人民检察院工作报告》指出，"要贯彻'加强保护、分门别类、宽严适度'的检察政策"，并强调各检察机关应当"根据知识产权属性、特点及实践需要，实现个案适度保护与类案协调处理"，以提升知识产权保护的司法能力。

三是维护竞争秩序领域。这主要体现为检察政策在保证市场主体公开公平公正参与市场竞争、推动形成统一透明、规范有序的市场环境等方面发挥作用。

四是产品质量管理领域。例如，《最高人民检察院第四批指导性案例》(2016) 详细阐明了产品质量管理方面的办案标准，主要涉及生产、销售有毒、有害食品，生产、销售伪劣产品以及食品监管渎职等内容，旨在规范产品监管案件的处理。

五是金融市场监管领域。这主要是指检察政策在防范和化解金融风险、维护金融管理秩序、惩治金融犯罪等方面发挥作用；其中，操纵证券市场、集资诈骗和组织领导传销活动是目前金融监管领域检察政策关注的重点。

六是诉讼程序等其他方面。这主要是指在个案中对法不溯及既往、罪刑法定、从旧兼从轻原则的实际遵循，以及对罪与非罪不清的按无罪处理等政策的贯彻保障，用以衔接实体性检察政策和程序性检察政策。

（三）产业发展领域检察政策的体系形构

在全面推进依法治国的背景下，检察政策这一类软法规范的运行应当以法治思维为依据，以法治方式为标准，融入到中国特色社会主义法治体系的框架之中，而不能游离于法治体系之外。因此，有必要以体系化的尺度来检视现有的检察政策的运行状态，并以体系化的标准来形构现有的包括产业发展领域检察政策在内的全部检察政策。进一步讲，形构产业发展领域检察政策的规范体系本质上符合"形成完备的法律规范体系"的要求，其体系化目标的实现有助于促进产业发展领域检察政策的实施高效、监督严密、保障有力。①

从学理上讲，产业发展领域检察政策的体系形构大致包括三个维度：

其一，现有的包括产业发展领域检察政策在内的全部检察政策已经具备构建检察政策规范体系的现实条件。检察政策一类软法规范自其产生和发展

---

① 参见法制日报评论员：《坚持和完善中国特色社会主义法治体系——论深入学习贯彻党的十九届四中全会精神》，载《法制日报》2019 年 11 月 11 日。

以来，已经在规范的层级、规范的类型、规范的实施机制、规范的运行效力等方面，形成了十分丰富的样态，但其存在的形式仍然是较为分散和碎片化的，因此，在梳理目前大量存在的检察政策的基础上，有必要对其按照一定的体系化标准进行系统的整合，使其形成层级明确、类型清晰、有机耦合、运行有效的检察政策规范体系。

其二，产业发展领域检察政策根据其制定机关的层级和规范形式的类型，可呈现出"纵横有序"的框架体系。具体而言，一方面，在纵向维度，明确产业发展领域检察政策依照最高人民检察院、省级人民检察院、地市级人民检察院、县区级人民检察院的有序层级进行排列。另一方面，在横向维度，明晰同一层级中的产业发展领域检察政策按照其具体类型，涵盖保护产业发展的司法解释、检察建议、工作报告、指导性案例、有关批复和会议纪要等具体形式。由此，搭建起立体有序的产业发展领域检察政策规范体系。

其三，将产业发展领域检察政策纳入整体的检察政策体系范围。促进产业发展领域检察政策的体系化发展并非最终目标，只有以系统化的整体图景来有机整合包括产业发展领域检察政策在内的全部检察政策，才能够最终实现检察政策规范体系的完整构建。此时，产业发展领域检察政策是整体的检察政策规范体系的有机组成部分，其与其他领域检察政策一起，共同致力于实现检察政策这一类软法规范运行的目标。更进一步讲，检察政策的体系化有助于促进整个检察制度的体系化、法治化，同时，也有助于以切实的法治实践来坚持和完善中国特色社会主义制度、推进国家治理体系和治理能力现代化。

二、实践考察：产业发展领域检察政策的运行现状

（一）产业发展领域检察政策的功能探析

在对产业发展领域检察政策进行学理探讨的同时，从司法实践的角度去考察其实施效果则更具现实意义，也有助于深化对检察政策理论的理解。总体而言，产业发展领域检察政策在实践中发挥着解释和适用法律、惩治预防经济犯罪、回应经济社会发展需求和深化检察改革等功能。①

---

① 实践中，检察政策的运行表现出柔性、非正式性、道德性、引导性等特点，其借此实现了法律所具有的行为控制、社会融合、争议解决、实现实质正义和经济福利等基本功能。参见［德］托马斯·莱塞尔：《法社会学导论》，高旭军译，上海人民出版社2011年版，第166—169页。

具体来看，产业发展领域检察政策在实际运行中体现出以下五种功能[①]（如表二所示）：

1. 引导功能

这主要是指该类检察政策具有引导检察机关贯彻落实党和国家有关经济发展的大政方针，引导检察机关合理解释和适用法律的功能。[②] 换言之，检察政策能够避免法律解释和适用过程中的分歧，规范检察人员的办案行为，引导企业或业内人士正确理解法律和服从裁判，有助于同案同判、公正司法。

例如，《长春市人民检察院关于充分发挥检察职能、服务保障长春老工业基地全面振兴发展的工作意见》围绕"深入学习贯彻党的十九大精神，认真落实中央、省市委和省检察院部署要求"，提出十五个方面的具体措施，以此来引导该市检察机关"充分履行检察职能""坚持理性平和文明规范司法"，从而服务保障长春老工业基地全面振兴发展。[③]

2. 补充功能

这主要是指在产业发展领域立法缺失或滞后的情况下，相关检察政策具有被用以指导检察工作的功能。在我国的司法实践中，某些产业的发展尚处于立法不足阶段，而检察政策正是在这一背景下，通过与产业政策等经济政策的互动来弥补这种功能缺失，进而履行检察机关在产业发展领域的检察职能，惩防经济犯罪，促进产业发展。

例如，在产业法治发展本身存在一定滞后性的条件下，河南省濮阳市人民检察院党组研究制定了《关于服务工业强市战略131工程的意见》和《关于充分运用检察职能服务全面深化改革的意见》，以此"明确服务产业发展的指导思想、目标任务和方法措施，增强可操作性，指导全市检察工作"，同时，"各县（区）检察院都结合辖区实际，研究制定服务产业集聚区的工作意见和政策措施，保证将服务产业集聚区的各项要求落到实处"。[④]

[①] 在对产业发展领域检察政策进行研究时，一个有效的理论分析工具就是法社会学视域下的结构-功能主义的分析路径。就此而言，本报告前文在第一部分已经论及了产业发展领域检察政策的结构问题，此处进一步厘清其基本功能，将有助于呈现其运行的客观效果。

[②] 刘武俊：《司法政策的基本理论初探》，载《中国司法》2012年第3期，第31页。

[③] 参见《长春市人民检察院——多措并举服务老工业基地振兴发展》，载《吉林日报》2018年03月23日。

[④] 李梦扬：《发挥检察职能服务产业集聚区建设》，载《河南法制报》2015年06月23日。

3. 回应功能

这主要是指该类检察政策具有主动回应经济社会发展变化，回应公众日益增长的司法需求的功能。保护产业发展的检察政策是司法主动回应经济发展新常态、创新经济治理方式和推进全面依法治国的重要体现。其彰显了宪法、法律、经济政策与检察政策之间的互动和协调。①

例如，为回应"推动唐山转型升级和提升高质量发展水平"的现实需求，河北省唐山市人民检察院制定出台《关于服务保障新时代唐山经济社会发展大局的指导意见》，以此"加强对重点产业和重大项目建设的司法保护，围绕'十项重点工作'严厉打击各类型经济犯罪。同时注重依法保障和促进非公有制经济健康发展"。②

4. 调配功能

这主要是指检察政策具有对产业发展事务中涉及的经济利益和司法资源进行调节与配置的功能。在检察政策的制定与实施过程中，涉及某些具体产业或行业相关方面的人、财、物等利益或资源的配置，如公司财产查封、扣押或冻结等程序，均是检察机关运用职能进行社会资源调整分配的体现。

例如，涉及产业组织政策的广东省人民检察院印发的《关于充分发挥检察职能依法服务保障民营经济健康发展的意见》指出，"对于已经进入诉讼程序的案件，既要注意依法处置涉案财物，也要注意提高办案效率、依法从速办理，最大限度降低对企业正常生产经营活动的不利影响"。③ 以此体现检察机关依据法治方式进行社会资源调整分配。

5. 促进改革功能

这主要是指该类检察政策具有助推检察改革、完善经济领域检察工作的功能。具有建设性和创新性的检察政策往往是检察改革事业推进的先导，很多检察改革措施也常以检察政策的形式出现，它有助于深化司法体制改革，加强检察事业建设。

例如，面对互联网金融的发展给检察工作带来的挑战，最高人民检察院发布《关于办理涉互联网金融犯罪案件有关问题座谈会纪要》，就办理涉互联网金融犯罪案件中遇到的有关行为性质、法律适用、证据审查、追诉范围

---

① 刘武俊：《司法政策的基本理论初探》，载《中国司法》2012年第3期，第31页。
② 陈伟、李楠：《服务保障经济社会高质量发展》，载《河北法制报》2018年03月21日。
③ 尚黎阳：《民企经营行为如法无禁止不得以非法经营罪追刑责》，载《南方日报》2018年12月13日。

等问题,进行工作指导,① 以此推进相关检察业务的改革创新。

表二 产业发展领域检察政策的功能列举

序号	功能表现	例证
功能(一)	引导功能	《长春市人民检察院关于充分发挥检察职能、服务保障长春老工业基地全面振兴发展的工作意见》引导检察机关"充分履行检察职能""坚持理性平和文明规范司法",从而服务保障长春老工业基地全面振兴发展。
功能(二)	补充功能	河南省濮阳市人民检察院党组研究制定了《关于服务工业强市战略131工程的意见》和《关于充分运用检察职能服务全面深化改革的意见》,以此"明确服务产业发展的指导思想、目标任务和方法措施,增强可操作性,指导全市检察工作"。
功能(三)	回应功能	河北省唐山市人民检察院制定出台《关于服务保障新时代唐山经济社会发展大局的指导意见》,以此"加强对重点产业和重大项目建设的司法保护",围绕'十项重点工作'严厉打击各类型经济犯罪。
功能(四)	调整功能	广东省人民检察院印发的《关于充分发挥检察职能依法服务保障民营经济健康发展的意见》指出,"对于已经进入诉讼程序的案件,既要注意依法处置涉案财物,也要注意提高办案效率、依法从速办理,最大限度降低对企业正常生产经营活动的不利影响"。
功能(五)	促进改革功能	最高人民检察院发布《关于办理涉互联网金融犯罪案件有关问题座谈会纪要》,就办理涉互联网金融犯罪案件中遇到的有关行为性质、法律适用、证据审查、追诉范围等问题,进行工作指导。

(二) 产业发展领域检察政策的局限检视

在充分认识和肯定产业发展领域检察政策所具有的重要功能的同时,也应当看到,检察政策这类软法规范在实践中也存在一定的局限。

1. 产业发展领域检察政策制定的局限

产业发展领域检察政策在制定过程中的局限主要体现在以下几个方面:

---

① 参见《最高人民检察院关于办理涉互联网金融犯罪案件有关问题座谈会纪要》(高检诉〔2017〕14号,2017年6月1日)。

（1）其与法律之间尚未形成良好的互动、协调关系。法律与政策应当是相互依存、相互协调、相互促进的关系，一来检察政策不能越位代替或违背法律的有关规定，二来在立法缺失的情况下，检察政策也应当通过自身作用推动法律的发展，二者之间才能形成良好的互动与协调。但在实践中，产业发展领域检察政策为了回应某一特定经济政策目标，往往忽略了与经济法律法规的衔接与协调，一些实施效果良好的检察政策尚没有被现行《民事诉讼法》《刑事诉讼法》和《检察官法》等所吸收。

（2）政策覆盖面有限。这主要是指检察政策不能全面、全流程地涉及产业发展领域，有关新兴产业的政策明显少于传统产业，相关实体性规定也少于程序性规定，尤其是在诸如互联网新业态、互联网金融、人工智能、大数据、公益诉讼等方面的覆盖度有限。

（3）适用范围不规范。实践中，有些检察机关存在将检察建议与纠正违法通知书、检察意见书等相混淆的现象，在适用范围上存在一定程度的随意性，缺乏规范性。①

（4）制发程序不统一。某些检察政策的制发程序不统一。例如，各地检察机关存在检察建议一类检察政策制发不规范的情况。实践中，有些检察建议是以本院名义发出，有些则由本院内设部门发出；另外，在审批程序上，有的是多级审批，有的是经部门领导审批即可，各地程序差异较大。②

（5）责任③虚化。由于检察政策不具有强制力和问责性，是否遵循也对检察人员影响不大，其在实践中常常得不到切实有效的执行，责任追究方面的规定空白消减了政策本身的约束力，导致某些检察政策流于形式。

2. 产业发展领域检察政策实施的局限

产业发展领域检察政策在实施过程中的局限主要体现在以下几个方面：

（1）选择性适用问题。检察政策多以报告、意见、建议等方式呈现，并不像法律规定那般明确。在实践中，检察人员对检察政策的运用可能带有

---

① 韩成军：《检察建议的本质属性与法律规制》，载《河南大学学报（社会科学版）》2014年第5期，第47页。

② 刘铁流：《检察机关检察建议实施情况调研》，载《人民检察》2011年第2期，第75页。

③ 关于检察政策的规范结构问题，最为显见的一点就是，在检察政策一类软法规范中，鲜见有关条文对法律责任作出描述，这应该说是反映了检察政策并非法律、因此不具有内含依靠国家强制力确保规范实施的文字表述这一特色。由此也表明，"软法之所以是软法，归根结底是它调整社会的方法不是用强制的方法"（徐显明，2013）。参见徐显明：《中国软法研究的文化渊源》，转引自蒋安杰：《软法研究要努力传递自己的声音——〈软法亦法〉英文版出版座谈会综述》，载《法制日报》2013年11月27日。

随意性，同时，可能会参杂一定的主观因素。部分检察人员对检察政策的学习体会也不够深刻，甚至不能准确判断相关检察政策是否存在，导致其实施效果大打折扣。

（2）适用顺序不明。例如，在某些产业立法缺失的情况下，是优先适用相关司法解释，还是优先适用其他政策规范，尚无明确规定。笔者认为，较为合理的适用顺位应当是司法解释优于指导性案例、工作报告、批复和检察建议等若干类型的检察政策。

（3）假借检察政策之名行权力寻租之实。例如，某些检察人员在涉案企业的贿赂下帮助其掩盖犯罪事实或维护不当利益，通过更改检察建议的相关内容或执行方式，使得涉案企业逃避法律责任。

（4）对政策的管理有待规范。这主要是指检察机关不同部门就同一问题重复制定检察政策等问题。在实践中，经济领域的检察政策内容较为分散庞杂，在归档保存和统计方面都缺乏规范，由此，往往造成检察政策运行的失序。

（三）国家治理现代化的推进与产业发展领域检察政策的回应

党的十九届四中全会所通过的《中共中央关于坚持和完善中国特色社会主义制度、推进国家治理体系和治理能力现代化若干重大问题的决定》（以下简称《决定》）为检察工作融入国家治理体系和治理能力建设提供了行动指南。《决定》所反映出的增强改革的系统性、整体性、协同性要求需要得到理论上和实践上的积极回应，这种回应在制度建设方面体现为着力构建系统完备、科学规范、运行有效的制度体系，并使其纳入到法治化的发展路径。① 具体到检察工作领域，检察机关应自觉地在包括推进产业发展领域检察政策的运行在内的各项检察工作中及时有效地回应国家治理体系和治理能力现代化要求，从而"为人民群众提供更优质、更及时的法治产品、检察产品，努力让人民群众在每一个司法案件中感受到公平正义"。②

具体来看，产业发展领域检察政策对于推进国家治理现代化的回应体现在如下几个方面：

---

① 检察政策是检察机关回应经济社会发展需求和回应国家治理现代化需求的一种制度化的形式。就此意义上讲，这一制度形式反映出检察政策一类软法规范具有回应型法的回应性特征。参见［美］P. 诺内特、P. 塞尔兹尼克：《转变中的法律与社会：迈向回应型法》，张志铭译，中国政法大学出版社 2004 年版。

② 张军：《推动中国特色社会主义检察制度不断完善》，载《人民检察》2018 年第 20 期。

首先,产业发展领域检察政策制定方面的积极回应。就此方面而言,体现为围绕提高产业发展领域检察政策的制定质量和制发效率,坚持科学、民主、依法制定包括产业发展领域检察政策在内的各类检察政策,完善制定检察政策的体制机制。

其次,产业发展领域检察政策实施方面的积极回应。就此方面而言,体现为通过依法实施检察政策来确保公正司法,从而努力实现每一个司法案件的公平正义。与此同时,切实加强对检察权在实施检察政策方面的监督,以保证检察权得到依法正确行使。

再次,产业发展领域检察政策对于推进国家治理现代化的积极回应也体现在有待于防范和化解当下产业发展领域检察政策制定和实施中的局限,通过应对和克服这些运行中的现实问题,来不断优化产业发展领域检察政策的运行,促进其运行效能的提高。

最后,产业发展领域检察政策对于推进国家治理现代化的积极回应还体现在通过制度创新来进行回应。换言之,随着大数据、云计算、人工智能等科技手段在经济治理中发挥的作用越来越显著,① 这必然反映在产业发展的各个环节,进而产生对相关检察工作的挑战。因此,如何以创新性的检察工作方式来回应产业治理的新要求,也是现阶段检察工作应予以考虑的内容。

综上可见,在现实工作中,充分发挥包括产业发展领域检察政策在内的各类检察政策的积极作用,将成为检察机关参与包括促进产业发展在内的国家经济治理的重要切入点和落脚点。进一步讲,检察机关通过检察政策的颁行来参与国家经济治理、回应国家治理现代化的推进,需要使检察权实现依法正确的行使,唯此,才能促进经济发展、社会进步,人民群众的合法权益得到切实保障。

三、法治进路:产业发展领域检察政策的完善及评估

为了避免产业发展领域检察政策运行中的局限,发挥其积极作用,在全面推进依法治国的背景下,应积极推进产业发展领域检察政策的法治化进程,采用法治思维和法治方式对其进行改进和优化,以此提升检察政策法治化水平,确保检察政策在保护产业发展方面目标的实现。

---

① 张云飞:《准确把握"中国之治"的五大特征》,载《国家治理》2019 年第 11 期。

（一）完善产业发展领域检察政策的理念

产业发展领域检察政策的优化需要立足于此类检察政策自身的特点，立足于其运行中现有问题的解决，立足于借此推进良法善治和提高国家治理现代化水平。为此，在完善产业发展领域检察政策的过程中，应秉持若干基本理念，即科学制定理念、民主制定理念、系统制定理念、依循法治理念。以下详述之。

1. 科学制定理念

产业发展领域检察政策的制定是检察机关依法定职权参与经济治理的方式。其在一方面应遵循司法运行的客观规律，另一方面也要遵循产业发展的规律，特别是其所制定的检察政策需要反映和遵循第一、第二、第三产业等各个产业领域在产业结构、产业组织、产业技术、产业布局等方面[①]的发展规律。因此，检察机关对如何确保其所制定的检察政策具有科学性应有充分的专业智识上的储备，其在人力资源、物力资源、财力资源等方面应为达到此类专业智识上的条件提供必要的支撑。由此，才能在制定产业发展领域检察政策时，秉持和实践科学制定理念。

2. 民主制定理念

产业发展领域检察政策的制定也应遵循民主制定的理念。其一方面是因为在全面推进依法治国的背景下，制定检察政策也应像立法一样遵循民主原则，尽可能通过与利益相关方加强沟通、充分了解其利益诉求、确保制定检察政策时必要的透明度等来体现制定的民主性，另一方面还因为实践已经证明产业政策本身运行的良好效果也取决于产业政策制定的民主性。因此，检察机关在制定产业政策领域检察政策时，遵循民主制定的理念有助于确保此类检察政策实施的正当性、科学性和有效性。

3. 系统制定理念

面对各级检察机关制定的数量庞大、类型多样的产业发展领域检察政策，如何对其进行全面收集、分类、整理，进而形成此类检察政策体系，并系统性地发挥各级各类检察政策的作用，这是检察机关在制定此类检察政策时应予以注意的。正如前文所述，构筑起纵向维度上层级有序、横向维度上类型并列的"纵横有序"的产业发展领域检察政策体系，将有助于充分有效发挥好此类检察政策的作用。至于如何构建和把握海量的此类检察政策，

---

① 参见赵玉林：《产业经济学：原理及案例》（第四版），中国人民大学出版社2017年版。

可借助于"数据治理"①的思维方式,依靠大数据的软硬件条件来为实现系统制定此类检察政策提供相应条件。

4. 依循法治理念

如何依循法治思维和法治方式推进包括制定检察政策在内的各项工作,这是坚持和完善中国特色社会主义制度、推进国家治理体系和治理能力现代化的题中之义。事实上,检察政策的制定和实施本身就充分地体现了我国司法制度的特色,而产业发展领域的检察政策更是集中体现我国司法制度和经济治理模式特色的一个典型例证。正因为目前检察政策以致产业政策本身的法治化水平仍然有待提高,因此,在制定产业发展领域检察政策时亟待从制定主体的职权法定、制定程序的法定透明、建立政策效果的法治化评估机制等方面,实现此类检察政策依循法治来加以制定。这是优化产业发展领域检察政策应当持有的一个基本理念。

(二) 完善产业发展领域检察政策的路径

1. 明确角色定位

在完善产业发展领域检察政策的过程中,检察机关应明晰检察政策的角色定位,加强对检察政策柔性本质的认识,区分其与法律及其他公共政策的界限。在创新经济治理模式的时代要求下,检察机关在自身的角色定位中,也应基于其固有的职能为创新经济治理模式做出贡献;进一步讲,包括检察政策在内的司法政策也应与其他公共政策一起,共同发挥促进善政、实现善治的作用。

具体就产业发展领域检察政策而言,其发展目标应该是构建体现司法主动服务于经济发展新常态和经济治理新要求、具有中国特色和国际视野的一类司法政策。此类司法政策立足于回应人民群众对物质福祉和对安全、公平、可持续发展等价值的期待,通过其具体的运行来实现检察机关提供高品

---

① 目前,检察机关的检察政策由于制定主体的多元化、政策类型的多样性、颁布内容的时效性,使得检察政策呈现出数据量大、类型多、更新速度快的大数据特点。就此而言,若利用好检察政策形成的大数据,将有助于提升检察机关的决策水平。例如,检察机关可利用分布式数据挖掘方式,提高决策水平;换言之,检察机关通过对局部的检察政策中反映出的规律性信息进行整合,从而获取全局信息,最终提高决策水平。参见吕欣、李洪侠、李鹏:《大数据与国家治理》,电子工业出版社 2017 年版,第 47 页。

质、高效率检察服务的目标。① 通过制定和实施产业发展领域的检察政策，有助于助力检察机关在为产业发展提供司法保障的过程中推进国家治理现代化的作用。

2. 改进运行机制

检察机关应采用"软法——硬法"并举的运行机制②，逐步推进产业发展领域检察政策与相关实体法和程序法的互动，实现相关检察政策与产业立法以及与其他规范检察权行使的法律制度的互相补充、协调和转化。

进一步讲，相关检察政策的制定和实施既不能违背宪法和其他规范检察权行使的法律规范，也应与其他涉及产业发展的公共政策保持协调和统一。特别是在全面深化改革的背景下，检察政策的制定和实施也应同所有的软法和硬法一起，遵循"使市场在资源配置中起决定性作用和更好发挥政府作用"以及"确立竞争政策在经济政策中的基础性地位"③ 等客观规律。如此，才能在这一前提下促进检察政策的法治化发展，不断完善检察政策体系和推进检察实践改革，进而更好地服务于产业发展。

3. 优化法治路径

以法治化方式推进检察政策保护产业发展，需要实现检察政策的根本性演进，即从经验型、对策型的政策完成向科学性、民主性的政策转变。

在以推进国家治理体系和治理能力现代化为导向的司法改革进程中，要注重检察政策在保护产业发展过程中实现实体正义与程序正义的结合，实现形式法治和实质法治的统一，实现治理现代化与良法善治的契合，以此承担引接立法、规范行政、改良司法、促进守法、回应治理的重任，促进各项产业持续健康发展。

4. 健全制度体系

系统构建具有中国特色和国际视野的保护产业发展的检察政策制定和实施制度体系。进言之，应区分新兴产业领域和传统产业领域检察政策的制定

---

① 参见刘华：《在服务大局中提升法治在国家治理体系中的作用》，载《法治现代化研究》2019 年第 1 期。

② "软法——硬法"并举的运行机制体现了公共治理背景下制度演进中的一种"机制的综合"（罗豪才、宋功德），其本质是一种"规则治理"（江必新）。参见罗豪才、宋功德：《公域之治的转型——对公共治理与公法互动关系的一种透视》；载罗豪才等：《软法与公共治理》，北京大学出版社 2006 年版，第 24 页；江必新等：《国家治理现代化——十八届三中全会〈决定〉重大问题研究》，中国法制出版社 2014 年版，第 7 页。

③ 杨光普、魏加宁：《深化对竞争政策基础性地位的认识》，载《经济日报》2019 年 02 月 20 日。

标准，细化相关实体政策和程序政策的制定条件，规范相关检察政策的制发程序，界定相关检察政策的适用范围，强化违反检察政策的责任追究，明确检察政策之间的优先适用顺位，确保落实检察政策的运行规范，最终构筑起纵向维度上层级有序、横向维度上类型并列的"纵横有序"的产业发展领域检察政策体系。

（三）产业发展领域检察政策的评估机制

产业发展领域检察政策的运行效果有待得到客观的评估，并以此作为完善和改进此类检察政策的依据，因此，有必要确立产业发展领域检察政策的评估机制。总体而言，这一评估机制包括以下几个方面的内容：

1. 落实跟踪回访

检察机关应加强产业发展领域检察政策落实情况的跟踪回访。[①] 具体而言，应确认检察人员在工作方针、司法解释、指导性案例等政策方面的适用概率和程度，有条件时制作《检察政策适用指导手册》。同时，在具体的检察建议[②]执行方面，检察机关也要加强与被建议单位的联系与沟通，并结合实际情况帮助其做好整改防范工作；对愿意接受建议的单位提供积极协助，对收文后无动于衷的，检察机关应主动走访督促；对检察建议本身不妥的，应及时纠正。

2. 加强参与论证

为了实现保护产业发展的目的，检察政策应在充分考虑国情的基础上加强公众参与和专家论证，增强检察政策的民主性与科学性。如果检察政策缺乏民主性和科学性，无法满足产业发展的新要求，就消减了其在推进检察改革中所应发挥的功用，使检察工作处于被动状态，进而可能制约人民检察事业的发展。有鉴于此，产业发展领域检察政策应当通过举行听证会、民意调查、公开征求意见、聘请专业人士等方式充分吸纳各方意见，不断提高检察政策的科学性和民主性。

---

① 韩成军：《检察建议的本质属性与法律规制》，载《河南大学学报（社会科学版）》2014年第5期，第51—52页。

② 2018年12月25日，最高人民检察院第十三届检察委员会第十二次会议通过了《人民检察院检察建议工作规定》。该《规定》于2019年2月26日正式公布，自公布之日起施行。该《规定》的颁布实施对于规范检察政策的运行具有积极的探索和参考价值。参见董凡超：《最高检发布新修订的〈人民检察院检察建议工作规定〉——最高检政策研究室相关负责人就〈规定〉答记者问》，载《法制日报》2019年02月27日。

3. 评估运行效果

合理设置并统一适用产业发展领域检察政策的运行效果评估标准,以符合法治精神的法治评估指标体系来考量保护产业发展的检察政策的运行效果。推进检察政策事前评估、事中评估和事后评估同步实施,对政策实施对象的发展趋势进行预测,注重定性分析方法与定量分析方法的共同运用,加强政策效果评估中价值分析与事实分析的结合,明确政策评估程序与继续适用、适当修正或政策终结程序的衔接,进而发挥检察政策法治化改进机制的作用。

4. 及时调适改进

产业发展领域检察政策的评估需最终落脚在对评估中发现的问题进行及时调适改进。而评估所依据的标准一方面可以是以科学制定理念、民主制定理念、系统制定理念、依循法治理念来考量产业发展领域检察政策的运行效果;另一方面,更应该借助专业的标准来加以评价,在此方面,可以考虑运用法治指数①来进行评价。在进行评价的基础上,就发现的运行中的问题从检察政策的制定权、制定程序、违法追责等方面进行调试改进。

结语

随着党的十九届四中全会通过《中共中央关于坚持和完善中国特色社会主义制度、推进国家治理体系和治理能力现代化若干重大问题的决定》,将有关产业发展领域的检察政策纳入"加快形成完备的法律规范体系、高效的法治实施体系、严密的法治监督体系、有力的法治保障体系"的范围进行系统性的思考,并以此推进经济法治的建设和发展,已成为当下"建设中国特色社会主义法治体系、建设社会主义法治国家"的题中应有之义。

从学理上看,检察政策主要指检察机关依据党和国家政策及检察工作的需要而制定和实施的指导检察工作和推进检察实践的政策性文件的总和。其本质是检察工作领域具有一定约束力的软法规范。进一步讲,产业发展领域的检察政策体现出以下特点:其一,产业发展领域的检察政策旨在促进和保护产业发展,具有目的导向性;其二,它突出能动司法在服务经济发展和回应人民关切中的作用,具有及时有效性;其三,与经济领域的检察政策之间

---

① 参见钱弘道、戈含锋:《法治评估及其中国应用》,载《中国社会科学》2012年第4期,第5页。

具有包含关系，内容较为分散庞杂，缺乏系统性；其四，符合检察政策的本质要求，并呈现出类型化特色。

根据产业发展领域检察政策的内涵，可将此领域的检察政策细分为以下五类：保护产业发展的司法解释，保护产业发展的检察建议，保护产业发展的工作报告，保护产业发展的指导性案例，有关批复和会议纪要等。在司法实践中，上述五种类型的检察政策在为企业营造良好营商环境领域、知识产权保护领域、维护竞争秩序领域、产品质量管理领域、金融市场监管领域、诉讼程序等其他领域，具有着积极的引导、补充（立法不足）、回应、调配、促进改革等功能。

在充分认识和肯定产业发展领域检察政策所具有的重要功能的同时，也应当看到，检察政策这类软法规范在其制定与实施中也存在一定的局限。具体而言，产业发展领域检察政策在制定过程中的局限主要体现在以下几个方面，即其与法律之间尚未形成良好的互动、协调关系，政策覆盖面具有一定的限度，适用范围不规范，制发程序不统一，责任虚化等。产业发展领域检察政策在实施过程中的局限主要体现在以下几个方面，即选择性适用，适用顺序不明，假借检察政策之名行权力寻租之实，对政策的管理有待规范等。

为了避免产业发展领域检察政策运行中的局限，发挥其积极作用，在全面推进依法治国的背景下，应积极推进产业发展领域检察政策的法治化进程，采用法治思维和法治方式对其进行改进和优化，以此提升检察政策法治化水平，确保检察政策在保护产业发展方面目标的实现。

具体来看，在完善产业发展领域检察政策的过程中，应秉持若干基本理念，即科学制定理念、民主制定理念、系统制定理念、依循法治理念。同时，应完善产业发展领域检察政策的路径，这包括明确角色定位、改进运行机制、优化法治路径、健全制度体系。此外，还有必要确立产业发展领域检察政策的评估机制，这包括落实跟踪回访、加强参与论证、评估运行效果、及时调适改进等。

综上所述，检察政策是检察工作的重要内容，对我国产业发展发挥着越来越重要的制度保障作用。作为检察工作领域的软法规范，检察政策在保护产业发展的过程中促进了产业治理，彰显了柔性法治的特色。与此同时，检察政策也有待通过法治化路径来完善自身发展，进而更好地丰富和融通产业发展领域检察政策的理论与实践，回应经济新常态的现实需求，切实保障我国产业持续健康发展。

检察机关参与网络空间治理研究[*]

于志强^{**}

"我们塑造了工具，此后工具又塑造了我们"。互联网就是这样一个改变时代的工具。人类来到了一个技术改变生活的时代，一个万物互联的时代，一个大数据的时代，一个从物理互联网向意义互联网急速转型的时代，一个实体社会与网络社会并行的时代。"科学技术的迅猛发展，特别是计算机的迅速普及、网络通讯技术的广泛应用，缔造了一个以信息化为核心的时代。在这个时代里，人与人之间的山川阻隔被彻底消除，整个世界成了平的。"① 在这样一个扁平化、虚拟化的互联网空间，信息科技推动着整个社会从生产工具到生产关系的巨大变革，渗透辐射到各个领域。中国是互联网

---

* 本文系 2016 年度最高人民检察院检察理论研究自筹经费课题"检察机关参与网络空间治理研究"（项目批准号：GJ2016D40）的研究成果。

** 课题主持人：于志强，浙江理工大学教授。课题组成员：潘睿睿，浙江理工大学研究员；李子瑾，浙江理工大学副教授；刘红艳，浙江理工大学讲师。

① 托马斯·弗里德曼著：《世界是平的》，何帆、肖莹莹、郝正非译，湖南科学技术出版社 2006 年版，第 42 页。

的后来者,接入互联网只有 20 多年,但发展迅猛,并取得令人瞩目的成就。目前,中国有 7.31 亿网民,人均每天上网 226.3 分钟,互联网金融业和移动应用的市场规模已经均居世界第一,其中,网络借贷、网络众筹、互联网支付累计交易额达到 70 万亿。① 互联网作为这个时代的最大变量,使中国与世界各国处于同一起跑线,有些领域已经在领跑全球,这为中华民族伟大复兴和中国现代化事业提供了一次难得的历史机遇,司法制度也不例外。

杭州互联网法院的设立,正是法院利用这次历史机遇,主动拥抱新一轮科技革命,再造法院组织,更新诉讼流程,构建新型司法运行模式的一种尝试。我们相信,互联网法院的设立,将更好地为公众提供优质高效的司法服务,树立司法现代化标杆,创造出一种全新的符合中国国情的司法制度,进而为世界互联网司法贡献中国智慧,提出中国方案,作出中国贡献。

检察机关作为法律监督机关,在参与网络虚拟社会现实化管理中,应找准角色定位,充分拓展打击网络犯罪,预防和惩治职务犯罪,促进网络社会管理机制完善、疏导网络舆情等检察职能,在维护社会秩序,促进社会和谐发展中发挥积极的作用。②

一、检察机关参与网络空间治理的时代背景

(一) 开辟全面依法治国与全面深化改革的新领域

"坚持全面建成小康社会、全面深化改革、全面依法治国、全面从严治党的战略布局",是"十三五"乃至更长时期我国经济社会发展的科学指导和行动指南。党的十八届五中全会立足治国理政全局,以强烈的历史使命意识和问题意识谋划未来,以协调推进"四个全面"实现"五位一体"的总体布局,抓住了改革发展稳定的关键,确立了新形势下党和国家各项工作的顶层设计、战略方向,充分体现了当代共产党人的全局视野和战略眼光。"四个全面"战略布局是我们党在新的历史条件下治国理政的总方略,"四个全面"战略布局不是简单的平行关系,而是环环相扣的有机整体。其中,全面建成小康社会是重大战略目标,全面深化改革、全面依法治国、全面从

---

① 中国互联网信息中心,http://www.cnnic.net.cn/hlwfzyj/hlwxzbg/hlwtjbg/201701/t20170122_66437.htm,最后访问时间:2017 年 7 月 10 日。
② 王雄飞、章莉坚:《检察机关参与网络虚拟社会现实化管理的探讨》,载《中国检察官》2012 年第 5 期。

严治党是三大举措。

　　检察机关必须主动适应互联网发展大趋势，呼应互联网时代司法的现实需求，契合网络空间纠纷的独特性，在探索新型司法规律、司法规则方面必须迈出坚实的一步。党的十八大提出全面推进依法治国。党的十八届三中全会提出推进法治中国建设，并要求坚持依法治国、依法执政、依法行政共同推进，坚持法治国家、法治政府、法治社会一体建设；深化司法体制改革，加快建设公正高效权威的社会主义司法制度。检察机关要正视"双层社会"的现实社会结构、正视网络环境对于传统法律规则的挑战、正视网络纠纷对于传统司法制度的冲击，迎难而上的表现，体现的是司法机关的主动担当。从"四个全面"战略布局的高度审视查机关参与网络空间治理，它与"四个全面"战略布局一脉相承，开辟了全面深化和全面依法治国的新的实践领域。

（二）建立网络强国战略与司法体制改革的新交集

　　检察机关以互联网为平台，以司法体制改革为突破，重点领域清晰，主攻方向明确，将我国的网络强国战略与全面推进司法体制改革融为一体、交相辉映、浑然天成。习近平同志就实施网络强国战略提出了"六个加快"：加快推进网络信息技术自主创新，加快数字经济对经济发展的推动，加快提高网络管理水平，加快增强网络空间安全防御能力，加快用网络信息技术推进社会治理，加快提升我国对网络空间的国际话语权和规则制定权，朝着建设网络强国目标不懈努力。"六个加快"具有丰富的内涵，涉及了技术、经济、法律等多个要素，跨越国内国际两个场域。从网络大国迈向网络强国，离不开法律规则的支撑和保障。检察机关参与网络空间治理是信息技术和现代社会治理的融合。

　　互联网法院的设立，是推进司法体制改革的重大进展。网络不仅仅再是信息交流和传播的媒介，也不仅仅再是基本的生活和工作的平台，它在很大程度上已经摆脱了工具理性的束缚，转而开始制约、乃至型构人类社会的基本关系网络和组织形态。司法体制改革涉及司法权力运行的多个方面，检察机关参与网络空间治理是司法权力与网络时代的直接对话。面对汹涌而来的网络浪潮，熟视无睹、故步自封是一种选择，主动回应、积极变革是另外一种选择。到底是给脚配上一双新鞋子，还是强行削足适履，答案不言自明。在检察机关参与网络空间治理这个框架重构式的重大创新之下，必然有涉网诉讼规则、办案机制等一系列微创新。

(三) 践行司法全面公开与司法为民理念的新举措

党的十八届三中全会指出，深化司法体制改革，加快建设公正高效权威的社会主义司法制度，维护人民权益，让人民群众在每一个司法案件中都感受到公平正义。党的十八届四中全会再次指出：公正是法治的生命线。司法公正对社会公正具有重要引领作用，……努力让人民群众在每一个司法案件中都感受到公平正义，……构建开放、动态、透明、便民的阳光司法机制。公平、公正、公开，是司法体制改革矢志不渝践行的理念和追求，其根本目的，就是要让人民群众在每一个司法案件中感受到公平正义。

检察机关参与网络空间治理，让司法全面公开有了更坚实的技术基础。实现司法全面公开，是实现"让人民群众在每一个司法案件中都感受到公平正义"新目标的制度化落实和保障方案，应当成为司法制度改革的核心内容之一。司法公开不能是司法的部分公开，而是要实现司法的全面公开；司法公开，是司法过程的制度化公开，不能停留在司法结论的公开；司法公开，既包括依据和结论的公开，同样包括案件执行信息的全面公开。司法公开，要建立在社会公众对司法公开信息的低成本获取基础上，很显然，以检察机关参与网络空间治理为载体的司法公开，老百姓获取信息更便捷、更快速，检察机关更具有公开的技术基础。

(四) 维护中国网络主权与保障国家利益的新努力

网络主权是中国构建国际互联网治理体系和治理规则的基本主张。2015年12月16日举办的第二届世界互联网大会开幕式上，习近平提出了推进全球互联网治理体系变革的四项原则和构建网络空间命运体的五项主张。而在上述立场中，网络主权是中国参与国际互联网治理、制定网络空间规则的最鲜明主张，是中国互联网政策的关键词。习近平指出，推进全球互联网治理体系变革，应该坚持尊重网络主权原则。中国在对外发布的《网络空间国际合作战略》中，再次确认了网络主权原则。

网络主权是我国的外交立场，是我国的政策主张，我国对互联网治理的法律基础。仅仅在文件中提出网络主权还不够，还应当在现实中不断强化对网络的实控，在实务中不断丰富网络规则。网络在技术形态上无国界，在行为制裁上有规则。检察机关强化网络司法管辖权，任你网络互联互通，任你网络无边无际，都必须接受司法的现实约束。检察机关对网络纠纷的约束力度越强，则国家主权实现的程度就越充分。

习近平总书记在"一带一路"国际合作高峰论坛开幕式上的演讲中，总结了以和平合作、开放包容、互学互鉴、互利共赢为核心的丝路精神，"一带一路"倡议是中国近年来力推的国际主张。而互联网的互联互通性使其更有先机建立一条"数字丝绸之路"。实际上，2016 年 G20 杭州峰会已将构建全球电子商务平台（eWTP）的倡议写入公报，杭州互联网法院已经先人一步、抢占先机，通过司法经验的累积，完全可能成为跨境网络纠纷的约定管辖机构，检察机关要快步紧跟，积极参与网络空间治理，这对我国利益的维护都是非常有利的。

（五）探索全球互联网治理体系中国方案的新样本

在当前的全球互联网治理体系与规则之争中，"谁说了算"是争议的核心和症结。习近平在第二届乌镇会议上指出："国际网络空间治理，应该坚持多边参与、多方参与，由大家商量着办，发挥政府、国际组织、互联网企业、技术社群、民间机构、公民个人等各个主体作用，不搞单边主义，不搞一方主导或由几方凑在一起说了算。"建立多边、民主、透明的全球互联网治理体系，实现互联网资源共享、责任共担、合作共治一直是中国对全国互联网治理体系的基本主张。

加快提升我国对网络空间的国际话语权和规则制定权，积极参与网络空间国际规则制定进程，是中国应尽的国际责任，唯有中国以其网络体量和实力抗衡个别网络超级大国，才能与广大第三世界国家一道建立网络空间真正意义上的主权平等、共享共治；同时也是中国保障国家和公民利益的现实之举，防止在网络空间规则中再次受制于人。要让中国在网络规则的具体实践中先行先试，建立先发优势，形成制度样本，提升中国参与网络空间国际规则制定的话语权。习近平在考察中国政法大学时的讲话强调，要"努力以中国智慧、中国实践为世界法治文明建设作出贡献"。对此，让检察机关参与网络空间治理，既有创新的基础，也有创新的魄力，更有创新的能力。

二、检察机关参与网络空间治理的必要性与可行性

（一）检察机关参与网络空间治理的必要性

1. 是加强网络安全，治理网络空间的迫切需要

党的十八大报告指出，"海洋、太空、网络空间安全，是关系到国家利

益的三个重要方面。"随着互联网的迅速普及与发展，网络已成为人类生活的第二空间，但网络安全威胁和风险也日益突出，并逐渐向政治、经济、文化、社会、国防等领域传导渗透。网络空间成为关系国家安全、社会稳定和民族复兴的战略新高地。习近平总书记指出："过不了互联网这一关，就过不了长期执政这一关。"法院必须主动适应互联网的发展趋势，不仅仅将互联网作为一种工具、一种技术手段，更要参与到已经因为网络而变化的世界的治理。国家已经设立了网信办、网络警察、互联网法院。因此，机关参与网络空间治理，可以为我国全面建立网上公检法探路破冰，并与网信办、互联网法院等部门形成合力，有效提升国家对网络空间的治理体系和治理能力。目前我国互联网发展迅猛但网络监管和立法相对滞后，存在许多法律空白和监管盲区；机关才有网络空间治理，办理、研判涉网案件，以法治的理念、司法的手段加强网络空间治理，既能树立司法现代化标杆，提高我国网络法治化水平，还能以用司法的包容性、灵活性、示范性弥补立法滞后的不足，推动互联网法律法规的完善，特别制定"互联网+"负面清单，为划定互联网活动的底线、边界提供决策参考。

2. 是引领规则发展，服务互联网经济的迫切需要

当前，互联网经济已成为激活全球经济活力的新动能、新引擎。架构在互联网上的大市场，对司法服务的便捷化、数据化、互联互通的需求越来越迫切。但与此同时，世界各地的网络立法尤其是跨境司法规则尚未成熟，很多网络行为在法律的模糊或真空地带游走，但各国均在努力抢占先机，如英国也在研究成立互联网法院、欧盟用八年时间制定出台了"一般数据保护法"，意欲主导网络空间"游戏规则"。能否抢占先机，对日后争取互联网经济的国际话语权意义重大。"关于构建全球电子商务平台（eWTP）的倡议"，去年已写入B20杭州峰会公报。中国法院必须抓住这一重大契机，"下好先手棋，打好主动仗。"在杭州互联网法院已经设立的前提下，让检察机关参与网络空间治理，有利于先人一步、抢占先机，积极争取我国在网络空间的话语权，引领相关国际司法规则的制定，助推经济转型升级，为互联网经济发展提供更加优质高效的司法保障。

3. 是改革司法供给侧，践行司法为民的迫切需要

涉网案件区别于传统案件，通常具有当事人分布跨地域、行为虚拟化、交流在线即时化等新要素。但现有的检察机关组织体系和诉讼规则都是建立在线下实体处理纠纷的假设上的，解决网上案件明显捉襟见肘。涉网案件当事人按照现有的管辖、起诉、举证等规则进行诉讼，成本高、流程长、难度

大。在互联网法院的前提下,检察机关参与网络空间治理,既能便利当事人诉讼,有效满足"互联网+"背景下当事人的司法新需求,又能进一步研发结构化、标准化的网络办案模块,理顺司法流程,清晰操作规范,孵化形成网上立案、送达、举证、执行等一整套诉讼规则规程,为全国检察机关提供可复制、可推广的经验。

(二)检察机关参与网络空间治理的可行性

为贯彻习近平总书记关于加强国家网络安全与信息化建设的重要讲话精神,顺应互联网时代司法与网络融合发展的大趋势,浙江大胆探索,先行先试,探索设立杭州互联网法院,实现涉网审判专业化、诉讼流程在线化、系统应用智能化、司法服务便捷化、纠纷解决多元化,构建专业、高效、便捷的司法服务体系,服务和推动网络强国建设。杭州互联网法院的设立也为司法实践网络化提供了一个可供借鉴的模式。

1. 网络技术的发展

网络技术的发展一直是困扰着司法机关信息化发展的主要瓶颈之一,经过多年的发展,特别是网络提速降费之后,解决了制约信息化发展的两个主要矛盾,一是网速,二是网费。更重要的是,近年来大数据和人工智能的发展速度超乎我们的想象,这也为司法机关进行信息化改革提供了不可多得的契机。

(1)大数据。大数据共享可以说是检察机关参与网络空间治理的关键影响因素。比如,在远程身份确认环节,会涉及人脸识别、指纹、虹膜、声纹识别等生物识别技术,但这些识别技术的前提是存在比对数据,这就需要与公安部门的身份数据进行大数据共享;在证据调取环节可能需要相关网络提供商共享网络交易订单、聊天记录、物流信息,也可能进一步需要金融、不动产登记部门、车辆管理等部门进行大数据共享。这确实是一项较为庞大的工程,需要各级部门及相关企业的协同努力。

大数据的基本前提还是在于数据,不管是数据的采集、传输、存储、分析等各个过程都需要有开放的数据源供人们自由使用。当然,数据的开放并不代表着数据免费,一些机构的数据在开放的过程中可以收取使用费。比如说企业的自有数据,营利性组织的私有数据等都可以以收费的方式向社会公众开放。数据开放是数据共享的基础,因此,只有数据开放才能将数据进行有效整合,使得数据的价值得以提升,最终达到一个数据增值的效果。在数据开放过程中政府部门起到重要的作用,因为各级政府部门在数据采集及存储等方面有着天然的优势,在政府正常运转的过程中掌控着种类完备、数据可观的数据资源,涉及到经济社会各个领域。这些海量的数据分属于不同的政府机构,关联性较弱,缺少整合,不利于全社会综合利用,是一种极大的资源浪费。如果采用大数据技术,完全可以为政府部门提供条件进行社会公共服务革新体系的建设,对于整个社会都是有益的举措。还有企业自有的数据和社会组织私有的数据也都是数据开放的和数据共享的源头。在大数据时代,数据自由的流动才能带来额外的价值,推动经济社会的进一步集约化发展。

(2)人工智能。经过AlphaGo挑战人类最后的智慧堡垒围棋并大获全胜之后,人工智能已经深入人心。真正的人工智能应当是以大数据为基础,通过深度学习,然后进行最大概率的判断。

检察机关参与网络空间治理的最终目标是建立一种"智慧检察",这种模式应当是以人工智能为前提的。人工智能可以充分利用网络大数据的优势,通过不断提炼和丰富诉讼规则,开发和运用诉讼结果预判等功能,自动推送同类型案例,分析胜诉率,为诉讼提供参考,引导我们正确评估案件走向,既能够体现专业化的优势,又有利于依法、理性、便捷行使权利。

当电子商务、电子政务不断蓬勃发展,信息化必然成为检察机关工作的发展趋势。在"智慧检察"的打造与升级过程中,可能会因为工作人员、当事人以及社会各界的认识问题,因为程序设计缺陷的问题、制度设计的不完善的问题等,使得"智慧检察"的推进遇到各种瓶颈与困境,遇到一些质疑和阻力。但是智能化、现代化的发展方向并不会因为暂时的困难而改变,坚定信念、迎难而上、抓住机遇是取得成功的法宝。我们可以相像一下,将来"智慧检察"的景象:足不出户,网上起诉、立案、证据提交,经过人工智能协助判断案件的胜诉率,决定是否继续诉过程,开庭过程经过面部识别、声纹识别等生物识别技术确定当事人身份,使用VR技术进入网络虚拟法庭,诉讼各方通过虚拟技术所看到的法庭场景与现实的法庭场景并无二致,经过庭审过程中的语音识别技术生成电子文字记录或电子文书,然后审判结果通过电子送达过程经电子签收,最后经过与相关部门的数据对接进行执行程序结束整个案件审理流程。随着现代智能技术的不断发展,这样的场景一定会实现!

2. 司法公开的需要

2016年7月,最高人民检察院出台了《最高人民检察院关于实行职务犯罪侦查工作八项公开的规定》以下简称《规定》,进一步增强职务犯罪侦查工作的透明度，规范司法行为，促进公正司法，自觉接受监督。包括立案侦查信息公开，逮捕信息公开，侦查终结信息公开，移送审查起诉信息公开，律师会见情况信息公开，涉案财物处理结果信息公开，办案人员违法违纪处理信息公开，办案时限信息公开。该《规定》表明了检察机关忠实履行宪法法律赋予的法律监督职责，各项检察工作取得的新进展。另一方面也表明了检察机关，认识到司法公开对于检察工作的重要意义。早在2014年，检察机关就开通了全国人民检察院案件信息公开网，2016年，也开通了案件信息公开微信平台，向当事人和律师等主动推送案件的进展情况，包括案件信息查询，律师预约，重要案件信息发布，法律文书公开等，都可以通过微信平台进行操作。2015年，最高人民检察院在全国检察机关全面推广使用电子卷宗，将纸质案卷材料转换为电子文档和电子数据，方便律师和其他辩护人、诉讼代理人查阅复制。包括微信、微博、手机客户端等措施，还有网络和新媒体等多种渠道，检察机关的信息化改革已经颇有成效。但是，相对于法院系统信息化建设的速度，检察机关参与网络治理的进步稍显落后。特别是，在互联网法院取得成果的基础上，必然会将刑事诉讼纳入到互联网法院的管辖范围之内，这就意味着，检察机关将来必须具备相应的互联网诉讼职能，才能与互联网法院相互配合，共同打击网络犯罪等涉网犯罪行为。

三、检察机关参与网络空间治理的体系建构

（一）检察机关参与网络空间治理的时代背景

日新月异的网络信息技术，正在深刻地改变着人类生活，推动着社会的进步，引领着未来的发展。同时，刷新着公众对司法服务的要求，也影响着法律的实践，丰富着司法的内涵与功能。

1. 公众对司法服务提出了新的时代需求

习近平主席曾指出，"互联网越来越成为人们学习、工作、生活的新空间，越来越成为获取公共服务的新平台①。人们活动的领域重心也逐渐从线下向网络上迁移，信息传递的渠道和载体从实体走向虚拟，工具和平台的实质性进化重建了整个社会的服务架构，使生活与工作方式更为便捷和高效。

---

① 习近平：《在网络安全和信息化工作座谈会上的讲话》，载 http：//politics.people.com.cn/n1/2016/0426/c1024-28303544.html，最后访问日期：2017年7月10日。

随之而来，公众对司法的需求也发生深刻变化。

"人的需要存在不同的层次，当低层的需求满足时，就会产生高一层次的需求。社会公众对公共产品的需求无不呈现这种特点。"① 自然地，被互联网科技贴心照顾的公众，对司法服务这一公共产品的需求和期待也追求更高品质。除了最基本的公开、公平、公正与程序性权利的保障，公众对司法运行模式的期待更为多元和个性化、精准化，包括：便捷的在线场景，希望司法服务也能够在线化，实现类似网络购物、网上支付、网络社区等在线场景；高效的处置程序，习惯于短平快网络场景的当事人，需要诉讼也能够尽可能的简化程序、优化规则、缩短流程；即时的交流通路，微信、QQ等即时通讯工具大大缩短了信息反馈的等待时间，公众期待也能够随时随地进行交流、协商或者讨论；可切换的适用规则，类似O2O（线上对线下）方式，诉讼不仅需要全程网络化的规则，还需要线上线下可灵活切换的结合化规则；智能的回馈机制，依托云计算、人工智能等技术手段，越来越多的环节可以依赖机器实现高度智能和快速精准的即时记录或反馈；等等。

2. 网络空间治理亟待法治化

互联网正在悄悄改变着人们的生活方式，它不再是实体社会的简单附属或延伸，网络商业与交往模式的快速扩展正在建构与实体社会相互交织、影响的"网络社会"。人们在充分享受信息技术带来的便捷、自由体验的同时，也面临着规则模糊混沌、交易保护不利，甚至信息泄露和电信诈骗的风险。借助网络的互联互通，现实社会发生了时空压缩，经济、政治、文化和社会生活在加速变迁和紧缩集中，但同时又发生了时空扩展，构造出了一个没有地理边界、超越时间限制的虚拟网络空间，且变化内容也迅速膨胀、日益复杂。网络化带来了时空压缩与扩展并存的社会变迁，强调扁平化扩展，而传统的网格化社会治理模式以行政区划为边界，强调自上而下的垂直治理，二者之间存在严重错位。同时，由于技术的快速迭代、商业模式的快速转换，现行法律对网络空间的规制存在大片空白。在推进国家治理能力现代化的大背景下，如何以法治的方式治理好虚拟的网络空间，是互联网时代带给我们最新、最难而又最重要的课题。

3. 司法制度本身面临变革与发展

在这个大数据、大变革、大机遇的互联网时代，传统司法的运行以严

---

① 罗忠恒：《公共产品供求矛盾解读》，载《中南大学学报（社会科学版）》2004年第5期，第576页。

谨、繁琐、封闭、程式化为特征,这与今时今日公众对诉讼服务便利化、快捷化、开放化、个性化的需求存在较大的冲突。现行诉讼制度,是构建于传统的工业化社会背景下的,适用于面对面的交易,纸对纸的记录,亲临法庭的诉辩。而随着互联网的普及应用,在线沟通逐渐取代纸面沟通,使得网上行为具有虚拟化、无纸化特征。诉讼的在线化在现行诉讼法框架下解决涉网纠纷存在不少操作瓶颈和制度障碍。另一方面,我国现有的司法制度深受国外法的影响,诉讼规则也亦步亦趋,一定程度上跟国民感情、传统文化相疏离。在司法制度改革的大背景下,检察院也有必要思考,如何缓解上述紧张冲突,破解上述瓶颈障碍,弥合上述情感文化疏离,对现有的司法运行模式进行优化与改造。

(二) 检察机关参与网络空间治理的体系构建

1. 立足网络平台全程留痕、开放透明的特征,增强司法公信

"司法公信力是司法机关依法行使司法权的客观表现,是裁判过程和裁判结果得到民众充分信赖、尊重与认同的高度反映。"① 这是一种司法与公众之间动态、均衡、良性的信任交往和相互评价。流程的公开和透明是法院提升司法公信力的有效途径。

2. 立足电子化数据共享、互联互通的特点,促进司法协同

近年来,为了应对社会发展带来的新挑战,跨部门之间的协同合作已然成为一种重要而有益的分析框架和方法工具,并在理论上基本达成一个共识,"即多方主体参与到治理中,通过共同努力,达致共同目标。"② 数据电子化和大数据处理为司法参与社会协同治理提供了必要的条件。

3. 立足电子化数据共享、互联互通的特点,促进司法协同

近年来,为了应对社会发展带来的新挑战,跨部门之间的协同合作已然成为一种重要而有益的分析框架和方法工具,并在理论上基本达成一个共识,"即多方主体参与到治理中,通过共同努力,达致共同目标。"③ 数据电子化和大数据处理为司法参与社会协同治理提供了必要的条件。

---

① 黄娟:《在"应然"与"实然"之间——司法的公信力及司法权运行过程中的"信息失真"》,载《湘潭大学社会科学学报》第 26 卷第 3 期。

② 张丽艳、夏锦文:《国家治理视域下的区域司法协同治理》,载《南京社会科学》2016 年第 5 期,第 85 页。

③ 张丽艳、夏锦文:《国家治理视域下的区域司法协同治理》,载《南京社会科学》2016 年第 5 期,第 85 页。

4. 立足数据可记录、可结构化加工、可转换的优势，提升司法效率

传统制造业早已走上"机器换人"的转型升级之路，法院沿袭已久的工厂流水线般的庭审记录也有必要在信息化的助力下改变劳动密集型的旧模式，进一步释放生产力。手工记录庭审笔录，不仅是书记员繁重的工作负担，而且存在无法完全重现庭审场景、拖慢庭审节奏、笔录校对影响庭审效率、笔录补正影响司法公正等客观问题。要持续研发办案助手系统，不断整合常用的业务资料、智能计算工具和办案技能手册等，方便办案；要开发文书管理系统，使文书制作、排版、校对、匿名处理、上网公开等功能实现一体化、自动化；要创建办案数据关联检索平台，可一键检索到各检察院数据库中的"关联案件、文书、典型案例以及人口、地理、政务、律师等"相关信息；要依托数据中心，结合数据仓库和数据挖掘技术，开发了案件信息数据分析系统，搭建以数据运算利用为核心的应用平台，把单个的案件联系起来，可分别按检察院、条线、案由、时间节点、结案方式、当事人信息等不同维度进行专题分析，探寻相关特点和规律。

（三）检察机关参与网络空间治理的具体方向

1. 全流程在线

电子平台突破了过去检察院仅是利用互联网辅助进行办案，上升到将检察院搬到网上，直接利用互联网审理案件，从立案、送达、举证、质证、庭审、调解到判决、执行，司法的每一个环节全流程在线上实现，诉讼参与人的任何步骤即时连续记录留痕。法官的自由裁量权也将得到有效约束，有利于司法公信力的持续提升。

2. 多平台对接

网上平台充分利用现有的技术优势和数据资源，实现无缝对接、数据共享，相关信息云端读取、一键引入。网上平台还将面向律师事务所、公证机构、鉴定评估机构等开放对接端口，将与相关征信平台以及国家不动产登记、金融等部门的系统进行对接，实现在线"一键"执行。

3. 结构化指引

为最大限度地方便当事人诉讼，网上平台除了自动提取有关数据外，将管辖法院的选择、诉讼请求的提出、赔偿数额的计算、法律依据的引用等诉讼事项进行了全面结构化，一般只需勾选相应的选项即可完成起诉、应诉等过程，足不出户即可参与全部诉讼活动，实现"网上诉讼与网上购物一样简单、便捷"。

4. 智能化应用

充分利用互联网大数据的优势,通过不断提炼和丰富裁判规则,开发和运用诉讼结果预判、律师评价推荐等功能,自动向当事人推送同类型案例,分析胜诉率,为当事人诉讼、调解提供参考,引导当事人正确评估案件走向,能够体现专业化的优势。

(四)检察机关参与网络空间治理的效果分析

1. 极大节约当事人诉讼成本,体现诉讼便利

网上平台的开通,可以达到零在途时间、零差旅费用支出的效果,显著降低了诉讼成本。

2. 方便案件及时办理,提升办案效率

网上平台从审查立案环节直至案件审判执行,均在网络上进行核查、操作,当事人的各项申请可在第一时间抵达,与案件承办人的交流可线上实时沟通;一键生成的电子化的诉讼文书可即时进行电子送达;庭审录像和庭审笔录可以随时点击查阅;等等,不仅突破了诉讼信息的传递时间和空间障碍,极大地提高审判效率,同时使诉讼全程及时连续记录留痕。结构化的模块设计使案件基本信息等可自动生成裁判文书,免于手工录入之繁杂,极大方便办案。

3. 有效发挥风险警示作用

电子商务网上法庭与电商平台无缝对接,可以实时反映电子商务的发展状况,掌握易发诉讼交易、多次涉诉店家、涉嫌虚假宣传用语等大数据信息,有利于及时向行业监管部门和电商平台发出司法建议,促进电商平台及时调整平台规则,对部分店铺进行重点管理和监督,起到预警诉讼风险,规范经营行为的作用,同时可为电子商务立法提供第一手资料,促进电子商务健康发展,维护电子商务的法治秩序和诚信环境。

四、检察机关参与网络空间治理的未来展望

(一)需要解决的核心问题

1. 使用人员视角和开发人员视角对焦

在传统的政府部门的信息化系统中,发现开发人员与使用人员看到问题的角度不同。开发人员往往关注的是功能是否具备,碰到反馈过来的问题时

更关注的是否有 BUG，程序无 BUG，功能能满足业务需求就觉得程序是没问题的。使用人员更关注的是系统好不好用，交互界面是否简单，尽可能操作简单，功能好找。反感查询数据需要多个窗口，数据需要重复录入等。

2. 业务发展具有一定的不确定性

政府部门的信息化建设经常会做 5 年规划，但需求和业务高速发展，经常出现新旧系统更替，每个更替的多个系统的衔接都出现问题。部分系统的生命力有些只有短短 2—3 年，给基层工作人员带来极大的工作量。未来的业务发展具有一定的不确定性，我们不能指望开发一个涵盖未来 10—20 年需求的业务系统。

需要通过高弹性、可扩容、兼容性强、数据标准统一，来应对各种不确定性，实现确定性。而非今天解决一个功能，明天发布一个需求，全方位应急做事。

3. 发掘数据的价值需求

随着信息系统的深入发展，各单位各部门积累了大量的数据，如何整合单位所有数据及与其他相关的单位数据进行碰撞，产生更大的价值，在大数据的海洋里面大浪淘沙，挖掘数据更深层次的价值，是信息化发展的必然趋势。这些都有待于我们进一步去深入研究及应用。

4. 内外网办案的需求

人民检察院需要更加广泛的系统合作，大量数据和当事人未来都会通过互联网与检察院连通。而内外网是法官不可逾越的门槛，关门办案，外部数据进不来或者高成本进来。允许法官在互联网上审理互联网案件，对当下一刀切的法院专网管理办法带来挑战。

(二) 电子数据的认定问题

1. 电子数据的内涵与特征

电子数据即电子证据，是 2012 年民事诉讼法新增加的证据类型。《最高人民法院关于适用〈中华人民共和国民事诉讼法〉的解释》第 116 条规定：电子数据是指通过电子邮件、电子数据交换、网上聊天记录、博客、微博客、手机短信、电子签名、域名等形成或者存储在电子介质中的信息。新民事诉讼法确定了电子数据成为一种单独存在的法定证据，获得了真正意义上的"法定地位"。作为证据类型的电子数据，可以归结为以电子、电磁、光学等形式或类似形式存储在计算机中的信息作为证明案件事实的证据资料，既包括计算机程序及其所处理的信息，也包括其他应用专门技术设备检测得到的信息资料。①

涉网案件中常见的电子证据有电子合同（E-contract）、电子交易记录（ETR）电子数据交换（EDI）、电子资金划拨（EFT）、电子签章（E-signature）和电子邮件（E-mail）等样式的各种证据。

与传统民事诉讼证据相比，电子证据除具有无形性、精确性等基本特质以外，还同时具备以下几个特点：

即时性。互联网之所以发展得如此迅猛，最主要原因就在于信息数据的即时性。网络上一切往来都依靠数字信息传播交互，这能在很大程度上降低社会活动的运作成本，同时也使地理位置的重要性降低，提高了活动的速度与质量。电子数据即时性主要体现在两个方面：一方面是信息存在的短暂性，更新极其快速；另一方面是通过信息的高速传递，实现实时通信。

系统性。为保证电子数据的证据能力，司法实践中除需提供记录和储存不同法律关系发生、变更和灭失过程与结果的数据电文证据，往往还需要提供附属信息证据和系统环境证据，而使得电子数据能够以最原始的面貌呈现在法庭和当事人面前。

易损性。由于计算机操作者本人或者 ISP 的主观差错甚至故意或者供电系统、通信网络、病毒侵害和存储媒介损坏等客观技术环境等原因，电子数据很容易受到人为故意的截收、监听、剪接、窃听、篡改、删节，使电子证据无法完全反映真实状况。

2. 司法应用中的困难与问题

法律上的规定，并不能缓解电子证据在司法实践与学理争论中的尴尬。在民事诉讼中，当事人自己提取的电子数据往往无法让法官认可其来源的合法性、真实性；而现实中，数据制作、生成的计算机往往与数据复制的计算机难以同一，种种原因造成了一般意义上的电子数据升格为符合"三性"要求的电子证据的现实"鸿沟"。

一是电子数据固有的矛盾性决定了其较难满足证据的"三性"。电子数据具有精密性和"非精密性"的双重属性，一方面电子证据借助现代信息技术可以无限次地被复制粘贴，并且基本上不存在失真的可能，较之传统证据有明显优势；但同时，电子证据的生成、储存以及可修改的特性使得电子证据能够轻易被人借助现代信息技术篡改，导致证明力不足。这一双重属性

---

① 沈德咏主编：《最高人民法院民事诉讼法司法解释理解与适用（上）》，人民法院出版社 2015 年版，第 381 页。

是电子证据被质疑缺乏"三性"尤其是真实性的根本原因。

二是无形的电子证据受到有形载体的"多存在性"的限制。电子设备首先作为输入设备以"0"和"1"这两位代码将相关信息输入,然后再作为输出设备将代码转化成人们需要的信息输出,因此,电子数据的存在本身是无形的。但同时,它的输入、存储和输出又都必须依赖于计算机系统、光盘、U盘等电子介质,同一份电子数据既可以在数据发布者的电脑存储器上存在,也可以在互联网服务提供者ISP(Internet Service Provider)的缓存媒介、收受方的电脑存储器或者其他外接存储媒介(如移动硬盘、磁带、胶卷、光盘、手机、MP3和U盘等)上存在,因此对不同主体提供的电子数据的真实性较难掌控。

三是对电子证据的提取、制作、使用主体有特殊的要求。应当由具有公信力的主体在数据生成的原始服务器上提取电子数据,使其以一种物质形式表达,并更好地得以展现和保存,否则,很难让法官信服证据来源的真实性。同时,在互联网时代,电子证据的真实性问题还表现为是否能达到"同一性"。比如,某一账户的登录信息显示其所有人在某设备上登录过该账户,但实际上,所有人并未在该时点登录过,而是由他人在登录使用。因此,还需要在审理中对账号使用人和所有人的同一性进行判断。

3. 网上平台电子数据的功能模块设计

针对以上问题,网上平台要建设电子数据证据平台加以解决,该平台将负载以下功能模块:

(1)网络模式下的主体身份认证。对符合法律要求的自然人、法人等在虚拟空间中与现实空间身份对应的真实性、一致性进行识别、验证和认证。认证方式有继受、延续、认证、验证、交叉验证等,从而满足诉讼平台辨识当事人唯一性的需求。

(2)证据源的认证与标记。对电子数据进行实时标记(唯一性标记和时间标记),标记与电子数据本身形成永久性一一对应关系,满足诉讼平台识别及采信定案电子数据证据的真实性的功能需求。

(3)电子数据的采集。对象为网络平台的采集:从在网在线的网络运营平台上实时提取或实时自动传输符合审判规范的有效电子数据;对象为实体终端的采集:从个人的手机及IPAD或企业的电子办公终端上提取或实时自动传输符合法律要求的电子数据;对象为实体纸质文档的采集:需要把与网络电子数据相关联的实体纸质文档转化为可信的电子数据;对象为音频的采集:采集网络环境下的音频,并对音频信号进行电子数据处理如切割、标记、不规则加密信息植入等安全保护的音频；对象为视频的采集：采集网络环境下的视频，并对视频信号进行电子数据处理如切割、标记、不规则加密信息植入等安全保护的视频；对象为实物的采集：采用加密可溯源技术把实物转换为电子证据，从主体、客体、对象、行为、录入等一系列符合法定程序且形成一个完整的证据链，得出的结论是唯一的；对象为环境的采集：采用可溯源的360度音视频实时提取为电子数据证据。

（4）电子数据的传输与传输保护。基于非专线的双端动态秘钥实时数据传输；基于非专线的自有通信协议族的传输保护，谨防电路侦听；基于广域网区块链下的私有链的数据传输中防篡改保护。

（5）电子数据证据的存储。采取可信数据云网的模型进行存储，其基本特征是：云存储、多物理点虚拟网络化、数据存储分散化、数据粉碎化、存储空间无限扩充，以最终保证数据安全、数据查阅引擎化、数据存储路径算法化。

（6）电子数据证据的调取与权限管控。将设置强大的数据权限管控模块和体系，对数据的所属权、调阅权、查询权、对接、流转、数据返回等建立完整且严密的权限管控，以保证数据的流转严密性。

4. 电子数据规则设置上几个关键问题

除民事诉讼法及其司法解释对电子数据有概念式的规范以外，《最高人民法院关于民事诉讼证据的若干规定》和《最高人民法院关于行政诉讼证据若干问题的规定》厘清了原件和复印件基本关系，明确了自认和公证的方式，而《电子签名法》及"两高一部"制定的《关于办理刑事案件收集提取和审查判断电子数据若干问题的规定》，对电子证据的收集、提取、审查、认证等进行了较为详尽的规定。上述规定为司法实践提供了指针，但仍有以下重要问题尚待进一步明确：

（1）举证责任分配问题。一是遵循我国"谁主张，谁举证"的基本民法原则，原告是网络电子证据最重要的举证主体，负有举证主要责任。首先，原告要证明自己是权利人或者是被侵害的对象，也就是要证明原告是网络活动中的行为主体之一，这涉及原告的身份确认和网络购物、金融等电子契约原件的获取。其次，原告要提供侵权事实的书证、物证或者视听资料等证据，即原告要提供能够证明侵权行为的一系列书证、物证和数据电文，并且要保证其完整性、真实性和可随时获取性。第三，为了印证上述证据原告应当申请法院对涉及相关的侵权记载的网络服务器和终端进行保全或者调查取证，以进一步确认侵权事实相关的数据电文存在的唯一性与排他性。

二是网络交易服务提供者（如电商平台、小额贷款公司）作为原告时，当然负有主要举证责任，但当网络交易服务提供者作为活动第三方的时候（如提供居间服务）是否应该负有一定的举证责任？原告是网络电子证据最重要的举证主体，在其举证过程中要提供能够证明网络侵权行为的数据电文，并且要保证其完整性、真实性和可随时获取性。可是在网络信息的交互过程中，绝大多数能够证明活动过程控制要素的数据电文是归网络交易服务提供者所有和保存的，原告只拥有证明其作为服务契约主体身份的证明，而无法独立提供证明侵权行为和被损害程度的有效证明。这种情况下，原告只能根据与网络交易服务提供者的服务约定，向网络交易服务提供者索取；合同没有约定的，原告需要通过向法院申请，由网络交易服务提供者提供。因此，当网络交易服务提供者作为网络活动第三方的时候，负有间接的辅助举证责任。如我国于2006年3月1日起颁行的《电子银行业务管理办法》第10条第5款也规定：要求银行采取必要技术手段"能够满足金融监管部门现场检查的要求，在出现法律纠纷时，能够满足中国司法机构调查取证的要求。"

三是根据我国《最高人民法院关于民事诉讼证据的若干规定》相关的法律规定，网络服务提供者的举证责任是法定义务。互联网信息服务提供者发现其网站传输的信息明显属于违法信息的，应当记录提供的信息内容、发布时间、互联网地址或者域名，并立即停止传输且向国家有关机关报告；互联网接入服务提供者应当记录上网用户的上网时间、用户账号、互联网地址或者域名、主叫电话号码等信息；当一方确有证据证明被侵权，并向网络服务提供者提出请求时，网络服务提供者有义务向权利人提供侵权行为人在网络上的注册资料，如果对用户的身份、信息内容、上网时间、互联网地址或域名及其他注册资料进行的登记或备案资料不全或者丢失的，应当承担举证不能的法律后果。

（2）真实性问题。真实性是电子数据具备证明能力的基本前提。由于电子证据是以数字代码为原始存在形态，在提交证据时需要将数字代码转化为人们可以识别的形式，即通过显示器屏幕或者输出的打印文件进行展示，并提交法庭。而在此过程中，当事人对电子证据真实性的质疑，多数是针对电子证据的"复制件"是否保留电子证据原始性的疑虑。因此，从最初被收集到最终被提交到法庭之间，法官需要确认电子证据是否受到过或受到过潜在的污染或破坏。

近年来，学者认为可以视为电子证据原件有：①准确反映原始数据内容的输出物或显示物；②具有最终完整性和可供随时调取查用的电子复本；③双方当事人均未提出原始性异议的电子复本；④经过公证机关有效公证、不利方当事人提供不出反证推翻的电子复本；⑤附加可靠电子签名或其他安全程序保障的电子复本；⑥满足法律另行规定或当事人专门约定的其他标准的电子复本。可以看出，只要当事人能够证实在法庭上提交的证据与收集的证据具有一致性，即便是"复制的"电子数据也可以被法庭作为认定案件的证据。

同时，为证明电子证据真实可信，当事人还需要证实产生电子证据的计算机系统或程序在相关的时间段内运行正常。为适应计算机系统或应用程序呈现出多样、复杂的发展态势，确保产生电子证据的计算机系统或程序在相关的时间段内运行正常，美国和英国准许专业技术人员出庭作证或提供口头证据以辅助证明，电子证据的鉴定机构应运而生。在国际上，电子证据鉴定走上法庭已经有30多年的历史。我国也于2004年逐步建立起电子证据鉴定中心，不断拓展电子证据真实性的鉴定方法。《民事诉讼法》第69条规定："经过法定公证程序公证证明的法律事实和文书，人民法院应当作为认定事实的根据，但有相反证据足以推翻公证证明的除外。"然而，由于中国公证发展水平并不均衡，电子证据的公证结果遭到当事人质疑。为应对互联网时代的挑战，提升公证机关的公信力，确保电子证据的真实性，目前，一种新型的电子证据实时保存服务受到社会各界广泛关注。电子证据实时保存服务的突出特点有：①数据生成和创建同步实施"完整性备份"。换言之，数据在生成与创建时就解决证据固化和保存。②电子证据同步保存云端，且高级别的传输技术以确保电子证据不被篡改或丢失。③建立专用独立的公证取证通道，公证机关可以进入数据库后台调取已备份的电子证据，并以公证书的形式对此取证过程和电子证据内容进行直观呈现和形式固定。① 该服务将较好地解决电子数据存放、提取的真实性问题。

（3）认证规则问题。一是有完全证明力的电子证据规则。即在司法实践中如果当事人一方对于对方当事人提出的电子证据虽然有异议但是却无法提供相应的证据给予反驳的现象，法院应当直接认定该电子证据的证明力。和其他电子证据证明力认定规则相比，该规则的可靠真实性和完整性是最高的。

---

① 石现升、李美燕：《互联网电子证据运用与司法实践》，载《北京航空航天大学学报》2016年第2期，第49—54页。

二是最佳电子证据规则。即在司法实践如果当事人一方对于同一案件提供的电子证据是相反的,并且没有足够的证据证明某个电子证据的真实性,这种情况下法院应当结合案件的实际情况来判断两种电子证据证明力的大小,然后将证明力较大的电子证据作为定案依据。

三是补强电子证据规则。即当事人一方提供的电子证据真实性、完整性、关联性程度不高,需要借助其它证据来确定该电子证据的证明力。

(三) 数据互通问题研究

在一体化全流程的在线诉讼平台研发中,如何连接互通更多数据,让检察院成为社会纠纷的终极大数据中心,遇到的最大困难不是预算、技术和产品。而是与检察院传统的案件管理系统、案号生成模块、执行管理系统、执行查控系统、财务系统等打通和连接,互联网与检察院内网的数据安全连接,检察院与政府、企业、公安等社会各类机构的数据互通。要解决这些难题,一是需要各级检察院的思想解放和理念更新,破解内网物理隔离障碍、低层级安全策略,构建多层次、强区分的数据互通策略。在确保内网安全的前提下,加强数据交换平台、边界接入平台等建设。二是需要打破检察院单向索取数据的传统管理思路,变成多方有序共享和共建数据的共赢思路,检察院也需要生产有价值的数据,与政府、公安和公司等形成良性互动。三是需要原有系统软件开发商以及合作伙伴之间的利益协调,打破数据互通的厂商执行层面的障碍。四是需要决策者的改革魄力和创新担当,打破无人决策或悬而不决,"基层看中院,中院看高院,高院看最高法,最高法看基层试点,基层不敢动"的决策怪圈。

1. 系统和机构对接方面的需求

网上平台,需要与以下系统和机构完成数据互通。

(1) 与案件管理系统的数据互通。检察院可以开放现有审判系统的数据库权限或接口,授权通过接口或数据中心读取和写入,承建公司基于技术、安全、服务和信誉保证,在最高检的指导下,推进新老案件管理系统的安全对接。打破单一系统的垄断,通过合理竞争,促进厂商的服务提升。

(2) 与执行立案、查冻扣、失信人管理等执行系统数据互通。执行法官日常工作中,需要手工操作多个执行系统工具和功能,法官操作工作效率较低。办理一个执行案件的手工操作和等待时间,长达15—20分钟,个人月均执行办案量提升极低。碰到月末执行结案的披露提交,最高法失信系统会非常卡顿。

建议在现有多个执行系统基础上，通过一体化的智能操作工具，自动完成大量手工粘贴、提交、复制和查询工作，构建任务流，向多个执行系统同步任务数据。

建议高院层面协调通达海、太极或华宇，提供执行立案、查冻扣和失信人系统的写入和返回数据的接口。或者开放数据库查询或同步权限，打通数据的内部流转。

（3）与政府、事业单位、司法机构与检察院的数据互通。基于检察院是政府解决社会纠纷的终极司法机构，涉诉时各方均需要向检察院提交证据和文件数据。不论数据是否是电子格式，传统都需要转化成纸质提交给检察院，检察院只接受纸质文件，并进行归档管理。某种意义上，检察院成为诉讼数据电子化的最短板和标准制定者，相当多的机构不得不做电子转纸质工作。纸质数据进入检察院，还得扫描成电子数据归档。

建议检察院利用现有的共享平台（如政法网等），进一步研发数据互通平台，提供开发接口给政府部门，向其调取和反馈数据，并形成考核或制约机制，推行数据电子化。"让数据多跑腿，让老百姓少跑路"。能通过政府或司法机构之间调取数据的，不要让老百姓自己去开具证明和提交数据。

民政、房管、车管、交警、公安户籍等部门，要与检察院进行数据互通，解决老百姓在涉及房产纠纷、车辆过户纠纷、道路交通纠纷、婚姻纠纷等案件，需要向相关部门调取数据的麻烦。

（4）与企业的数据互通。为减少检察院向企业或平台发协查函的数量，提高案件办理效率，减轻当事人的成本，要推动更多涉诉企业，直连检察院数据互通平台，提交和协查案件。包含银行、保险、持牌小贷公司等金融机构，腾讯、百度、京东、微信、网易等互联网公司的接入。覆盖100%的国内重点互联网公司，接入国内各大银行机构

2. 数据对接方面的需求

主要包含以下几方面：

（1）数据接入的方式上采取通过调用验证服务接口进行比对，获取验证结果的比对验证模式；通过调用查询服务接口，获取或引用查询对象相关数据的查询引用模式；直接下载或通过数据服务平台获取批量数据的批量复制模式。以上三种模式的调用数据在接口协议上就设定审批程序，根据根证书等方式实现实时在线，随调随用，不用重复审批。

（2）身份数据方面：对接公安部门、市场监管部门，以确定自然人、法人、非法人组织的身份真实有效。

(3) 电子证据方面：对接电子商务平台、电子证据存证平台、公证机关，获取涉网案件相关证据。

(4) 电子送达方面：对接电信、移动、联通、邮政等通信运营商，获取实名认证的当事人手机号码及通讯方式。

(5) 案件执行方面：对接人民银行、金融机构、房产管理部门、车辆管理部门、支付宝、微信钱包等，获取被执行人的财产线索，并实现在线执行。

因数据类型千差万别，故以上涉及的部门，可针对提供各自的数据目录，便于进一步根据案件的实际情况，在数据目录进行选择，选取相关有效数据进行对接。数据目录包括数据名称、数据格式、共享类别、共享范围、更新频度、时效要求、提供方式、提供单位等。

（四） 网上法庭平台安全问题研究

目前平台已采用高级别的安全防护体系，配备防火墙、Warf 等安全设备及安全系统，全面进行漏洞监控、开放端口监控、黑客入侵监控、web 攻击监控、DDoS 攻击监控、威胁情报监控等安全态势实时防护监测。配备后门查杀引擎，定时查杀和扫描本地文件，发现后门后立即预警、清除；并针对非法暴力密码的行为进行识别，防御暴力。同时对平台传输的数据进行数据加密，确保数据真实可靠，防止非法篡改。

但上述安全防御整体是针对阿里公有云平台，对于互联网法院网上法庭平台的具体应用系统而言仍有欠缺和短板，云安全平台建设不但要考虑传统模式的来自云平台外纵向流量安全；还需要对横向的虚机之间的安全进行严格考虑，防止一旦内部某个虚机失陷，横向扩展到整个平台其他业务系统，引起蝴蝶效应，造成不可挽回的损失。

考虑建立起能够为最终用户提供方便快捷的网络安全自动编排服务的云安全服务平台。主要要求实现下列功能：一是安全接入能力：满足外部互联网移动安全接入，满足移动办公、适应移动化趋势。需要提供从移动终端认证、链路传输加密、云上访问控制的端到端的安全接入能力。二是网络防护能力：需要给不同用户的不同应用系统提供不同等级的全面防护。三是主机安全能力：需要提供主机级别的病毒检测、应用级访问控制（云内主机的精细化访问控制）、暴力破解检测、僵尸网络病毒检测、入侵阻断、恶意文件隔离、主机安全取证能力、以及可视化管理界面。

另外，可以考虑在云外建立安全资源池，支持不同厂商安全产品接入到安全资源池，可以明确权责、丰富安全解决方案。

检察机关参与构建中小学生欺凌和暴力社会化防治体系研究[*]

丁铁梅[**]

一、校园欺凌和暴力社会化防治体系的概述

（一）校园欺凌和暴力的内涵

准确界定校园欺凌和暴力（本文中的校园欺凌和暴力仅指中小学生欺

---

[*] 本文系 2017 年度最高人民检察院检察理论研究自筹经费课题"检察机关参与构建中小学生欺凌和暴力社会化防治体系研究"（项目批准号：GJ2017D01）的研究成果。

[**] 课题主持人：丁铁梅，郑州市人民检察院驻郑州经济技术开发区检察处处长，四级高级检察官。课题组成员：韩成军，最高人民检察院第七检察厅二级高级检察官；朱彦南，郑州铁路运输检察院第四检察部检察官助理；曹璨，中国政法大学学生；李皓天，郑州市人民检察院政策研究室副主任；陈鹏，郑州市人民检察院驻郑州经济技术开发区检察处干警；秦鹏，郑州市人民检察院驻郑州经济技术开发区检察处干警；赵倩，郑州市人民检察院驻郑州经济技术开发区检察处干警；郭东升，郑州市人民检察院驻郑州经济技术开发区检察处综合科负责人；傅丽萍，郑州市人民检察院驻郑州经济技术开发区检察处干警。

凌和暴力）的内涵，是有效预防、治理校园欺凌和暴力的前提。只有准确界定校园欺凌和暴力的内涵，才能准确划清其外延，才能明确哪些行为是应该列入关注、治理范围的校园欺凌和暴力，哪些不是在这个范围之内。如果概念的内涵过窄，会使本应该受到关注的不当行为被忽略；如果概念的内涵过宽，"将所有的伤害行为都算作欺凌则忽视了真正的欺凌行为，同时也会降低恶劣事件的严重性"。① 因此，有必要科学界定校园欺凌和暴力的内涵。

1. 中小学生欺凌与暴力的内涵

欺凌与暴力常被用在不同语境下，在这里先分开研究这两个子概念，然后考察欺凌与暴力的差异，最后再界定中小学生欺凌与暴力的内涵。

(1) 欺凌与暴力

目前受到社会关注的往往是极端的校园暴力事件，这些暴力事件施暴者主观恶性很大，情节恶劣，一般是那些应该受到治安处罚甚至刑事处罚的违法犯罪行为，容易受到媒体和社会的关注。事实上，除了这些恶劣的校园暴力事件之外，还存在大量的在特定对象身上反复出现，情节比较轻微，容易被学校教师和学生家长忽视的校园欺凌行为，比如给受害者起侮辱性外号、对受害者污言秽语、口头或者在社交媒体上传播受害者的谣言等。这些欺凌行为虽然达不到治安处罚、刑事处罚的程度，但是其危害同样不可小觑，往往给被害者心理、生理上造成极大的影响，甚至引起一些极端事件的发生。② 这些欺凌行为同样应该获得更高的关注和治理。欺凌和暴力的主要区别体现在程度上，将达到治安处罚、刑事处罚标准的行为从一般的欺凌行为中分离出来定义为校园暴力行为，而将尚未达到上述标准的行为定义为校园欺凌行为。之所以如此界定一方面是因为将两者进行区分有利于对校园欺凌行为的防治，同时两者的防治方法也是不同的，前者主要依靠教育系统内部的程序，检察机关等司法机关的作用是间接的、辅助性的，后者主要依靠司法程序来处理，检察机关等司法机关的作用是直接的、主导性的。

(2) 中小学生欺凌与暴力

欺凌是指"欺负凌辱"，欺负是指"用蛮横的手段侵犯、压迫、侮

---

① ［美］贾斯汀.W.帕钦，萨米尔.K.辛社佳：《校园欺凌行为案例研究》，王怡然译，黑龙江出版集团、黑龙江教育出版社2017年版，第4页。

② 如2016年6月1日，青海省一名15岁男孩服毒自杀，他留下的血字遗书说明了自杀的原因，他屡屡被同学欺负，逼迫他拿饭盒、打开水、洗饭盒、倒洗脚水，甚至还多次殴打他，最终他承受不住身心的巨大伤害，选择了自杀。载《中国青年报》2011年6月17日。

辱"①，凌辱是指"欺凌、侮辱"②。目前世界上对校园欺凌（bullying）还没有一个权威、统一的定义。较早研究这个问题的是挪威的奥维斯（Dan Olweus），他认为，欺凌的本质是虐待，是发生在同龄人之间的虐待。常见的欺凌主体主要是青少年学生，行为的表现形式是一种蓄意的，不限于肢体暴力的多次性伤害，并非单次偶然事件。当然，对于校园欺凌是否一律发生在学生之间，教师与学生之间以及校外人员与学生之间能否发生欺凌也有不同意见。

美国预防校园欺凌中心将校园欺凌定义为：任何破坏教育的使命、教学的氛围以及危害消解预防人身、财产、毒品、枪械犯罪的努力，破坏学校治安秩序的行为。美国教育部和疾病预防控制中心将校园欺凌界定为：由一个学生或一群学生对另外个别学生或学生群体实施的具有强制性的攻击性行为。它能够对被欺凌者产生生理与心理危害，并且这一行为涉及学生之间可观察或可感知到的权力不平衡，极有可能多次重复发生。③欺凌发生的原因主要是欺凌者认为被害人在肤色、种族、民族起源、宗教、性取向、经济或社会地位具有不同于他人的特征，或者是具有外貌、及心理、身体、感知方面的缺陷。

英国教育与技能部（DEFS）将校园欺凌界定为：反复的、有意的或持续的意在导致伤害的行为，但偶发的事件在某些情况下也可被看作欺凌；个人或群体施加的有目的的有害行为；力量的失衡使得被欺凌的个体感觉失去抵抗。

日本学者森田洋司将校园欺凌现象的构造分为四层，从最里层到最外层分别是：被欺凌者、欺凌者、观众、旁观者。森田模型强调了欺凌行为的群体性特征和关系性实质，以及被欺凌者的弱势性特征和易受攻击型的现实处境，同时也指出了观众和旁观者对于欺凌行为的助长作用和抑制作用④。

我国台湾地区对校园欺凌使用霸凌一词，其在《校园霸凌防治准则》中将霸凌界定为：个人或者集体持续以言语、文字、图画、符号、肢体动作或其他方式，直接或间接对他人为贬抑、排挤、欺负、骚扰或戏弄等行为，

---

① 商务印书馆辞书研究中心：《新华词典》，商务印书馆2001年版，第768页。
② 商务印书馆辞书研究中心：《新华词典》，商务印书馆2001年版，第624页。
③ 申素平、贾楠：《法治视角下的校园欺凌概念探析》，载《中国人民大学教育学刊》2017年第4期。
④ 高晓霞：《日本校园欺凌的社会问题化：成因、治理及其启示》，载《南京师大学报（社会科学版）》2017年第4期。

使他人处于具有敌意或不友善之校园学习环境，或难以抗拒，在精神上、生理上或财产上之损害，或影响正常学习活动之进行；校园霸凌指相同或不同学校学生之间，于校园内外所发生之霸凌行为①。

2017年11月，我国教育部、最高法院、高检院等11部门联合出台了《加强中小学生欺凌综合治理方案》，对中小学生欺凌的概念进行了明确的界定，即"中小学生欺凌是发生在校园（包括中小学校和中等职业学校）内外学生之间，一方（个体或群体）单次或多次蓄意或恶意通过肢体、语言及网络等手段实施欺负、侮辱，造成另一方（个体或群体）身体伤害、财产损失或精神损害等的事件。"

综上，世界各地对校园欺凌现象尚无一个统一的定义，但是也有一些共同之处，我们认为中小学生欺凌行为具有以下共同要素：

第一，校园欺凌发生在校园内外。校园欺凌行为主要发生在校园内，当然，校园外特别是上下学路上，包括开展春游等共同外出的地方也是欺凌多发的地方。同时，因网络和社交媒体欺凌的出现，欺凌的空间范围进一步扩大。

第二，校园欺凌主要发生在中小学生之间。根据统计，学生欺凌多数发生在中小学阶段，发生在一个学生（或群体）和另一个学生（或群体）之间，如美国的一个统计显示，6年级到10年级（相当于我国的小学6年级、初中三个年级以及高中一年级）的学生最容易牵涉到欺凌行为中，② 本课题的主要研究对象也是发生在中小学生间的校园欺凌。

第三，欺凌的形式包括恶意通过肢体、语言及网络社交媒体等手段实施欺负、侮辱，多为羞辱、孤立、嘲笑、起绰号等软暴力行为，也包括推搡、拍打、肢体接触等轻微暴力行为，但不包括达到严重程度的暴力行为，即达到治安处罚、刑事处罚标准的行为。

第四，校园欺凌是故意行为。欺凌的核心机制是鄙视，欺凌不是因个体遭受攻击而作出的愤怒反应，即反应性攻击，而是涉入高兴、开心等正向情绪经验的主动性攻击③，对一些行为者无意识但客观上使对方感受到被欺凌的行为，不宜认定为欺凌，这种情况下由教师或其他人组织双方进行沟通、

---

① 申素平、贾楠：《法治视角下的校园欺凌概念探析》，载《中国人民大学教育学刊》2017年第4期。

② 载http://www.bullyingstatistics.org/content/school-bullying-statistics.html，访问时间：2018年3月6日。

③ 胡春光：《校园欺凌行为：意涵、成因及其防治策略》，载《教育研究与实验》2017年第1期。

消除误会即可,不必借助于欺凌防治体系。

第五,校园欺凌行为一般反复发生。这主要是对偶尔一次的性质并不严重的欺凌行为,其一般不易使对方产生严重的被欺凌感觉,对于偶发的一次性的性质严重的暴力伤害事件,可以通过使其进入治安处罚和刑事处罚程序,没有必要纳入到其中,也为避免对欺凌认定的扩大化。笔者认为,三个月内有两次及以上的欺凌行为应认定为校园欺凌行为,可以启动防治欺凌措施。

第六,校园欺凌给被害者造成了身体、精神伤害或财产损失。校园欺凌最主要的危害是对被侵害者心理上造成的伤害,这种伤害往往持续时间很长,程度很深,但表面上又不容易被发现。当然,校园欺凌的受害者不仅是被侵害者,侵害者本人也是受害人,这往往成为其成年后骄傲、蛮横等各种不良性格的起因,甚至引发一些违法犯罪行为。

综上,课题组认为,中小学生欺凌行为是发生在校园(包括中小学、中等职业学校等,但不包括高等院校)内外中小学生之间,一方(个体或群体)多次(3个月内两次及以上)蓄意或恶意通过肢体、语言及网络等手段实施欺负、侮辱,造成另一方(个体或群体)身体伤害、财产损失或精神损害,但又尚未达到治安处罚或刑事处罚标准的事件,本课题研究对象主要是中小学生间的校园欺凌。

(3)中小学生暴力

在《新华词典》中,暴力是指"强制的力量、武力"。美国疾病控制和预防中心认为,校园暴力系"在学校财产范围内、上下学的路上,学校主办的活动中发生的青少年暴力。校园暴力包括恐吓、欺凌、推搡、挤压等暴力行为以及团伙暴力、袭击乃至谋杀"。[1]

欺凌行为和暴力行为有交叉或类似的部分,即都包含有使用身体和力量,意图伤害对方的行为。两者的差异在于暴力行为在攻击力度上更大,一般会造成明显的伤害后果,如中小学生之间偶然发生的打架斗殴事件、严重伤害事件等;暴力行为是一种严重的身体攻击行为,如故意伤害、故意杀人、抢劫等。而欺凌行为并不局限于身体攻击行为,它还包括恶意辱骂等软暴力或准暴力形式。欺凌行为和暴力行为存在一定的转化关系,即欺凌行为一定情况下会转化为严重的暴力行为。西方通常认为校园欺凌会引发较为严

---

[1] 任海涛:《校园欺凌的概念界定及其法律责任》,载《华东师范大学学报(教育科学版)》2017年第2期。

重的校园暴力行为，欺凌行为往往只是欺负者诉诸暴力的开始，被欺凌者也可能转化为暴力实施者。① 如美国一个抱怨自己受到欺负的13岁男孩Carr，被指控枪杀了另一个青少年，并连带伤害了另外两个人。在枪击案发生前，这两个男孩在一个商店前发生了激烈的争吵，Carr的姑妈和祖母说，被Carr枪杀的少年，自去年夏天以来就一直在欺负他。② 鉴于校园欺凌行为与暴力行为有着紧密的联系，所以对两类行为应一并予以治理。

据此，中小学生暴力行为可以定义为：发生在校园内外的中小学生之间，蓄意运用身体的力量或武力，对他人（群体）人身或者财产进行威胁或伤害，造成或极可能造成伤害、死亡或者财产损失，应当予以治安或者刑事处罚的行为。本课题的校园暴力仅包括中小学生之间的暴力行为。

（4）中小学生欺凌和暴力的内涵

综上，中小学生欺凌和暴力的内涵具体包括如下几个方面：①发生在校园（包括中小学、中等职业学校等，但不包括高等院校）内外、中小学生之间，一方（个体或群体）多次（3个月内两次及以上）蓄意或恶意通过肢体、语言及网络等手段实施欺负、侮辱，造成另一方（个体或群体）身体伤害、财产损失或精神损害，但又尚未达到治安处罚、刑事处罚标准的事件；②发生在校园内外的中小学生之间的，蓄意地运用躯体的力量或权力，对他人（群体）或者财产进行威胁或伤害，造成或极可能造成损伤、死亡或者财产损失，应该予以治安或者刑事处罚的事件。

2. 中小学生欺凌与暴力行为的特征

（1）欺凌暴力行为的高发性

2017年1月17日，联合国教科文组织发布的全世界校园欺凌现状的报告显示，全世界每年将近有2.46亿儿童和青少年遭受欺凌。③ 2015年中国青少年研究中心针对10个省市的5864名中小学生调查显示，32.5%的人遭受过校园欺凌，6.1%的人经常被高年级同学欺负。根据课题组对河南省郑州市小学、初中、高中共10000余人的调查，51%的学生表示遭受过言语上的欺凌，25%的学生表示受过间接欺凌，21%的学生表示受到过身体上的欺凌，18%的学生表示遭受过网络欺凌。

---

① 申素平、贾楠：《法治视角下的校园欺凌概念探析》，载《中国人民大学教育学刊》2017年第4期。

② 于阳：《城市青少年犯罪防控比较研究——基于英美国家的理论和实践》，天津社会科学院出版社2015年版，第80页。

③ 黄浩：《治理校园欺凌，11部门联合出招》，载《中国教师报》2018年1月3日。

（2）参与主体的低龄化和女性化

据媒体公开报道发现，在我国 2015 年 1 月至 6 月发生的 85% 的中小学生欺凌和暴力事件中，初中生占 43%，部分学生在小学二年级开始受到威胁。① 女性作为欺凌者占有相当比例，往往是女生欺凌女生。如在 2016 年 12 月份浙江省温州市鹿城区法院宣判的一起案件中，被告人是 7 名女孩，其中 5 人是不满 18 周岁的高中生，一人不满 16 周岁，另外两人刚满 18 周岁。7 名被告人强迫 15 岁的受害人来到某酒店房间，先后对受害人实施殴打，时间长达 12 小时，造成被害人轻微伤。后 7 人分别被以强制侮辱妇女罪和非法拘禁罪判处 6 年半到 9 个月不等的刑期。在 2015 年美国洛杉矶中国留学生凌虐案中，受害人刘某某被扒光衣服、点燃头发、吃沙子、用烟头烧伤乳头，期间受害人被拍下受虐照和裸照，整个过程长达 5 小时。事后，参与折磨被害人的几名女生均被判处重刑。

（3）危害后果的严重性

校园欺凌和暴力行为在以往经常受到忽视，特别是"软暴力"校园欺凌行为更容易被忽视。那些直接的校园暴力行为给受害者身体带来的伤害比较大，但由于其发生频率较低，一般对其心理的伤害较小（极端的折磨行为除外），而那些看似轻微的语言欺凌、间接欺凌反复发生持续时间长，因此危害更大，有时甚至引起自杀、枪击等严重后果。如 2016 年 6 月 1 日，青海省一名 15 岁男孩服毒自杀，他留下的血字遗书说明了自杀的原因，他屡屡被同学欺负，逼迫他拿饭盒、打开水、洗饭盒、倒洗脚水，甚至还数次殴打他，最终他承受不住身心的巨大伤害，选择了自杀。又如上世纪 90 年代美国发生的几起校园枪击案都与校园欺凌事件有关。在 2014 年的《美国精神病学杂志》上一项研究表明，校园欺凌与暴力的不良影响可能一直持续到中年以后，经常受到欺凌的孩子在进入中年后具有更大的抑郁、焦虑、自杀风险，在 50 岁时认知功能也很差；即使对于欺凌者来说，负面影响也很大。② 上述研究表明，14 岁时欺凌他人的学生，到了 32 岁时仍然有 18% 的人会欺凌他人，有超过六成的人具有高度侵略性，有暴力倾向、暴躁、喜欢争论、易怒缺点，还有 20% 的人走上了暴力犯罪的道路。由此看来在校园欺凌事件中是没有赢家的，都是受害者。

---

① 王楚婧：《校园欺凌行为研究》，江西财经大学 2016 年硕士学位论文，第 9 页。
② 任海涛：《校园欺凌的概念界定及其法律责任》，载《华东师范大学学报（教育科学版）》2017 年第 2 期。

(4) 行为特征的隐蔽性和难以判断性

2016 年，全国检察机关共受理提请批准逮捕的校园欺凌和暴力犯罪案件 1988 人，经审查批准逮捕 1180 人；受理移送审查起诉 3911 人，经审查提起公诉 2449 人。① 每个中小学校园中都可能存在这样的行为，被发现被处理的仅仅是极少数，引起公众和媒体注意的校园欺凌和暴力事件往往是典型性的，行为方式和危害后果能够刺痛人们神经的事件，然而大多数校园欺凌事件，其行为方式往往呈现出一种软暴力，比如起外号，说难听话等，欺凌事件的双方和旁观者如果不向教师和家长报告，就很难被发现。

此外，校园欺凌和暴力行为和学生之间正常的嬉笑打闹、开玩笑行为之间有时候很难严格区分开，学生间的嬉笑打闹行为在接受方来说，会感到尊严受到了侵犯，或者受到了欺凌，而对于所谓的施害方来说，甚至就是完全无意识行为，其本人也没有欺凌对方的故意，也没有意识到其行为可能造成的危害，对这些行为进行判断有时候有一定难度，需要专业人员或者对教师等人员进行专业培训。

3. 中小学生欺凌与暴力的行为方式

(1) 辱骂行为

辱骂行为可以说是在中小学生欺凌与暴力行为中，行为方式与程度最轻的一种。辱骂行为主要表现为嘲讽、谩骂、口头上的侮辱等。辱骂行为不受地点、时间和环境等因素的影响，随时随地都可能发生，并且有发生频率高，时间与过程快的特点，辱骂行为是中小学生欺凌与暴力行为方式最普遍的行为。

(2) 人际攻击行为

人际攻击行为是比辱骂行为稍微严重的欺凌行为。其行为方式主要表现为，欺凌者拉帮结派，对被欺凌人进行诽谤、排挤等人际关系的攻击，使被欺凌人遭到他人的排斥，孤立被欺凌人，从而使被欺凌人在人际关系上受到伤害，属于间接、抽象的对被欺凌人造成心理伤害的行为，行为相对隐蔽，不易被发现，被欺凌人长期处于心理压抑状态，其伤害一般大于辱骂行为。

(3) 网络欺凌与暴力行为

网络欺凌与暴力行为也成为中小学生欺凌与暴力行为的主要方式。如通过微信、QQ、微博、贴吧等社交工具建立社交群，在这个空间里，中小学生可以结成 QQ 群、微信群在群里面拉帮结派对被欺凌人进行诽谤、排挤等

---

① 郑赫南：《去年起诉校园欺凌和暴力犯罪案件 2449 人》，载《检察日报》2017 年 6 月 1 日。

人际关系的攻击，使被欺凌人遭到他人的排斥，孤立被欺凌人，从而使被欺凌人在人际关系上受到伤害，欺凌人可以通过贴吧，发表帖子，对被欺凌人进行辱骂、人身攻击以及人际关系的攻击的行为，而这个帖子将在网络中传播，被欺凌人甚至不知道欺凌者和参与者是谁。还有一种网上暴力的行为方式比发帖等行为的危害程度更高，欺凌人将对被欺凌人的欺凌过程用手机等电子设备录下来，并将这些视频在网上传播，网络暴力应当受到社会各界关注。

（4）财产性侵害行为

财产性侵害行为是从欺凌行为向暴力行为的一个过渡，其行为已经达到暴力的程度。财产性侵害行为最常见的方式是欺凌人对被欺凌人进行财产破坏性行为或敲诈勒索等，即欺凌人对被欺凌人的财物进行损害，如贵重物品、书本等学习用品进行损害，使被欺凌人的财产遭受损害，并使其产生恐惧以及被羞辱的心理，从而对其造成心理和精神上的伤害，还有通过威胁、恐吓等方式，获取被欺凌人的钱财。尤其是高年级学生，拉帮结派，通过辱骂、殴打等行为对低年级学生在校园内外隐蔽的地方进行财物勒索，该行为方式和程度较前面几种方式更加严重，接近达到暴力的程度。

（5）欺辱行为

欺辱行为是一种包含侮辱性的殴打行为，其行为方式主要表现为打耳光、强制性脱掉被欺凌人的衣服、殴打被欺凌人的某些身体部位等带有侮辱性的行为。欺辱行为的方式和危害程度要高，已经达到暴力的程度，并且该行为带有侮辱的色彩。

（6）性侵犯行为

比欺辱行为方式和程度更严重的是性侵犯行为。性侵犯行为主要表现为性骚扰、猥亵以及强奸行为，不仅发生在异性之间，在同性之间也常有发生。性骚扰多表现为言语上的，猥亵行为已经上升到肢体上的接触行为，而强奸是性侵犯程度最严重的行为，甚至有时还存在轮奸情形。

（7）暴力攻击行为

暴力攻击行为是中小学生欺凌与暴力中，行为方式与程度最为严重的行为。暴力攻击行为是以伤害为目的的，故意对被欺凌人实施殴打、严重伤害、甚至造成被欺凌人的死亡的行为。既可能是一对一、多对一的暴力攻击行为，也可能是多对多的方式，俗称打群架，该行为将造成多人受到伤害，影响范围大。

（二）校园欺凌与暴力的类型化分析

由于欺凌和暴力行为在某些特殊语境中会表现出语义上的差异性，暴力行为比之欺凌行为更具有直接性、冲击性和危害性，据此，依据校园欺凌与暴力行为可能产生的不同法律责任形式，我们在校园欺凌与暴力行为的分类中，可以按照实施的行为和造成损害结果的程度，同时根据欺凌与暴力行为实施者及其监护人所应承担的法律责任，由低到高可分为训诫教育、民事责任、行政责任、刑事责任四类。

1. 训诫教育的轻微欺凌与暴力行为

训诫教育从某种意义上来讲不能称之为法律责任的一种，然而训诫教育方式在现实生活中还是运用比较多的，诸如对轻微欺凌与暴力行为，或者虽造成严重危害后果，但不适用采取强制措施的情形。我国《未成年人保护法》第54条规定："对违法犯罪的未成年人，实行教育、感化、挽救的方针，坚持教育为主、惩罚为辅的原则。"① 《预防未成年人犯罪法》中也规定：未成年人有本法规定严重不良行为，构成违反治安管理行为的，由公安机关依法予以治安处罚。因不满14周岁或者情节特别轻微免予处罚的，可以予以训诫。② 这是从法律角度提倡对未成年人采取宽容的态度，给予行为人减轻处罚的规定。

此类行为是所有欺凌与暴力行为中最轻的，最为频发，中小学校园欺凌和暴力行为的实施者均是未成年人，因此在生活中常见的欺凌和暴力行为都是可以通过训诫教育处理。

2. 民事侵权欺凌与暴力行为

我国《侵权责任法》第21条规定："侵权行为危及他人人身、财产安全的，被侵权人可以请求侵权人承担停止侵害、排除妨碍、消除危险等侵权责任"；第22条规定："侵害他人人身权益，造成他人严重精神损害的，被侵权人可以请求精神损害赔偿。"③ 所有的校园欺凌与暴力行为都是一种侵权行为。《侵权责任法》第32条规定：无民事行为能力人、限制民事行为能力人造成他人损害的，由监护人承担侵权责任。④ 这种规定能够使受害者

---

① 2007年《中华人民共和国未成年人保护法》第54条（2012年修正）。
② 1999年《中华人民共和国预防未成年人犯罪法》第37条（2012年修正）。
③ 2010年《中华人民共和国侵权责任法》第21、22条。
④ 2010年《中华人民共和国侵权责任法》第32条。

在遭受身心创伤后,有权利获得一定的经济赔偿,这也是施害者应当承担的民事法律责任。

3. 行政违法欺凌与暴力行为

《治安管理处罚法》规定:写恐吓信或者以其他方法威胁他人人身安全的;结伙殴打、伤害他人的;多次殴打、伤害他人或者一次殴打、伤害多人的;盗窃、诈骗、哄抢、抢夺、敲诈勒索或者故意损毁公私财物的等十余种违反治安管理的情况。① 结合所报道的校园欺凌与暴力事件,行为人无不触犯这些规定,并且随着社会的发展,科技的进步,一些新的违法形式也愈演愈烈,很多校园欺凌和暴力事件当事人都应该承担行政责任,受治安管理处罚,虽然法律规定"已满十六周岁不满十八周岁,初次违反治安管理的"不适用行政拘留,但通过对欺凌与暴力的行为特征研究这些行为往往具有反复性和连续性,有些情况下这一条规定排除适用。

4. 刑事犯罪欺凌与暴力行为

按照构成刑事犯罪标准对欺凌与暴力行为进行分类,客观行为表现上应符合我国当前刑事立法规定,这是罪刑法定原则的要求。从校园欺凌和暴力的行为结果危害程度方面是最严重的侵害,该侵害结果甚至具有不可逆性。主要体现在性侵犯行为和暴力攻击行为,从检察机关近年来办理的案件可以发现校园欺凌与暴力行为可能会触犯的罪名有故意杀人罪、故意伤害罪、寻衅滋事罪、侮辱罪、聚众斗殴罪、强制猥亵罪等。这种类型的校园欺凌与暴力行为应该引起高度的重视,是防治的重中之重。

(三) 校园欺凌与暴力的原因与危害

1. 校园欺凌与暴力发生的原因

近年来,我国校园欺凌与暴力事件频发,已经严重扰乱了校园正常教学秩序,破坏了孩子们安宁的学习环境,阻碍了青少年学生的健康成长,给孩子们、学校、家庭、社会造成恶劣影响。我们开展以郑东新区高中、初中、小学学生为调研对象的调研,调研显示当前校园欺凌与暴力事件呈现低龄化、初中阶段高发、欺凌形式多样、女生欺凌比例升高、手段残忍、公开传播等多个特点。并且,我们发现,校园欺凌与暴力是一种长期存在的社会现象,它的产生并不是单一因素造成的,而是多种因素相互作用的结果。

---

① 2006年《中华人民共和国治安管理处罚法》第43、44、49条(2012年修正)。

（1）学生自身因素

中小学生大多数正处于青春发育期，因生理因素和心理因素，容易出现情绪波动起伏、兴奋和冲动，自我调控能力差，容易和家人对着干，叛逆心理强等特点，在遇到冲突和矛盾的情况下，比较倾向于采取暴力甚至极端的方式解决。

（2）学校因素

首先，在功利性教育和应试教育的驱使下，学校片面重视学生的学业成绩，忽视学生的素质教育，在思想教育、心理健康教育，法治教育上不完备。其次，学校对校园欺凌与暴力行为缺乏有效惩戒机制来惩罚施暴者和保护受欺凌者，对欺凌双方均缺乏有效疏导，对欺凌问题的不当处理甚至会引发"二度伤害"。①

（3）家庭因素

"家庭是青少年的首要课堂，对青少年成长起着不可低估的作用。"② 校园欺凌与暴力事件频发的一个重要的原因就是很多父母因为工作忙，过于溺爱等原因，不能正确教育孩子，家庭的教化功能弱化。

（4）社会因素

社会上出现的一系列功利主义、金钱至上、享乐主义等歪风邪气，还有不健康的网络环境，学生自制力差，容易滋生不正确的价值观，分辨是非能力不强，对暴力有崇拜、模仿心理。

（5）法律因素

一是相关法律法规不完善。目前，我国尚未制定针对校园欺凌与暴力问题的专门法律规定，存在无法可依的情形。二是惩戒机制的缺失。现有的法律条款关于未成年犯罪基于保护未成年人的原则，至于未成年人犯罪的惩罚机制不完善，难以落实。

（6）综合因素

管理部门缺位，工作机制滞后。尽管有各种文件对各个部门都有一定要求，但是各部门没有明确分工和职责，形成有效的工作机制。这就会造成看似谁都管其实谁都不管的尴尬局面。一旦出现校园欺凌与暴力事件时，各相关部门容易互相踢皮球，找借口推卸责任。

---

① 周愫娴：《论学校因素与青少年偏差行为之关系》，载《应用心理研究》2014年第4期。
② 汪宇峰：《校园暴力成因分析及教育对策》，载《当代青年研究》1999年第4期。

2. 校园欺凌与暴力的危害

校园欺凌是学校内生活主体之间发生的一种攻击性行为,"是一种强者有意伤害弱者的攻击行为,"[①] 会产生多方面的不良影响。

(1) 直接危害中小学生的身心健康发展

校园欺凌与暴力事件的发生,给孩子们带来了不能弥补的伤害,对被欺凌者、欺凌者甚至是旁观者的身心健康发展都不利。首先,被欺凌者是直接受害者,身体上受到的直接伤害,轻则小伤小痛,住院治疗,重则致残致死,给家人留下永久的痛苦。更为严重的是心理创伤,留下心理阴影,重则可能会产生严重的创伤后遗症,患上创伤后应激障碍(PDSD),甚至发生心理扭曲,由被欺凌者变成欺凌者。其次,对欺凌者而言,它是曾经的过错,是不可磨灭的证据,如果得不到有效地指引和帮助,甚至会助长他们的嚣张气焰,很可能走上违法犯罪的道路。此外,旁观者也会遭受着校园欺凌与暴力的身心肆虐。

(2) 严重影响学校的正常教学秩序和学校声誉

校园欺凌与暴力事件频发,给原本平静的学校造成了恶劣的影响,严重影响了学校的正常教学秩序,挫伤了老师的教育积极性,增添了学校教学管理的成本。

(3) 严重影响家庭关系和增加父母压力

校园欺凌与暴力事件频频爆发,和谐稳定的家庭关系也面临严峻的挑战。欺凌者的父母常会受到受害方、学校、社会等多方的指责,额外增加了心理压力和经济压力。被欺凌者的父母看到自己孩子在学校被欺负,也会承受很大的心理压力与经济压力。近期发生的江西上饶校园欺凌致使被欺凌者父亲砍杀实施欺凌的小学生的惨剧,正是这一方面的写照。

(4) 严重影响构建和谐社会

2019年,扫黑除恶专项斗争步入重点问题攻坚年。在参与社会综合治理,加强检校共建的过程中,校方也不仅一次反馈学生间出现了校园欺凌的苗头性现象或出现了学生与校外不良青年有联系的情况,而我们更是发现,校园欺凌中可能涉及的许多罪名都与扫黑除恶专项斗争涉及的一些罪名有所重合。如果任由校园欺凌现象发展,那带来的,必定是青少年从小开始形成蔑视规则、无视法律的严重后果。如果该种校园欺凌的行为得不到有效的抑制,很可能这些校园欺凌中的施暴者将在未来挑战更高的秩序,破坏更多的

[①] 陈光辉:《中小学生对欺凌现象本质内涵的感知》,载《心理与行为研究》2014年第5期。

规则，走上向黑恶方向发展的道路。学校是社会的缩影，社会上的歪风邪气一旦入侵学校，必将对学校的学生造成不良影响，长此以往，整个社会都将处于这种以暴制暴的不理智情绪的宣泄之下，人们遵纪守法的法律意识将不复存在，法律法规将形同虚设，暴力事件频频出现，这对构建和谐美丽校园来说是一大隐患，也直接影响我们国家的和谐稳定发展。

（四）校园欺凌社会化防治体系的建设现状

校园欺凌作为一种独特且复杂的社会现象，包含了纷杂的社会因素，涵盖政治、经济、社会、文化、教育、心理和法律等诸多学科内容，唯有综合社会系统中的各类必要性因素，才能建立科学合理详尽的社会防治体系。

2016年4月，国务院教育督导委员会办公室印发《国务院教育督导委员会办公室关于开展校园欺凌专项治理的通知》（以下简称《通知》），直面校园欺凌问题，并加大专项治理力度，这意味着治理校园欺凌问题上升到了国家层面。同年11月，教育部又联合最高人民检察院等部门联合发布了《关于防治中小学生欺凌和暴力的指导意见》（以下简称《指导意见》）。2017年11月，教育部和最高人民检察院等十一个部门联合发布《加强中小学生欺凌综合治理方案》（以下简称《综合治理方案》），主体责任范围再次扩大，专项治理力度进一步加强。

2016年4月下发给各地教育部门的《关于开展校园欺凌专项治理的通知》是在国家层面首次将校园欺凌作为一个专门问题来处理的文件。2016年11月下发的《指导意见》从"积极有效预防学生欺凌和暴力""依法依规处置学生欺凌和暴力事件"和"切实形成防治学生欺凌和暴力的工作合力"等三个方面，对中小学生欺凌和暴力提出了更为深入、全面、明确、专业的表述和要求。这为防治校园欺凌问题上升为综合治理层面，打下了良好的政策基础，可以发现校园欺凌防治工作从单一责任主体向多元责任主体转变的基本思路，《指导意见》也对学生、家长、学校、教育、综治、法院、检察院、公安、民政等部门在校园欺凌防治体系中的作用以及具体任务做了具体的解读。

继《指导意见》之后，2017年11月，教育部及最高人民检察院等十一个部门联合发布的《综合治理方案》对校园欺凌做了更为详细的部署。《综合治理方案》明确"以形成防治中小学生欺凌长效机制为目标，以促进部门协作、上下联动、形成合力为保障，确保中小学生欺凌防治工作落到实处"指导思想，明确坚持教育、保护、预防、法治等基本原则，要求各地要组织协调有关部门、群团组织，建立健全防治学生欺凌工作协调机制，统筹推进学生欺凌治理工作，妥善处理学生欺凌重大事件，正确引导媒体和网络舆情，要求完善培训机制、建立考评机制、建立问责处理机制和健全依法治理机制的方式努力建立长效机制等。《综合治理方案》较《指导意见》，除了参与防治中小学生欺凌工作的责任主体增加以外，还有一个明显的变化就是直接分门别类地确定了各个责任主体在这项专门工作中的职责，这有利于各个参与部门找准自己的定位，明确自己的角色，顺畅自己的工作思路，与其他部门完成顺利衔接，从而形成工作合力。

在我国，校园欺凌作为一种特殊的社会现象引起全社会的高度关注，并引起国家层面的专项治理的时间较短。校园欺凌社会化防治体系的建立还处于初级阶段，要进行有效治理，必须动员全社会的力量共同参与、通力协作，才有可能在上述防治体系的基础上建立更为完善的校园欺凌社会化防治体系。

二、检察机关参与校园欺凌社会化防治体系的必要性与可行性

（一）检察机关参与校园欺凌防治体系的必要性

当前，校园欺凌和暴力事件呈现多发态势，侵害当事人权益，干扰学校教学秩序，危害社会稳定。检察机关作为法律监督机关，在参与构建校园欺凌和暴力社会化防治体系中具有不可替代的重要作用。

1. 检察机关法律监督性质的体现

近五年来，全国检察机关平均每年批准逮捕未成年犯罪嫌疑人7万多人，提起公诉8万多人，未成年人犯罪总量仍在高位徘徊。这些案件中，由校园欺凌转化为校园暴力犯罪的案件更是增速惊人，在社会上引起了广泛关注。

（1）未成年人检察监督的法律性

在整个校园欺凌与暴力的社会化防治体系中，检察机关作为法律监督机关，检察机关的监督职权具有自身的专有优势，不同于社会中的舆论监督、媒体监督等其他主体的监督，检察机关的监督是宪法赋予的权力，由国家强制力保障。

（2）未成年人检察监督的国家性

未成年人健康成长是社会中每一个家庭的希冀。检察机关代表国家和公

共利益，根据未成年人的身心特点，实行"教育、感化、挽救"的方针，坚持"教育为主，惩罚为辅"的原则办理未成年人刑事案件的审查批捕、审查起诉、开展法律监督以及预防未成年人违法犯罪工作的检察活动。

（3）未成年人检察监督的特殊性

检察机关遵循"教育、感化、挽救"理念，坚持"教育为主、惩罚为辅"方针，办理涉未成年人案件。一方面，检察机关通过行使未成年人刑事检察职权，通过参加诉讼程序，积极介入诉讼活动，在诉讼参与中实现保护涉案未成年人合法权益。另一方面，检察机关作为国家的法律监督机关，可以从众多校园欺凌案件中找寻规律，深挖线索，会同其他部门积极开展未成年人保护延伸工作，既能更好防范预防此类事件的发生，也能为今后人大及政府的决策提供有力支撑。

2. 检察机关角色的需要

随着司法体制改革的逐渐深入，以往检察机关的单一角色状态远不能满足实践的需要，检察机关不得不面对多种角色并存的现状，特别是在未成年人保护领域，基于校园欺凌与暴力事件的特殊性，检察机关不能仅以公诉人的身份来处理此类事件，而是要以多元化的综合身份去面对校园欺凌暴力的当事人。

（1）未成年人刑事案件的公诉人

"控诉者"是检察机关在刑事司法程序中所扮演的最为基本的角色。当校园欺凌由最初的言语欺凌，身体欺凌、财物欺凌、间接欺凌等最初的萌芽形式逐步发展为对人民、社会造成危害的犯罪行为。检察机关作为"公诉人"的角色便发挥其重要作用，未成年人刑事案件中应当依照具体犯罪情节适度地给予未成年人以惩戒，一定程度上增加其犯罪的成本，以达到震慑其日后行为与教育的目的。

（2）未成年人权益的保障者

检察机关依照法律规定督促执法及司法机关切实遵循法律规定，使未成年人的权益保护落实到位，并与其他机关合作，依法保护未成年人的合法权益。一是在侦查阶段，监督公安机关在办案过程中，积极落实法定代理人到场，与其他成年人分别关押等特殊检察制度。二是监督法院，是否对未成年人案件采取了合法的诉讼程序、相关判决是否合法，最大化保障未成年人权益。三是监督行政机关等部门积极履职，如通过检察建议督促民政、妇联、共青团等相关行政机关和组织切实履职，保障未成年人的合法权益。

（二）检察机关参与校园欺凌暴力社会化防治体系的形式

检察机关的职责是通过依法履行宪法赋予的各项检察职能来对刑事诉讼实行法律监督，实现惩罚犯罪与保障人权的统一。

1. 检察建议制度

对于校园欺凌暴力事件来讲，检察建议发挥着至关重要的作用。校园欺凌通常具有隐蔽性、长久性特点，管理者不易及时发现，从而易造成管理不合理、不到位的情形，这就需要发挥检察机关敏锐的洞察力，及时对不适格的管理者提出检察建议，督促其履行职责，优化管理行径。对于改革和完善中国特色的检察制度来讲，检察建议具有积极探索法律监督实现形式、拓展法律监督服务领域和引导检察人员转变执法观念、执法意识的作用。检察机关在面对校园欺凌暴力案件时，不仅仅只为处理案件而就案论案，而且能够转变思维，以大局为重，积极开展社会调研，从调研中找寻问题规律，挖掘出主客观原因，从而对症下药寻求解决之道。这样可以更好地探索校园欺凌和暴力类刑事案件的司法规律，通过综合保护，可以最大限度地维护未成年人的合法权益，找到学校、家庭、组织和社会在管理和教育中存在的不足，形成针对性对策和建议，以检察建议的形式来共同参与构筑抵制校园欺凌与暴力行为的防线。

2. 社会调查制度与心理救助制度

在校园欺凌和暴力刑事案件中，无论是欺凌者的成长经历、监护教育状况、心理状况，还有被欺凌者的心理健康状况，检察机关都应当予以积极关注，不限于"就案办案"，要积极落实社会调查制度与心理救助职责，关注涉案未成年人的成长、教育、家庭环境，为孩子今后的发展做进一步规划。

基于未成年人身心发展的不成熟，有易感易变性，对其进行教育指导会有极大的成效。国家和社会有义务也有责任对未成年人进行特殊保护，遵循其生长规律促使其健康成长。在未成年人的成长过程中，自身的辨别能力、控制能力低，极易受到周围环境的消极影响，难免会犯错误甚至走向犯罪。因此开展社会观护制度有利于创新检察机关社会管理的模式，与教育部门、学校、其他社会组织形成合力共同承担此社会责任。在开展观护帮教工作中，注重国家力量、教育、文化、社会团体等的积极参与，不断提升专业能力，形成挽救合力。只有这样才能形成全方位立体的保护系统，防止未成年人欺凌与暴力现象的发生。

综上所述，在现实中，检察机关可以坚持对未成年犯罪嫌疑人定期回访,动态跟踪服务;对经济确有困难的家庭,积极援助;组织经验丰富的检察干警担任学校法治副校长;定期开展法治讲座,宣传法律知识。深入校园开展预防青少年犯罪公益宣传等系列活动,利用通俗易懂的语言、丰富多彩的活动来向学生讲述校园欺凌暴力的产生原因、严重危害和预防办法,在与学生的互动中,有效提高学生对校园欺凌暴力的防范意识和自我保护能力。

3. 亲职教育制度

未成年人的思想、行为极易受到原生家庭的影响,不论是校园欺凌的施暴者或受害者,追溯行为的根源,总不免能看到原生家庭的影子。而近年来,城镇化推进过程中,离异家庭、双职工家庭、隔代抚养家庭等增多,在家庭教育中或因过度溺爱或因疏于管教而出现了一系列问题,改善问题青少年的家庭生长环境确有必要。而家长作为与孩子相处最多也是孩子最初的启蒙教师,其言传身教的效果往往更佳。因此,检察机关的亲职教育应运而生,且观察几年来的实践,也经印证取得了不凡的成效。

因此,检察机关下一步也有必要继续善用亲职教育制度,通过制度创新、引入先进亲子教育理念等方式,通过鼓励亲子共学、亲子沟通,改善家长不良教育方式,寻找家庭亲子关系的和谐发展,对于有效抑制校园欺凌乃至其他恶性行为的发生,均将起到重要的作用。

4. 参与社会综合治理

检察机关在依法办理刑事案件、维护司法公正的同时,也应不断地创新工作思路,拓宽职能范围,向社会延伸,全面拓宽参与社会管理创新的领域和渠道,健全参与社会管理创新的体制机制,充分发挥执法办案在促进社会管理创新中的基础作用。为防止校园欺凌与暴力事件这种危害现象的肆虐,检察机关应积极担当社会管理创新工作的建设者、促进者和保障者,在政府、学校、家庭等防治主体发挥职能的同时,积极参与到校园欺凌与暴力的社会化防治体系中,主动融入党委领导、政府负责、社会协调、公众参与的社会管理新格局。[1] 如此前最高人民检察院与教育部联合组织的"法治进校园"全国巡讲活动取得了显著的成效,提高了在校学生自觉守法意识和自我保护意识,促进了校园安全和在校学生人身安全。在对郑东新区的实地调研中,教师们都认为检察机关参与校园普法非常必要,能够极大地调动学生学习法律知识的积极性和增强学生守法维权的行动力。

---

[1] 杜世助、陈娟娟:《检察机关参与未成年人社会管理创新研究》,载《人民检察》2012年第12期。

当然，检察机关仅仅自身参与校园普法并不足够，我们发现，虽然全国大多数地区做到了未检部门或人员的独立，但部门人数还是较少，在办案任务之外保持每一地区每一学校每一学期一至两节的法治课已经是人员紧张，而该种课程量可以真实达到的教育效果也相当有限，可能刚上完法治课的一段时间内，对同学的内心造成了一定的震撼，但时间一久，很快就将忘记相关内容。因此，检察机关参与社会综合治理，尤其是通过法治进校园等，要更注重发掘现有教育资源的整合，发挥校德育课程及德育教师作用，通过为德育教师讲法普法再由教师向学生普法，为学校法治教育注入案例资源、法治视频资源等措施，推动法治教育的常规化常态化发展，确保防范校园欺凌乃至预防犯罪的实效。

三、检察机关参与校园欺凌防治实证分析

检察机关参与校园欺凌社会化防治体系具有必要性和可行性，下面有必要研究检察机关参与校园欺凌防治的实践研究。

（一）检察机关参与校园欺凌防治的案例

根据《指导意见》和《综合治理方案》的相关要求对校园欺凌防治的典型案例加以分析，以案释法，增强教育引导效果，启发中小学生深刻认识并远离违法犯罪行为，有利于探索构建检察机关防治中小学生欺凌的长效机制。下面举出几个检察机关参与校园欺凌防治的具体案例。

1. 案件基本情况

（1）刘某某故意杀人案

犯罪嫌疑人刘某某性格偏内向，唯一的爱好是看电视。他与同学相处不融洽，经常产生矛盾，在出事之前曾与同学打过架，但没有引起家长和学校的重视。2015年4月22日晚，犯罪嫌疑人刘某某和同班同学产生矛盾，于次日早上从提兜里拿出事先买的水果刀朝被害人郭某某捅了两刀，致其死亡。郑州市人民检察院经开区检察处对其审查逮捕，郑州市人民检察院于2015年7月15日对被告人刘某某以故意杀人罪向郑州市中级人民法院提起公诉，2015年10月14日法院作出判决，以被告人刘某某犯故意杀人罪，判处有期徒刑12年。

（2）宋某某故意伤害案

犯罪嫌疑人宋某某性格内向，不善与人交流，外出活动情况从不跟家人

说。父母对其缺少必要的沟通和交流，管教不严。另外，宋某某尚未成年，心智不成熟，遇事冲动、不计后果，以至于在见到曾与其有过节的被害人时出手伤人，走上犯罪的道路。鹤壁市山城区人民检察院受理案件后，积极与嫌疑人、被害人双方家长进行沟通，在短时间内促成了刑事和解，化解了双方的矛盾。2014年1月16日鹤壁市山城区人民检察院以宋某某涉嫌故意伤害罪，但犯罪情节较轻、没有逮捕的必要为由，作出不批准逮捕决定。2014年4月14日，鹤壁市公安局春雷分局移送审查起诉，鹤壁市山城区人民检察院在征求双方当事人及其法定代理人、律师、公安机关的意见后，于2014年5月22日对宋某某作出附条件不起诉决定，并设定6个月的考察期，对其进行监督考察并实施帮教。在检察机关的帮教下，宋某某被本市一所中专院校录取，在校期间表现良好，学习成绩优异。2014年11月21日考察期满，鹤壁市山城区人民检察院对宋某某作出不起诉决定。

2. 案件反映的问题

（1）犯罪嫌疑人法治意识薄弱

当前，未成年人法律意识薄弱往往不是不知法，而是未成年人知道法律存在漏洞之后仍然选择实施犯罪的理性行为。[1] 在未成年人中较为普遍的存在"14岁之前犯罪不会受到法律惩罚"的想法，反映中小学生对法律的认识较为肤浅，认识不够全面，对法律的认知度低。另外，被欺凌与暴力的学生没有积极的维权意识，不懂得如何向家长或者教师求助来保护自己，导致欺凌学生更加嚣张和无所畏惧。上述两个案例，犯罪嫌疑人的法律意识都比较淡薄，他们对案件的性质没有正确的认识，对于故意伤害他人行为的危害后果没有认识到位，一时冲动走上了犯罪的道路。

（2）家庭教育缺失

当今社会，普遍存在家庭教育缺失、教育方法不当和监管不到位的现象。一方面，一些学生家长只关注孩子的学习，不懂得与孩子沟通交流，忽略了孩子的心理健康，他们深信"棍棒之下出孝子"，以打骂代替教育。另一方面，一些学生因为父母工作繁忙，疏于管教，他们大多由爷爷奶奶等长辈代为监管照顾，存在监管不到位、溺爱等现象。

（3）学校法治教育缺失

首先，学校不注重对教师和学生进行法治教育，不少学生将校园欺凌与暴力行为当作恶作剧或者开玩笑，并没有意识到校园欺凌的严重危害。学校

---

[1] 储殷：《当代中国"校园暴力"的法律缺位与应对》，载《中国青年研究》2016年第1期。

领导和教师也没有认识到校园欺凌与暴力的严重性,通常将其当做学生间的小矛盾,任由学生自行解决。刘某某故意杀人案中,犯罪嫌疑人刘某某在杀人之前曾多次与被害人郭某某产生矛盾,但是并未引起学校和教师足够的重视。其次,学校的安全管理存在漏洞。最后,学校对校园欺凌与暴力事件的关注度不够。

3. 办案经验教训梳理

(1) 制度救济

在刘某某涉嫌故意杀人一案中,郑州市人民检察院驻经开区检察处办案检察官贯彻辩护代理制度,一方面,为犯罪嫌疑人提供法律援助;另一方面,在讯问犯罪嫌疑人时保证有其父母或者老师在场,注意观察犯罪嫌疑人的情绪,双管齐下,保障未成年嫌疑人的合法权利。

另外,根据附条件不起诉的相关规定,在办理宋某某故意伤害一案时,检察机关始终贯彻"教育、感化、挽救"理念和"教育为主,惩罚为辅"的方针,明确帮教主体、考察措施,强调人性化办案方式,建立了家庭、学校、司法、社会"多位一体"的未成年人保护救助体系,检察机关作为监督主体,与家长、学校、辖区派出所、被附条件不起诉人签订帮教协议,确定帮教具体计划,为其量身定制个性化帮教方案。

(2) 思想救济

郑州市人民检察院驻经开区检察处在办理刘某某涉嫌故意杀人一案时,承办人多次到刘某某家中及学校进行走访,制作详细的社会调查报告。学校方面也希望能对其从轻处罚,让其成为一个对社会有用的人。承办人通过积极疏导,使刘某某认识到了错误,逐渐消除了自卑心理和不满情绪,积极面对改造。

在宋某某故意伤害一案中,嫌疑人犯罪时刚满 16 周岁,系未成年人,在家人的陪同下投案自首,又是初犯。综合这些条件,非羁押诉讼更有利于未成年人的教育挽救和健康成长。本案件承办人多次反复往返双方家中,让双方从有利于孩子健康成长的角度换位思考、互相体谅,经过多次耐心细致的沟通后,双方家长心中的怨气逐渐消散,办案人员又适时安排嫌疑人的家长去看望被害人,向其赔礼道歉,最终双方达成和解,被害方对宋某某谅解。

(3) 心理疏导机制

在对宋某某进行附条件不起诉后,办案人员通过平时与嫌疑人的交谈,以及对其家庭、社区的走访,发现他生活消极,精神空虚,经常出入网吧,且性格倔强、易冲动,如果不及时进行教育引导,极易再次走向犯罪。为帮助其步入正途,办案人员通过该院与本地一所中学建立的"未成年人心理观护基地"联系沟通,委托基地专业心理咨询师对宋某某进行心理疏导,戒掉网瘾等不良习惯,激励他以健康的心态生活,积极追求梦想。为保证效果,及时掌握嫌疑人的心理动态,办案人员多次与心理专家沟通,通过反馈信息,有针对性的对其进行鼓励和教育。为有效地了解和掌握校园欺凌与暴力中受害者的心理状态,更有针对性地挖掘犯罪背后的潜在动机,防止受害人隐私的扩散,办案人员坚持双向保护原则,根据工作实际,建议设立心理咨询室,对受害人也开展了有针对性的心理疏导。

(4)建立普遍预防机制

在对刘某某进行社会调查中,办案人员发现"防"比"惩"更为重要,如果能够及早介入,在刘某某第一次与人打架甚至是打架之前,通过普法宣传让其认识到欺凌与暴力行为的严重性,增强未成年人的安全防范意识及学校和家庭对孩子的保护、教育责任意识,将有可能避免此次欺凌事件的发生。为减少和预防青少年违法犯罪,在学校、社区开展有针对性的犯罪预防工作确有必要。积极以"检校共建""送法进校园"等系列活动,与司法局、教育局、团委等相关单位建立联系协作机制,努力形成未成年人自我保护教育社会化工作格局。

(二) 试点调研数据汇总分析——以郑州市郑东新区为样本

2017年12月至2018年1月期间,课题组先后对郑州市郑东新区的11所中小学的五千余名学生和五百余名教师进行了深入调查。调查范围包括城市区域学校、城乡结合部学校和农村地区学校,包括重点学校、普通学校和薄弱学校,包括住校学生和走读学生。重点调查学生和老师对校园欺凌事件的关注程度、校园欺凌事件的发生频率、师生对校园欺凌事件的态度、校园欺凌事件发生的原因、学校和社会对校园欺凌事件应当如何惩罚、学生如何获得校园欺凌相关知识、学校和社会如何防范校园欺凌事件等问题。

1. 欺凌事件关注度

(1)学生和老师对校园欺凌的关注差异

关于校园欺凌事件在学生中的关注情况,课题组调查了郑州市郑东新区的5050名中小学生。其中,表示对校园欺凌事件"非常关注"的有1243名,占学生总数的24.6%。此外,表示对校园欺凌事件"从不关注"的有859名,占被调查学生总数的17%;表示对校园欺凌事件"如果发生在身边了就关注一下"的有2948名,被调查占学生总数的58.4%。

关于校园欺凌事件在教师中的关注情况，笔者调查了郑州市郑东新区的551名中小学教师。其中，表示对校园欺凌事件"非常关注"的有263名，占被调查教师总数的47.7%；表示对校园欺凌事件"从不关注"的仅有8名，仅占被调查教师总数的1.5%；表示对校园欺凌事件"遇见了就关注"的有280名，占教师总数的50.8%。

通过调查发现，校园欺凌事件在学生中的关注度低于在教师中的关注度。身为中小学教师，肩负教书育人的职责，普遍更加关注校园欺凌事件，有将近一半的受访教师表示对校园欺凌"非常关注"，表示"从不关注"的仅占被调查教师总数的1.5%。相比较而言，学生关注校园欺凌事件的比例不高，不到学生总数的1/3，毕竟，学生的主要任务是学习，只有校园欺凌事件闯入自己的生活，才会加以关注。

(2) 学生在不同阶段对校园欺凌关注变化

关于学生在不同阶段对校园欺凌事件的关注情况，我们针对小学、初中和高中三个阶段分别进行调查。在被调查的3197名小学生中，表示对校园欺凌事件"非常关注"的有910名，占被调查小学生总数的28.5%；在调查的1546名初中生中，表示对校园欺凌事件"非常关注"的有280名，占被调查初中生总数的18.1%；在被调查的307名高中生中，表示对校园欺凌"非常关注"的有53名，占被调查高中生总数的17.3%。

关于不同阶段的教师对校园欺凌事件的关注情况，我们针对小学、初中和高中三个阶段分别进行调查。被调查的302名小学教师中，表示对校园欺凌事件"非常关注"的有151人，占被调查小学教师的50%；被调查的206名初中教师中，表示对校园欺凌事件"非常关注"的有90人，占被调查初中教师的43.7%；被调查的42名高中教师中，表示对校园欺凌事件"非常关注"的有22人，占被调查高中教师的52.4%。

通过调查发现，随着年龄的增长，学生身体条件从弱小逐渐变的强壮，自身抵御欺凌暴力风险的能力增强，随之对校园欺凌事件的关注度也逐步降低。而年级越高，注意力被学业分散则更大，相应也对校园欺凌的关注度降低。但教师对校园欺凌事件的关注度却保持不变（见图一）。

(3) 校园欺凌事件在男生女生中的关注度

在2633名男生被调查对象中，表示对校园欺凌"非常关心"的有599人，占男生总数的22.7%；在2249名女生被调查对象中，表示对校园欺凌"非常关心"的有584人，占女生总数的26%。相比较而言，女生更加关注校园欺凌事件。

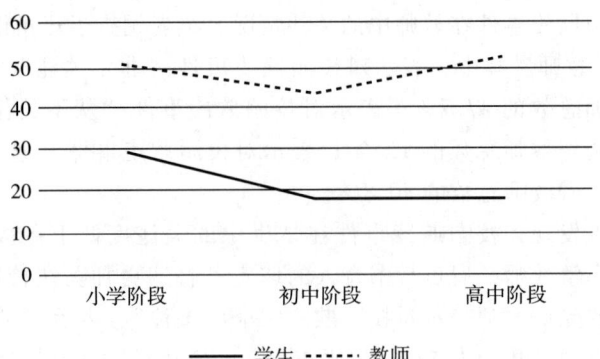

图一：不同阶段对校园欺凌的关注度

（4）城乡不同地区对校园欺凌的关注情况

在城市辖区内上学的 2404 名学生中，表示对校园欺凌"非常关注"的有 683 人，占城市上学学生总数的 28.4%；在城乡结合部上学的 588 人中，对校园欺凌"非常关注"的 146 人，占城乡结合部学生总数的 24.8%；在农村地区上学的 1901 名学生中，表示对校园欺凌"非常关注"的有 352 人，占农村地区学生总数的 18.5%。

通过调查发现，在城市辖区内上学的学生更加关注校园欺凌现象，在城乡结合部上学的学生，与在农村上学的学生不太关注校园欺凌现象。

（5）住校和走读学生的关注差异

在调查过程中，在家住宿、走读上学的 4165 名学生中，表示对校园欺凌"非常关注"的有 1096 人，占走读学生总数的 26.3%；在校住宿的 751 名学生中，表示对校园欺凌"非常关注"的有 100 人，占住校学生总数的 13.3%。相比之下，走读学生更关注校园欺凌事件。

2. 欺凌事件发生情况

校园欺凌事件的发生情况，是笔者这次调查的重点。虽然，校园欺凌事件经常见诸报端，但由于新闻报道的自身属性，引起社会关注的欺凌事件都往往是最极端的情形，并不能真实反映校园欺凌事件的普遍情况。只有通过大规模调查分析，才能得出客观的结论。我们把校园欺凌的种类大体分为身体欺凌、语言欺凌、间接欺凌、网络欺凌四个大类，对郑州市郑东新区的 5064 名中小学生进行调查。

（1）身体欺凌

在被调查的 5064 名中小学生中，表示遭受过"身体欺凌"的有 1080 人，占被调查人数的 21.3%。其中，被调查的 3207 名小学生中，遭受过

"身体欺凌"的有676人,占被调查小学生总数的21.1%;被调查的1550名初中生中,表示遭受过"身体欺凌"的有374人,占被调查初中生总数的24.1%;被调查的307名高中生中,表示遭受过"身体欺凌"的有30人,占被调查高中生的9.8%(见图二)。

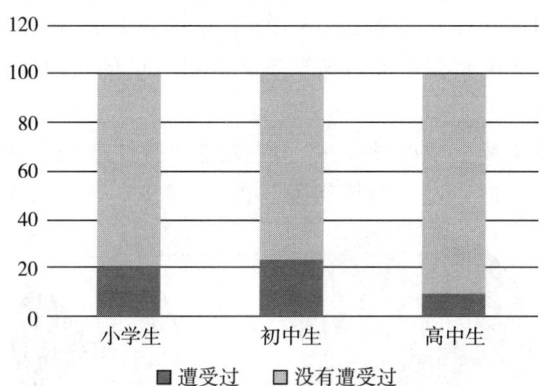

图二:遭遇过"身体欺凌"比例

校园欺凌属于典型的"以大欺小",越是身体弱小的小学生,越容易收到欺负,随着年龄的增长,体格的强健,遭受欺凌的可能性越小。表示遭受过"身体欺凌"的1080名中小学生中,小学生676人,占被欺凌总数的62.6%;初中生374人,占被欺凌总数的34.6%;高中生30人,占被欺凌总数的2.8%(见图三)。

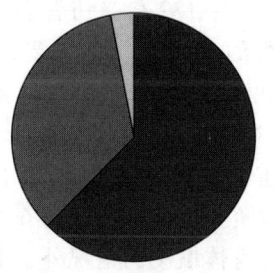

图三:不同阶段遭受欺凌比例

在男女比例方面,有28.2%的男生表示遭受过"身体欺凌",有13.5%的女生表示遭受过"身体欺凌"。

课题组把学校大概分为好、中、差三个层次,其中,在好学校就读的学生中,遭受过校园欺凌的占该校学生总数的20.9%;在中等学校就读的学生中,遭受过校园欺凌的占该校学生总数的20.8%;在差等学校就读的学生中,遭受过校园欺凌的占该校学生总数的23.3%。

在城市学校上学的学生中,遭受过"身体欺凌"的占城市学生总数的18.5%;在城乡结合部学校上学的学生中,遭受过"身体欺凌"的占城乡结合部学生总数的27.6%;在农村地区学校上学的学生中,遭受过"身体欺凌"的占农村地区学生总数的23.2%。由此可见,城乡结合部的校园欺凌现象比农村地区的校园欺凌现象严重,农村地区的校园欺凌现象比城市校园欺凌现象严重。

在家住宿与走读上学的学生中,遭受过"身体欺凌"的占22.1%;在校住宿的学生中,遭受过"身体欺凌"的占17.8%(见图4)。

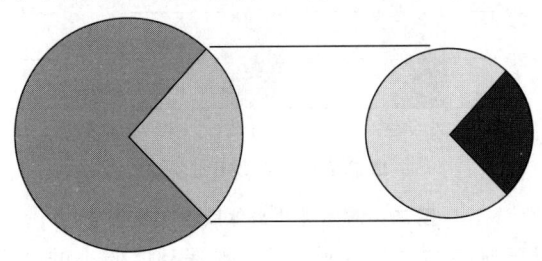

■ 没有遭受过　□ 遭受过　■ 经常遭受

图4:遭受身体欺凌情况

关于遭受身体欺凌的频率,在1080名表示曾经遭受过身体欺凌的中小学学生中,754名受访者表示"只发生过一两次",占受欺凌人数的69.8%,占学生总数的14.9%;132名受访者表示"时常发生",占受欺凌人数的12.2%,占学生总数的2.6%;125名受访者表示"大约一周一次",占受欺凌人数的11.6%,占学生总数的2.5%;69名受访者表示"一周好几次",占受欺凌人数的6.4%,占学生总数的1.4%。经过调查发现,受欺凌者中,有七成左右的受害者是偶尔被欺负,占学生总数的14.9%;有三成左右的受害者是经常受欺负,占学生总数的6.5%。

此外,除了自身遭受过身体欺凌的情况外,关于看到别人遭受身体欺凌的情况,笔者调查如下:5025名受访中小学生中,有2000名同学表示"没有看到过",占受访总数的39.8%;有1813名同学表示"只发生过一两次",占受访总数的36.1%;有634名同学表示"经常发生"占受访总人数的12.6%;有326名同学表示"大约每周一次",占受访总人数的6.5%;有252名同学表示"一周好几次",占受访总人数的5%。经调查发现,校园欺凌并不隐蔽,完全没有看到过校园欺凌的学生不到40%,偶尔看到校园欺凌的学生有36.1%,经常看到校园欺凌的学生竟然多达24.1%。

与此相对，课题组调查的 5048 名学生，问及"你是否对其他同学做过欺凌行为"时，有 147 名同学表示"有且经常"，占学生总数的 2.9%；有 711 名同学表示"有但是偶尔"，占学生总数的 14.1%；4190 名同学表示"从来没有过"，占受访总数的 83%。

课题组认为，从自身是否遭受过校园欺凌、是否见到校园欺凌事件和是否欺凌过他人三个方面的调查数据基本吻合。在校园中，有三成左右的学生经常遭受欺凌，他们是我们调查研究的重点。他们认为欺凌暴力"时常发生"在他们身上，少则"一周一次"，多则"一周几次"。真正意义的校园欺凌是：由于受害人自身弱小，包括体魄的孱弱和社交能力低下，导致长期被强势同学压迫，经常遭受殴打、辱骂、排挤，不敢反抗，又无处求救。每次学校排查欺凌事件时，不敢表露，生怕遭到报复，学校对此毫不知情，误认为学校没有校园欺凌行为，同学们又经常看到这种校园欺凌行为，或者对此见怪不怪，或者产生负面恐惧情绪。长此以往，个人情绪容易向极端方面发展，出现畏惧、不敢上学、自甘堕落，甚至自杀等极端后果，甚至出现因一时激愤而以暴制暴，持刀行凶，报复长期欺凌者的恶劣后果。

（2）语言欺凌

在被调查的 5055 名中小学生中，表示遭受过"言语欺凌"的有 2598 人，占被调查中小学生总数的 51.4%。其中，被调查的 3207 名小学生中，表示遭受过"言语欺凌"的有 1576 人，占被调查小学生的 49.1%；被调查的 1541 名初中生中，表示遭受过"言语欺凌"的有 886 人，占被调查初中生的 57.5%；被调查的 307 名高中生中，表示遭受过"言语欺凌"的有 136 人，占被调查高中生的 44.3%（见图 5）。

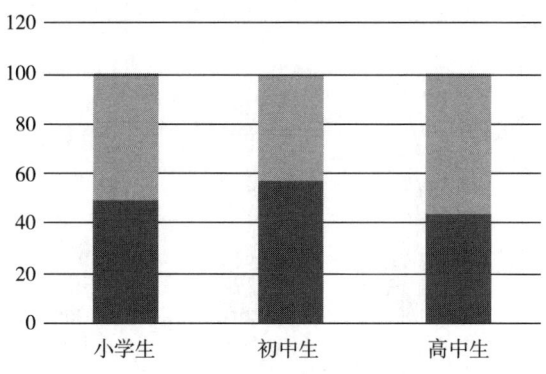

图 5：遭受"言语欺凌"比例

相比较"身体欺凌"而言，遭受过"语言欺凌"的人数明显增多，有一半左右的学生表示遭受过"语言欺凌"。此外，遭受"语言欺凌"的人数比例，与年龄差别不大，并不会随着年龄的增长而明显减少，与"身体欺凌"有显著区别。

课题组将学校简单划分为好、中、差三个档次。其中，在好学校上学的学生，表示曾遭受"言语欺凌"的占该校学生总数52.5%；在中等学校上学的学生，表示曾遭受过"言语欺凌"的占该校学生总数47.6%；在差等学校上学的学生，表示曾遭受过"言语欺凌"的占该校学生总数59%。

在调查过程中，男生表示遭受过"言语欺凌"的占52.3%，女生表示遭受过"言语欺凌"的占50.8%。

在调查过程中，在城市区域学校上学的学生，表示曾遭受过"言语欺凌"的占46.1%；在农村区域上学的学生，表示曾遭受过"言语欺凌"的占56.1%；在城乡结合部上学的学生，表示曾遭受过"言语欺凌"的占60.2%。

在调查过程中，在家住宿、走读上学的学生，表示曾遭受过"言语欺凌"的占51.2%；在校住宿的学生，表示曾遭受过"言语欺凌"的占53.3%。

（3）间接欺凌

在被调查的5054名中小学生中，表示曾遭受过"间接欺凌"的有1280名，占被调查总数的25.3%。其中，被调查的3200名小学生中，遭受过"间接欺凌"的有770人，占被调查小学生总数的24.1%；被调查的1547名初中生中，遭受过"间接欺凌"的有424人，占被调查初中生的27.4%；被调查的307名高中生中，遭受过"间接欺凌"的有86人，占被调查高中生的28%（见图6）。

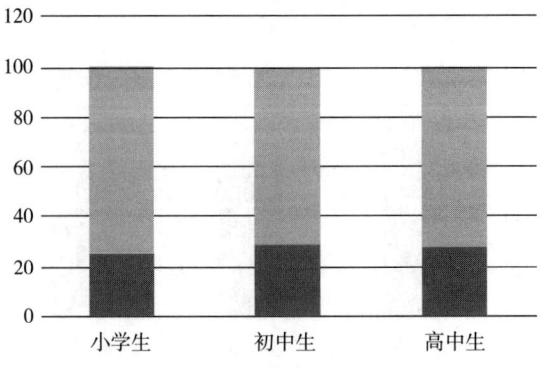

图6：遭受"间接欺凌"比例

课题组将学校简单分为好、中、差三个档次。其中,在好学校就读的学生曾遭受过"间接欺凌"的占该校学生总数的 26.6%;在中等学校就读的学生曾遭受过"间接欺凌"的占该校学生总数的 22.9%;在差等学校就读的学生曾遭受过"间接欺凌"的占该校学生总数的 29.2%。

在调查过程中,男生表示遭受过"间接欺凌"的占 28.5%;女生遭受过"间接欺凌"的占 21.5%。

在调查过程中,在城市区域上学的学生中,表示遭受过"间接欺凌"的占 23.3%;在农村地区上学的学生中,表示遭受过"间接欺凌"的占 27%;在城乡结合部上学的学生中,表示遭受过"间接欺凌"的占 28.7%。

在调查过程中,在家住宿、走读上学的学生中,表示遭受过"间接欺凌"的占 24.7%;在校住宿的学生中,表示遭受过"间接欺凌"的占 28.1%。

(4) 网络欺凌

在被调查的 5054 名中小学生中,表示曾遭受过"网络欺凌"的 926 人,占被调查学生总数的 18.3%。其中,被调查的 3200 名小学生中,表示曾遭受过"网络欺凌"的有 502 人,占被调查小学生总数的 15.7%;被调查的 1548 名初中生中,表示曾遭受过"网络欺凌"的有 360 人,占被调查初中生总数的 23.3%;被调查的 306 名高中生中,表示曾遭受过"网络欺凌"的有 64 人,占被调查高中生总数的 20.9%(见图 7)。

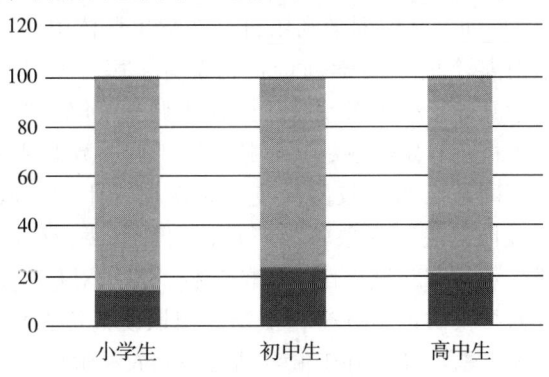

图 7:遭受"网络欺凌"比例

课题组将学校简单分为好中差三个层次,在好学校就读的学生中表示曾遭遇过"网络欺凌"的占该校总人数的 21.2%;在中等学校就读的学生中表示曾遭遇过"网络欺凌"的占该校总人数的 15.7%;在差等学校就读的学生中表示曾遭遇过"网络欺凌"的占该校总人数的20.2%。

调查过程中，男生表示曾遭受过"网络欺凌"的占男生总数的20.7%；女生表示曾遭受过"网络欺凌"的占女生总数的15.6%。

调查过程中，在城市区域上学的学生表示遭受过"网络欺凌"的占16.8%；在农村地区上学的学生表示遭受过"网络欺凌"的占19.6%；在城乡结合部上学的学生表示遭受过"网络欺凌"的占20.2%。

调查过程中，在家住宿，走读上学的学生中，表示遭受过"网络欺凌"的占16.9%；在校住宿的学生中，表示遭受过"网络欺凌"的占25.8%。

（5）总体分析情况

通过调查，课题组发现"身体欺凌"情况不容乐观。课题组曾对郑州市郑东新区的多所学校进行过走访，邀请校长、教导处主任和班主任就校园欺凌问题进行座谈。被采访的校领导和教师均表示"学校对校园欺凌高度重视，进行过严格排查。我校不存在校园欺凌情况"。而对学生进行调查的过程中，发现有21.3%的中小学生遭受过"身体欺凌"，也就是说，每五位中小学生中就有一位在身体上被欺负过。学生反映出来的情况和学校反映的情况大相径庭。课题组认为，并非校方对学校欺凌情况一无所知，而是基于学校形象考虑，在对外公开调查时，有意无意地隐瞒真实情况。

调查发现"言语欺凌"比例畸高，存在对"欺凌"概念认识是否一致的问题。并非同学之间某一次的吵架、骂人就是谁欺凌谁。"欺凌"首先表现为"地位差"，例如，某位同学利用自己在学生群体中的强势地位，单独或号召其他同学对某个弱小同学进行长期羞辱，蔑称其"肥猪""傻蛋"等，导致弱小同学只能忍受不敢反抗。经深入调查了解，"言语欺凌"虽然普遍存在，但由于概念界定问题，实际情况低于调查数据结果。

调查发现，不同地区的"校园欺凌"情况明显不同。城乡结合部和农村地区学校的"校园欺凌"现象较为严重，四种欺凌情形的比例均高于城市学校。在访谈中了解到，城市区域内的学校，由于对校园欺凌的重视程度较高，校园内外监控安防设施齐全，抵制校园欺凌宣传教育工作开展较早，因此城市区域的校园欺凌情况好于城乡结合部和农村地区。

关于学生住校或者走读，哪种情况更容易遭受到校园欺凌问题。经调查发现，住校学生遭受言语欺凌、间接欺凌和网络欺凌的比例略高于走读学生，走读学生遭受身体欺凌的比例略高于住校学生。

关于学校好坏与校园欺凌情况是否有关。这次调查中，课题组把学校分为好、中、差三个档次，但是，经调查发现，学生遭受各种欺凌的分布与学校档次并无规律性差异。也就是说,并不见得差等学校的校园欺凌情况明显比好学校严重。

3. 师生对校园欺凌的态度

(1) 老师对校园欺凌的态度

课题组在对5063名中小学生调查过程中,问及他们的老师对校园欺凌是否关注。其中,3978名学生表示"老师对校园欺凌比较关注",占受访总数的78.6%;有610名学生表示"有举报才关注",占受访总数的12%;也有475名学生表示"老师对校园欺凌"不关注,占受访总数的9.4%。此外,有61.2%的学生表示"学校和有关部门做过校园欺凌方面的宣传",20.4%的学生表示校园欺凌方面的宣传"比较少",仅有18.3%的学生表示学校"没有做过"校园欺凌方面的宣传。

(2) 学生对校园欺凌的态度

课题组调查了5063名中小学生,关于如果看到他人正在实施校园欺凌行为,或者有人正在遭遇校园欺凌时,你会怎么办。4114名学生表示会"告诉老师或者报警",占受访总数的81.3%;有184名学生甚至表示要"上前制止",占受访总数的3.6%。这表明,总体来说学校的风气是正的,同学们普遍有正确的价值观,能够积极报告甚至上前制止。但是,也有549名学生表示会"远远躲开",占受访总数的10.8%;甚至也有216名学生表示会去"围观",占受访总数的4.3%。课题组认为,毕竟欺凌者属于学生群体中的强势个体,出现少部分同学有畏惧情绪,看到后"远远躲开"符合人之常情。但看到有人暴力欺凌他人后,仍上前"围观",看热闹,表明学校的宣传教育仍有不到位的地方,仍应该加强教育,树立正确的价值观。

关于是否会参与欺凌他人的行为,5047名中小学生中,有4287名受访者表示"一定不会参加",占受访总数的84.9%;有232名受访者表示"偶尔参加",占受访总数的4.6%;有322名受访者表示"如果事情特别就会参加",占受访总数的6.4%;甚至有206名受访者表示"一定会参加",占受访总数的4.1%。总体来看,绝大多数的学生能够不参与欺凌他人的行为,但仍有不到15%的学生会因为各种各样的原因,参与欺凌其他弱小同学的行为。

关于是否会采取"以暴制暴"的方法解决被欺凌问题。课题组调查的5041名中小学生中,有883名同学表示"以暴制暴方法非常可取",占受访学生总数的17.5%;1588名同学表示"以暴制暴对特定事件可取",占受访学生总数的31.5%。有2570名同学明确表示"以暴制暴非常不可取",

占受访学生总数的51%。总体来说,是否应当"以暴制暴"的人数各占约50%。

关于在学校里是否存在类似"校园老大"这样的人物,有1481名学生表示"有"这样的校园老大式的人物,占学生总数的29.5%;有880名学生表示"有些不知道算不算",占学生总数的17.6%。看来还是有将近一半的同学认为,学校有"校园老大"式的人物,只是不太确定。表示"没有听说过"的有1076人,占学生总数的21.5%;明确表示"没有"的有1577人,占学生总数的31.5%。

总体来看,在学生眼中,老师是比较关注校园欺凌事件的。

4. 欺凌事件发生原因

关于校园欺凌事件发生的原因,课题组在郑州市郑东新区对568名学校教师的调查过程中,82.9%的老师认为欺凌事件发生是因为"学生自身存在逆反心理、自制力差、沟通能力差";79%的老师认为是因为"学生法治观念淡薄";71.1%的老师认为是因为学生"家庭教育的失败";62.9%的老师认为是因为"社会氛围影响,对影视作品、网络中宣扬的强权、黑恶势力、暴力游戏的认同和膜拜";54.8%的老师认为是因为"学校教育缺失、管理松懈、缺乏心理指导"(见图8)。

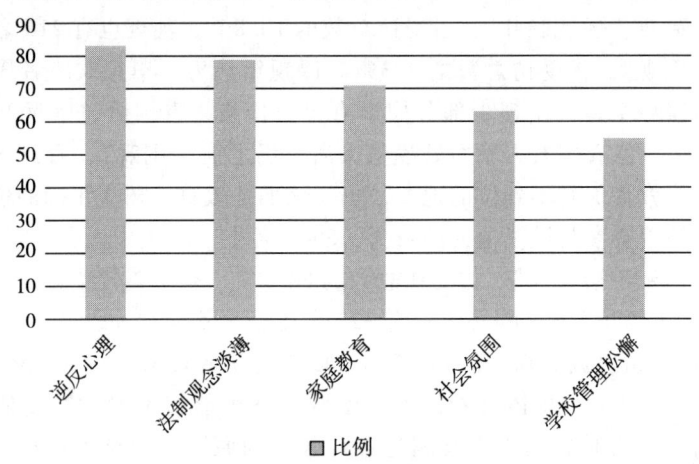

图8:校园欺凌的各类原因所占比例

5. 性别差别

关于校园欺凌的主体,是男生多还是女生多的问题。课题组调查了郑东新区的5050名中小学生,其中,认为"男生多"的有2385人,占被调查总数的47.2%;认为"女生多"的有281人,占被调查总数的5.6%;认为男女差不多,基本平衡的有 1913 人,占被调查总数的 37.9%。

被调查的 544 名教师中,认为"男生多"的有 360 人,占教师总数的 66.2%;认为"女生多"的有 15 人,占教师总数的 2.8%;认为"男女差不多,基本均衡"的有 154 人,占教师总数的 28.3%。

6. 欺凌事件该如何处理

(1) 学生眼中如何惩罚欺凌施暴者

课题组在对 5045 名中小学生调查过程中发现,有 3779 名中小学生认为"应当严惩",占被调查总数的 74.9%;有 105 名被中小学生认为"只需口头批评",占被调查总数的 2.1%;有 1097 名中小学生认为"只需对受害者道歉",占被调查总数的 21.7%;有 64 名中小学生认为"完全不必惩罚",占被调查总数的 1.3%。

此外,被调查的学生年龄越大,年级越高,认为"应当严惩"的比例越高;其中,女生认为"应当严惩"的比例略高于男生;住校生认为"应当严惩"的比例略高于走读生。这一观点,对于城市地区或是农村地区,学生是住校还是走读,没有明显差异。

(2) 教师眼中如何惩罚欺凌施暴者

课题组在对 545 名教师调查过程中发现,527 名教师认为"应当严惩",占被调查总数的 96.7%;有 3 名教师认为"只需对其口头批评",占被调查总数的 0.6%;有 14 名教师认为"只需向受害者道歉",占被调查总数的 2.6%;有 1 名教师认为"完全不必惩罚",占被调查总数的 0.2%。

此外,高中教师中认为"应当严惩"的比例略高于小学老师和初中老师;好学校的老师中,认为"应当严惩"的比例较高;认为"应当严惩"的男性老师比例略高于女性老师。

(3) 学校师生和司法工作者的观点差异

经调查发现,对于校园欺凌者如何惩罚的问题,无论是老师还是学生,看法基本是一致的,也就是"应当严惩"。其他持有"口头批评""赔礼道歉""不需要惩罚"观点的人数很少。这一点和司法工作者的观点大相径庭。在司法工作者看来,总体而言,对于未成年人犯罪应当"教育为主,惩罚为辅",要坚持"教育、感化、挽救"的原则,加强观护帮教工作。检察院的未成年人检察科和法院的少年审判庭的工作人员,也经常发表文章、巡回演讲,宣传他们"挽救少年犯",帮助"少年犯重回社会"的感人故事。在未成年人犯罪,贯彻少捕慎诉的原则,充分运用附条件不起诉制度,可以适用缓刑时,尽量不判处监禁刑,防止涉罪未成年人被二次污染。

7. 师生获得校园欺凌知识的渠道

课题组调研了郑州市郑东新区的568位教师,其中,84.3%的老师希望从"校园活动"中获取校园欺凌知识;69.9%的教师希望从"影视作品"获取校园欺凌知识;65.0%的教师希望从"网站、微信、微博"中获取校园欺凌知识;52.8%的教师希望从"报纸、杂志、电视"中获取校园欺凌的知识。

课题组调研了郑州市郑东新区的5074名学生,其中,77.9%的学生希望从"影视作品"获取校园欺凌的知识;73.5%学生希望"老师课堂讲授"校园欺凌的知识;65.9%的学生希望从"校园活动、法律安全讲座"中获取校园欺凌知识;57.0%的学生希望从"报纸、杂志、电视"中获取校园欺凌的知识;53.9%的学生希望从"网站、微信、微博"中获取校园欺凌的知识。

郑州市郑东新区的学校,对于校园欺凌情况都非常重视。许多学校制作大型展板、宣传海报向学生普及校园欺凌的知识;邀请警察、法官、检察官到学校进行法治教育活动;还有的学校组织召开"抵制校园欺凌"的主题班会和演讲活动。

8. 校园欺凌的防范措施

正如前文所述,校园欺凌的发生有生理原因、心理原因、社会原因和文化原因。客观的讲,不可能从根本上消除校园欺凌现象。但是,课题组可以多措并举,预防和控制校园欺凌事件的出现,使其不致危害校园安全。

(1) 教师对校园欺凌的防范

关于如何防范校园欺凌问题,课题组调查了郑州市郑东新区的568位教师。其中,89.1%的受访者认为"应当重视家庭教育,增加亲子之间的沟通",受访者表示,家庭环境对于孩子的成长至关重要,无论是欺凌者的暴戾,还是受害者的软弱,其背后或多或少都有家庭成长环境的因素。85.2%的受访者认为"学生自身加强思想道德修养,遵守法律法规",受访者表示,应当增加思想道德教育和法治教育,让孩子们懂得恃强凌弱,并不能证明自己的强大,反而会受到法律的制裁,真正的强大是能够照顾弱者,能够得到大家的钦佩。84.5%的受访者认为"学校应加强对同学们的心理辅导和思想教育",特别是对于正处于青春期的孩子们,更应当加强心理辅导,加强思想教育。82.6%的受访者认为"学校要加强校园管理制度,监督保护学生们";82.4%的受访者认为"政府加大法治宣传力度,完善相关法律法规";81.3%的受访者认为"学校多组织集体活动,增加同学之间的交流"；80.3%的受访者认为"社会各界应增加合作，共同营造良好的环境"；74.6%的受访者认为"严禁恶意传播校园暴力视频"。

(2) 学生对校园欺凌的防范

关于如何防范校园欺凌问题，课题组调查了郑州市郑东新区的5074名中小学生。受访学生中，72.2%的学生认为"学校加强教育管理，指导同学友好相处"；70.8%的学生认为"学校对欺凌事件中的违规学生进行严厉处分"；67.8%的学生认为"重视学生的心理指导"；64.4%的学生认为"按照《防止未成年人犯罪法》和《未成年人保护法》等法规，教育部门要建立预警、发现、报告、处理和惩戒校园欺凌的体系"；61.9%的学生认为"多组织一些集体活动，使同学间有机会了解和沟通"。

(三) 检察机关参与校园欺凌与暴力防治的亮点

检察机关作为国家重要的司法机关，在参与校园欺凌与暴力防治的过程中扮演着至关重要的角色。通过对检察机关履行职能，参与校园欺凌与暴力防治的过程中所采取的一系列举措，可以将检察机关参与校园欺凌与暴力防治的亮点概括如下：

1. 法治进校，谁执法谁普法

党的十八届四中全会明确提出实行国家机关"谁执法谁普法"的普法责任制。[①] 通过以案释法来普及中小学生法治教育，能够切实感受到法律的权威，对于提高中小学生的权利义务意识和规则意识具有重要作用，也是减少和防止校园欺凌和暴力事件频发的重要措施。由此，一场由最高人民检察院和教育部联合开展的"法治进校园"活动，在全国各中小学校全面展开。

按照活动方案的要求，地方各级检察机关和教育主管部门结合本地区的实际情况有计划地组织开展多种形式的"法治进校园"巡讲活动，力争在较短时期内涵盖辖区内的所有学校。为确保巡讲落到实处，使师生受益，最高人民检察院选调业务精英协同相关部门根据未成年人身心特点制作了一系列法治精品课件。课件涵盖中小学生生活的方方面面，从基本法律知识的普及到重点犯罪的预防，从自我保护的教育到坚决抵制校园欺凌与暴力，从校园安全建设到良好家庭氛围的营造，全方位的给中小学生提供了法治保护参考。同时在学校开展模拟法庭活动，让中小学生参与到案件中的角色，使他

[①] 中共中央办公厅、国务院办公厅：《关于实行国家机关"谁执法谁普法"普法责任制的意见》，载《人民日报》2017年5月18日。

们能够更贴切地感受法律的温度，避免了生硬说教的灌输式教育，增加普法的趣味性。此举不仅打开了众多中小学生的法律视野，更是获得了老师和家长的众多好评，认为此项活动不仅能够融入课堂，更贴近学习生活，很多中小学生立志要做一名守卫公平正义，捍卫法律权威的法律人。

全新的法治教育模式，广大学生愿听、爱听，入耳入脑入心，受到师生和家长的普遍欢迎和认可，这种认可和欢迎也是检察机关将普法责任制落到实处的最为直接的见证与写照。

2. 宽严相济，宽容而不纵容

宽严相济是我国基本的刑事政策，其精神是亦宽亦严的区别对待，体现了刑事政策的发展和进步。① 特别是在针对因校园欺凌与暴力而引发的未成年犯罪中更应该把握人性，通达人情，妥善处理。

浙江省某区人民检察院办理的一起猥亵儿童案，被告人和被害人都是该区某民办寄宿学校学生，因校园琐事发生争端，被告人小李（女，16周岁）遂纠集三名同学（三名侵害人因未满16周岁没有追究刑事责任，另行处理）对被害人小王（女，13周岁）实施了聚众猥亵行为。该案由于被告人手段恶劣、情节严重，因此对小李依法判了实刑，但是在办理中及时落实涉罪未成年人的法律援助，并邀请未成年人保护组织一同参与案件。案件办理完后，检察院与法院、心理工作室采取定期探望、亲情会见等方式，对小李共同开展帮教挽救工作。由于侵害行为使得被害人小王身心受到巨大创伤，甚至导致其抗拒心理治疗，为强化对被害女童的保护，检察机关迅速安排未检业务能力强的检察员和熟悉未成年人身心特点的心理专家对小王持续开展心理疏导。经过一段时间的心理矫治，小王渐渐从伤害的巨大阴影中走出来，开始新的学习生活。同时，我国的法律政策规定被害人因侵害人无力赔偿而造成生活困难的，可以申请司法救助，在了解到小李家因经济困难无力赔偿的情况后，依法启动了司法救助程序，对小王予以救助，关注康复状况，给其后续的治疗和学习生活都提供了有力的保障。

检察机关既要按照法律规定依法惩戒相关犯罪行为，彰显法律权威，也要充分发挥法律的人文关怀，让参与人感受法治的温度。在办案过程中办案人员根据当事人的现实情况所采取的一系列措施避免了简单的就事论事、格式化处理案件的方式，既有惩戒，也有关怀，根据未成年人犯罪的特点和办案理念，多了耐心和体恤，实现了宽严相济刑事政策的效果。

---

① 龙宗智：《宽严相济政策相关问题新探》，载《中国刑事法杂志》2011年第8期。

3. 及时干预，预防重于惩罚

法国思想家孟德斯鸠曾说："一个良好的立法者关心预防犯罪，多于惩罚犯罪，注意激励良好的风俗，多于施行刑罚。"四川省某区检察院通过深入校园及时干预成功瓦解了校园欺凌团伙。2015年初，当地检察机关开展检校合作，在辖区内所有学校设立"纳爱"服务点，作为"法治进校园"活动中每个校区的法治教育大本营。该服务点在工作中了解到段某（男，16岁）以保护自己和朋友为名，成立了"地下学生会"，其成员既有在校学生也有社会闲散青年，内部有明确分工，主要通过采用暴力、威吓等手段收取保护费和以低买高卖的强迫交易形式筹集经费，是一个典型的校园欺凌团伙。学校内部的打架斗殴事件也时常参与，不利于同学之间的团结和睦，严重影响和谐清新的校园环境。于是区检察院会同学校、家长和未成年人保护组织等多个部门进行及时干预，并制定了"重点突破、全面瓦解"的解决方案。以段某为重点进行谈话教育及心理矫治，使其精力回归到学习主业上，同时利用其在组织的领导力和号召力解散所谓的"地下学生会"，对所涉及的成员进行分流处理，跟踪帮教。以"纳爱"服务点为平台，在学校适时组织开展法治主题教育讲座，告诫学生要远离校园暴力，学习自我保护的技能，树立正确的人生观、价值观和世界观。通过一年的帮扶教育，段某的学习成绩得到了显著提高，成绩的提高也增强了其自信心，这种质的变化也获得师生的认可。检察机关及时介入并采取有效的预防帮扶措施成功地改变了一个学生的人生态度，可谓是因"祸"得福。

4. 与时俱进，探索创新机制

没有创新就没有发展。检察机关要随着社会的发展，结合地区实际情况，与时俱进，探索新机制，整合利用有效的资源，发挥联动作用，为防治校园欺凌与暴力，为净化校园环境、创建平安校园做出新的贡献。

河北省某县检察院在推进校园法治教育过程中提出了"不让一个孩子掉队"的目标，借助未检工作在防治校园欺凌与暴力社会化防治体系中的优势，积极行动，创新方式，着力打造和谐的校园环境。在县委县政府的支持下，检察机关牵头联合全县11个部门，成立了"护航少年"工程领导小组，县政法委书记任组长、检察长任副组长，其办公室设在县检察院，负责综合协调、督导落实。"护航少年"打造了未成年人基本信息数字化管理平台，将全县未成年人尤其是在校学生，全部摸底统计、分类建档。根据动态数据反映的具体情况，采取"一对一"的网格化精准帮教形式。全县以此为契机在建立了覆盖辖区内所有中小学校的心理咨询室，并配备满足需求的心理咨询师和联络员。当数据出现异常时联络员要及时反馈,发现校园中存在的不良状况后,及时同检察机关和专业人士联系,做好法治教育和心理矫治工作。

上海检察机关以实施校园欺凌与暴力行为未成年人的监护人为对象,探索建立"亲职教育"长效机制。这项机制一是要求承办人必须分别与涉案未成年人及其监护人面谈,全面了解监护教育状况,有利于作出合法合理的决定。二是在训诫观护的同时要向监护人制发《严加管教令》,将监护人是否妥善履行监护义务作为对涉罪未成年人作出处理决定的参考因素,这样能够有效提高亲职教育的司法属性。三是借力多方资源,加强与教育、卫生、共青团、妇联、志愿者协会等机构部门的合作,引入专业力量,集中开展专项活动,这样能够有效提高亲职教育的社会影响力。"亲职教育"机制通过改变监护人的行为和观念,来潜移默化影响到未成年人的行为和观念;机制所传导的内容也是很多"问题家庭"急需补上的一堂法治教育课。上海检察机关的创新机制为防治未成年人犯罪开出的一剂标本兼治的良方。

检察机关发挥创新驱动机制,建立精准的网格化帮教体系能够使校园法治教育常态化,随时了解学生动态,从源头上预防校园欺凌与暴力的发生。坚持实施的"亲职教育"机制则可以从深处挖掘校园欺凌与暴力的成因,因人施策,发挥各方联动作用,从根源上治理校园欺凌与暴力。

四、检察机关参与校园欺凌防治存在的主要问题

(一)校园欺凌防治理念上存在的问题

1. 对校园欺凌现象的认知偏差

一是社会各界对校园欺凌现象的看法和态度不一致,妨害检察机关对欺凌行为给中小学生身心健康带来伤害的认定。对于中小学生的校园欺凌现象,检察机关多是在事后介入,最为普遍的处理方式就是对欺凌者进行一番批评教育,而对欺凌行为产生的原因以及受欺凌者的心理状态则往往多加关注。比如,一些看起来只是学生间的正常打闹,实则包含着欺凌的成分;开玩笑与欺凌的界限不易把握。

二是由于对校园欺凌现象没有形成统一的认知,检察机关往往低估了校园欺凌事件所产生的危害程度。校园欺凌事件中,尤其是发生在中小学生中的校园欺凌,当事人年龄普遍较小,如果他们的欺凌行为没有对被欺凌人造

成实质性的伤害，通常并不会将其与性质恶劣相联系。受欺凌者年纪尚小，不懂得用法律手段保护自己，学校方面出于对自身名誉的考虑，不想把事情闹大，即使到了司法机关，考虑到事件当事人双方均为未成年人，通常情况下也只会以双方和解而结案。

2. 校园欺凌预防的观念相对滞后

一是目前检察机关在防治校园欺凌的工作中还是重事后处置，而轻事前预防。教师和家长往往不能正视校园欺凌给中小学生带来的身心健康方面的伤害，以至于教师和家长对欺凌者的惩罚也只是简单地一通训斥，一旦他们离开现场，欺凌者只会变本加厉地对待被欺凌者。事前预防观念的滞后，意味着检察机关不能及时与中小学校合作，在学校建立法律咨询室；事前预防观念的滞后，也意味着检察机关忽视了对已经刑满释放的和曾经接受过管教的未成年人的追访工作，及时了解并多加引导这些未成年人的思想动态，才不至于使他们重蹈覆辙。①

二是少年司法理念有别于成年司法。未成年人检察工作强调的是教育、挽救、感化，执行时必须要遵循为未成年人而设的一系列的特殊规定，目的是为了帮助年纪尚小的未成年人回归社会，惩罚不是最终的目的。未成年人检察工作作为少年司法的主要部分，必须具备少年司法的理念，理念的形成需要一个漫长的过程，成年人的司法理念与少年司法理念之间的种种差异，检察官在办理案件时难免会忽视其中的偏差，检察官若是用对待成年人的方式处理案件，这种冷漠可能会激起涉罪未成年人的抵触情绪，甚至可能会对他们造成二次伤害，将本来可以挽救的未成年人彻底推向深渊。未成年人检察工作的整体推进离不开专门的机构、有序且成体系地开展，大家各有分工，职责明确，也有利于整合资源。

(二) 校园欺凌防治方式上存在的问题

1. 忽视相关制度及配套制度建设的系统性

中小学生校园欺凌防治工作想要得到深入发展，需要多部门合作，搭建相应配套体系和社会化支持体系的相互支持和相互保障。目前，公检法三个部门之间尚未在中小学生校园欺凌防治工作的配合等相关问题上达成统一，由此带来的问题是：在涉罪未成年人的案件办理过程中可能会因为取证的方式不当，对当事人造成二次甚至多次伤害；出于保护未成年人而一般不公开

---

① 白龙：《以案为例对近年来未成年人犯罪的思考》，载《法制与社会》2012 年第 29 期。

的涉罪未成年人案件信息、个人信息等，可能会在工作交接的某一环节被不当公开，造成涉罪未成年人的身份信息公之于众；中小学生校园欺凌的双方当事人都需要进行适当的心理疏导以及及时的情绪安抚，这些工作需要贯穿在整个诉讼过程的始终，哪一个环节的缺失都可能使之前所做的心理疏导工作前功尽弃。检察机关应重视起与公安部门、法院方面的配合工作，积极推动中小学生校园欺凌防治中的配套体系建设。

中小学生校园欺凌防治工作的社会化支持体系建设，是一项需要检察机关从检察专业的角度出发，协调各方社会力量推进的工作。保护未成年人尤其是保护中小学生的校园安全是需要全社会共同努力才可能做好的事情。然而，目前少年司法制度等一些关于未成年人福利的法律制度并没有得到齐头并进的发展，那些从事为未成年人提供帮助与保护的社会性质组织也没有得到进一步壮大，与未成年人检察工作相辅相成的社会调研、心理疏导以及未成年人帮教工作等，都存在着不同程度的专业人员缺失、经费紧张、场所不够专业等问题。这些都是制约与限制中小学生校园欺凌防治的社会化支持体系方面的因素。在这种情况下，检察机关要化消极被动为积极主动，秉承"国家监护""儿童利益最大化"的理念，主动协调各方社会力量，推动相应配套体系与社会化支持体系的建设与完善，促进社会资源在中小学生校园欺凌防治工作中的合理配置，为未成年人检察工作的进一步深入提供保障。

2. 缺乏调动多方参与的前瞻性

校园欺凌和暴力是一种特别的社会现象，是社会多种因素相互结合并发生作用的结果。因此防治校园欺凌和暴力是一个综合性的系统工作，需要包括司法机关在内的多种社会力量共同努力。人民检察院依法行使国家检察权，检察机关在参与防治校园欺凌和暴力工作中，对其他不构成犯罪的欺凌和暴力行为，虽然采取了各种积极措施，但毕竟因为法律规定及职责法定的原因，其工作效能受到很大制约。

一直以来，检察机关开展法治教育或进行法治活动都强调亲力亲为，当然优势显而易见，由于检察机关国家法律监督机关的权威性，由我们亲身说法讲法，更易使学生接受，也更具备说服力。开展相应如模拟法庭、法律知识竞赛等活动时，也能让活动更贴近真实法治实践，帮助学生更好地理解相关的法律知识。要想保持法治教育与宣传的长效性，必然要求检察机关在日常的犯罪预防宣传工作中更具备前瞻性，以创新的法治教育方式来调动他方或多方的参与，调动更多人员的参与，扩大影响力，反而更能收获最佳的法治宣传及犯罪预防效果。如可以考虑拍摄相应法治主题的视频资料，通过视频资料的直观性、强感染力和可重复利用性,通过与教育局等部门的联动,向各地区学校推广等。从实质内容看,对中小学生开展教育工作的核心还是在学校和家长,检察机关利用自己的专业优势通过组建宣讲团等各种喜闻乐见的形式做到对司法震慑效应的扩大,同时帮助教育行政部门和学校建立一种常态化的教育模式,这属于检察基本职能的延伸服务。

五、检察机关参与校园欺凌防治的对策

(一)树立正确理念

保护是最终目的,预防是前置手段。最高人民检察院《关于进一步加强未成年人刑事检察工作的决定》为检察机关的工作提供了范本,其中指出:"要坚持以担任法治副校长等形式,以案释法,开展对未成年人的法治宣传工作。要积极参与校园周边环境整治、对重点青少年群体教育管理等工作,深挖和严厉打击成年人引诱、胁迫、组织未成年人犯罪、向未成年人传授犯罪方法等犯罪行为,为未成年人健康成长营造良好环境。要加强对未成年人犯罪原因的分析,采取检察建议等方式向党委、政府或者有关方面提出预防犯罪的意见和建议,促进加强和创新社会管理工作。"检察机关参与校园欺凌防治的工作,不能仅局限于办理案件,还应当凸显检察机关法律监督的地位,开展社会服务创新职能。

1. 以创新发展理念,用未成年人检察专业化建设参与防治体系,构建新型的责任与义务框架

(1)以法律监督助推未成年人警务改革,服务校园欺凌防治体系建设

从现有实践来看,公安机关在校园欺凌防治社会化体系中的作用凸显,许多执行性的措施,需要公安机关整合资源,发挥力量。包括校园安全岗的建设,校园周边路段的巡防,等等。在推进未成年人警务改革的过程中,确有检察机关的用武之地。检察机关要善用法律监督,如纠正违法、立案、撤案监督、检察建议等法律监督手段,立足于从个案出发,发现问题,总结规律,形成指导性的意见和建议,积极助推未成年人警务改革,让公安机关成为保护未成年人权益的先行屏障,承担保护、防范、打击三者并重职能。

(2)以法律监督助推未成年人审判改革,服务校园欺凌防治体系建设

实践中,审判机关的工作重点在于惩罚和弥补已经破损的法律关系。案外延伸工作是未成年人审判的特色,是未成年人审判区别于其他审判工作的

重要特征。长期以来,审前调查、法庭教育、回访帮教、心理评估等延伸工作,对教育、感化、挽救失足未成年人发挥了积极作用,但随着形势的发展与变化,延伸帮教工作也应当与时俱进,创新发展。在检察机关参与校园欺凌社会化防治体系的过程中,也有必要在涉校园欺凌案件的审判和执行过程中加强对法院的审判执行监督,如监督法院是否在未成年人出庭过程中,采取了相应的保护措施,执行过程中是否有对未成年人信息的不当披露等。强化国家亲权理念,必要时使用未成年人公益诉讼手段,切实保护社会最广大未成年人的利益。以检察机关法律监督强化法院在审判工作中行使未成年人保护职责,助力推进未成年人审判改革。

(3)以未成年人检察工作一体化改革,助推校园欺凌防治体系建设

1986年,上海市长宁区人民检察院成立我国第一个少年起诉组,开始探索未成年人检察工作。2015年底,最高人民检察院正式成立未成年人检察工作办公室,标志着未成年人检察工作专业化、规范化建设进入了一个新的发展阶段。经历了30年的发展历程,未成年人检察工作已经步入而立之年。

少年检察制度的产生虽晚于少年审判制度,但近几年未检机构的独立、机制的创新、"捕、诉、监、防"一体化改革等,表明未成年人刑事检察制度的完善已经明显出现赶超未成年人刑事审判制度的趋势。

人民检察院应当设立专门工作机构或者专门工作小组办理未成年人刑事案件,不具备条件的应当指定专人办理,未成年人检察工作并非仅仅是办案那么简单,其内涵与外延都超越了普通的刑事检察业务,工作触角需要延伸到学校、家庭、社会,工作范围需要囊括对有问题未成年人的挽救、对受到伤害未成年人的抚慰、对已经破损的社会关系的修补,目的重在预防与修复,办案仅是手段与方法之一、并非唯一。

一体化工作的构架包括了审查逮捕、审查起诉、诉讼监督、犯罪预防等方面的工作。一体化就是集约化,一体化就是高效化。不同于简单地捕诉分离、互相监督、互相配合、互相制约。其法理依据一是来源于国家亲权理论,意义在于把国家作为未成年人的保护者,最大限度地限制用刑罚的方式来处理未成年人暴力或犯罪问题,要求检察机关充当合格的国家监护人[①];二是来源于恢复性司法理论。20世纪末期,恢复性司法理论真正开始适用

---

① 辽宁省盘锦市人民检察院课题组:《未成年人检察工作一体化若干问题研究》,载《中国检察官》2017年第15期。

于未成年人司法领域,旨在对涉罪未成年人进行感化、教育和改造,促使其在社会的感召下弃恶从善①。一体化工作模式充分利用司法资源,有针对性地将涉罪未成年人的批捕、起诉、犯罪预防与诉讼监督环节有效融合,更有利于抚平涉罪未成年人的心灵创伤。②

2. 以协调发展理念,用未成年人检察精细化建设促成柔性司法,形成保护与惩罚的双重合力

一个未成年人出现问题,毁掉的不仅仅是一个家庭的幸福,更深远地是危害到国家和民族的未来。检察机关的参与行为就是要让公众在社会综合治理过程中感受到未成年人检察业务所发挥的力量,感受到未检人身上所肩负的重量,感受到未成年人检察事业所彰显出的能量。

在办理校园欺凌案件时,更需要我们倾注爱心和心血,刑事案件要由熟悉未成年人身心特点的检察人员承办,积极落实员额检察官普法释法责任、法治校长等制度,尤其对于出现过校园欺凌现象尚未达到犯罪程度的学校,更要强调事前预防防治,积极落实一案一释法,让更多未成年人从小故事中学到自护经验,懂得不当施暴者、不做受害者的教训。加强法律阐述与情理感化,建立帮教机构和帮教基地,用成果宣传、用成果感化、用成果引导。加强对校园欺凌类案件的动因和发展趋势的分析和研判,理清社会、法律、家庭等多层面的问题,提出建设性的意见,将校园欺凌防范工作落到实处。

检察机关应当督促各中小学校要加强出入校园监管审查,禁止校外人员、闲杂人等随意出入校园。有条件的地方,建议当地公安机关设置学校警务室。要建立有效的反映校园欺凌行为的投诉渠道和举报制度,并采取有效措施展开调查,对于涉嫌违法犯罪的,及时向公安机关通报,并配合公安机关调查取证活动。要成立由家长代表、心理专家、警务人员及教职工等组成的专门反校园欺凌的工作机构,调查、审议、调解校园欺凌事件,并按照严重程度决定适用轻重不同的教育惩戒措施。要设立有专业知识的心理老师及时对欺凌者、被欺凌者进行心理咨询、疏导。对于涉校园欺凌案件的未成年人,不能仅仅依靠社会调查、合适成年人到场、心理辅导、附条件不起诉等现有特殊程序,要因地制宜、多方位多角度地把未检工作做到全方位、无死角覆盖,加强对涉罪未成年人与未成年被害人的双向双重保护,践行柔性司法理念。

---

① 高海燕:《完善海南未成年人刑事检察一体化机制构想》,载《海南人大》2013 年第 3 期。
② 杨永华:《未成年人检察工作一体化机制初探》,载《人民检察》2012 年第 14 期。

3. 以绿色发展理念，用未成年人检察智慧化建设参与防治体系，建立良性健康的校园生态环境

发生在校园之内、学生之间的以大欺小、以强凌弱、以众压寡的欺凌现象，往往刺痛社会公众敏感的神经，引起社会的广泛关注。近年来，我国校园欺凌事件屡见报端，已成为严重影响未成年学生身心健康的社会弊害。对于校园欺凌的治理，除了采取加强学校人文教育、培养学生尊重意识、改善校园监管环境等措施外，更应寄希望于具有权威性、强制力和普遍约束力的法治机制。在参与防治体系的过程中，积极探索修复性司法，坚持以司法办案促进校园生态环境综合治理，深入贯彻"修复性司法理念"，以校园欺凌事件中常发的案件类型，如聚众斗殴、寻衅滋事犯罪案件等为切入点，积极探索建立"补植复绿"机制，创新办理案件新模式，根据案件具体情况，依法减轻从轻处理，努力实现"办理一个案件、恢复一片青山、挽救一个家庭"将防治校园欺凌纳入法治化轨道，让依法治校成为校园治理的主旋律，这应当是根治校园欺凌顽疾中成本最低、效果最好的可行路径。

4. 以开放发展理念，用未成年人检察创新化建设参与防治体系，探索打击与预防并重的延伸路径

未成年人检察工作不同于其他检察工作，拿来主义兼备创新主义是重点也是难点。它集捕、诉、监、防于一体，既有批捕和起诉的办案职能，又有监督和预防的综合职能。虽有侦查监督、公诉工作的规程可资遵循，但仍需要更加精细化创新性的操作规定才能开展落实未检的特殊工作。

未成年人检察工作同样强调案外延伸。尤其在校园欺凌社会化防治体系中更为凸显。未检工作不以定罪量刑和定分止争为最终目标，而是以案件事实为切入点，探究未成年人校园欺凌现象产生的原因，探究可以采取的必要的干预叫停校园欺凌的手段，贴合未成年人身心发展特点，采取创新化措施及手段，如专业心理辅导、传统文化帮教等改善涉校园欺凌现象的未成年人的心理状况、家庭教养和外部环境等，帮助陷入困境的未成年人重塑世界观、价值观，重回正常轨道，呵护其健康成长。

此外，还可积极借鉴域外及其他地区有关防治校园欺凌现象的先进法律理念，如美国的防报复、恐吓的规定，我国台湾地区与家长签署的"教养契约"等，形成我国独特的防校园欺凌的系列措施，从而推动防校园欺凌立法的发展，完善打击和预防并重的防范校园欺凌现象的路径。

5. 以共享发展理念,用未成年人检察综合化建设参与防治体系,实现教育与感化的综治目标

检察机关参与校园欺凌防治工作必须要纳入社会治安综合治理中。2017年12月27日,数十家部门印发了《加强中小学生欺凌综合治理方案》,仅列举的参与主体就有教育行政部门、综治部门、法院、检察院等12家之多,综治工作首当其冲。这就要求检察机关不能闭门造车,不能"曲高和寡"。在进行审查逮捕、审查起诉,开展法律监督,以案释法,积极参与学校法治宣传教育等自身工作的同时,注重发挥教育行政部门的牵头作用,对学生欺凌治理进行组织、指导、协调和监督,检察机关参与时应当发挥大局意识、服务意识。注重综治部门的领导责任、延伸检察职能、推动将学生欺凌专项治理纳入社会治安综合治理工作,强化对学校周边综合治理的依法评估;与人民法院搭建好配合平台,节约司法资源,集约司法资源,高效发挥司法效率,不重复开展法治宣传、不重复开展法治教育,把防治工作做到"润物细无声",这是保障民生、维护民权、排除民忧的重要途径。

(二)检察机关参与校园欺凌防治的原则

1. 依法依规原则

近年来,校园欺凌与暴力事件呈现多发趋势,引起社会高度关注。社会呼吁制定校园欺凌的专门法来处理解决校园欺凌问题。美国自1999年乔治亚州制定反欺凌法开始至2016年为止已有49个州通过反欺凌法律的订定,目前只剩蒙大拿州尚未订定反欺凌法,作为一个反欺凌法治健全的国家,其立法经验及立法内容创制极具参考价值。

美国《新泽西州反欺凌法》对欺凌的含义进行了界定,丰富了欺凌的种类,规定由学区制定欺凌预防政策,学校的教职员工有义务向校长和学区长呈递报告,报告内容包括骚扰、威胁或欺凌的举报次数、调查现况、欺凌性质、调查者姓名、参与欺凌学生的惩处方式与性质以及降低骚扰、威胁或欺凌所提的训练与实施计划。该法于2007年修订加入了网络欺凌条文。2010年修订之后,被称为美国最严格的反欺凌法案。美国的《华盛顿州反欺凌法》界定了欺凌和骚扰的含义,包含对财产、秩序的破坏,对教育、工作环境的普遍威胁①。州教育厅长应提供针对学区和教育服务区的模型骚

---

① Bully Police USA [EB/OL] http://www.bullypolice.org/wa_law.html,最后访问时间:2018年1月13日。

扰、恐吓、欺凌的预防政策,对相关人员进行培训,培训材料的组成部分应包括在任何地区的政策。明确对防止报复、恐吓或诬告的保护方面的规定:学校员工、学生不得对被害人、证人采取报复、诬告、骚扰等行为。如果学校员工或学生发现以上行为,可以向学校当局反映。美国反欺凌立法的特点是法律需针对欺凌行为作出明确定义;欺凌事件通报与处理程序;确定教育行政单位的权责;教育人员对反欺凌议题的培训及研习;反欺凌专业人员及组织的设置;防止报复、恐吓或诬告的保护等规定。

日本于2013年6月通过了《欺凌防止对策推进法案》,要求日本各地的地方教育委员会和各级学校设置校园欺凌调查机构,如果出现欺凌与暴力事件,学校要迅速启动应急处置预案,必要时学校应当积极与警方合作。日本于2003年11月出台了《反欺凌行动法案》,强调了地方政府对于校园欺凌的防治责任。另外,学校要求家长签署"教养契约",以此督促家长履行教育监护职责。

挪威作为最早发起反对校园欺凌运动的国家之一,其反欺凌立法比较完善,2002年挪威政府总理、全国教师协会、各区反欺凌联盟、全国家长协会和儿童监察员代表共同发表了《反欺凌宣言》,其中的欺凌预警和欺凌干预两个方面对于预防和处理欺凌事件具有很强的针对作用。

通过以上梳理可以看出,反欺凌立法的模式有两种:一是专门的反欺凌法律,另一种则是在其他法律中加入反欺凌的内容。前者的代表有美国、挪威、英国等,后一种的代表有我国的台湾地区以及瑞典。

目前针对校园欺凌和暴力事件,我国立法尚处于空白;仅有的两部法律文件即《未成年人保护法》和《预防未成年人犯罪法》也没有明确提及相关问题或解决思路。2018年3月12日十二届全国人大内务司法委员会副主任王胜明答记者问时提到,近年各地校园欺凌和暴力事件时有发生,而我国现行法律还没有针对校园欺凌和暴力事件作出明确规定。校园暴力、校园欺凌行为的影响往往非常恶劣,全国人大常委会和国务院及有关部门高度重视。全国人大内务司法委员会建议修改未成年人保护法和预防未成年人犯罪法。

校园欺凌问题得到了全世界的关注,审慎而恰当的立法能够治理校园欺凌问题,不论采用何种形式的立法,从立法层面加强我国法律对校园欺凌的规定是主要趋势,可以借鉴国外很多国家有关反欺凌方面的法律,或者借鉴我国的《反家庭暴力法》,制定《反校园欺凌法》。鉴于我国立法程序较为繁复的特点,当务之急,可以考虑由最高人民法院、最高人民检察院、公安部、教育部等相关部门联合出台有关司法解释或规章，明确校园欺凌防治的总体目标、组织机构、制度措施（如早期预警制度、校园安全风险评估制度、警方和社区与家长共同参与的综合治理制度、教师培训和辅导制度、程序化处理制度等），明确各级政府、学校、监护人、学生和社会组织与公民个人的责任，完善社会化防控体系。特别是要尽快完善以下诸方面：一是加大对校园欺凌的刑法惩治，修改《预防未成年人犯罪法》，细化未成年人特殊教育的内容。此前的法律中对工读学校有所规定。但现实中，全国各地的工读学校普遍萎缩，许多都不得不最终走上关、停、并、转的道路。一直以来，许多家长将工读学校与少管所相提并论，害怕孩子在工读学校上学出现标签化现象，以致工读学校遭遇生源危机，2014年，北京门头沟工读学校还出现了35名职工仅有2名学生的情况，可见工读学校在我国生命力不强。但这并不意味着工读学校不该或不应兴办，恰恰相反，我国防治校园欺凌需要充分发挥特殊教育学校的重要作用，但要恢复工读学校的生命力，必须首先做好去标签的工作及扭转都是涉罪人员去上学的家长和社会的普遍观念。二是出台有关教师惩戒方面的规定，明确体罚、变相体罚与合法惩戒的边界，赋予教师惩戒学生的权利，将学生间出现的过度打闹行为及早进行叫停及规制，抑制该类行为向欺凌行为发展。当然，有关教师惩戒方面的内容也必须建立相应的制约机制，以防止惩戒权的滥用，引发新的社会矛盾。三是完善对被害人的保护和救济制度，加强对被害人的治疗、康复、心理辅导以及家庭支持体系等方面的建设。

在立法层面上完善校园欺凌方面的法律，通过法律条文进一步明确规定赋予检察机关参与校园欺凌与暴力的防治工作的职责，也将有利于检察机关更好的开展校园欺凌防治工作。

2. 建议前置原则

检察机关法律监督的主要手段之一就是检察建议，它可以节约司法成本、提高司法效率，促使法益得到保护。这一点，我们可以借鉴检察机关参与行政公益诉讼的相关成果。在参与行政公益诉讼时，检察机关是把检察建议作为一项前置程序，更作为一种常规手段，将公益诉讼作为备选方案，一般而言，行政机关接到检察建议后，大体能按照建议的内容，及时处理违法行为，防止公共利益继续受损。

在参与校园欺凌事件中，检察机关更要将检察建议作为一项重要的手段和措施，可对集中开展预防学生欺凌和暴力的专题教育，研制学校防治学生欺凌和暴力指导手册，学校日常安全管理的严格程度，学校周边综合治理的成效进行建议，把教育惩戒威慑的作用前置，把隐患灭绝于萌芽，把伤痕修复补牢。

3. 隐私保护原则

隐私权本身具有自然权利的属性，不因行为能力存在与否而受到影响，校园欺凌中的未成年人理应享有隐私权，未成年人的隐私权较之成年人的更加具有特殊性。

隐私保护包括身份信息的保护和事件信息的保护。在处理校园欺凌事件时，如果隐私保护不到位，造成事件扩散、身份信息传播，以讹传讹等情况出现，那将不仅仅是对受害人的二次伤害，也会导致对加害人的二次伤害。一方面，很多未成年人不愿意让事件本身进入大众群体的视野，虽然将身份信息隐去，但是欺凌事件造成的影响可能往往比我们考虑的身体上的伤疤要更久远，欺凌事件的种类不可能频繁重复出现，事件一旦被标榜，涉事的当事人往往会对照自己再度陷入影响旋涡之中。我国教师和学校管理层面的思想观念仍然停留在对学生进行思想道德教育，尊重人格的层面，没有意识到未成年人的私人领域。现实情况要求我们在处理校园欺凌时要采取灵活的方式，虽然欺凌事件的发生往往处在偏僻位置，但处理起来却不能公开处理，宣讲起来更不能公开相关信息。

4. 平等对待原则

校园欺凌事件中的当事方，我们往往不能以一个成年人的视角去审视，不能因为其暴力达到了一定程度，就把他定义为是阶级敌人或者打上坏孩子的标签。我们要发现的不仅仅是被害人内心脆弱的一面，也要感受到行为人内心脆弱的一面，暴力行为的背后并非是强权强势所致。对被害人和行为人都应当以平等的角度去审视，去努力发现和挖掘未成年人内心善良的一面，既要帮助他们认识过去，认识其行为给社会、同龄人造成的危害，也要帮助他们重新回到校园生活、班级生活的正常轨道上来，以一种正确的人生观、价值观、世界观重新回到生活中来。

5. 法律谦抑原则

在处理校园欺凌事件中，谦抑原则的积极适用更能发挥最大的法律效果和社会效果。与之遥相呼应的是未成年人司法转处理论，该理论源于英美法系，是其少年司法治度中重要的组成部分，有广义转处理论和狭义转处理论两种说法。狭义转处论是一种审判前的转处。广义转处论除审前的转处外还包括审判后的转处，即在法院对未成年人进行审判后，给予未成年人"非监禁化"和"非刑事化"的处罚。结合我国刑事司法工作实际，未成年人司法转处制度是指在满足一定条件下，检察机关在确定案件事实清楚、证据确实充分之后，不再让涉罪未成年人进入到传统的刑事司法程序中，而是通过非诉方式结案，从而减少刑事司法强制干预对未成年人身心发展带来的消极影响。检察官要更好的运用附条件不起诉等系列未检特殊制度，从而找到适合涉罪未成年人的"非监禁化"替代处罚措施。

检察机关工作更多的缩影往往是及时预防、监督和打击的衔接。在校园欺凌事件中，行为人往往是和未成年被害人相同或者相似的年龄、身份，没有人会愿意看到一个个仅仅是因为家庭环境、成长环境等外界客观因素造成的不同人生观、价值观、世界观的未成年人成为犯罪嫌疑人或者被告人。不能首当其冲想到或使用刑事手段去解决社会问题。检察机关参与到防治工作之中，更多地应是对少年司法理念的灌输和践行。我们关注的往往是行为人，而不是行为本身，关注的是行为人出于什么原因引发校园欺凌事件或者造成隐患，关注的是行为人如何能够从校园欺凌事件中走出来，步入到正常节奏正常秩序的社会中，而不是仅仅对行为的惩戒。

刑法具有谦抑性，是保护法益的最后手段。因而其触角不宜伸展过长。而《治安管理处罚法》处于法益保护的前沿，可以将不构成犯罪的违法行为纳入行政处罚的范围。此外，对不满 14 周岁的欺凌者，可以通过建立健全针对欺凌者的保安处分措施对其予以规制。一方面要加强对 14 周岁以下欺凌者的干预矫正，另一方面要在预防未成年人犯罪法中设置多种教育矫正和惩戒措施，如送入专门学校或专门机构接受教育、矫正，从事社会服务，接受心理辅导等。此外，在教育法中亦应当明确学校可以根据法律规定制定或执行一定的教育惩戒措施。2016 年 11 月教育部等 9 部门联合颁布的《关于防治中小学生欺凌和暴力的指导意见》就提出"教育惩戒"概念，强调"对实施欺凌和暴力的中小学生必须依法依规采取适当的矫治措施予以教育惩戒"，"对屡教不改、多次实施欺凌和暴力的学生，应登记在案并将其表现记入学生综合素质评价，必要时转入专门学校就读"。

（三）完善相关的检察制度

检察机关的职责是通过依法履行宪法赋予的各项检察职能来对刑事诉讼实行法律监督，实现惩罚犯罪与保障人权的统一。只有通过不断完善刑事诉讼程序的相关法律规定，才能使得检察机关更好的发挥检察职能，为学生、为学校、为社会营造出良好、稳定、和谐的学习环境、校园环境和社会环境。

"社会化是人们借以获得个性并学会其社会生活方式的社会相互作用的过程"。① 社会化、城市化进程中,校园欺凌和暴力问题的出现,不仅是家庭问题、教育问题,也是刑事司法问题。现阶段,检察机关主要通过刑事程序介入校园欺凌和暴力的综合治理工作,但由于欺凌和暴力行为的轻微性、隐蔽性以及刑事责任年龄限制等原因,导致进入刑事诉讼程序的欺凌暴力事件占发生总数的比例极低。检察机关依法履行检察职能,创新工作机制,完善刑事诉讼程序,是参与构建社会化防治体系的重要手段和途径,也是筑牢社会化防治体系的关键环节。

1. 完善未成年人审慎羁押制度

对未成年人审慎羁押的原则已经得到了国际社会的广泛认可,《联合国儿童权利公约》《联合国少年司法最低限度标准准则》等国际法律规范,均确立了"不得非法或任意剥夺任何儿童的自由的规则,明确对儿童的拘留、逮捕或监禁应符合法律规定并仅应作为最后手段,期限应为最短的适当时间"。我国刑事诉讼法设立专门特别程序,对未成年人提供保护。但在司法实践中,如何在校园欺凌和暴力刑事案件中贯彻"审慎羁押,教育挽救相结合"的精神,缺少专门性、体系性规定,需要在立法、司法的框架内进一步予以确立和完善。

(1) 准确区分、界定适用拘留、逮捕的条件

犯罪是"针对其实施而应予科处刑罚的行为"。② 刑罚是"对犯罪的反作用,是对实施了犯罪的人所科处的制裁,其目的是通过科处而抑制乃至预防犯罪"。③ 欺凌和暴力刑事案件大多发生在同学、校友之间,一般情况下双方均为未成年人,在该类案件中,应当审慎选择适用强制措施。

一是适用取保候审等非羁押强制措施为原则。针对偶发性欺凌犯罪、被欺凌者激情犯罪、轻微刑事犯罪等,应当结合认罪悔罪态度,法定代理人的监护能力,社会危险性和再犯可能性来综合判断,一般应当适用取保候审等非羁押强制措施。

二是适用拘留、逮捕强制措施为例外。针对法定代理人监护能力不足、未成年人犯罪具有严重暴力性、具有再犯可能性或现实社会危险性,可以适用拘留或逮捕的强制措施。恃强凌弱或伙同校外人欺凌学生,持续时间长、

---

① 瞿丰、陆才俊等:《未成年人犯罪度研究》,中国人民公安大学出版社2016年版,第37页。
② [日] 山口厚:《刑法总论(第2版)》,付立庆译,中国人民大学出版社2011年版,第2页。
③ [日] 山口厚:《刑法总论(第2版)》,付立庆译,中国人民大学出版社2011年版,第2页。

情节或危害结果较为严重，具有再犯可能性或者现实社会危险性的情况下，应当适用拘留、逮捕等强制措施，以维护被害人的合法权益。

（2）建立社会危险性动态评估制度

轻刑化与非罪化是当今刑事司法的重要理念，在校园欺凌暴力刑事案件中贯彻该理念的重要方式就是建立社会危险性动态评估制度，完善羁押必要性审查制度，从刑事诉讼程序上加强对未成年人的权利保护。

一是建立社会危险性动态评估和羁押必要性审查制度。刑事诉讼过程中，检察机关根据申请或依职权应当对犯罪嫌疑人的羁押状况，认罪、悔罪表现，进行同步社会危险性分析和羁押必要性审查，既能保证依法惩治犯罪，保护被害人权益，又能根据社会危险性的动态变化来对羁押的必要性进行评估和分析，维护犯罪嫌疑人的合法权利，贯彻审慎羁押原则。

二是建立回访帮教制度。在检察机关作出不批捕、不起诉或者法院判决缓刑后，将未成年人进行非羁押诉讼或者交付执行社区矫正时，检察机关应当根据未成年人的作案动机，危害程度，认罪、悔罪表现和社会危险性等情节进行社会调查和回访帮教，根据结果来评价犯罪嫌疑人的社会危险性和再犯可能性，通过制定有针对性的帮教措施，避免欺凌和暴力事件的再次发生。

2. 完善校园欺凌和暴力案件辩护代理制度

我国《刑事诉讼法》为维护犯罪嫌疑人的诉讼权利，确立了指定辩护制度。在欺凌和暴力刑事案件中，被害人往往更需要律师等专业人士的帮助，建立指定代理人制度，不仅能更好的维护被害人合法权益，而且能了解案发背景，探寻案发原因，预防和阻止发生新的犯罪。

（1）建立指定代理人制度

专业律师或其他心理、社会工作等机构的专业人员，具备司法人员所欠缺的情感、心理或者其他方面的专业知识，而且在校园欺凌和暴力案件中，被害人往往更愿意对更为客观和中立的第三方说出真相。确立指定代理人制度，有利于更好的探究案发原因，为制定防范对策提供更为准确的依据。

刑事立案后，被害人有权委托诉讼代理人。公安机关、检察机关在对被害人询问时，应当通知其法定代理人或其他合适成年人到场。被害人及其法定代理人有权委托诉讼代理人，在其未委托或无能力委托诉讼代理人的情况下，公安机关、检察机关和法院应当为其指定法律援助机构或其他具有专业知识组织的人作为其诉讼代理人参加诉讼。

(2) 指定代理人的权利、义务

询问被害人时，法定代理人应当全程在场，并有权核实笔录内容，有权为被害人提供法律咨询和帮助；有权查阅、摘抄、复制所有案卷材料和与案件有关的材料；有权参与犯罪嫌疑人、被害人的社会调查工作、心理测试工作、帮扶教育回访工作；有权申请回避，有权为了被害人的合法权益而提出申诉、控告、检举揭发；有权对公安机关、检察机关、法院的处理结果提出法律意见；有权对校园欺凌和暴力防治工作提出意见和建议。

3. 完善校园欺凌和暴力案件社会调查制度

中小学校园欺凌和暴力刑事的案件中，高发和常见的是犯罪嫌疑人和被害人均为未成年人。但我国刑事诉讼法仅规定调查犯罪嫌疑人的成长经历、犯罪原因、监护教育等情况。对于未成年被害人的社会调查处于空白地带，而未成年被害人的生活经历、成长经历、教育状况、监护看管情况对于欺凌暴力事件的发生具有重要影响，也应当建立和完善被害人社会调查制度。

（1）建立被害人社会调查制度

对未成年被害人进行社会调查，不仅能够查明案件的事实和真相，查清案发背后的原因和背景，而且能够更为公平、合理的处理案件，避免类似案件的再次发生。

在校园欺凌和暴力刑事案件中，应当建立被害人社会调查制度。公安机关、检察机关、人民法院在侦查、审查起诉、审判阶段，应当根据案件实际情况，对犯罪嫌疑人、被害人的生活经历、成长经历、教育状况、家庭监护状况及其他与案件有关的情况进行社会调查，并将相关的材料记录在卷。

（2）完善社会调查程序

社会调查启动于刑事立案时，贯穿于刑事诉讼的全过程。公安机关、检察机关、人民法院应当开展社会调查，社会调查应当客观、全面并具有针对性，除了法律规定的成长经历、犯罪原因和监护教育情况以外，还应当具体调查未成年犯罪嫌疑人、被害人的个人情况，如精神状况、兴趣爱好、学校学习情况、人际交往情况和思想变化情况；家庭情况，如父母的工作、经济、婚姻、有无犯罪记录等情况；生活状况，如社区情况、邻居情况、学校校风、班级班风等情况。只有全面、客观、有针对性的社会调查，才能更好地服务诉讼，更好地为办案机关选择强制措施和诉讼程序提供依据。

（3）建立由司法机关委托法律援助机构、独立社会团体分别或共同开展社会调查制度

社会调查是一项专业且复杂的系统性工程，检察机关虽然有专门的未检

部门办理未成年人刑事案件,但由于社会调查工作需要全面、客观、精细的收集、整理有关未成年人的生活、成长、家庭、教育方面的材料,法律援助机构作为未成年人刑事案件的必然介入机构,可以从侦查阶段就介入案件,可以保持社会调查工作的完整性和持续性,而独立的社会团体则具有良好的专业团队、基础设施和办案经验,司法机关委托这些机构分别或共同开展社会调查工作,可以为检察机关提供更好的办案参考和意见,更有利于实现保护未成年人的根本目的。

4. 建立校园欺凌和暴力刑事案件听证制度

刑事听证的最大价值是对公正价值的实现,公正包括实体公正和程序公正,实体公正与程序公正之间既对立又统一,处于动态平衡当中。① 我国现行刑事诉讼法尚未确立刑事诉讼听证程序,仅在部分程序中规定应当听取辩护人、法定代理人和被害人诉讼代理人的意见。在校园欺凌和暴力刑事案件中,学校、教育部门、未成年被害人亲属等利害关系人对于案件处理方式和结果非常关心和重视,如果缺少必要的听取意见、告知程序,可能会引起新的社会矛盾。所以,在校园欺凌和暴力刑事案件中,可以通过完善的听证制度,增加案件处理的公开性、公平性和公正性。

(1) 适用范围和条件

刑事听证程序,适用于所有涉及校园欺凌和暴力而引发的刑事案件,犯罪嫌疑人及其法定代理人、辩护人、被害人及其法定代理人、诉讼代理人均有权申请启动程序。公安机关、检察机关、审判机关可以依职权启动程序,听证程序的设置应当符合具体的办案需要。完善刑事听证制度,不仅可以发扬司法民主,听取各方意见,防止裁量不公;同时,在中小学校园欺凌和暴力引发的刑事案件中,通过召开听证程序,邀请各方参与剖析欺凌暴力事件发生的原因,可以为进一步制定预防和警戒机制提供依据。

(2) 适用阶段

听证程序适用于刑事诉讼的所有阶段,在公安机关对犯罪嫌疑人刑事拘留(侦查阶段)、在检察机关批准逮捕(审查逮捕阶段)、起诉、不起诉或附条件不起诉(审查起诉阶段)、法院开庭审理(审判阶段),均可依法举行听证程序,听取各方当事人的意见。

(3) 参与主体

听证程序应当由公安机关、检察机关、审判机关负责主持召开,必要的

---

① 程绍燕:《刑事听证研究》,中国人民公安大学出版社2016年版,第99页。

参加者应当包括公安机关、检察机关、审判机关，犯罪嫌疑人及其法定代理人、辩护人，被害人及其法定代理人、诉讼代理人，犯罪嫌疑人或被害人所在社区代表，学校相关负责人员，专业机构人员和其他有利害关系的人员。对涉及校园欺凌案件的未成年人应当不公开听证，以保护未成年人隐私，契合法律未成年人犯罪记录封存的有关规定。

(4) 法律后果

听证程序是影响犯罪嫌疑人、被害人实体权利的程序性制度。其设立的目的是充分听取各方意见，对犯罪嫌疑人所适用的强制措施、案件的处理结果提供意见和依据，听证会材料、听证笔录和各方提供的材料均应当记录在卷，作为公安机关、检察机关和审判机关处理案件的重要依据，具有相应的法律效力。

5.完善校园欺凌和暴力案件检察建议制度和公益诉讼制度

"犯罪行为不是最初的东西、肯定的东西，刑罚是作为否定加于它的。相反的，它是否定的东西，所以刑罚不过是否定的否定。"① 检察建议和公益诉讼制度的确立，是对现代刑事诉讼制度的重要补充和完善，是修复、缓和社会矛盾的重要途径，是检察机关履行检察职能，延伸检察服务广度和深度的重要举措。

(1) 完善检察建议制度

2018年10月，高检印发一号检察建议，针对性侵儿童、危害校园安全的行为提出了有针对性的意见和建议，并带动全国范围内校内防性侵机制的建立，充分发挥了检察建议应有的导向作用，在校园欺凌社会化防治体系的建立过程中，检察建议的作用同样必不可少。一是履行检察职能，发挥检察建议的导向作用。检察机关应当通过在履行侦查监督、审查起诉、刑事执行和民事行政检察业务的过程中，对发现的校园周边环境治理、校园管理、教育行政监督管理和学生管理等方面存在的问题和隐患，找准原因并形成对策，及时提出检察建议、检察专项报告，监督有关部门切实履行职能，堵漏建制，发挥检察建议的指导性作用。二是创新工作机制，提高检察建议的法律效果。结合最高人民检察院关于开展未成年人刑事执行检察、民事行政检察业务统一办理的精神，建立多个业务部门集中统一办理校园欺凌和暴力类刑事案件的工作机制，维护未成年人的合法权益。在办案过程中，利用检察建议，通过调查回访、定期监督、建议反馈等手段，提高检察建议的法律效

---

① [德] 黑格尔：《法哲学原理》，商务印书馆1982年版，第100页。

果和指导教育。

(2) 完善公益诉讼制度

中小学生校园欺凌和暴力行为的低龄性、轻微性及隐蔽性等特征，导致许多欺凌和暴力行为尚未达到刑事处理的程度，多以行政处罚、民事和解等方式处理结案。在一些欺凌和暴力事件频发地区，教育主管部门、校领导或教师为了升学率、安全评比等考核标准，存在不报、瞒报或少报的情况，侵害了被欺凌者的合法权益，同时在一定程度上助涨了欺凌者的气焰，滋生了不良的教育土壤。

检察机关通过确立公益诉讼制度，针对教育系统存在的普遍共性问题，针对欺凌和暴力事件频发的区域或是具有较大社会影响的个案发出具有针对性的检察建议。在检察建议不被采纳或采纳、整改不力的情况下，可以依利害关系人申请或者依职权启动民事、行政公益诉讼。通过民事、行政公益诉讼的提起，检察机关可以形成刑事、民事、行政、公益诉讼检察职能立体型服务体系，提高、增强检察机关参与中小学校园欺凌和暴力社会化防治体系工程构建的广度与深度。

6. 完善附条件不起诉制度

附条件不起诉是针对未成年人适用的特别程序。该制度作为起诉便宜主义的代表性制度，符合恢复性司法、非犯罪化、非刑罚化等现代刑法理念，同时也体现了对未成年人的关怀与爱护。[①] 2013 年至 2017 年，郑州市两级检察机关未成年人检察部门累计受理未成年人犯罪 1964 人，主要涉及的罪名包括盗窃、抢夺、敲诈勒索、故意伤害、聚众斗殴、寻衅滋事等。其中，提起公诉 1564 人，相对不起诉 188 人，附条件不起诉 160 人，附条件不起诉中考核期满不起诉 159 人，起诉 1 人。附条件不起诉制度适用率偏低，仅为 8.14%，而相对不起诉的适用率为 9.57%，略高于附条件不起诉的适用率。附条件不起诉制度适用率偏低的现状，背离了制度设计的初衷。

(1) 附条件不起诉制度存在的问题

一是适用对象有限，适用范围狭窄。根据《刑事诉讼法》规定："对于未成年人涉嫌刑法分则第四、五、六章规定的犯罪，可能判处一年有期徒刑以下刑罚，符合起诉条件，但有悔罪表现的，人民检察院可以作出附条件不起诉的决定。"由于法律对于罪名、刑期和适用范围都作出了严格的限定，导致实践中符合适用附条件不起诉条件的未成年人犯罪案件比例较低。二是

[①] 张智辉主编：《附条件不起诉制度研究》，中国检察出版社 2011 年版，第 96 页。

与相对不起诉制度存在交叉导致适用率低。修改后的《刑事诉讼法》所确立的附条件不起诉制度具有重要意义，但是由于所规定的主体、适用范围和程序较为繁琐，且在法律地位上与相对不起诉制度存在交叉和重合的情况。三是考察帮教等配套辅助机制不健全。附条件不起诉制度是修改后的《刑事诉讼法》确立的一项新型的刑事法律制度。该制度设立了考察期限和相应的责任义务条件，检察机关所规定的考察期限、考察义务内容和其他的限定条件，在附条件不起诉制度中尤为重要，但现行法律和司法解释仅规定"对于适用附条件不起诉制度的犯罪嫌疑人应当接受矫治和教育"，缺少细化和明确的内容，导致可操作性不强，各地操作标准不一，导致了执法效果不同，影响了制度的适用，亟需出台相关的司法解释。

(2) 作用和价值

在校园欺凌和暴力引发的刑事案件中，犯罪嫌疑人与被害人之间多数情况下是同学或校友关系，由于一时冲动可能造成较为严重的后果，在这种情况下，附条件不起诉制度可以在被破坏的社会关系尚未修复的情况下，暂时缓解矛盾，为司法机关科学的制定对策和处理案件提供充足的时间和条件。一是避免标签化和犯罪化。运用附条件不起诉制度，可以将校园欺凌和暴力类案件的犯罪嫌疑人在其人身危险性和社会危害性较轻的情况下，对其做无罪化处理，避免犯罪"标签"给学生、学校和家庭带来的负面影响，也同样能修复已经被损坏的同学关系、校园关系和社会关系。二是避免"二次污染"。运用附条件不起诉制度，能够避免短期自由刑的弊端，可以减少混同羁押给未成年犯罪嫌疑人带来的"二次污染"，同样也能在最大程度上节约司法资源。三是形成合力，共筑防线。运用附条件不起诉制度，能够将检察机关和其他相关职能部门有机联合起来，通过运用所附的"条件"来考察、帮教未成年犯罪嫌疑人，最大限度地保护救助被害学生，也能最大限度地教育、感化、挽救涉罪学生。

(3) 附条件不起诉制度的完善建议

一是适用主体范围和刑罚量刑的完善。《刑事诉讼法》仅规定对可能判处1年有期徒刑以下的未成年犯罪嫌疑人可以适用附条件不起诉制度，但由于适用范围较为狭窄，适用的刑罚标准存在规定不明确，与相对不起诉制度存在互涉等因素导致该制度适用范围小、适用率低和可操作性较差。应当将适用范围扩大至所有涉及校园欺凌和暴力类犯罪的犯罪嫌疑人，且应当包括成年的在校学生。刑度范围应当扩大至宣告刑可能判处5年以下有期徒刑、拘役、管制和罚金刑的轻微刑事案件，但不包括具有特别严重社会危害性和特别严重人身危险性的犯罪。二是适用条件和决定程序的完善。校园欺凌和暴力引发的刑事案件可以适用附条件不起诉制度，应当在基本犯罪事实已经查清，人身危险性不大，具有明显的悔罪并且自愿接受和履行检察机关所规定的考察期和义务责任的情况下。刑事和解、社会矛盾的化解是必要条件，检察机关所规定的"条件"和考验期的履行是充分保证。必要时，可以组织开展听证程序，检察机关在充分的听取了利害关系方的陈述和意见的情况下，由员额检察官报检察长或检委会决定适用。三是帮教模式创新细化的完善。附条件不起诉制度中最重要以及最能发挥该制度作用的环节即是对未成年人进行社会化帮教，在考察期内，通过制定个性化帮教模式，帮助涉罪未成年人扭转恶习，养成良好的生活习惯，回归生活正规，因此有必要将帮教模式不断细化完善。

7. 建立健全未成年犯罪污点消除制度

我国现行《刑事诉讼法》规定的犯罪记录封存制度，其仅适用于判处 5 年以下有期徒刑或者不起诉的未成年人，但该制度是有条件的犯罪记录封存，并不同于未成年人污点消除制度，仍然会对未成年人的学习、就业、参军等产生不良影响。

在校园欺凌和暴力刑事犯罪中，部分未成年犯罪嫌疑人本是长期被欺凌者，由于一时的冲动造成了危害结果，但根据犯罪记录封存制度的规定，其犯罪情况仍可能被查询到，影响其正常的升学、就业和参军。由于犯罪污点不能被消除，可能导致其在今后的社会中遭受歧视，提高了再次犯罪的可能性。校园欺凌和暴力引发的刑事案件的犯罪记录永久封存制度，是真正贯彻落实"教育、感化、挽救"未成年人刑事基本原则的体现，也是检察机关履行职能，维护未成年人合法权益的一种重要程序性措施。在校园欺凌和暴力刑事犯罪中，未成年犯罪嫌疑人、未成年被告人的犯罪记录，在不起诉决定生效后或判决生效后，应当予以封存，在封存期满后，原则上应当永久封存。一是检察机关的封存。对于检察机关决定不起诉的未成年人的犯罪记录，在封存期满（封存期一般为 1—2 年）后 1 年内，予以永久封存，任何单位或个人因任何事由不得查询。二是法院的封存。对法院判处 2 年以下有期徒刑或缓刑的未成年人的犯罪记录予以封存，并且在封存期满（封存期一般为 1—3 年）后 2 年内，予以永久封存，任何单位或个人因任何事由不得查询。

8. 完善社会支持化体系

（1）相关部门相互配合

防治校园欺凌需要建立政府统一领导、相关部门齐抓共管、学校、家庭、社会三位一体的防治工作机制，应成立防治学生欺凌和暴力工作领导小组，明确任务分工，强化工作职责。一是学校要切实履行教育、管理责任，设立学生求助电话和联系人，及早发现、及时干预和制止欺凌、暴力行为。对有不良行为、暴力行为的学生，应当由校园警务室民警或者辅导员进行训诫。二是对实施暴力情节严重，构成违法犯罪的学生，公安、司法机关要坚持宽容但不纵容、关爱又严管的原则，指定专门机构或者专门人员依法处理，特别是对犯罪性质和情节恶劣、手段残忍、后果严重的，必须坚决依法惩处，形成积极正面的教育作用。三是改革完善专门教育制度，健全专门学校接收学生进行教育矫治的程序，完善专门学校管理体制和运行机制。四是完善网络管理制度，在网络管理部门发现通过网络传播欺凌或者校园暴力事件的，及时管控并通报相关部门。五是探索建立学生安全区域制度。加强校园周边综合治理，在学校周边探索实行学生安全区域制度。在此区域内，依法分别作出禁止新建对环境造成污染的企业、设施，禁止设立上网服务、娱乐、彩票专营等营业场所，禁止设立存在安全隐患的场所等相应要求。在学生安全区域内，公安机关要健全日常巡逻防控制度，加强学校周边"护学岗"建设，完善高峰勤务机制，优先布设视频监控系统，增强学生的安全感；公安交管部门要加强交通秩序管理，完善交通管理设施。六是建立专兼职结合的学校安保队伍。学校应当按照相关规定，根据实际需要，配备必要的安全保卫力量。除学生人数较少的学校外，每所学校应当至少有1名专职安全保卫人员或者受过专门培训的安全管理人员。地方人民政府、有条件的学校可以以购买服务等方式，将校园安全保卫服务交由专门保安服务公司负责。学校要与社区、家长合作，有条件的建立学校安全保卫志愿者队伍，在上下学时段维护学校及校门口秩序。寄宿制学校要根据需要配备宿舍管理人员。七是要形成广泛参与的学生安全保护网络。教育部门要健全对校园内发生的侵害学生人身权利行为的监督机制和举报渠道，建立规范的调查处理程序。有关部门要与学校、未成年人保护组织、家长加强衔接配合，共同构建对受到伤害学生和涉嫌违法犯罪学生的心理疏导、安抚救助和教育矫正机制。共青团组织要完善未成年人维权热线，提供相应法律咨询、心理辅导等。妇联组织要积极指导家长进行正确的家庭教育，开展未成年人家庭保护相关法律法规宣传，组织落实对未成年人家庭保护的法律规定。支持和鼓励律师协会、政法院校等法律专业组织和单位，设立未成年学生保护的公益性组织，利用和发展未成年人保护志愿律师网络，为学生维护合法权益提供法律服务。

(2) 充分社区矫正制度的作用

社区矫正作为刑罚执行的一种方式，在我国不断走向成熟化。作为社会负担教育矫正职能的主要机构，社区矫正在考察帮教方面不但有能力，而且有人力，同时也有自己的优势[①]。虽然社区矫正的主要对象是被判处管制或者缓刑的人，但对于校园欺凌暴力行为严重，构成犯罪的未成年人，在被人民检察院依法作出情节轻微不起诉、附条件不起诉，或者被人民法院依法判处免予刑事处罚未成年人，也可以交由社区矫正机构，由所在社区进行一段时间的劳动教育。

(3) 完善社会观护基地建设

在与当地政府的支持和鼓励下，引入社会力量构建起相关的观护教育基地这种措施。既可以对校园欺凌暴力的犯罪嫌疑人提供有效的帮教，也还可以给他们提供劳动技能培训。对于一些已经自暴自弃，执迷不悟的暴力欺凌者，继续在校园学习生活，将会继续欺凌同学，破坏校园安全的这类学生可以移送社会观护基地培训学习，完成义务教育，获得劳动技能，开始新的人生道路。

(4) 将专业机构引入考察帮教

检察机关的检察官们虽然在司法领域是行家里手，但是在心理学、教育学、社会学等方面，还缺乏经验。在帮教工作中，遇到复杂问题，就会遇到挑战。因此在处理校园欺凌事件过程中，应当引入教育学、心理学、社会学领域专业机构参与帮教活动，加强对欺凌暴力事件的肇事者进行帮教管理，对欺凌暴力的受害者进行安抚治愈。

[①] 王贞会：《未成年人刑事司法社会支持机制研究》，中国人民公安大学出版社2017年版，第250页。

检察机关公益诉讼调查程序立法研究[*]

刘 华[**]

引言

案例一：检察机关推进公益诉讼调查过程中无法采取有效措施固定证据，因当事人违法干预导致公益诉讼工作受阻。

危废混同案：检察机关在查办一起危险废物损害环境案件中，经调查，有相关书证证实某企业产生危废10吨，该企业从未办理过危废转移手续。

---

[*] 本文系2019年度最高人民检察院检察理论研究重点课题"检察机关公益诉讼调查程序立法研究"（项目批准号：GJ2019B14）的研究成果。

[**] 课题主持人：刘华，江苏省人民检察院党组书记、检察长。课题组成员：汪莉，江苏省人民检察院副检察长；单峰，南京大学法学院教授；周合星，江苏省人民检察院第七检察部主任；何莹，江苏省无锡市锡山区人民检察院党组书记、检察长；徐国胜，江苏省宜兴市人民检察院党组书记、检察长；陈士莉，江苏省丰县人民检察院党组书记、检察长；牟凡，江苏省人民检察院第七检察部一级检察官助理；莫斯敏，江苏省无锡市锡山区人民检察院第四检察部主任。

检察机关联合环保部门在现场清点到 6 吨危废,且通过向企业主、工人制作询问笔录固定证据,确认没有其他存放的危废。基于此,检察机关拟要求该企业对 4 吨去向不明的危废承担消除危险的责任。但是,由于检察机关无法查封已清点的 6 吨危废,当事人得知检察机关的意图后,从别处搬来 4 吨危废,且故意与原清点的危废混同,导致检察机关无法做同源性鉴定确定危废来源的非一致性,案件陷入困境。

案例二:检察机关提起民事公益诉讼,主要依靠公安机关刑事侦查取证。

跨省假药案:被告人安某某在河南通过其淘宝网店,向江苏周某某等多名消费者,向湖南、贵州、陕西等省市吴某某等 8 人销售假药。吴某某等 8 人从安某某处收到假药后,分别在各自的实体店或淘宝网店再销售给他人。公安机关刑事立案后,联合外省公安部门共出动 1000 余名公安干警,同时在涉案九地对假药进行扣押,按照公益诉讼部门提前介入提出的要求,统一确定品名并准确清点数量。最终检察机关凭借公安机关调查固定的假药数量,提起了刑事附带民事公益诉讼,要求行为人承担假药无害化处理费用和惩罚性赔偿并获胜诉。该案证据调查涉及九个省市,范围广、涉案人员多,如果没有公安机关的人力资源调配和扣押等刑事强制措施作保障,本案公益诉讼调查工作难以完成。

案例三:检察机关依靠相关国家机关、单位和个人的配合,顺利完成公益诉讼调查,最终以诉前建议推动解决长年问题。

文物保护案:某省级文物保护单位建于明朝,系Ⅲ古建筑。该建筑处于所在镇的低洼处,距离泄洪水域不足百米,每年汛期遭受洪淹危险。建筑内有遗留碑刻,全国罕见,文物价值极高,但因常年无人管理,碑刻部分字迹开始模糊,风化严重。根据《文物保护法》的规定,应由镇政府承担具体文物保护职责,由文物保护行政部门承担监管职责。消除文物被水淹的危险需要修筑护堤,因而需要财政资金。文物保护行政部门虽负有监管文物保护职责,但无法解决资金问题。检察机关协调文物保护行政部门调取了文物曾经遭受洪淹的证据,并联合文物保护行政部门多次进行现场勘查,解决了调查过程碑刻保护等专业性问题。由于得到文物保护行政部门的支持和配合,该案通过诉前建议,推动镇政府启动护堤工程,并对碑刻进行及时拓印留存,加强对该文物的日常管理。

自《民事诉讼法》《行政诉讼法》正式确立检察公益诉讼制度以来,全国检察机关办理了大量公益诉讼案件,取得显著成效。"2017 年 7 月至 2019

年9月，共立案公益诉讼案件214740件，办理诉前程序案件187565件、提起诉讼6353件。"① 调查取证是办理公益诉讼案件的主要内容，是发出行政公益诉讼诉前建议、民事公益诉讼公告以及提起公益诉讼的基础与前提。证据缺失，可能使得公益诉讼线索难以成案，还会导致提起诉讼后因证据不足而承担败诉风险。调查取证是检察公益诉讼的关键环节，也是决定案件质量的核心要素。但在实践中，检察公益诉讼的调查仍遇到较多问题，对其程序的立法需求也受到广泛关注。本文立足于实证分析，以实践中办理的三个案例开篇，该三个案例涉及民事公益诉讼和行政公益诉讼，有因调查措施不足导致调查受阻的，也有因与公安机关调查配合好，解决了跨省跨区取证问题的，还有因与行政机关的执法权衔接顺畅，有效解决行业内专业性问题的。从某种意义上讲，深刻反映出当前检察机关调查的现状，有问题困难不足，也有解决方向路径。检察公益诉讼涉及多个行业领域，专业性强，需要行政机关、公安机关、当事人、第三人等多方协调配合。如果立法没有明确规定检察机关的公益诉讼调查权及其行使程序，仅仅依靠检察机关单打独斗解决证据调查问题，检察公益诉讼的发展将受到重大影响，也将难以完成法律赋予的工作目标。本文从公益诉讼调查权本质入手，通过深入分析调查权与调查程序的关系，找准调查程序的核心和关键，辨明公益诉讼调查程序与其他主体调查程序的区别，集中梳理当前检察公益诉讼调查程序立法存在的不足，指出检察公益诉讼调查程序立法最为突出的四大实践需求，通过明确立法原则、思路，提出完善调查程序的立法建议，推动检察公益诉讼长远发展。

一、检察机关公益诉讼调查权与调查程序

（一）法律对检察机关公益诉讼调查权作出了概括授权

检察机关在开展公益诉讼工作过程中，究竟有无调查权，存在较大争议。在公益诉讼中，有的审判人员坚持认为检察机关只是民事或行政诉讼当事人，只享有《民事诉讼法》和《行政诉讼法》规定的当事人应该享有的诉讼权利。笔者认为，虽然在公益诉讼庭审的法庭调查与法庭辩论等环节中

---

① 张军：《最高人民检察院关于开展公益诉讼检察工作情况的报告（摘要）——2019年10月23日在第十三届全国人大常委会第十四次会议上》，载《检察日报》2019年10月25日，第2版。

检察机关与被告诉讼地位平等，但是这不等于在公益诉讼的任何程序环节权利义务都完全等同。如果简单将庭审中的平等地位扩展到调查环节，就会带来举证能力实质上的不平等，检察机关因为基本不掌握诉讼的证据，而导致检察公益诉讼难以实质开展。我国现行法律并未将公益诉讼中的检察机关视为纯粹意义上的民事或行政当事人，对检察机关公益诉讼调查权作出了概括授权。

首先，《宪法》授权人民检察院行使检察权。我国《宪法》第134条规定："中华人民共和国人民检察院是国家的法律监督机关。"因此人民检察院是国家机关，行使的是国家权力。《宪法》第136条规定："人民检察院依照法律规定独立行使检察权，不受行政机关、社会团体和个人的干涉。"因此，检察机关的权力可以概括为检察权。结合《宪法》第134条、《人民检察院组织法》第21条的规定，检察权也可以称为法律监督权。

其次，《人民检察院组织法》规定了提起公益诉讼权及调查核实权。2012年修改的《民事诉讼法》第210条规定："人民检察院因履行法律监督职责提出检察建议或者抗诉的需要，可以向当事人或者案外人调查核实有关情况。"该规定赋予了检察机关在民事诉讼监督中的调查核实权。而2017年修改的《民事诉讼法》尽管纳入了检察机关提起公益诉讼职能，但是并未规定检察机关享有相应的调查核实权。面对司法改革的迫切需求，2018年修订的《人民检察院组织法》对检察机关公益诉讼调查核实权予以明确。根据《人民检察院组织法》第20条、第21条之规定，人民检察院依照法律规定提起公益诉讼系行使法律监督职权，可以进行调查核实。至此，公益诉讼调查核实权有了清晰的法律依据，这对于推动检察机关切实履行好公益诉讼职责具有重要意义。本文为了方便表述，统一将调查核实权简称为调查权。笔者认为该调查权属于源于检察权、提起公益诉讼权的国家权力，并不同于民事诉讼法和行政诉讼法授予公民、组织的诉讼权利。

（二）检察公益诉讼调查权的本质属性决定了其调查程序的设计

"本质"一词，《辞海》将其表述为"事物本身原有的根本属性"。毫无疑问，检察机关公益诉讼调查权究竟是权力或权利，直接决定着调查程序的立法设计。要科学、合理、准确地把握检察公益诉讼调查程序的规则设计，首先要探究检察公益诉讼调查权的本质属性。而该调查权的属性，是由检察机关在公益诉讼中的地位决定的。关于调查权的属性，目前在理论界存在以下不同观点，主要归纳如下：

一是民事、行政诉讼当事人权利说。主要体现在民事公益诉讼研究成果中。如有学者主张"从回避申请、收集提供证据到进行辩论、查阅复制与本案有关的材料等，民事公益诉讼主体均拥有原被告双方依法行使诉讼权利、遵守诉讼秩序、履行生效法律文书等权利义务，其不仅与民事诉讼当事人诉讼地位对等，更不存在有别于其他当事人的国家公权力。"① 有学者亦主张"检察机关提起民事公益诉讼，在一些根本性特征上与原告并无不同。作为引起诉讼程序发生的一方，他们同样需要提交诉状，也要提出具体的诉讼请求，也要说明事实和理由并提供相应的证据。"② 还有学者认为"对非利害关系人提起的诉讼，不允许提出损害赔偿诉求，仅仅可以提出停止侵害、恢复原状等诉求。"③ 正是受民事行政诉讼当事人主义的影响，公益诉讼调查权的范围和内容也受制于上述观点。主张依据"两高"司法解释，检察机关通过提出证据保全的方式解决调查的问题，或者主张检察机关可以通过诉讼法中法院依职权调查涉及公益的事项，均是以当事人主义为出发点来研究公益诉讼调查权。严格适用《民事诉讼法》和《行政诉讼法》中当事人调查权规定的观点与现实不符合。现实中大部分行政公益诉讼在诉前程序即已完结，无需走到诉讼程序，试图通过诉讼期间的法院调查或者证据保全来完成公益诉讼调查，忽视了检察公益诉讼的现实特点，无法满足公益诉讼调查的现实需要。

二是公权力说。早在检察公益诉讼工作开展前，理论界在构建行政公益诉讼时，即有类似主张，如有学者认为"检察机关有权调查公益事件受损情况，并拥有与其职权相适应的调查收集证据、鉴定勘察等权力"④。在检察公益诉讼推进过程中，有学者认为行政公益诉讼调查权"在权力属性上，应当介于民事、行政诉讼调查权与刑事诉讼调查侦查权之间。"⑤ 有的学者主张"在诉前程序阶段，检察机关除了享有为提出检察建议而必要的延伸职权如调取行政执法证据与调查取证、提请法院采取强制措施等程序性职权外，还享有提出检察建议这一附条件的实体处理权限。"⑥ 根据法解释原理，

---

① 占善刚、王译：《检察机关提起民事公益诉讼的角色困境及其合理解脱——以 2018 年〈检察公益诉讼解释〉为中心的分析》，载《学习与探索》2018 年第 10 期。
② 李浩：《论检察机关在民事公益诉讼中的地位》，载《法学》2017 年第 11 期。
③ 张卫平：《民事公益诉讼原则的制度化及实施研究》，载《清华法学》2013 年第 4 期。
④ 周宁：《构建中国行政公益诉讼制度的设想》，载《社会科学辑刊》2008 年第 3 期。
⑤ 林仪明：《我国行政公益诉讼立法难题与司法应对》，载《东方法学》2018 年第 2 期。
⑥ 王万华：《完善检察机关提起行政公益诉讼制度的若干问题》，载《法学杂志》2018 年第 1 期。

调查权属于检察权的下位概念，也可以称为检察机关法律监督权的下位概念。调查权派生于检察机关提起公益诉讼的诉权，而该诉权又是从检察机关的法律监督权中衍生出来的，因此调查权的权源是检察机关的法律监督权。权力属性是调查权的基本属性。

三是双重属性说。实务界认为"检察机关拥有的民事公益诉讼调查取证权，是一种既有法律监督属性又有原告诉权属性的调查权，原告诉权属性是检察机关开展调查取证的前提，而法律监督属性则是检察机关开展调查取证的最终目标，二者缺一不可。"① 有观点主张"公益诉讼中检察机关的调查权基于法律监督权和民事诉讼中的当事人举证责任，既是权力亦是权利。检察调查权兼具权力型调查和权利型调查的二重属性。"② 就诉讼权利的行使及举证责任分配而言，检察公益诉讼调查权与私益诉讼中原告方的权利在某种程度存在相似之处，但从权力的本质而言，公益诉讼调查权是检察机关公益诉讼诉权的必然内容，其具有独立性、主动性和针对性，从而最大限度地查明案件事实，更好地维护国家利益、社会公共利益。

笔者赞同第二种观点，检察机关公益诉讼调查权的本质属性是公权力。

首先，公益诉讼调查权内生于检察机关法律监督权。"检察机关对监督事项进行必要的调查核实，是开展法律监督的前提条件。"③ 检察机关进行调查是为了履行提起公益诉讼之职责，即因法律监督权的需要而衍生出了调查权。同时，公益诉讼调查权行使过程本身亦是法律监督权的具体体现。公益诉讼调查权"是检察机关独有的也是其内在享有的权能，是与法律监督权相伴随的权能，是法律监督权的有机组成部分"。④ 由此可见，公益诉讼调查权作为检察机关行使法律监督职权的具体表现形式，属于国家权力，而非民事行政诉讼当事人的一般诉讼权利。其调查权程序设置应充分体现法律监督权的本质属性，注重调查目的的正当性、调查内容的全面性、调查措施的刚性等。

其次，检察机关公益诉讼调查权具有权力法定的特征。无论是办理民事还是行政公益诉讼案件，检察机关必须依照法定的范围、方式、程序开展调

---

① 曹军：《论民事公益诉讼中检察机关的调查取证权》，载《探求》2017年第6期。
② 陈宏：《公益诉讼检察调查权的权属特征研究》，载《汕头大学学报（人文社会科学版）》2019年第1期。
③ 万春：《检察法制建设新的里程碑——参与〈人民检察院组织法〉修订研究工作的体会》，载《国家检察官学院学报》2019年第1期。
④ 汤维建：《检察机关提起公益诉讼的制度优化》，载《人民检察》2018年第11期。

查，既不能随意启动和终结调查，也不能选择性调查、超范围调查。换言之，检察机关开展公益诉讼调查工作，是在履行法定职责，必须依法开展。公益诉讼调查权是一种不可放弃、不可任意行使的权力，这与民事、行政诉讼案件中的当事人调查权存在本质区别。对调查权的规范和限制应当贯穿调查程序始终。

再次，检察机关公益诉讼调查权属于诉讼权力。检察机关公益诉讼调查权是为了实现公益诉讼目的而享有的程序性权力，与公安机关的刑事侦查权性质类似，不属于执法权。执法权享有调查取证后认定事实，并直接适用法律予以处罚的权能，具有终局性的特征。执法权的合法性可以通过行政复议、行政诉讼等途径进行审查。检察机关公益诉讼调查权是为之后的诉讼程序服务的，其合法性受到后面诉讼程序，特别是审判程序的评价和制约。如果违法取证，其取得的证据可能会失权。调查权行使是否充分直接关系到检察机关的检察建议能否得到行政机关采纳、诉讼请求能否得到法院支持。因此应紧密结合检察机关公益诉讼起诉人的角色定位，紧紧围绕履行公益诉讼职能的实际需要制定调查程序规范。

（三）与关联权力（利）之间的差异影响调查程序的设计

1. 与诉讼监督调查权的区别

检察机关公益诉讼调查权与检察机关在诉讼监督中的调查权系两种不同的权力。尽管两种权力都来源于检察机关的法律监督权，但是公益诉讼调查权属于公益诉讼诉权的组成部分，而诉讼监督调查权则属于诉讼监督权的组成部分。这两类调查权应该在《民事诉讼法》和《行政诉讼法》中分别规定。前者是全面调查，后者是有限调查。前者是相当于当事人的诉讼举证过程，后者是作为双方当事人之外的司法秩序守护者为了维护司法公正而开展的调查，二者的角色、诉讼地位明显不同。因此，不能用诉讼监督中的调查权来取代公益诉讼调查权。公益诉讼中的调查权和传统的民事行政诉讼监督中的调查权由于其自身权力属性的不同而存在一定的差异。第一，设立权力的目的不同。民事行政诉讼监督中的调查权的目的是监督纠正已有诉讼中的违法和司法不公的问题，公益诉讼调查权是为了提起公益诉讼。第二，调查范围不同。民事诉讼监督中的检察调查权被限制在当事人在原审中申请法院调查而未调查、原审裁判损害国家利益和社会公共利益等有限的几个方面。诉讼监督中检察机关调查权一旦超越范围，就会影响民事诉讼架构的平衡。而公益诉讼调查权则是为了查清国家利益或者社会公共利益遭受侵害的具体情形。公益诉讼调查的证据内容要明显多于诉讼监督中检察调查核实的证据内容。第三，调查标准不同。公益诉讼办案的核心在于调查取证。检察公益诉讼中证据的搜集与提供、审核与认定，证据是否具有证明力，是否达到证明标准，能否证明案件事实，直接关系到案件能否进入诉讼程序以及能否胜诉。因此，从证据材料的收集、固定、审核要求来看，公益诉讼调查的证据要求与刑事公诉的证据要求相当，即检察机关的公益诉讼调查标准应比照公安机关的侦查标准。而民事行政诉讼监督中检察机关调查核实的证据要求只需证明原审诉讼裁判或诉讼活动存在法定的违法性即可启动再审或检察建议的程序。因此，从证明标准而言，公益诉讼证据调查的标准是胜诉标准，而诉讼监督中检察调查的证据标准是违法性标准。第四，调查手段的强制性不同。《民事诉讼法》和《行政诉讼法》没有规定诉讼监督中检察调查核实措施的强制性，因为民事诉讼和行政诉讼对收集证据过程的强制性措施要求不高。公益诉讼调查则不能因为证据调查难而放弃对公益的保护，因而对证据调查中的强制性措施要求比较高。第五，适用阶段不同。民事行政诉讼监督的调查核实主要适用于诉讼裁判生效后的事后监督阶段。而检察公益诉讼调查则是检察机关通过诉前程序和诉讼程序来实现对公益损害事实或风险的监督。①

两者对比的意义在于，不能简单沿用诉讼监督的理论来构建公益诉讼的调查程序。目前，最高人民检察院已对内设机构作了系统性重构，刑事、民事、行政、公益诉讼"四大检察"并行，公益诉讼检察作为一项新的职能，已从民事行政检察职能中独立出来。在公益诉讼中，检察机关"买菜""做饭"和"送饭"一体，检察公益诉讼工作涉及线索发现、线索评估与初核、证据收集固定以及制发检察建议、提起诉讼、出庭应诉等全部环节，② 与诉讼监督中检察调查核实具有重大区别。传统的诉讼监督调查权的权力设置已无法满足新时代检察机关公益诉讼职权的行使。如果一直遵循传统的诉讼监督调查权的调查理念、调查方法，公益诉讼调查将无法满足实践需要。

2. 与刑事侦查权的区别

公益诉讼调查权具有复原事实的旨意，在发掘过往事实、维护公共利益

---

① 参见天津市河西区人民检察院课题组：《检察公益诉讼调查核实权分析》，载《中国检察官》2019 年第 13 期。

② 参见北京市朝阳区人民检察院课题组：《行政公益诉讼检察调查核实权行使困境与完善路径初探》，载《中国检察官》2019 年第 5 期。

的意义上,与刑事侦查权的设置具有相同的哲学基础,因而具有"准侦查"的意义。① 尽管如此,检察机关公益诉讼调查权和刑事侦查权还是存在较大区别。最首要的区别就在于二者的维护的公益存在差别。刑事侦查维护的公益大多涉及到具体的人身权、财产权和公共秩序等,而公益诉讼调查维护的公益大多是不特定多数人的利益,尽管二者存在交叉,但是侧重点有所不同。也正是因为维护公益侧重点的不同,导致法律赋予的执法权力存在差异性。公益诉讼调查权具有"准侦查"的意义,但始终不能直接称之为侦查权,最主要的原因就在于公益诉讼调查权不具备刑事侦查权的强制力和强制制裁性。现有的立法体系中,针对刑事侦查权赋予了侦查机关广泛的强制调查措施,如讯问、搜查、扣押物证、书证等侦查手段以及对犯罪嫌疑人采取各种限制和剥夺人身自由、财产自由等一系列最严厉的强制措施。依据目前的规定,公益诉讼调查权尚不能直接针对相关人员的人身和财产采取强制措施,不得限制和剥夺被调查对象的人身权利,不得查封、扣押、冻结被调查对象的财产。其次,目的不同。刑事侦查权的行使目的在于保证刑事诉讼的有效进行,依法追究犯罪行为人的刑事责任,着力打击犯罪,维护国家安全与稳定。而公益诉讼调查权的行使则是为了查清公益受损害的情形,通过公益诉讼维护受损或受到威胁的国家利益或社会公共利益。最后,对象不同。刑事侦查权适用的对象是犯罪行为,而公益诉讼调查权则没有严格的对象限制,有可能是犯罪行为,也有可能是一般的违法行为,还有可能是普通的民事行为或行政行为,只要这些行为危及国家利益或者社会公共利益即可。

两者对比的意义在于,赋予公益诉讼调查对物的强制,较刑事侦查对人的强制相对弱的强制性,在理论上是可行的。刑事侦查权针对的是犯罪行为,公益诉讼调查权针对的行为可能是犯罪行为,也可能是非犯罪行为,其中针对犯罪行为的调查应当为刑事侦查所吸收。尽管都是为了保护公益进行调查取证,针对犯罪行为与针对非犯罪行为,在采取强制措施方面还是应当有所区别。针对犯罪行为的刑事侦查所需要的强制措施应当强于针对非犯罪行为的公益诉讼调查所需要的强制措施。但是公益诉讼调查所必须的最低限度的强制措施还是必要的。

3. 与行政执法权的区别

公益诉讼调查权和行政执法权有较大的差异。首先,权力性质不同。行

---

① 参见樊华中:《检察公益诉讼的调查核实权研究——基于目的主义视角》,载《中国政法大学学报》2019 年第 3 期。

政执法权衍生于行政权。"行政执法权作为最能反映行政权特征的一种权力，其在公共权力体系中处于最为活跃的位置，是实现法治的经常性、支撑性力量。"① 而公益诉讼调查权则衍生于法律监督权。其次，权力行使者的专业方向不同。行政执法权具体是由负责各个领域的行政管理机关行使。各领域行政机关的行政执法人员均具备本领域的专业背景，在开展行政执法时专业度较高。例如"环保部门需要借助环境污染事故应急指挥系统来统筹各方面的环境应急资源"② 等。公益诉讼中，检察机关办案人员大部分目前还是法学专业出身，在公益诉讼调查适用何种法律程序方面具有专业优势。最后，权力内容不同。行政机关行使行政执法权时，法律授权行政机关可以采取一定的行政强制措施和给予行政处罚。即行政执法权包含了行政调查权和行政处罚权。公益诉讼调查权只包含调查权的内容，没有处罚权内容，即不能对违法行为直接认定处罚。

两者对比的意义在于，如何完善与行政执法权的衔接，以进一步强化公益诉讼的调查。从分析可见，行政执法权有着天然的优势，比如专业性的优势以及采取强制措施、作出处罚的终局处理优势。而行政执法权与公益诉讼调查权存在紧密的联系。比如，生态环境部门发现一条黑臭河流，将调查污染情况、污染源头和排污者，以便制止违法和进行行政处罚。③ 行政执法调查与公益诉讼调查的对象和内容存在高度的重合。正因这种高度重合的存在，为双方调查的衔接提供了实践的必要性和可行性，也是公益诉讼调查程序设计中应给与充分考虑的环节。

4. 与法院诉讼调查权的区别

三大诉讼法都明确赋予法院调查收集证据的权力。检察机关的公益诉讼调查权和法院的诉讼调查权存在较大的差异。首先，权力介入的主被动性不同。法院作为独立于原被告双方的中立裁判者，其诉讼调查权的行使具有被动性。这种被动性主要体现在诉讼调查的启动条件和调查范围上。法院只能依当事人申请或依职权对法律限定的几类证据进行收集。而检察机关作为公益诉讼人，是公益诉讼程序的启动者，相当于原告方，肩负证明诉讼请求的全部证明责任，因此检察公益诉讼的调查权具有主动性。其次，权力行使的

---

① 张文波：《我国环境行政执法权配置研究》，西南政法大学博士学位论文。
② 张文波：《我国环境行政执法权配置研究》，西南政法大学博士学位论文。
③ 《环境保护法》第24条授予生态环境部门现场检查权，第25条授予生态环境部门查封、扣押的权力。

保障措施不同。法院诉讼调查权的行使有排除诉讼妨碍行为的罚款、司法拘留等强制措施作为保障，即法院在开展诉讼调查过程中如若遇到不配合调查的情形，可依法律规定对相关人员进行罚款或者司法拘留。强制措施的配合使用使得法院诉讼调查权具备了真正意义上的法律强制性，为诉讼调查减少了阻力。而法律对检察公益诉讼调查权没有明确提供救济性保障措施，使得检察公益诉讼调查权的权力特性不明显。因此，检察机关公益诉讼调查和法院的诉讼调查相比法律强制性较弱。再次，权力行使阶段不同。检察机关调查权的行使主要集中在审判程序启动前，审判中调查权作为补充，而法院的诉讼调查权则是在审判进行中行使。相较于法院的诉讼调查，检察机关调查在时间上更加靠前，如若检察机关调查获取的证据无法达到起诉标准，或者调查结束后通过诉前检察建议达到了整改效果，则审判程序无法或无需启动，法院的诉讼调查权也无从行使。

两者对比的意义在于，简单使用诉讼法中关于证据保全的规定，完全不能满足公益诉讼的需要。根据上述分析，法院诉讼调查本身存在被动性和滞后性，检察机关的调查本身就不能对法院诉讼调查存在依赖心理，基于同为公权力的行使，实践中大部分法院也不会愿意按照检察机关的申请去进行调查，认为检察机关足以完成调查，不存在当事人取证能力弱势等问题。还有更为重要的是，大部分公益诉讼案件在诉前就达到办案效果，不会到诉讼环节，所谓法院的诉讼调查根本无法启动，因此，在公益诉讼调查程序设计中，应避免简单的"当事人化"带来实践中的调查困境。

5. 与公益组织调查权的区别

尽管检察机关和公益组织在民事公益诉讼中都涉及到调查问题，但是检察机关和公益组织的调查权存在差异。首先，性质不同。检察机关调查权系公权力，这就意味着检察机关没有选择的自由，必须依法履职。而公益组织作为诉讼中的原告，其在公益诉讼中享有的调查权其实是当事人的诉讼权利，可以行使调查权提出诉讼，也可以不行使调查权放弃诉讼。其次，实践中的调查方式不同。检察机关的调查方式主要包括：查阅、摘抄、复制有关行政执法卷宗材料；询问违法行为人、证人等；收集书证、物证、视听资料、电子证据等；咨询专业人员、相关部门或者行业协会等对专门问题的意见；委托鉴定、评估、审计；勘验、检查物证、现场等。而公益组织在实践中进行调查收集证据时一般依托五种方式：一是依托信息公开，查阅已公开的环评、验收、处罚等。二是直接获取，通过委托的律师直接前往行政机关调取。三是依托法院，申请法院调取或者向法院申请调查令。四是通过媒体。有时公益组织无法进入企业进行调查，通过媒体采访、调查可以获取很多材料。五是收集信访材料。受侵害的不特定群体中有些受害者能够提供有关公益受侵害的材料。① 最后，难度不同。检察机关有专门的队伍开展公益诉讼调查，依然面临重重困难，公益组织往往调查力量较弱，开展公益诉讼调查的难度更高。这也是目前公益组织提起公益诉讼制度的最大障碍。

两者对比的意义在于，检察公益诉讼不能简单等同于公益组织，其调查程序应更为强硬，否则将会落入弱弱相比的陷阱，公益保护的目的将难以实现。基于两者有着权力与权利的本质差异，检察机关的调查权作为公权力，在规则设计中包含限权的内容，可以避免公益组织调查本身存在的"道德风险"。由于公益组织调查权不足，一直以来维护公益的效果不佳，才有了以检察机关拾遗补缺，作为"最后角色"来提起公益诉讼的制度设计，如果检察机关和公益组织只有同样弱势的调查权，就无法完成检察公益诉讼制度赋予检察机关的使命和责任，也难以加强对公益的保护力度。

6. 与政府生态环境损害赔偿案件中调查权的区别

省、市人民政府在生态环境损害赔偿案件中的调查权，实际上与检察公益诉讼调查权是相同性质的权力，都不是执法行为，而是诉讼行为。诉讼行为要受到诉讼法的规范与制约，诉讼行为一般都不具有可诉性，需要在诉讼程序中进行合法性评价，但违法的公权力机关的诉讼行为给其他人带来损害的，应当依法给予国家赔偿。政府开展生态环境损害赔偿调查，其措施与其履行行政执法的调查权存在高度重合性，但目的不同。作为行政相对人并不知道政府是开展执法调查，还是在开展诉讼调查。如果相关人员对政府在诉讼调查中的调查强制措施提起行政诉讼，显然不符合诉讼行为不可诉原理，不利于公益纠纷的解决，但是却可能会引起群众争议。因此，笔者认为，赋予政府提起生态环境公益诉讼的设计在法理和程序上都存在问题，不宜授予政府生态环境公益诉讼的诉权，自然也不应单独授予政府提起生态赔偿诉讼的调查权，公益诉讼调查权应当专属于检察机关。政府及其下属部门享有的就是行政执法权，其调查取得的证据可以作为诉讼证据使用。

两者对比的意义在于，检察公益诉讼的调查与行政机关的调查衔接是存在合理性和可行性的。政府提起生态环境损害赔偿与检察机关提起民事公益诉讼，从本质上而言，均系履行职责，行使公权力，其调查权的性质也一

---

① 参见刘湘：《环境民事公益诉讼实务中的相关问题与案例分析》，载《国家检察官学院公益诉讼检察实务培训讲义》，法律出版社2019年版，第277页。

致。而政府对生态环境损害赔偿的调查，与生态环境部门履行行政执法的调查存在高度重合，从实践中看，大部分的政府生态环境损害赔偿案件，实际就由当地的生态环境部门进行调查后移送的，生态环境部门在公益调查中扮演了重要角色。实际中，在维护公益方面，无论是政府、生态环境部门还是检察机关，目的是一致。共同的目标，一样的履行职责，为检察公益诉讼调查与行政机关的调查构建畅通的衔接程序提供了重要的基础。

二、检察公益诉讼调查程序现行规范之审视

（一）国内立法不足

1. 两大诉讼法尚无关于公益诉讼调查程序的专门规定

目前，《民事诉讼法》第 55 条第 2 款、《行政诉讼法》第 25 条第 4 款对检察机关提起公益诉讼的范围和程序作出原则性规定，但并未涉及公益诉讼调查程序。那么，《民事诉讼法》第 6 章、《行政诉讼法》第 5 章关于证据制度的规定能否适用于公益诉讼调查呢？事实上，这些规定均围绕庭审程序而设计，贯彻了私益诉讼之理念。其预设前提是：调查都是直接为诉讼服务的，诉讼前的证据调查是当事人的工作，且证据基本上由与案件有利害关系的当事人掌握，对诉讼前的调查取证无需作详细规定，以当事人提供证据为主、法院调查收集证据为辅即可满足诉讼的需要。

但是该预设前提在公益诉讼中并不存在。很多公益诉讼案件都不需要提起诉讼，在诉前阶段就可以解决问题。同时，作为提起公益诉讼的检察机关一般都不直接掌握证据，证据往往掌握在潜在被告、证人手中，公益诉讼存在与刑事诉讼一样明显的证据偏在现象，不通过强制性措施难以调取关键证据。公益诉讼存在证据偏在现象、调查程序独立于诉讼程序，这两点与普通的民事诉讼、行政诉讼存在明显不同，直接运用《民事诉讼法》和《行政诉讼法》关于当事人调查取证的规定，将会导致检察机关公益诉讼调查非常困难，无法实现法律预设的公益诉讼制度目标。

2."两高"司法解释关于公益诉讼调查的规定较为原则

公益诉讼调查程序如何与民事诉讼和行政诉讼的基本原则相契合，是学术界和实务界一直探讨的问题。2020 年最高人民法院、最高人民检察院发布的《关于检察公益诉讼案件适用法律若干问题的解释》第 6 条规定："人民检察院办理公益诉讼案件，可以向有关行政机关以及其他组织、公民调查

收集证据材料；有关行政机关以及其他组织、公民应当配合；需要采取证据保全措施的，依照民事诉讼法、行政诉讼法相关规定办理。"上述规定强调了被调查对象的配合义务，并明确了证据保全措施的适用，对检察机关开展公益诉讼调查工作起到了积极的促进作用。

但是，该规定亦存在一些不足：一是未能进一步细化明确检察机关面对不配合情形可以采取的措施。实践中经常出现行政机关、有关组织和公民不配合检察机关调查的情形，亟待行之有效的解决办法。二是证据保全措施可操作性不强。检察机关对证据保全的需求主要集中在诉前而非诉中，按照诉讼法的规定，诉前证据保全后30日内检察机关就要提起诉讼，这与检察公益诉讼履行诉前程序之间存在矛盾，两个程序之间难以衔接。三是检察机关申请证据保全后要等待法院采取措施，容易错失调查时机。公益损害事实的调查有时效性要求，通过申请法院采取证据保全可能会因为延误时机而导致证据灭失。

3. 最高人民检察院关于公益诉讼调查程序的规定存在一定局限性

2019年最高人民检察院发布的《人民检察院检察建议工作规定》对检察机关调查核实措施、期限等进行了规定，但并未针对公益诉讼调查进行单独程序设计。

检察公益诉讼自2015年开始试点，由检察机关民事行政检察部门承担。试点期间最高人民检察院出台《人民检察院提起公益诉讼试点工作实施办法》，其中第6条、第33条明确规定了民事、行政公益诉讼的调查核实方式，并明确调查核实不得采取限制人身自由以及查封、扣押、冻结财产等强制性措施，体现了公益诉讼调查权非强制性的特点。上述调查核实方式基本沿用了民事行政诉讼监督调查核实方式，欠缺独特的制度设计，忽视了公益诉讼调查与诉讼监督调查核实的重大区别。公益诉讼进入全面推进时期，最高人民检察院出台的《检察机关民事公益诉讼案件办案指南（试行）》（以下简称《民事办案指南》）① 和《检察机关行政公益诉讼案件办案指南（试

---

① 《检察机关民事公益诉讼案件办案指南（试行）》规定，检察机关的调查可以采取以下方式：查阅、摘抄、复制有关行政执法卷宗材料；询问违法行为人、证人等；收集书证、物证、视听资料、电子证据等；咨询专业人员、相关部门或者行业协会等对专门问题的意见；委托鉴定、评估、审计；勘验、检查物证、现场；其他必要的调查方式。

行)》(以下简称《行政办案指南》)① 作为内部文件，在调查措施方面基本与试点期间的文件保持一致，延续了实施办法规定的调查方式，虽然细化了调查前期准备、调查内容、证据收集具体要求、调查保障等，但并未新增调查措施。2019年最高人民检察院出台的《人民检察院检察建议工作规定》② 对检察机关调查核实措施、期限等进行了规定，但并未针对公益诉讼调查进行单独程序设计。

从最高检出台的司法解释、规范性文件来看，检察公益诉讼调查权的制度构架基本与诉讼监督调查核实权保持一致，未能结合公益诉讼的特点作出创新规定，难以满足现阶段公益诉讼工作的实践需要。

4. 省级人大常委会关于公益诉讼调查的规定具有积极意义

目前，公益诉讼工作进入了蓬勃发展的时期，各地检察机关也在积极争取地方人大的支持。截至2019年12月，全国有11个省级人大常委会出台了关于加强检察机关公益诉讼工作的决定、决议。其中，黑龙江省、河北省、内蒙古自治区、云南省、辽宁省等地关于公益诉讼调查程序的具体规定起到帮助检察机关减轻调查阻力、提升调查效果的作用。

首先，有的地方针对暴力干扰调查问题制定应对措施，保障调查人员人身安全。一是由检察机关的司法警察提供安全保障。如黑龙江省就明确，由司法警察制止、控制、强行带离现场等，遇有暴力行为等紧急情况，司法警察可以使用警械、武器制止。③ 二是由公安机关提供安全保障。如河北省就详细列举了违法行为的形式，以暴力、威胁、限制人身自由、抢夺破坏调查

---

① 《检察机关行政公益诉讼案件办案指南（试行）》规定，检察机关的调查可以采取以下方式：查阅、摘抄、复制有关行政执法卷宗材料；询问行政机关相关人员以及行政相对人、利害关系人、证人等；收集书证、物证、视听资料、电子证据等；咨询专业人员、相关部门或者行业协会等对专门问题的意见；委托鉴定、评估、审计；勘验、检查物证、现场；其他必要的调查方式。

② 《人民检察院检察建议工作规定》第13条规定，检察官在履行职责中发现有应当依照本规定提出检察建议情形的，应当报经检察长决定，对相关事项进行调查核实，做到事实清楚、准确。第14条规定，检察官可以采取以下措施进行调查核实：（一）查询、调取、复制相关证据材料；（二）向当事人、有关知情人员或者其他相关人员了解情况；（三）听取被建议单位意见；（四）咨询专业人员、相关部门或者行业协会等对专门问题的意见；（五）委托鉴定、评估、审计；（六）现场走访、查验；（七）查明事实所需要采取的其他措施。进行调查核实，不得采取限制人身自由和查封、扣押、冻结财产等强制性措施。

③ 《黑龙江省人大常委会关于加强检察机关公益诉讼工作的决定》第4条第二项规定，被调查单位或者个人以暴力、威胁或者其他方法干扰、阻碍检察人员调查的，检察机关司法警察应当及时采取制止、控制、强行带离现场等处置措施；遇有暴力行为等紧急情况，司法警察应当依照国家有关规定使用警械、武器；构成犯罪的，依法追究刑事责任。

设备、聚众围攻等方式干扰、阻碍调查的，由公安机关接警及时处理。① 三是依法追究刑事责任。河北省和黑龙江省均明确涉及构成刑事犯罪的，依法追究刑事责任，起到较大震慑作用。但是应当明确的是，公益诉讼调查中检察人员的人身安全保障措施并不能替代检察机关应该拥有的强制性调查权。

其次，有的地方细化明确了不配合调查的责任。许多地方均强调有关单位和个人应当配合检察机关调查核实，并对不配合甚至妨碍、阻挠检察机关调查的情形作出针对性规定。一是建议处分、处理。如黑龙江省区分了行政机关负责人及其工作人员不配合调查或企事业单位、社会团体、其他社会组织及其工作人员违反协助调查义务的情形，规定检察机关可以建议给予处分。② 广西壮族自治区亦有类似规定，检察机关可以建议给予处理。③ 而河北省更进一步，对于建议处分后，明确了接受建议的单位需在两个月内反馈对不配合调查对象的处理结果，④ 使得处分建议更具刚性。二是约谈或通报。如云南省规定了可以约谈或通报不配合调查对象的上级主管部门，⑤ 相对而言，较处分建议的约束力弱。三是建议问责。如内蒙古自治区规定检察

---

① 《河北省人民代表大会常务委员会关于加强检察公益诉讼工作的决定》第 5 条第 3 项规定，对以暴力、威胁、限制人身自由、抢夺破坏调查设备、聚众围攻等方式干扰、阻碍检察人员依法办理公益诉讼案件的违法犯罪行为，公安机关接警后，应当依法及时处理。构成犯罪的，依法追究刑事责任。

② 《黑龙江省人大常委会关于加强检察机关公益诉讼工作的决定》第 4 条第 1 项规定，行政机关负责人及其工作人员不履行协助调查义务的，检察机关可以建议有关机关给予处分；企业、事业单位、社会团体、其他社会组织及其工作人员违反协助调查义务的，检察机关可以向主管部门或者所在单位提出给予处分的检察建议。

③ 《广西壮族自治区人民代表大会常务委员会关于加强检察机关公益诉讼工作的决定》第 7 条规定，检察机关办理公益诉讼案件过程中依法对相关单位和个人进行调查核实，有关单位和个人应当配合，不得以任何非法定理由拒绝、推诿和阻挠。以暴力、威胁或者其他方法干扰、阻碍检察人员调查的，应当依法承担法律责任。行政机关负责人及其工作人员不履行协助调查义务的，检察机关可以建议有关机关给予处理；企事业单位、社会团体、其他社会组织及其工作人员不履行协助调查义务的，检察机关可以向主管部门或者所在单位提出给予处理的建议。

④ 《河北省人民代表大会常务委员会关于加强检察公益诉讼工作的决定》第 5 条第 1 项规定，对不履行或者消极履行协助调查义务的，检察机关可以建议有关机关和单位给予处分，有关机关和单位应当在两个月内将处理结果及时反馈。

⑤ 《云南省人民代表大会常务委员会关于加强检察机关公益诉讼工作的决定》第 5 条规定，行政机关、企事业单位、社会组织应当积极配合检察机关调查取证工作，需要有关单位、社会组织做出检验、鉴定、评估、勘验以及提供有关证据、资料等协助的，应当予以协助，不得拒绝、推诿、干扰、抗拒、阻挠。对妨碍调查取证、核实情况的行政机关、企事业单位、社会组织，检察机关可以约谈、通报其上级主管部门。

机关可以建议相关机关或者有关部门予以问责。①

最后,有的地方结合工作实际拓展公益诉讼调查方式。如云南省将听取相关单位意见纳入调查方式中,并规定检察机关可以查阅、摘抄、复制有关行政执法卷宗材料、行政执法信息平台执法信息和相关检测、监测数据等。② 辽宁省则规定检察机关可以约见行政执法部门负责人。③

上述规定体现了省级层面对公益诉讼调查工作的制度支持,也在一定程度上反映了完善公益诉讼调查程序立法的需求。检察公益诉讼作为顶层制度设计,调查程序立法应保持全国适用的统一性,尤其是在检察公益诉讼全面推开的背景下,完善的调查程序立法有助于充分发挥公益诉讼的制度优势,是实现制度设置初衷的重要保障。

(二) 国外立法启示

1. 美国立法

在美国,检察官享有与公益相关的调查取证权。1914年颁布的《美国联邦贸易委员会法》第10条明确,依法取证是检察官的职责,从该法律就开始授予检察官取证的权利。但检察官的取证常常受到抵制和限制。直到

---

① 《内蒙古自治区人民代表大会常务委员会关于加强检察公益诉讼工作的决定》第3条第2款规定,有关单位和个人应当配合检察机关履行调查核实义务,不得以任何理由拒绝、推诿和阻挠。行政机关负责人及其工作人员不配合检察机关调查的,检察机关可以建议其上级部门或者监察机关依法依规予以问责;社会团体、企业事业组织和其他组织及其工作人员不配合检察机关调查的,检察机关可以向其主管部门或者所在单位监察部门提出给予问责的检察建议;被调查单位或者个人以暴力、威胁或者其他方法干扰阻碍检察人员调查的,检察机关司法警察应当及时采取制止、控制、强行带离现场等处置措施。构成犯罪的,依法追究刑事责任。

② 《云南省人民代表大会常务委员会关于加强检察机关公益诉讼工作的决定》第4条规定,检察机关在办理公益诉讼案件中应全面、客观收集证据。依法行使调查权时,可以采取下列方式收集证据、核实有关情况。(一) 查阅、摘抄、复制有关行政执法卷宗材料、行政执法信息平台执法信息和相关检测、监测数据等;(二) 询问违法行为人、受害人、行政相对人、证人以及行政机关相关人员等;(三) 咨询专业人员、相关部门或者行业协会等对专门问题的意见;(四) 收集书证、物证、视听资料、电子证据等;(五) 委托鉴定、评估、审计、检验、检测、监测;(六) 勘验、检查物证、勘验现场;(七) 听取相关单位意见;(八) 其他合法的调查方式。

③ 《辽宁省人民代表大会常务委员会关于加强公益诉讼检察工作的决定》第3条规定,检察机关依法行使公益诉讼调查权,可以采取调阅、摘抄、复制有关行政执法卷宗材料;约见行政执法部门负责人;询问行政机关相关人员以及行政相对人、案件当事人、利害关系人、证人;收集书证、物证、视听资料、电子数据等;咨询专业人员、相关部门或者行业协会对专门性问题的意见;委托鉴定、评估、审计,组织检验、检测、监测;勘验、检查物证、现场及其他必要的合法调查核实方式。

1962 年颁布的《反托拉斯民事诉松法》赋予了检察官一项特殊的权力,即民事调查令,检察官的调查有了进一步发展。在民事诉讼程序之前,"检察官有权向任何组织和个人发出'民事调查令',要求案外人提供与案件有关之物证、书证及证人证言等。"① 对于调查方式,不仅可以要求提供书面材料,还可以要求口头回答问题,对于被调查的主体,从 1962 年《反托拉斯民事诉松法》规定的非自然人,即公司、合伙等拟制的人,通过 1976 年颁布的《哈特—司格特—鲁迪南反托拉斯法》进行改进,扩展到个人。"美国某些州基于保护消费者的立场,赋予总检察长广泛的调查权,以对违法行为人能够提起民事诉讼,如华盛顿州、依阿华州总检察长有权命令任何人提交口头证明或公文、案卷以及其他书面文件。"② 州检察长为了提起集团诉讼,可在起诉前依法收集证据,启动民事调查程序。程序启动后,即使对被告同时启动刑事调查,也对集团诉讼的调查不产生影响,民事案件的调查官与刑事案件调查官可协作获取证据资料。检察长可直接对任何证人发出附罚则的召唤令状,要求其提供证言或交出文书。③

2. 俄罗斯立法

俄罗斯现行《民事诉讼法典》仍保留有关检察长参加民事诉讼的规定。早在 1964 年,《俄罗斯苏维埃联邦社会主义共和国民事诉讼法典》第 41 条就明确检察长参加民事诉讼,"参加案件的检察长可以查阅案件材料、申请回避、提出证据、参加对证据的审查、提出申请、就审理案件时发生的问题就整个案件的实质提出意见,以及实施法律规定的其他诉设行为。不能因为检察长放弃他所提起的诉讼,而剥夺该诉讼所保护的人要求对案件进行实体审理的权利。"④ 在俄罗斯,检察长在民事诉讼中几乎享有原告全部的诉讼权利,比如查阅案件材料、申请回避、举证、质证、发表意见等,但是无权和解。

3. 巴西立法

巴西是大陆法系国家中唯一引入美国式集团诉讼制度的国家,并且成功地进行了本土化改造,设计并发展出了独具特色、十分完善的公益诉讼制

---

① 占善刚、王译:《检察机关提起民事公益诉讼的角色困境及其合理解脱——以 2018 年〈检察公益诉讼解释〉为中心的分析》,载《学习与探索》2018 年第 10 期。

② 潘申明著:《比较法视野下的民事公益诉讼》,法律出版社 2011 年版,第 236 页。

③ 参见陶建国著:《消费者公益诉讼研究》,人民出版社 2013 年版,第 125 页。

④ 《苏联和各加盟共和国民事诉讼法纲要》第 29 条第 1 款,参见中国人民大学苏联东欧研究所编译:《苏联各加盟共和国立法纲要汇编》,法律出版社 1982 年版。

度。1985年巴西通过了重要的《公共民事诉讼法》，该法授权检察机关、其他政府机构和社会团体在公共利益遭受侵害时可以提起公共民事诉讼。1988年通过的《巴西联邦宪法》又进一步加强了检察机关作为社会利益维护者的新角色。宪法的规定使检察机关实质上独立于传统上国家权力的三个分支，并且将检察机关保护公共利益的职权提到了宪法的层面，主要职权包括"保护公共和社会遗产、环境和其他分散性和集体性权益，展开民事调查和提起公共民事诉讼"。检察机关不仅通过其司法起诉职能，而且在更多的情况下主要是以法庭以外的机制，譬如民事调查、行为整改承诺等方式维护公共利益。每个检察官都有权选择如何展开民事调查和采取何种司法措施。

在《巴西联邦宪法》第129条第3款中，明确规定了检察机关民事调查权。检察机关在调查时，有权要求有关私人或公共机构提供相关信息资料和文件，被调查的个人和机构不得拒绝。如果被调查对象拒绝提供相关资料或不配合检察机关的调查，情节严重时会面临刑事制裁。检察机关"启动民事调查程序后，检察官可通过会见投诉者、可能的被告和其他有利害关系或有相关知识的当事人以及要求公共或私人机构提交相关文件或报告的方式收集证据。"① 开展公益损害调查过程中，如果需要采取强制措施的，都由检察机关向法院提出申请，由法院批准。对于需要约谈或会见相关人员但该人员拒不配合的，经法院批准以后，检察机关可将该人员名单移交警察，由警察负责将该人找到。检察机关拥有强大的调查能力，一般不需要外包检测、评估工作。检察机关内拥有自然科学、司法会计等各类专业技术人员，可以直接开展各类现场勘验、调查活动。检察机关调查取证所受阻碍小，执法成本低。民事调查通常有三种处理结果：一是因缺少损害的证据而结束调查；二是依据收集的证据提起公共民事诉讼；三是调查过程中达成和解，并签署正式的和解协议。

与行政机关之间的关系方面，巴西检察机关与行政机关之间在维护公益方面，存在非常紧密的协作配合关系，且这种协作关系以检察机关对行政执法的监督权为保障。在巴西，在检察机关已经介入的情况下，行政执法行为应当接受检察机关的领导与指挥。具体表现为：（1）检察机关拥有独立的公益损害调查权，可以直接依据公民、单位的举报开展公益损害调查，并径行与侵权方开展损害赔偿的磋商与和解。如果检察机关决定开展调查的，行政机关先期的调查即与检察机关的调查合并，检察机关也可以要求其提供调

---

① 刘学在：《巴西检察机关提起民事公益诉讼制度初探》，载《人民检察》2010年第21期。

查取得的证据。(2) 检察机关收到损害公益的举报信息后,有权要求行政机关开展调查,并报告调查结果,检察机关决定是否提起公益诉讼。

4. 德国立法

在德国,早在 1960 年就通过《法院法》建立了公益代表人制度。德国行政机关违法作为或不作为侵害公共利益时,为有效保护社会公共利益,德国通过公益代表人,由其作为代表参加各级法院的行政诉讼。① 法律规定联邦最高检察官可以为联邦公益代表人,州高等检察官和地方检察官可以分别作为州和地方的公益代表人,介入民事公益诉讼。检察官在民事诉讼中主要享有调查取证权、起诉权、上诉权、抗诉权,及对裁决执行的监督权。②

5. 日本立法

日本因受德国影响,也规定了民事检察诉讼制度,对于证据调查权也有相应规定,职权范围相当广泛。如根据《日本新民事诉讼法》第 6 条规定,为了维持婚姻,检察官即使不作为当事人也可以提出事实和证据方法。③ 日本的行政公益诉讼主要是民众公益诉讼,公民可以以选举人身份或与自己无利害关系的身份对国家、社会团体机关的违法行为向法院提起诉讼,以纠正违法行为。其相应调查权也与个人调查权无异。

从国外立法实践可以看出,第一,要保障检察官充分发挥职能,必须赋予检察机关广泛的调查权。无论是美国,还是德国日本,这种赋权在民事公益诉讼中最为普遍。第二,赋予检察官与公益相关的调查权,都有相应的调查程序予以保障。如美国有调查令、附罚则的召唤令状的设置。第三,调查权可具有一定的强制性。如巴西等国家赋予了检察机关调查权以适度的强制性,需要采取强制措施的,由检察机关向法院提出申请,由法院批准。对于强制性调查权的启动,巴西从立法上并未选择检察机关直接决定的程序,而是选择了由法院批准并监督的程序。第四,对于不配合调查有相应程序进行配套保障。如巴西可以经法院批准后,将不配合对象的名单移交警察,由警察解决找人难的问题。第五,与行政机关的协作配合程序完善,在巴西,行政执法行为还可以接受检察机关的领导与指挥。这些国外的立法实践,对我国调查程序立法有较大的借鉴作用。

---

① 参见胡建森著:《比较行政法》,法律出版社 1998 年版,第 306 页。
② 参见方立新著:《西方五国司法通论》,人民法院出版社 2000 年版,第 328 页。
③ 参见《日本新民事诉讼法》,白绿铉译,中国法制出版社 2000 年版,第 147 页。

三、完善检察公益诉讼调查程序立法的实践需求

（一）众多线索因缺乏调查手段而无法成案

1. 对物取证难

由于检察机关调查措施有限，不能采取查封、扣押、冻结等强制性调查措施，导致有的案件证据灭失、调查受阻。对于查封，如前述案件中，对危险废物数量进行固定后，因缺乏查封措施而导致物证被移动、现场被破坏。对于扣押，保护长江经济带、黄河母亲河行动是当前公益诉讼工作的重点，全国各地都在关注河道污染问题。但船老大通过船只行驶过程中偷排固废已经成为行业潜规则，现象严重，然而公益诉讼检察部门因缺乏对船舶行使过程中排污证据的扣押权力，一直难以对案件进行实质性突破。登船一次性完成调查取证可能性不大，不扣押作为偷排的违法工具的船只，一旦初次调查后，船只就会驶离，难寻踪迹，想对船只上的偷排现场进行取样鉴定都无法具备条件。对于冻结，不少国有财产保护案件，因尚未达到提起诉讼的条件，无法申请法院冻结，检察机关自身缺乏冻结银行资金账户的权力，不敢随意惊动，担心国有财产从账户中瞬间流失，调查工作举步维艰。

2. 对人取证难

被调查人不配合导致检察机关难以查明案件事实。例如，办案人员通知被调查人来检察机关接受询问，但被调查人迟迟未出现，或者即使出现，接个电话便表示离开。有时办案人员到有关单位了解情况，会遭遇"门难进"的问题，在询问相关人员时，推诿、消极应付或者闭口不答的现象也时有发生。

3. 书证搜集难

由于检察机关不是事件的亲历者，大部分的证据均掌握在被调查人的手中，尤其是关键的书证和物证、电子数据等，但当事人存在刻意隐瞒、拒不提供等现象，导致公益诉讼调查十分被动。

4. 现场勘验难

如某地检察机关在调查某学校因私自毁林引发边坡崩塌、滑坡地质灾害隐患的案件，须对山体崩塌滑坡的现场情况进行调查取证，但是在检察机关出具合法手续要求进入学校现场调查的情况下，校方态度强硬，无端拒绝，禁止入内。在检察机关离开学校后，校方继续采取投诉、告状等手段干涉检

察机关办案,给检察机关正常公益诉讼调查带来了严重阻碍。

由此可见,缺乏强制性调查取证手段,会导致很多直接获得的案件线索无法成案。2019年10月,张军检察长在第十三届全国人民代表大会常务委员会第十四次会议上代表最高检报告开展公益诉讼检察工作情况时,就明确提出"案件结构不合理""起诉案件中,刑事附带民事公益诉讼占77.82%,民事公益诉讼占6.52%,行政公益诉讼占15.66%。"①

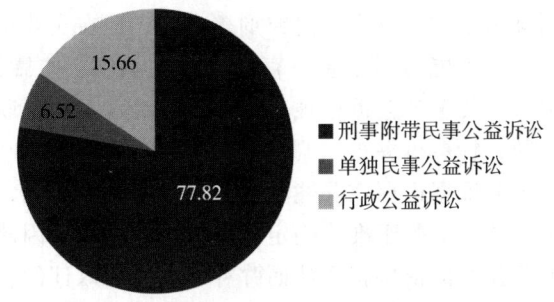

全国公益诉讼办案结构

事实上,缺乏强制性调查手段是当前办案结构不合理的重要原因。由于检察机关调查能力不足,多数依靠公安机关刑事侦查取得的证据提起民事公益诉讼。以江苏省检察机关为例,2019年虽然33件系单独提起民事公益诉讼,197件系提起刑事附带民事公益诉讼,但是这230件民事公益诉讼案件却全部来自于刑事案件。要有效改变办案结构、促进公益诉讼良性发展,检察机关必须具备独立开展公益诉讼调查工作的能力和手段。缺乏充分的调查权及完善的调查程序立法,检察机关公益诉讼工作将难以顺利开展。

(二) 刑事取证难以完全满足公益诉讼调查需求

对于部分涉及刑事犯罪且公益损害严重的案件,通过刑事取证辅助公益诉讼案件的办理是必要的,也是保证案件顺利完成调查、公益得到有效保护的重要方式。但由于公安机关刑事侦查的方向、目的与公益诉讼调查存在差异,实际上经常无法满足公益诉讼的需要。主要体现为:

第一,取证侧重点不同。刑事侦查重在收集行为人有罪或者无罪、罪轻或者罪重的证据,侧重于行为定性。而公益诉讼涉及诉讼请求的提出,确定赔偿数额、修复方案是关键,更侧重于定量。如在污染环境案件中,刑事案

---

① 张军:《最高人民检察院关于开展公益诉讼检察工作情况的报告(摘要)——2019年10月23日在第十三届全国人大常委会第十四次会议上》,载《检察日报》2019年10月25日,第2版。

件只要确定污染环境的行为以及达到追究刑事责任的损失数额即可,而公益诉讼因涉及环境损害赔偿,需要调查原材料购买量、产品销售量等,为鉴定评估推算污染排放量提供基础,故两者调查方向和重点完全不同。

第二,责任主体不同。公安机关主要围绕行为人的犯罪事实开展侦查,而民事公益诉讼涉及法律关系复杂,加之替代责任的存在,承担赔偿的主体与行为人可能存在分离的情形,而这些法律关系,公安机关一般不会给与较多关注。比如偷排污水的行为人被追究刑事责任,但在实践中,经公益诉讼调查后发现,行为人可能与污染企业存在雇佣、承包、挂靠、合伙等关系,因不同的法律关系,民事公益诉讼被告则不同。针对上述关联事实,如果缺乏刑事侦查的协助,检察机关难以调取行为人与污染企业之间的书面协议等证据材料,相关言词证据也存在陈述不清、前后多变的情况,刑事侦查的证据无法满足民事公益诉讼关于准确确定诉讼被告的需要。因此,如何完善公益诉讼调查与刑事侦查的衔接程序从而弥补两者之间取证的差异性,在司法实践中备受关注。

(三) 行政机关对公益诉讼的调查配合度仍显不足

行政机关对公益诉讼调查的不配合主要体现在以下两个方面:

一是行政机关不积极配合调查。在办理检察公益诉讼案件过程中,调查公益受损事实与行政机关行政执法存在较大关联,因而一般都需要行政机关进行配合。但是,行政机关往往是检察公益诉讼的被调查对象,因而配合调查的积极性不高。在行政公益诉讼中,行政机关的履职情况以及职权依据是关键证据,需要向行政机关调取,但是行政机关存在提供资料不全的情形,致使行政公益诉讼工作陷入被动。如某地检察机关在办理体育专项资金案件时,无论从上级文件还是从历年实践,都是由地级市体育局审核是否符合条件发放体育发展引导资金。但某一年行政机关一份内部文件明确当年该市的两个县级市体育局可以直接审核通过,直报省级部门,无需经市级部门。检察机关在向市体育局取证时,市体育局一直未提及该文件。直到检察建议送达后,市体育局才凭借该文件,在回函中称当年的审核并非其职权范围内,致使检察公益诉讼工作陷入困局。

第二,行政机关作为专业领域的执法调查部门不积极协助公益诉讼调查。公益诉讼案件涉及领域往往有相应的行政机关负责监督管理。在调查过程中,经常需要行政机关出具相关专业性意见,才能扫除办案中的专业性障碍。如无锡市首例食品民事公益诉讼,涉及到能否在农产品中添加某种食品添加剂的问题。检察机关调查发现，食品安全法和食品安全国家标准存在不一致的规定，一个禁止任何添加，一个则规定一定范围内可以添加。该冲突直接影响到公益诉讼案件是否可以进行下去。办案人员专门咨询了农业主管部门，但农业部门只接受口头咨询，不愿意出具书面意见，也不愿意配合制作询问笔录，这给检察机关在庭审中对该专业问题进行有效举证带来了一定困难。

（四）权力运行缺乏程序规范影响长远发展

程序规则的缺失导致一些公益诉讼案件调查不到位，案件质效不高。从2019年公益诉讼"回头看"工作中发现，有的地方行政公益诉讼诉前检察建议案件出现证据调查不到位的问题。

从全国的数据看，2019年，全国检察机关"办理民事公益诉讼7125件、行政公益诉讼119787件"；"发出诉前检察建议103076件，同比上升1.8%；回复整改率87.5%，同比上升15.8个百分点"①。行政公益诉讼占公益诉讼办案总数的94.39%，且87.5%的行政公益诉讼诉前检察建议能直接实现推动行政机关依法行政的效果。由此可见，行政公益诉讼诉前建议已经成为公益诉讼工作办案的主要方式，其办案质效直接影响到公益诉讼整体办案水平。但是，从笔者掌握的情况来看，有的诉前检察建议的证据达不到提起行政公益诉讼的标准。首先，有的调查浮于表面，如凭几张图片、几张表格、几份文件就发出诉前检察建议。其次，出现对行政机关职责权限调查不细致的问题，比如只查了全国性的法律法规，没有查明确职责分工或工作衔接的地方规范性文件、会议纪要等。最后，有的地方过于依赖第三方数据平台信息，忽视调取直接证据。如有的案件对行政相对人的企业主体情况简单以网络平台如"天眼查""企查查"上的信息等间接证据予以证明。

四、检察机关公益诉讼调查程序立法思路

鉴于检察公益诉讼调查程序立法现状已无法满足司法实践需求，进一步完善调查程序立法具有必要性和紧迫性。

---

① 最高人民检察院检察长张军于2020年5月25日在第十三届全国人民代表大会第三次会议上所作的《最高人民检察院工作报告》。

（一）立法模式

完善公益诉讼调查程序立法路径主要有以下几种：

1. 修改《民事诉讼法》《行政诉讼法》，分别新增一章"公益诉讼证据调查"，对检察机关公益诉讼调查程序予以专章规定。通过在民事、行政诉讼法律框架中对公益诉讼调查程序进行制度安排，使调查工作同现行诉讼结构能够有机衔接，一定程度上弥补了两大诉讼法中仅有公益诉讼原则性规定的不足。

2. 由全国人大常委会出台关于加强检察机关公益诉讼工作的决定，其中就调查程序作出专门规定。参照《全国人民代表大会常务委员会关于加强反恐怖工作有关问题的决定》同《反恐怖主义法》的关系，在公益诉讼立法没有完全成熟之前，由全国人大常委会出台相关决定不失为一种过渡选择，有助于解决公益诉讼调查程序面临的主要问题，为检察机关开展调查工作提供制度保障。黑龙江、云南、河北等省级人大常委会作出的专项决定为全国性决定的出台提供了可资借鉴的规范样本。

3. 修改特定领域的行政法律规范，增加有关调查程序的规定。除诉讼法外，《英雄烈士保护法》等法律中亦规定了检察公益诉讼制度，今后可能有更多的行政法作出类似规定。如果在此类行政法中制定与该领域案件特点相匹配的调查程序规范，这种"定制化"的制度设计具有较强的针对性。

4. 制定单独的《公益诉讼法》，其中专章规定调查程序。相较于一般民事、行政诉讼，公益诉讼具有特定的诉讼目的，即维护国家利益和社会公共利益。围绕这一诉讼目的，公益诉讼不同于传统的"私益侵害型"诉讼，在诉讼原则、具体程序等方面应与民事、行政诉讼加以区分。制定专门的公益诉讼法，并专章设计公益诉讼调查程序，此种立法模式的优势就在于将公益诉讼规则从现有诉讼体系中剥离出来，符合公益诉讼独特的运行规律。并且，无论是调查程序抑或是管辖、审理、执行等规定都能够体现公益诉讼的独立性，有利于统一适用。

笔者认为，上述四种模式中，修改《民事诉讼法》《行政诉讼法》较为可取。理由如下：第一，检察机关依照民事、行政诉讼流程办理公益诉讼案件尚未遇到明显的程序障碍，短期内公益诉讼并不具备单独立法的条件，修改现行诉讼法成本较低，更具可行性；第二，2007年以来《民事诉讼法》历经3次修改，2014年以来《行政诉讼法》历经2次修改，将调查程序写入两大诉讼法可以有效缩短立法时间，更能满足公益诉讼司法实践的需要；

第三，全国人大常委会专项决定往往篇幅有限、条文精炼，如已失效的《全国人大常委会关于加强反恐怖工作有关问题的决定》仅有 8 条，《全国人民代表大会常务委员会关于加强网络信息保护的决定》仅有 12 条，难以体现调查程序具体规范要求，而从《刑事诉讼法》中关于侦查的专章规定可以看出，在民事、行政诉讼法中可以对调查程序进行全面而详尽的制度设计；第四，如果在不同的行政法中加入调查规定，调查程序立法过于分散，且没有统一的标准予以规范，相比较而言，在民事、行政诉讼法中系统构建调查程序更有利于统一适用。

（二）立法重点

为了从根本上解决公益诉讼调查面临的种种问题，调查程序立法应着重解决好赋权和限权之间的关系问题。

1. 赋予检察机关必要的强制性调查措施

从公益诉讼开始试点到全面推开，检察机关能否采取强制性调查措施一直是一个争议焦点。除了制度层面的禁止外，理论界亦有不少人对检察机关强制调查权持反对态度，担心检察机关调查权过度扩张所带来的负面影响。如有学者提出"即便允许适当的职权探知，检察机关亦不得以此为由对被告一方之证据调查采取超出'原告'身份之强制手段，更不能以法律监督为名对法院的正常审理横加干预。"然而，当我们进一步围绕权力属性、调查内容、举证责任进行分析，却得出这样的结论，即公益诉讼调查权应当且必须具有一定的强制性。

首先，赋予检察机关强制性调查措施是检察公益诉讼制度的应有之义。公益诉讼诉权属于公权力，那么这种权力性质就决定了调查程序的立法思路，就是要授予调查的强制权。否则就不是公权力，而是一个可以随意前进、协商、后退、放弃的私权利，公益诉讼最终就会消亡。正如有学者主张"在检察机关提起公益诉讼制度的构建中，应重视调查取证的职权配置，赋予其一定的强制性以破解阻碍。不配合或者阻挠检察机关调查取证的，应该承担相应的责任。从检察机关的调查取证权属于司法权这一角度判断，这样的配置也是合理的。"①

其次，赋予检察机关强制性调查措施是举证责任分配的必然结果。考虑

---

① 邵世星：《当前检察机关提起公益诉讼工作面临的问题与对策》，载《人民检察》2018 年第 10 期。

到检察机关和普通诉讼主体之间的差异,实践中检察公益诉讼往往并不适用一般的民事、行政举证责任分配规则,一定程度上加重了检察机关的举证责任。但是一直以来,由于公益诉讼调查权缺乏强制手段的保障,在环境污染、食品药品等领域,检察机关独立开展调查时不能及时全面收集证据材料,难以达到发出检察建议或者提起诉讼的证明标准,公益保护的诉讼目的无法实现。"如果要让检察机关在公益诉讼中承担全面的举证责任,除了应当增加检察机关调查核实权的立法层级外,还要在调查核实权的权种中,增加一些具有强制性的手段。"①

最后,赋予检察机关强制性调查措施是调查内容复杂化的内在要求。待证事实的多样性和复杂性决定了检察机关在调查过程中需要强制性措施的保障。在公益诉讼中,检察机关要调查侵害国家利益和社会公共利益的行为,同公安机关侦查犯罪行为存在相通之处,应当比照刑事侦查权赋予检察机关同调查公益侵害行为相匹配的强制调查权。因此,应当通过创设强制性调查措施对强制调查权进行制度转化,使检察机关的公益诉讼调查权真正具备刚性。

2. 将规范要求贯穿调查权运行全过程

"公益诉讼是以公益保护为核心,以职权法定为基础。"② 检察公益诉讼调查权是一把双刃剑,具有公权力色彩的调查手段若使用不当极易对有关组织和个人的合法权益造成损害,正如有学者担忧"检察机关在采取一些调查手段(如勘验物证、现场、询问违法行为人、证人等)时,可能出现违法取证情况。"③ 如何规范调查权运行,是调查程序立法的另一个重要命题。对此,笔者认为可以将"细化流程规范、强化权利保障、深化外部监督"作为制度设计导向。通过细化流程规范,确保调查程序的合法性、正当性;通过强化权利保障,为被调查对象提供有效的救济途径;通过深化外部监督,对调查权行使形成有效制约。

(三)立法原则

对于公益损害案件,往往同时存在着公益诉讼调查、刑事侦查、行政执

---

① 樊华中:《检察公益诉讼的调查核实权研究——基于目的主义视角》,载《中国政法大学学报》2019年第3期。
② 张雪樵:《检察公益诉讼比较研究》,载《国家检察官学院学报》2019年第1期。
③ 杨雅妮:《检察机关提起民事公益诉讼诉前程序探析》,载《河南财经政法大学学报》2018年第2期。

法调查三种调查活动，如果不能充分协调好这三个调查程序，可能会带来混乱，反而损害公共利益。因此在完善公益诉讼调查程序立法过程中，应当充分考量检察机关的职权特点和公益诉讼的内在属性，遵循以下具体原则：

1. 协调性原则

该原则是比例原则在公益诉讼调查中的体现。这意味着：第一，检察机关公益诉讼调查权应当与检察机关所处的诉讼地位、承担的举证责任相协调，不能将检察机关公益诉讼调查权和诉讼监督调查核实权相混同，确保检察机关调查程序的正当性；第二，检察机关调查范围应当同提出的检察建议、诉讼请求相协调，不能任意扩大调查范围；第三，检察机关调查方式应当同公益损害程度相协调，不能超出必要限度对被调查对象造成损害。

2. 协同性原则

公益诉讼调查领域广、取证要求高，仅靠检察机关的办案力量确实难以充分、精准收集证据。事实上，除检察机关以外，其他国家机关出于行政执法或刑事侦查之目的亦有调查侵害公益行为的相关职能。因此，应当通过立法协调整合公益诉讼调查资源，建立协同调查制度，集中公安机关、检察机关、行政机关的调查力量，形成公益保护合力。

3. 谦抑性原则

"作为具有法律监督性质的公权力，检察权介入民事公益诉讼领域应当遵循谦抑性原则，保持理性与克制，谨慎行使，避免权力过度扩张。"[①] 同样，在公益诉讼调查中，检察机关应当秉持"双赢多赢共赢"的理念，从维护公共利益的目标出发，严格把握调查节点，审慎推进调查工作，积极听取被调查对象的意见，不能越俎代庖干预甚至取代行政执法工作。

五、检察机关公益诉讼调查程序立法构想

（一）拓展调查方式

在吸纳现有公益诉讼调查方式的基础上，立法应当作出突破性设计，赋予检察机关强有力的调查手段，推动公益诉讼调查顺利进行。

---

① 肖建国、蔡梦非：《环境公益诉讼诉前程序模式设计与路径选择》，载《人民司法（应用）》2017年第13期。

1. 允许检察机关采取查封、扣押、冻结措施

无论是从职权配置还是调查实际出发,检察机关采取查封、扣押、冻结等强制措施具有必要性和可行性。

首先,对于公益诉讼调查而言,查封、扣押、冻结措施具有重要价值,可以有效避免证据毁损或者灭失。"在公益诉讼中,检察机关若不能够对财产进行查封、进行扣押、进行冻结,那就必然会缺失大量的证据材料。"① 同时,检察机关亦能凭借上述强制性调查措施有效中断违法行为的进行,"防止公益继续受损"②。

其次,相较于证据保全措施,检察机关采取查封、扣押、冻结措施更能满足公益诉讼调查要求。一方面,检察机关调查主要在诉前阶段,如采取诉前证据保全措施则需要在一定期限内起诉,采取查封、扣押、冻结措施可以解决起诉期限问题。另一方面,证据保全措施需要检察机关选择有管辖权的法院提出申请,等待法院作出裁定并执行,在此期间重要证据可能已经发生变化,无法满足公益诉讼调查时效性的要求,而由检察机关直接采取查封、扣押、冻结措施则能够第一时间固定证据。

最后,相比于限制人身自由,查封、扣押、冻结措施在法律、法规中规定较多,如《食品安全法》第 110 条、《安全生产法》第 62 条等,实践中运用也较为广泛。此外,查封、扣押、冻结措施可以短期内解除、退还,对公民的财产权影响有限。因此有学者主张"尽量避免对人的强制,但可以采取一些对物的强制性手段,如查封、扣押等。"③

2. 建立公安机关、检察机关协同调查制度

当公益损害行为涉及犯罪时,往往具有较强的隐蔽性、复杂性,为检察机关调查带来极大难度。同时,如果公安机关仅仅就刑事犯罪证据进行侦查,检察机关仅仅就公益损害证据进行调查,调查工作存在重叠和冲突的可能,而且会相互影响。从刑事附带民事公益诉讼办案实践可以看出,刑事侦查是获取公益损害证据的重要手段。因此,当公益诉讼调查涉及犯罪行为时,公安机关、检察机关的调查对象存在交叉,此时法律应当规定由公安机关按照公益诉讼要求一并收集证据材料,有力推进刑事诉讼、公益诉讼同时

---

① 关保英:《检察机关在行政公益诉讼中应享有取证权》,载《法学》2020 年第 1 期。
② 汤维建:《检察机关提起公益诉讼的制度优化》,载《人民检察》2018 年第 11 期。
③ 徐本鑫:《检察机关提起环境公益诉讼的实践隐忧与制度完善》,载《创新》2018 年第 4 期。

进行，达到事半功倍的效果。在配合形式上，应当充分体现双向互动性。一方面，公安机关刑事立案后，发现涉及公益诉讼的线索，应当及时将线索移送检察机关，由检察机关提供公益诉讼调查提纲，并提前介入引导公安机关同步收集刑事犯罪和公益损害证据；另一方面，检察机关在公益诉讼调查过程中发现侵害公益的行为涉嫌犯罪，应当向公安机关移送线索，并可以要求公安机关并案调查。

3. 建立行政机关、检察机关协同调查制度

相较于检察机关，行政机关在调查方面具有更明显的优势。行政机关往往配备专门设备和技术人员，对行业标准、损害程度等问题能够出具专业意见。同时，行政机关在执法过程中可以采取特定的调查措施。如市场监督管理部门可以对生产经营的食品、食品添加剂、食品相关产品、药品进行抽样检验，自然资源主管部门可以进入土地现场进行勘测等。而公益损害案件一般都伴随着行政违法，除了需要调查公益损害证据外也需要调查行政违法证据。因此，法律应当规定行政机关在开展一般违法调查时同步调查收集公益损害的证据，并将相关证据移交检察机关审查处理，从而有效提升公益诉讼调查专业化水平。

（二）建立调查保障制度

检察机关在开展公益诉讼调查中，因缺乏调查保障制度，难以消除调查阻力。因此，保障检察机关公益诉讼调查权的立法，应当进一步完善调查保障制度，明确妨害调查的法律后果。

1. 对个人拒绝配合、阻扰、干扰调查的保障措施

检察机关调查过程中，有关单位和个人消极拖延、拒绝提供证据甚至妨碍调查等行为应当承担怎样的不利后果呢？对此，研究者给出了不同的解决思路。有学者主张"对无故拖延、拒绝或者妨碍检察机关调查取证的协助调查义务人，可由检察院提请人民法院决定采取强制措施。"① 也有人主张"当存在单位或个人拒绝或者妨碍检察机关调查核实的情形时，可以根据情节进行罚款或拘留，检察机关通过对妨害取证行为采取惩戒措施，增强威慑力，树立检察权威。"② 笔者认为，检察机关不宜享有罚款、拘留等实体处

---

① 王万华：《完善检察机关提起行政公益诉讼制度的若干问题》，载《法学杂志》2018年第1期。
② 上海市嘉定区人民检察院课题组：《检察公益诉讼调查核实机制研究》，载《深化依法治国实践背景下的检察权运行——第十四届国家高级检察官论坛论文集》。

罚权力。对有关人员拒绝配合调查的，检察机关可以视情向监察机关或者有关单位提出予以政务处分、纪律处分的建议；以暴力或以暴力相威胁，阻碍、干扰公益诉讼调查活动，或故意销毁、损坏证据材料的，检察机关司法警察可以依法将责任人移送公安机关调查处理；构成犯罪的，依法追究刑事责任。

2. 对单位拒绝配合调查的保障措施

调查中，有的行政机关、企事业单位拒绝向检察机关提供执法卷宗、工作记录等证据材料，亦不配合检察机关了解相关情况。对此，检察机关可以向被调查单位的上级主管部门进行通报，由上级主管部门指令相关单位配合调查。如果上级主管部门不作为，下级检察机关可以提请上级检察机关向该主管部门发出检察建议，督促落实调查要求。

3. 特定情况下允许检察机关进行秘密调查

《刑事诉讼法》第153条规定："为了查明案情，在必要的时候，经公安机关负责人决定，可以由有关人员隐匿其身份实施侦查。但是，不得诱使他人犯罪，不得采用可能危害公共安全或者发生重大人身危险的方法。"出于对私权利的保护，公益诉讼调查应以公开调查为原则。但是在违法行为隐蔽性强、采取公开调查的方式难以查明案情的情况下，为了排除调查干扰、有效收集证据、保证调查安全，法律应当允许检察人员隐匿身份开展调查工作。对此，有的地方已经作出探索，如《江苏省人民检察院关于推进公益诉讼工作的指导意见》就提出"探索通过隐藏身份、目的等方式开展走访调查"。当然，秘密调查主要是为了排除调查阻碍，检察机关不能仅凭秘密调查的证据就发出检察建议或者提起公益诉讼。立法应当从严把握秘密调查的适用条件和审批程序，同时明确检察机关不得以诱骗等非法手段获取证据。

（三）强化调查程序监督制约

1. 区分不同阶段的调查方式

对于立案前是否能够调查，有人使用了"初查"的概念，认为"初查的任务是对检察公益诉讼案件线索进行初步调查核实，以决定是否立案审查，同时，收集相关证据和信息，为立案审查做必要的准备。"[①] 确实，在

---

① 上海市嘉定区人民检察院课题组：《检察公益诉讼调查核实机制研究》，载《深化依法治国实践背景下的检察权运行——第十四届国家高级检察官论坛论文集》。

立案之前,检察机关可能有类似刑事初查的公益诉讼调查行为,但是,笔者认为不宜定性为公益诉讼初查行为,其实质仍然是公益诉讼调查行为。检察机关在受理公益诉讼案件线索后,原则上可以采取调查措施。但是,应当对公益诉讼立案之前的调查措施进行一定限制。如规定在立案前,检察机关不能采取查封、扣押、冻结等强制性调查措施,不能进行秘密调查等。

2. 突出调查程序核心规范

尽管最高人民检察院已经出台办案指南,对公益诉讼调查程序进行了细致规定。但是《民事办案指南》《行政办案指南》仅是内部规范性文件,立法层面针对调查程序的规范内容很少。因此,有必要对检察机关调查程序核心要求进行立法阐述,从而为调查程序奠定规范化基础。第一,系统规范调查程序,细化规定检察机关调查措施、调查人员、调查流程等,并对检察机关调查收集证据提出原则性要求;第二,建立当事人权利救济机制。公益诉讼调查涉及当事人切身利益,应当强化对当事人权利保障,赋予当事人权利救济途径,进一步促进检察机关规范行使调查权;第三,建立一体化监督机制,充分发挥上级检察机关的监督职能,通过案件评查、强制措施备案等方式加强对下级检察机关的动态监管;第四,加强外部监督,如加强监察机关对公益诉讼调查工作的外部监督,对调查人员违纪违法问题予以严肃查处,切实维护司法公信力。

3. 重点规范强制性调查措施

为了避免强制调查措施侵害当事人的合法权益,可以参照《刑事诉讼法》《行政强制法》相关规定,建立健全查封、扣押、冻结措施的配套程序。一是限定实施范围,明确查封、扣押、冻结的对象应当为涉案场所、财物、文件等,禁止扩大至同违法行为或损害后果无关的场所、财物、文件;二是严格内部审批。对此,有人提出"检察机关采取强制调查权时,可以提交检察委员会集体磋商,或者提请上级人民检察院审查。"① 笔者认为,采取强制性调查措施由实施的检察院内部审批即可,如提请上级检察机关审查则需时较长。应当规定采取查封、扣押、措施须经检察长批准或者检察委员会决定方可实施;三是规范实施流程,考虑到查封、扣押、冻结措施对当事人的权利影响,需要系统规范文书送达、权利告知、清单制作、笔录制作、同步录像等流程要求;四是强化保管责任,明确对保管不力造成的损失应依法赔偿并追究相关人员的法律责任;五是加强解除审查,应当严格控制

---

① 任芙英:《行政公益诉讼检察机关的强制调查权》,载《经济师》2019 年第 7 期。

查封、扣押、冻结的期限并明确解除条件,对于到期或者符合解除条件的及时予以解除并退还相应财物;六是建立异议、复议程序,当事人有权向实施查封、扣押、冻结的检察机关提出异议,对异议决定不服的,还可以向上一级检察机关申请复议。

六、公益诉讼调查程序立法建议稿

(一)《民事诉讼法》:第六章之后增加一章

第七章 民事公益诉讼证据调查

第一节 一般规定

第X条【适用主体】 人民检察院提起公益诉讼,需要调查取证的,适用本章规定。

第X条【调查要求】 人民检察院应当依法、全面、客观地调查收集证据,不得非法干扰被调查个人的正常生活和被调查单位的正常生产经营。

第X条【调查人员】 人民检察院开展调查,由两名以上检察人员实施,调查时应当出示工作证件。

第X条【配合调查】 人民检察院办理公益诉讼案件,可以向国家机关、社会团体、企事业单位、公民调查收集证据材料,有关单位和个人应当配合。

第X条【线索调查】 人民检察院在立案之前,可以对公益诉讼案件线索进行调查,但不得采取强制性调查措施,不得开展秘密调查。

第二节 调查

第X条【调查措施】 人民检察院可以采取以下调查措施:

(一)询问涉案人员、证人等;

(二)勘验、检查物证、现场;

(三)调阅、复制国家机关、社会团体、企事业单位的卷宗、档案、文件资料等;

(四)向相关单位和个人调取物证、书证、视听资料、电子数据等证据;

(五)查封涉案场所、设施、财物、文件,扣押涉案财物、文件、电子数据载体;

(六)冻结涉案存款、汇款、债券、股票、基金份额等财产;

（七）委托专业人员、相关部门、行业协会等对专门问题出具专家意见；

（八）委托专业机构进行检测、鉴定、评估；

（九）运用信息技术手段开展调查；

（十）其他必要的调查措施。

第 X 条【询问】　人民检察院调查收集公益诉讼证据，可以询问相关人员。人民检察院一般应当在办案场所进行询问。经检察长批准，也可以在被询问人的工作单位或其他合适场所进行询问。被询问人被拘留、逮捕或者正在服刑的，应当在羁押场所进行询问。

第 X 条【勘验、检查物证、现场】　人民检察院根据公益诉讼办案需要，可以勘验、检查物证、现场。

检察人员对涉案现场进行勘验、检查时，相关单位和个人应当予以配合，并提供相关资料。

第 X 条【强制性调查措施】　经检察长批准或者检察委员会决定，人民检察院可以采取查封、扣押、冻结措施。

第 X 条【查封、扣押程序】　人民检察院应当按照以下程序查封涉案场所、设施、财物、文件，扣押涉案财物、文件：

（一）通知被调查人到场，当场送达查封、扣押决定书，告知被调查人采取查封、扣押措施的理由、法律依据以及被调查人依法享有的权利、救济途径；

（二）听取被调查人的陈述和申辩；

（三）制作现场笔录，司法警察持执法记录仪进行现场拍摄；

（四）当场清点并制作查封、扣押清单一式两份；

（五）现场笔录和查封、扣押清单由被调查人、见证人、调查人员签名或者盖章，被调查人拒绝的，在笔录、清单中予以注明。查封、扣押清单由被调查人、人民检察院分别保管。

第 X 条【冻结程序】　人民检察院应当按照以下程序冻结涉案财产：

（一）向被调查人送达冻结决定书，告知被调查人采取冻结措施的理由、法律依据以及被调查人依法享有的权利、救济途径；

（二）向金融机构交付冻结决定书；

（三）制作现场笔录；

（四）制作冻结清单一式两份；

（五）现场笔录和冻结清单由金融机构工作人员、调查人员签名或者盖章，金融机构工作人员拒绝的，在笔录、清单中予以注明。冻结清单由金融机构、人民检察院分别保管。

第X条【强制调查限制】 涉案单位正在营业的，通过现场勘验可以提取涉案证据材料的，一般不查封涉案单位经营场所，不扣押经营设备。涉案单位或个人提供担保的，可以不冻结其银行账户。

第X条【冻结范围】 人民检察院冻结存款、汇款、债券、股票、基金份额等财产的数额应当与公益损害行为涉及的金额相当；已被其他国家机关依法冻结的，不得重复冻结。

第X条【查封、扣押、冻结期限】 查封、扣押、冻结的期限一般不得超过两个月。

有特殊情况需要延长的，应当报请检察长批准。

第X条【保管责任】 对查封、扣押的场所、设施、财物、文件，人民检察院应当妥善保管，不得擅自使用、变卖、出租、抵押、损毁；造成损失的，应当承担赔偿责任，并追究相关人员的责任。

第X条【异议复议】 人民检察院查封、扣押、冻结过程中，被调查人提出异议的，人民检察院应当在三日内审查并作出决定。异议成立的，人民检察院应当撤销查封、扣押、冻结决定。异议不成立的，驳回被调查人的申请。被调查人对驳回决定可以向上一级人民检察院申请复议。

第X条【解除申请】 被调查人在查封、扣押、冻结期限届满前，可以向人民检察院提出解除申请。

第X条【解除条件】 有下列情形之一的，人民检察院应当在三日内作出解除查封、扣押、冻结决定，退还查封、扣押的财物等，通知金融机构解除冻结：

（一）没有发现违法行为或者损害后果；

（二）查封的涉案场所、设施、财物、文件，扣押的涉案财物、文件，冻结的财产，经查明与案件无关；

（三）已经固定证据，不再需要采取强制措施；

（四）查封、扣押、冻结期限已经届满；

（五）被调查人申请解除理由成立；

（六）不再需要采取查封、扣押、冻结措施的其他情形。

第X条【技术调查】 经检察长批准，人民检察院可以利用信息技术开展公益诉讼调查。

第三节 刑事犯罪合并公益损害案件的调查

第 X 条【公检协同调查程序】 公安机关发现正在办理的刑事案件涉及公益诉讼的，应当及时通知同级人民检察院。人民检察院应当向公安机关提供公益诉讼证据调查提纲，通知公安机关开展刑事侦查时同步收集公益诉讼证据。

人民检察院在公益诉讼调查中发现侵害公益行为涉嫌犯罪的，应当向公安机关移送线索，并可以要求公安机关并案调查。

第 X 条【公安机关调查方式】 公安机关开展公益诉讼调查，依照刑事诉讼法规定采取侦查措施。

第 X 条【公安机关移交证据】 公安机关侦查完毕后，应当将刑事案件和公益诉讼案件一并移送同级人民检察院审查起诉。

公安机关认为刑事案件达不到移送起诉条件，拟做撤销案件处理时，应当将公益诉讼案件证据全部移交同级人民检察院审查处理。

第 X 条【补充调查】 人民检察院收到公安机关移送的公益诉讼案件后，认为证据不足的，可以自行补充调查。刑事案件退回公安机关补充侦查的，也可将证据不足的公益诉讼案件一并退回补充调查。

第四节 一般违法合并公益损害案件的调查

第 X 条【行检协同调查程序】 行政机关发现正在调查的行政违法案件涉及公益诉讼的，应当及时通知同级人民检察院。人民检察院应当向行政机关提供公益诉讼证据调查提纲，通知行政机关调查行政违法时同步收集公益诉讼证据。

第 X 条【行政机关调查方式】 行政机关开展公益诉讼调查，依照行政法规定采取调查措施。

第 X 条【行政机关移交证据】 行政机关调查完毕后，应将公益诉讼案件证据全部移交同级人民检察院审查处理。

第 X 条【补充调查】 人民检察院收到行政机关移交的公益诉讼案件证据后，认为证据不足的，可以自行补充调查。

第五节 调查保障

第 X 条【司法警察保障】 人民检察院开展调查，必要时由司法警察依法保障调查活动顺利进行。

第 X 条【个人不配合调查的责任】 有关人员无正当理由拒绝、拖延、妨碍调查取证的，人民检察院除责令其履行协助义务外，可以向所在单位、监察机关提出予以纪律处分、政务处分的检察建议。

第 X 条【单位不配合调查的责任】 有关单位无正当理由拒绝、拖延、妨碍调查取证的，人民检察院可以向被调查单位的上级主管部门通报情况，上级主管部门应当要求相关单位配合调查。

上级主管部门没有及时处理的，人民检察院可以提请上一级人民检察院向该主管部门发出检察建议。

第X条【排除调查妨害】 严禁暴力抗拒公益诉讼调查。以暴力或以暴力相威胁，阻碍、干扰检察人员公益诉讼调查活动，或故意销毁、损坏证据材料的，人民检察院依法将责任人移送公安机关调查处理；构成犯罪的，依法追究刑事责任。

第X条【秘密调查】 为了减少调查阻碍、保证办案安全、及时查明案情，经检察长批准，调查人员可以隐匿其身份实施调查。但是，不得以诱骗等非法手段获取证据。

第六节 监督管理

第X条【内部监督】 上级人民检察院发现下级人民检察院存在调查措施不当、超范围调查等问题，应当及时予以纠正。

第X条【当事人权利救济】 检察人员滥用调查权，侵害被调查对象合法权益的，受到侵害的单位、个人可以向监察机关、人民检察院举报、控告，并依法申请国家赔偿。

(二)《行政诉讼法》：第五章之后增加一章

第六章 行政公益诉讼证据调查

第X条【通知履职】 人民检察院发现违法行为损害国家利益、社会公共利益，需要行政机关调查处理的，应当在七日内通知有管辖权的行政机关履行职责。

第X条【报送履职材料】 行政机关应当在收到履职通知书后二个月内将履职情况说明及相关证明材料报送人民检察院，紧急情况下应当在十五天内报送。

第X条【启动调查】 人民检察院在通知期限内没有收到行政机关的履职证明材料或者收到的履职证明材料反映行政机关履职不全面的，可以对该行政机关启动公益诉讼调查。

第X条【调查程序】 人民检察院开展行政公益诉讼证据调查的，适用《中华人民共和国民事诉讼法》第七章民事公益诉讼证据调查的有关规定。

第X条【行政机关不配合调查的责任】 行政机关拒不提供履职证据，或者行政机关负责人、相关执法人员拒绝接受询问，视为没有履职。

# 二、检察权基础理论

新时代检察权的定位、特征与发展趋向[*]

苗生明[**]

引言

当前,我国已经进入新时代历史发展时期,社会主要矛盾发生了历史性变化,社会结构正在进行广泛而深刻的调整,加之司法体制改革、国家监察

---

[*] 本文系 2018 年度最高人民检察院检察理论研究重大课题"检察工作规律与新时代检察工作发展研究"(项目批准号:GJ2018A01)的研究成果。

[**] 课题主持人:苗生明,最高人民检察院第一检察厅厅长,法学博士。课题组成员:张朝霞,北京市朝阳区人民检察院党组书记、检察长;李辰,北京市人民检察院第二分院党组成员、副检察长;熊正,北京市人民检察院政治部副主任;李华伟,北京市人民检察院第十一检察部主任;郝润栋,北京市人民检察院第二分院政治部副主任;杜邈,北京市人民检察院第二分院第四检察部副主任;王伟,北京市人民检察院第二分院办公室副主任;张翠松,北京市人民检察院第二分院第三检察部副主任;杨依,北京大学法学院博士后;刘京蒙,北京市人民检察院第二分院第六检察部副主任;刘哲,北京市人民检察院第一检察部检察官;李彦鹏,北京市人民检察院第二分院行政事务管理部副主任;董晓华,北京市地平线律师事务所顾问。

体制改革、以审判为中心诉讼制度改革的叠加聚合，检察机关亦面临着职权范围调整、内设机构改革、工作格局重构的新形势，对检察理论与实践提出了更高要求。检察权是检察理论研究中的基础性问题，也是决定检察改革方向和路径的重大现实问题。新时代背景下，如何在习近平新时代中国特色社会主义思想的指导下，对检察权进行合理定位，从本土资源中提炼检察权的基本特征和运行规律，进而探索检察权的发展趋向，具有重大理论价值与现实意义。

一、新时代检察权的定位

检察权的定位是指其在国家权力结构中所处的地位，直接影响到检察权配置和运行是否合理，关系到检察机关能否履行好宪法和法律赋予的职责。我国检察机关在国家权力结构中具有重要地位，检察改革在根本上受到宪法制度的规制，这要求在国家政治体制的总体格局中把握检察权的定位。新中国成立初期，由于检察制度移植自前苏联，其指导思想是列宁的"一般监督"理论，检察机关有权对于一切国家机关工作人员和公民是否遵守法律实行监督，覆盖到社会生活的各个方面。由于"一般监督"在实践中存在边界模糊、效果不佳的问题，1982年《宪法》取消了检察机关的一般监督权，首次明确检察机关是国家的法律监督机关。自此之后，无论检察机关的具体职权如何调整，法律监督的宪法定位始终没有改变。然而，随着国家监察体制改革的深入开展，我国宪法中增加有关"监察委员会"的内容，通过制定《监察法》对监察委员会的法律地位、组织机构、职权范围和活动程序等进行了系统规定，意味着法律监督的内涵和外延发生了重大调整，需要对检察权进行重新定位。新时代背景下，检察权应当以代表公共利益为职责使命，以司法权与监督权的交互融合为基本属性，以检察审查为核心内容，三者相辅相成，共同构成检察权新的历史定位和时代坐标。

（一）以代表公共利益为职责使命

2017年9月11日，习近平总书记在致第二十二届国际检察官联合会年会暨会员代表大会的贺信中指出："检察官作为公共利益的代表，肩负着重要责任；中国检察机关是国家的法律监督机关，承担惩治和预防犯罪、对诉讼活动进行监督等职责，是保护国家利益和社会公共利益的一支重要力量。"习近平总书记关于公共利益代表者的重要论断，进一步明确了新时代检察权的职责使命，是做好检察工作的思想纲领和行动指南。在现代社会中，以国家、社会和个人为主体的三元利益格局逐渐确立起来，公共利益就是基于上述分类衍生的概念。作为我国宪法和法律条文中出现频率较高的概念之一，公共利益包括国家利益和社会公共利益，突出的特点是权利保护的整体性、权利内容的共享性和权利归属的不特定性。我国检察机关代表的公共利益建立在"集体权利观"之上，即法律所保护的权利包含个人权利和集体权利两种形式，前者的主体是个人，后者的主体是国家和社会公众，两者呈现辩证统一关系。在西方国家的权利观中，通常将个人权利与集体权利截然对立开来，保护个人权利就要否认集体权利，认为两者存在不可调和的矛盾。① 我国《宪法》第51条则明确规定，公民在行使自由和权利的时候，不得损害国家的、社会的、集体的利益和其他公民的合法的自由和权利。由于集体权利是对不特定多数人享有而非某个特定人独享的权利，个人的发展以国家安全、社会稳定为前提，因此集体权利优先于个人权利，同时，必须肯定、保护和增进公民的个人正当权利，从而真正实现国家、社会、个人利益的统一。我国目前已经进入改革发展的关键时期，社会主要矛盾已经由"人民日益增长的物质文化需要同落后的社会生产之间的矛盾"转化为"人民日益增长的美好生活需要和不平衡不充分的发展之间的矛盾"，社会利益格局发生了深刻调整，呈现利益主体多元化、利益关系复杂化等特点，这意味着检察机关所面临的形势和任务也要发生根本性变化。党和国家赋予检察机关以代表和维护公共利益的职责使命，就是希望其超越个体利益、部门利益、地方利益的束缚，将公共利益作为反映、整合各种利益诉求的基础，保持社会的长期稳定和发展。

　　检察机关的各项职权均与公共利益密切相关。现代检察制度源自刑事诉讼中的"控审分离"，自诞生之日起就体现了代表公共利益的特质。检察机关首先通过刑事公诉等传统职权发挥维护公益的作用，犯罪是对刑法所保护的社会关系的侵犯，既包括有被害人的犯罪，也包括无被害人的犯罪。犯罪受到国家追诉的原因，不仅因为侵犯了被害人个人的权利，更是因为侵犯了国家所维护的公共秩序和社会利益，为了避免私人起诉的缺陷，国家设置了检察机关并赋予其权力以代表国家对犯罪进行追诉。检察机关对每一起刑事案件做出决定时，都必须客观、审慎地以公共利益作为考量标准，以实现其对法益、尤其是公益的保护作用。新时代背景下，公共利益的内涵日趋丰

---

① 参见刘志强：《新时代中国人权话语体系的表达》，载《法律科学》2018年第5期。

富,由传统的人身、财产等物质性利益,发展到包括价值观、安全感、社会秩序在内的非物质性利益,对检察权的行使提出了更高要求。除了坚持传统的维护公共利益的方式方法,修改后《民事诉讼法》《行政诉讼法》赋予检察机关以公益诉讼等新型职权,就是为了满足公共利益广泛性、多样性的需要,可以说迫切需要保护的公共利益在哪里,检察权也要随之跟上。履职过程中,国家利益、社会公共利益、个人和组织的合法权益均是检察机关保护的对象,但检察机关只能代表国家利益和社会公共利益,不能为了地方利益或部门利益放弃法律监督职责,更不能成为代表个体利益的一方当事人。①例如,在社会价值观多元化、社会思潮纷繁复杂的新形势下,2018年通过的《英雄烈士保护法》赋予检察机关在英烈保护领域提起民事公益诉讼的职权,这意味着检察机关可以采取"柔性"法律措施,对相关人员身着仿纳粹德军制服在烈士陵园拍照、利用信息网络侮辱烈士等行为提起公益诉讼,在维护意识形态安全、弘扬爱国主义精神、增强民族凝聚力等方面发挥不可替代的作用。

(二)以司法权与监督权的交互融合为基本属性

长期以来,理论界对检察权的属性存在"行政权说"② "司法权说"③ "法律监督说"④ 的争议,并由此衍生出"司法、行政之双重属性说"⑤ "法律监督、司法、行政、公益之复合属性说"⑥ 等不同观点,其中,"法律监督说"因其与我国宪法文本的契合,并能实现对各项具体检察职权的集中统领,成为被实务部门普遍接受的通说。检察权属性之所以引发如此多的理论争议,既在于检察权自身的复杂性和变动性,更在于中西方国家权力结构的差异。"三权分立"是西方一种关于国家政权架构和权力资源配置的制度设计,主张立法、行政和司法三种国家权力分别由不同机关掌握,各自独立行使、相互制约制衡。然而,在我国的国家权力结构中,人民代表大会制度

---

① 2018年最高人民法院、最高人民检察院《关于检察公益诉讼案件适用法律若干问题的解释》明确规定,在民事公益诉讼案件中,被告以反诉方式提出诉讼请求的,人民法院不予受理。这说明检察机关在民事公益诉讼中并非一方当事人,而是以公益诉讼起诉人的身份出现。
② 陈卫东:《我国检察权的反思与重构》,载《法学研究》2002年第3期。
③ 龙宗智:《论检察权的性质与检察机关的改革》,载《法学》1999年第10期。
④ 孙谦:《中国的检察改革》,载《法学研究》2003年第6期。
⑤ 万毅:《检察权若干基本理论问题研究—返回检察理论研究的始点》,载《政法论坛》2008年第3期。
⑥ 王守安、田凯:《论我国检察权的属性》,载《国家检察官学院学报》2016年第5期。

是党实施对国家和社会领导的重要制度载体,其下采取行政权、监察权、审判权、检察权的权力划分,同时存在本土语境的司法权和监督权概念,与"三权分立"并不对应,如果完全按照上述标准进行衡量,势必引发检察权属性的认识混乱。

在我国国家权力结构中,法律监督的含义就是司法权和监督权的交互融合,使人民检察院既与人民法院共同组成司法权体系,又与监察委员会共同组成监督权体系,这是党和国家探索符合中国国情的社会主义民主政治和权力监督制度的创举。一方面,检察权具有司法权的属性。通常认为,司法权具有被动性、终局裁决性等特点,以此保持司法的中立地位和公正性,这是基于西方国家"三权分立"权力结构的理论定势,建立在以法院为代表的一元司法权基础之上,与国外陪审制和参审制等权力制约模式相适应。[1] 从我国宪法和法律的明文规定来看,检察机关的性质就是法律监督机关,但同时具有浓厚的司法色彩,也可以称为司法机关。[2] 无论是从机构设置还是从人员构成来看,检察机关与法院具有平行的宪法地位、检察官与法官具有基本一致的任职资格和责任承担方式,可见我国没有采取一元司法权的模式,而是由检察机关与法院组成二元司法权力体系,共同致力于司法公正目标的实现。在检察机关原有的各项职权中,职务犯罪侦查权要求集中统一行使,其行政色彩最为浓厚,在一般职务犯罪侦查权转隶之后,检察机关所保留的大部分职权以及新赋予的公益诉讼职权,在性质上更容易与司法权兼容。另一方面,检察权具有监督权的属性。西方国家的监督机构设置较为分散,在宪法中缺乏统一、独立的监督机构。国家监察体制改革之前,我国检察机关有权侦查贪污贿赂、渎职侵权等职务犯罪案件,在国家权力结构中具有一般监督机关的地位。随着国家机构体制由"一府两院"变成"一府一委两院",监察委员会负责对所有行使公权力的公职人员进行监察,承担调查职务违法和职务犯罪等广泛职能,从而成为实质意义上的一般监督机关。然而,司法作为一项专业性、亲历性极强的活动,涉及公民人身权、财产权的限制或剥夺,对于案件的实体、程序问题均需要进行准确判断,难以通过"超然事外"的方式进行监督。为此,我国设计了作为一般监督机关的监察

---

[1] 参见樊崇义、吴宏耀、种松志主编:《域外检察制度研究》,中国人民公安大学出版社2008年版,第173页。

[2] 参见万春:《〈人民检察院组织法〉修改重点问题》,载《国家检察官学院学报》2017年第1期。

委员会和作为专门监督机关的检察院,由检察机关依托司法专业优势,集中力量对诉讼活动进行监督,着力纠正侦查违法、审判不公等情形,对于履行职责中发现损害公共利益的民事行为或行政行为,也要通过公益诉讼等手段进行监督,使两个监督机关在分工基础上各司其职,共同建立完备的国家监督权力体系。

在检察权的基本属性中,司法权是监督权的基础,离开司法办案的监督会成为"无源之水、无本之木"。我国之所以赋予检察机关法律监督的宪法定位,正是由检察机关的特殊诉讼地位决定的。以刑事诉讼为例,检察机关处于整个诉讼过程的中间环节,可以向诉讼"前段"和"末梢"双向延伸,向前制约警察权的滥用,向后限定审判权的范围,实现"国家权力之双重控制"。[①] 监督权是司法权的保障,这种保障并不意味着法院或公安机关应当按照检察机关的意图行事,而是检察监督和司法办案均以维护司法公正为根本目标。如果检察机关发现侦查、审判违法而不予监督纠正,案件将会"带病"进入下一个诉讼环节甚至形成错案,势必无法正确地履行批准逮捕、刑事公诉和公益诉讼等司法办案职能。从这个意义上看,检察权不能片面强调监督属性忽视司法属性,也不能片面强调司法属性忽视监督属性,两者辩证统一于检察权之中,呈现"在监督中办案,在办案中监督"的状态。

(三) 以检察审查为核心内容

与法院的审判权、公安机关的侦查权等权力相比,我国检察权的最大特点在于拥有批捕、公诉、诉讼监督等诸多存在密切联系但并非完全同质化的具体职权,每种职权因性质不同都有自己的独特规律,权力运行的范围和边界还在不断的调整变化之中,这使得检察权在实践中呈现"碎片化"样态,始终缺少一条清晰的脉络作为指引。为了实现对各种检察职权的统领,理论上出现法律监督"一元论"与司法办案、检察监督"二元论"的不同解读,直接影响到检察制度的设计和走向。事实上,"一元论"是对权力属性作出的表述,能够说明检察权与其他国家权力的外部差别,但难以解释检察权内部的职权差异,如批捕、公诉、公益诉讼和特定职务犯罪侦查权等职权,体现的是检察机关与公安机关、人民法院之间的双向制约关系,而纠正违法、检察建议体现的是人民检察院对公安机关、法院等机关的单向监督关系。"二元论"阐明了司法办案与检察监督的内容差异,但无法从本质上体现两

---

① 参见林钰雄:《刑事诉讼法(上册)》,中国人民大学出版社2005年版,第115页。

者的内在联系，一些"复合"型检察职权本身兼具办案和监督的双重性质，甚至是两者的有机组合。例如，抗诉是启动二审和再审程序的诉讼权，与起诉权并无本质区别，可以被视为人民检察院的诉讼职能之一；抗诉针对判决中的事实认定、法律适用错误而提起，又可以被视为是对审判行为的一种法律监督。① 再如，公益诉讼制度既包括具有监督性质的诉前检察建议、社会公告，也包括具有司法办案性质的提起公益诉讼，检察人员在出席法庭时，需要履行宣读公益诉讼起诉书、举证质证、法庭辩论等职责。

2018年修订的《人民检察院组织法》第20条规定了人民检察院的具体职权，实际上均包含着审查前置的要求，这说明新时代检察权呈现以检察审查为核心内容的样态，这是所有检察职权的"最大公约数"。主要包括：（1）批捕、公诉职权。人民检察院对公安机关或监察机关移送的案件进行审查，批准或者决定是否逮捕犯罪嫌疑人，决定是否提起公诉，对决定提起公诉的案件支持公诉。犯罪嫌疑人、被告人被逮捕后，人民检察院仍应当对羁押的必要性进行审查。（2）职务犯罪侦查职权。国家监察体制改革之前，人民检察院可以通过任何公民或组织的控告、举报启动职务犯罪侦查权，随着一般职务犯罪侦查权的转隶，人民检察院启动特定职务犯罪侦查权并非毫无限制，而是附加"在对诉讼活动实行法律监督中发现"的条件，需要在对诉讼违法情形进行审查的基础上，决定是否立案侦查。（3）公益诉讼职权。人民检察院对损害公共利益的民事行为进行审查，决定是否提起民事公益诉讼或支持起诉；对损害公共利益的行政行为进行审查，决定是否发出诉前检察建议或提起行政公益诉讼。（4）监督职权。人民检察院对诉讼活动、判决、裁定等生效法律文书的执行工作、监狱和看守所的执法活动进行审查，决定是否实行法律监督。如果透过纷繁复杂的表象，可以发现各项检察职权中蕴含着检察审查的共性内容，即检察机关对公安机关、法院等执法司法行为，以及涉及公共利益的行政行为、民事行为进行合法性审查并作出决定的权力。在传统的理论研究和检察实践中，检察审查往往被忽视或流于形式，没有作为一项独立的职权得到充分重视。新时代背景下，检察审查是对检察权内容的提炼、概括和新认识、新拓展，通过检察审查的职能化、实质化可以支撑起法律监督的宪法定位。

---

① 参见王守安：《法律监督方式与检察院组织法的修改》，载《国家检察官学院学报》2015年第2期。

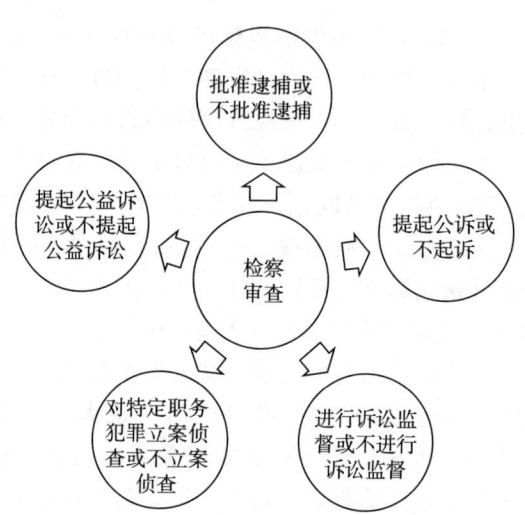

在检察权外部，检察审查作为现代法治国家所普遍建立的一种控权制度，对于规范侦查权、审判权、行政权等国家权力的行使、保护公民权利发挥着重要作用。西方"三权分立"权力结构下，法院专门负责司法审查（Judicial Review），由其对立法、行政机关的行为进行合法性甚至合宪性审查。我国则实行检察审查与法院审判相互衔接的控权制度，两者共同确保国家法律的统一正确实施。基于司法属性的要求，检察审查与法院审判具有诸多相似之处，均需要遵循依法独立、客观中立等原则，不受行政机关、社会团体和个人的干涉。例如，在重大、疑难案件中，检察机关通常会提前介入案件侦查工作，对收集证据、适用法律提出意见，并依法履行诉讼监督职责。过程中，检察机关具有独立的审查地位，不能将自己等同于侦查主体，直接参与公安机关的取证活动。再如，检察审查与法院审判的本质均是一种合法性审查，即依照国家刑事、民事、行政法律规范，对相关行为是否符合法律规定、行为主体应当承担何种责任进行判断。然而，与法院审判相比，检察审查具有以下特点：一是审查对象较为广泛。检察审查的对象除了公安机关的侦查行为之外，还包括涉及公共利益的行政行为，主要是通过监督这些机关行使国家权力的"事"来实现对这些机关的监督，虽然"人"与"机关"或"事"有时较难区分，大的方面上的界限基本是能够区分的。[1]此外，检察审查的对象还包括涉及公共利益的民事行为，与传统意义上仅仅针对公权力的司法审查形成了明显差别。二是审查方式更为积极主动。"不

---

[1] 参见朱孝清：《国家监察体制改革后检察制度的巩固与发展》，载《法学研究》2018 年第 4 期。

告不理"是法院审判的基本原则之一,这意味着法院审判必须基于诉讼请求而启动,并在审判过程中受到诉讼请求范围的约束。检察审查的方式更为多样,既可以基于其他国家机关的移送、公民的控告举报启动审查程序,也可以基于职权启动审查程序,可以说检察审查的主动性要远远高于审判权。三是审查结果既可以作出程序处分,也可以对案件的实体处理产生重要影响。法院审判侧重于处分当事人的实体权利义务,从而发挥定分止争的功能,是一种终局的司法裁决权。检察审查传统上被认为是一种程序性权力,检察机关对相关行为进行审查后,启动、推进、回转或终止相应的法律程序,本身不对相关人员的实体权利进行处分。事实上,检察机关的审查逮捕、审查延长侦查羁押期限对犯罪嫌疑人的人身权利作出实体处分,而不起诉权意味着公权力启动的诉讼程序终结,在实践中亦发挥着"出罪"功能,因此检察审查是检察裁量权行使的先决条件和最终表现。随着认罪认罚从宽制度的贯彻推进,犯罪嫌疑人通过认罪认罚与检察机关达成一致,签署具结书的,进入审判程序后,法院一般应当采纳检察机关指控的罪名和量刑建议,直接影响着犯罪嫌疑人的实体权利。

在检察权内部,有必要确立检察审查的统一性原则,即检察审查作为一种统摄性的基本职权,贯通审查逮捕、审查起诉、诉讼监督等各环节、各方面,各种检察职权都是检察审查的实现方式和途径,不具有与之平行或并列的地位。我国检察机关作为一种专门的法律监督机关,既需要在与公安机关、审判机关"分工负责、相互配合、相互制约"的基础上履行司法办案职权,又需要监督纠正诉讼违法,容易引发两者标准和尺度不一的理论质疑。基于检察审查统一性原则,应当认识到司法办案和检察监督统一于检察审查,由检察人员运用证据规则、法律解释、价值衡量等司法技能作出判断,这些技能具有很强的专业性,需要通过长期、反复的实践才能够掌握。如果检察审查职权履行不充分,检察人员就不可能作出正确的诉讼决定,更没有足够的能力去发现各种违法情形,并说服侦查机关、法院予以纠正。近年来出现的聂树斌案、呼格吉勒图案等冤错案件说明,检察机关依法正确进行审查是各项检察职权的基础,如果审查过程或结论本身存在错误,即使达到了形式上的"捕、诉、判一致",也不意味着司法公正的实现,更没有足够的底气开展侦查监督、审判监督等工作。

二、新时代检察权的特征

检察权的特征是由检察权的定位所决定的,在检察权配置和运行过程中蕴含的内在和必然的客观联系,这种联系呈现较强的稳定性,决定着检察权的基本逻辑、运行规律和发展趋势。我国检察制度自诞生以来,经历了从初创、中断、恢复重建和发展完善的历史演变,逐渐形成了审查逮捕、审查起诉、公益诉讼、诉讼监督、特定职务犯罪侦查等职权协调发展的权力体系及"上下一体"的制度安排,标志着中国特色社会主义检察制度逐渐成熟定型。我国检察权是在学习借鉴前苏联和西方国家检察权的基础上,结合中国国情创制的,在本质、功能、范围、立场、运行等诸多方面,呈现出具有本土特色的标志性特征,这是中国对现代检察制度的重要制度贡献,反映了党和国家对治国理政规律的准确把握。

(一)本质:在"一元分立"国家权力结构中实现权力制衡

检察权的本质实际上是通过权力制约权力,实现国家权力结构的制衡。无论各国选择何种国家权力结构模式、如何设计检察制度,均体现了权力制衡的要求,即国家权力不能集中于某一个机构,而应合理地划分成若干部分交由不同机构行使,不同机构的权力之间形成彼此制约的关系,其中任何一部分权力都不能独占优势,以此避免权力的异化和滥用。在西方"三权分立"的政治体制中,基于孟德斯鸠、洛克等近代思想家的分权理论,对权力的监督制衡是通过多党制和三权分立来实现的,因此无需再设置专门的监督机关。① 西方国家的检察机关或是位于审判权之下,或是隶属于政府机构,并不具备独立的宪法地位。我国《宪法》将人民代表大会制度确立为国家的根本政治制度,行政机关、监察机关、人民法院、人民检察院均由人民代表大会产生,对人民代表大会及其常务委员会负责,这是一种"一元分立"的国家权力结构模式,该种模式的重要原则和制度设计的基本要求,就是任何国家机关及其工作人员的权力都要受到制约和监督。② 我国检察权

---

① 孙谦:《新时代检察机关法律监督的理念、原则与职能》,载《检察日报》2018 年 11 月 3 日第 3 版。

② 参见钱坤、张翔:《从议行合一到合理分工:我国国家权力配置原则的历史解释》,载《国家检察官学院学报》2018 年第 1 期。

作为一种源于宪法、位列人大之下的独立权力，以此与其他宪法权力形成分工和制约，旨在确保国家法律的统一正确实施和维护中央权威，这是中国特色社会主义检察制度的鲜明特征，也是与西方检察制度的最大差别。在"一元分立"的权力结构模式中，检察机关的法律监督是一种以协调统一为目的的内部监管和制衡，而不是以制约和掣肘为目的的控权机制，即"检察权是统一的国家权力的一个方面"。① 如果检察权的法律监督属性弱化，造成的结果就是侦查权、审判权和行政权不受节制，从而打破国家权力结构的平衡和稳定，最终出现公民权利无法得到保障的局面。

(二) 功能：在刑事诉讼中承担主导责任

在刑事、民事和行政"三大诉讼"中，由于诉讼参与人、当事人的成分和诉讼原则有所不同，检察机关介入刑事诉讼的程度最深、影响力最大。② 我国刑事诉讼主要实行侦查、检察和审判的"三分法"，三阶段分别由公安机关、人民检察院和人民法院负责，由后一机关负责办理前一机关移送的案件，这意味着三机关的地位平行、功能不同。我国检察机关与审判机关是在宪法结构中地位平等的司法组织系统，与法院的"不告不理"相比，检察机关对诉讼活动的整个过程进行"双向"审查，代表国家对犯罪行为进行追诉，监督纠正诉讼违法情形，在刑事诉讼中承担着主导责任。主要表现在：一是追诉标准的主导。检察机关通过发布政策意见、核准追诉、个案裁量等方式，体现规制犯罪追诉标准的主导性。由于我国目前采取的是行政处罚与刑事处罚二元处罚体制，分别由行政机关行使行政处罚权，司法机关行使刑事处罚权，在检察机关的主导下明确追诉标准，能够为行政处罚与刑事司法划定明确的界限，在实践中表现为将符合追诉标准的案件起诉至法院，不符合追诉标准的，即使构成犯罪也可因"犯罪情节轻微，依照刑法规定不需要判处刑罚或者免除刑罚"而不起诉。二是证明活动的主导。检察机关作为刑事公诉案件中承担证明责任的主体，对于证据的收集、审查和运用具有主导作用。检察机关对公安机关移送的案件进行审查时，既可以退回公安机关补充侦查，也可以自行补充侦查，将经过甄别的证据材料提交给法院，即使在案件起诉至法院之后，仍然可以通过补充侦查完善证据。在重大、疑难、复杂案件中，检察机关还可以通过提前介入侦查，发挥引导取证

---

① 王桂五：《论检察》，中国检察出版社 2013 年版，第 30—34 页。
② 参见谢鹏程：《检察规律论》，中国检察出版社 2016 年版，第 25 页。

的作用。对于提起公诉的案件，检察机关通过举证质证、发表公诉意见等方式，承担着指控和证明犯罪的主导责任。三是程序选择的主导。认罪认罚从宽制度推行以来，检察机关通过认罪认罚具结书等形式固定犯罪嫌疑人供述，对简易程序、速裁程序和普通程序等诉讼程序的选择发挥着主导作用，通过"繁简分流""审前过滤"最大限度地提高司法效率，确保将宝贵的司法资源用于办理疑难、复杂案件。此外，检察机关作为法律监督机关，不仅可以依照当事人的申请启动监督程序，也可以依照职权启动监督程序，积极主动地发现"应立案不立案"等各类违法情形，及时进行监督纠正。值得注意的是，检察机关在诉讼中承担主导责任并不意味着"高人一等"，也不意味着权力的无限扩张，而是要按照法定的范围和标准行使权力，保持诉讼结构的稳定和平衡。

（三）范围：以诉讼活动为核心领域，并向行政管理活动适度延伸

我国检察机关在组织体制上虽然具有一定的行政色彩，但不足以改变其法律监督机关和司法机关的性质，这决定了诉讼活动始终是检察权的"主战场"。从1995年《检察官法》《法官法》制定到其后的历次修改，检察官和法官的任职条件完全相同，以此确保检察官具备足够的法律专业素养和监督能力，发挥司法定分止争，维护社会公平正义的重要作用。检察权最初呈现为从刑事审判权中分离出来的公诉权，与刑事诉讼存在着天然的联系，随着刑事诉讼制度的日趋完善，如非法证据排除、认罪认罚从宽、羁押必要性审查等程序的设置，不断丰富了刑事检察权的内涵。同时，检察机关有权对民事、行政诉讼进行监督，从立案到执行所有与诉讼相关的行为都在检察机关的监督范围内，不限于某个领域或环节。例如，检察机关依法对与人民群众联系最多、关系最密切、利益最直接的民事诉讼和执行活动进行监督，自2013年1月至2018年9月，全国检察机关共办结各类民事申请监督案件57.9万件，其中通过抗诉、检察建议等方式提出监督意见27.1万件。①

现代社会中，行政权覆盖的范围极为广泛，各级政府承担着经济调节、市场监管、社会管理、公共服务、生态环境保护等职责，是国家治理的具体实施者和推进者，在实现国家治理体系和治理能力现代化中居于重要地位，

---

① 张军：《最高人民检察院关于人民检察院加强对民事诉讼和执行活动法律监督工作情况的报告（摘要）》，载《检察日报》2018年10月26日第2版。

发挥着重大作用。① 随着反腐败斗争压倒性态势已经形成并巩固发展，人民群众的呼声更多地体现在行政不作为、乱作为方面，检察机关立足诉讼活动，可以从刑事、民事、行政案件中发现行政监管缺失等问题，通过诉前检察建议、公益诉讼等手段，对行政机关的履职行为进行监督，这意味着检察权的领域从"三大诉讼"拓展至行政管理活动，助力实现建设"职责明确、依法行政的政府治理体系"的改革目标。② 但是，对行政管理活动的监督并不等同于漫无边际的"一般监督"，而必须以"人民检察院行使职权时发现"为基础，以关涉公共利益为标准，从而限定了检察权的边界。

（四）立场：以"中立"地位履行客观公正义务

客观公正义务是指检察机关为了实现司法公正，在诉讼中不应站在当事人立场、而应站在客观立场上进行活动，努力发现并尊重案件事实真相。③ 关于检察机关在诉讼中的立场和地位，西方国家原本存在"诉讼当事人"和"法律守护人"的争议，后"法律守护人"的观点成为通说，从而使检察机关的客观公正义务受到国际社会的广泛认可。为此，《联合国关于检察官作用的准则》第12条规定："检察官应始终一贯迅速而公平地依法行事，不偏不倚地履行其职能，注意到对犯罪嫌疑人有利或不利的一切有关情况。"从指控犯罪、发动诉讼的角度而言，检察机关在诉讼中应遵循控辩平等对抗等原则，不能以追求胜诉为唯一目的，这也是基于检察官本身与诉讼结果利益无涉的必然要求。在实行检察领导侦查体制的西方国家，检察机关享有完全的侦查指挥权，对指控犯罪的胜负承担完全责任，但是，由于警方在人力、物力和专业知识等方面具有天然的优势地位，在很大程度上决定了侦查走向，使检察官在实践中表现出天然的追诉倾向，甚至在个别案件中放弃"世界最客观机构"的要求。④ 为此，一些国家对检察裁量权进行较为严格的限制，检察机关提起公诉后，还需要预审法官对起诉意见进行审查，以

---

① 参见袁曙宏：《在新时代深化依法治国实践中谱写法治政府建设新篇章》，载《中国司法》2018年第10期。

② 参见胡卫列等：《中国特色民事行政检察的制度实践与理论探索——民事行政检察30周年综述》，载《国家检察官学院学报》2018年第6期。

③ 参见朱孝清：《检察官客观公正义务及其在中国的发展完善》，载《中国法学》2009年第2期。

④ ［德］托马斯·达恩史戴特：《失灵的司法—德国冤错案启示录》，郑惠芬译，法律出版社2017年版，第110页。

确定起诉是否正当或法院是否有必要开庭审判。① 在我国，人民检察院与人民法院、公安机关属于平行关系，依法独立行使检察权，不受行政机关、社会团体和个人的干涉，这决定了检察机关处在一个相对超脱的中立地位，从而成为履行客观公正义务的制度优势。2019 年修订的《检察官法》明确规定，检察官履行职责应当秉持客观公正的立场。主要体现为：一是事实认定方面，应对公安机关移送或当事人提交的证据进行严格审查，既收集、审查和出示不利于被告人的证据，也收集、审查和出示有利于被告人的证据，准确认定案件事实。二是法律适用方面，既重视公安机关的移送审查起诉意见，也重视犯罪嫌疑人和辩护人的意见，并对这两方面的意见予以同等的考虑，根据事实和法律作出不偏不倚的判断，不能罔顾事实和公正，片面追求法院判决胜诉。即使在案件作出起诉决定后，如果发现证据不足、证据发生变化或法律适用错误的，也可以撤回起诉。三是利益衡量方面，根据犯罪的社会危害性、犯罪嫌疑人、被告人的人身危险性以及公共利益等因素，判断有无批准逮捕、提起公诉的价值和必要，而不是"有案必捕""有案必诉"，成为流水作业线上的"二传手"。

（五）运行：检察一体框架下注重司法亲历性

司法组织体系可以分为集权和分权两种类型，前者重在司法统制，将权力向上集中；后者重在将权力下放，使个体而不是集体的司法官成为权力行使的主体。② 在西方国家，检察机关内部奉行"上下一体"组织原则，但同时强调检察官个体的独立性，往往引发检察官"上命下从"与"独立自主"之间的冲突。③ 在我国检察制度中，宪法和法律强调的是人民检察院依法独立行使检察权，并未规定检察官独立行使检察权。同时，检察长亦可以将部分职权委托检察官行使，从而实现了集权和分权的有机融合，既能够坚持检察机关的上下一体，又能够发挥检察官的积极主动性。

检察一体即通过上级检察机关领导下级检察机关、检察长领导检察官来行使检察权，通过指挥命令权或职务收取权、移转权，在全国范围内形成有序的阶层组织系统，其本质在于组织协调各级检察机关的行为，确立统一的办案标准或者对某类侵犯公共利益的行为进行优先处理。检察一体是由我国

---

① 何家弘主编：《检察制度比较研究》，中国检察出版社 2008 年版，第 457 页。
② 参见张建伟：《司法体制的一般规律》，载《法制日报》2014 年 8 月 27 日第 11 版。
③ 参见陈卫东、李训虎：《检察一体与检察官独立》，载《法学研究》2006 年第 1 期。

的国情决定的,我国采取单一制的国家结构形式,具有幅员辽阔、民族、人口众多和发展不平衡等特点,中央和地方的国家机构职权划分应当遵循中央的统一领导,这种国家结构形式要求国家法律的统一正确实施,以此作为政令畅通、经济发展、文化凝聚的重要保障。实践中,检察人员基于能力、经验等个体因素的差异,往往会出现办案尺度不一的现象,更加需要发挥检察机关上下一体的体制优势,防止出现滥用权力或出现"类似案件不同处理"的情况。近年来,互联网、金融等领域的新型案件层出不穷,有的涉及法律适用的一致性,有的涉及科技创新、金融创新与刑事犯罪的边界划分,迫切需要发挥"检察一体"的组织优势。在一些重大敏感案件中,当地检察院容易受到诸多因素的干扰和制约,如果上级检察院统一调用辖区的检察人员办理案件,能够更好地保障法律监督的有效性。

检察机关的工作主要围绕诉讼活动展开,而司法的核心问题是通过证据回溯性地证明已经发生的案件事实,最终结论要通过心证判断的方式得出,这决定了司法亲历是检察权运行的重要特征。在行政管理工作中,上级领导可以通过听取口头或书面汇报,对相关活动做出安排和指示,但诉讼活动特别是刑事诉讼涉及人身权、财产权等重要公民权利的限制或剥夺,必须采取与行政权不同的权力配置和运行方式。在检察一体框架下,无论是作出指令的上级检察官,还是接受指令的下级检察官,均需要遵循司法亲历性规律,即亲自接触和审查各种证据,听取诉讼当事人及其辩护人的意见,在此基础上对案件作出判断。[①]

三、新时代检察权的发展趋向

新时代背景下,最高人民检察院确定了刑事、民事、行政和公益诉讼"四大检察"法律监督总体布局,这是以权力对象为标准对检察权进行的分类,改变了以批捕、公诉、反贪等刑事职能为标准的传统分类方式。从战略布局和长远发展看,检察机关应按照检察权的定位和特征,紧紧抓住检察审查这一核心内容,从不同维度对检察权进行改造,形成法律监督的整体合力。

[①] 参见汪海燕、王宏平:《司法改革背景下检委会的职能定位》,载《国家检察官学院学报》2018年第1期。

（一）从"单一型"向"全面型"转变

为了维护国家法律在各领域的统一正确实施，检察权应当跨越公法和私法两大法律领域，涵盖刑法、民法、行政法等不同法律部门。然而，国家监察体制改革之前，以反贪和公诉为代表的刑事检察权是检察权最主要的样态，民事、行政检察权的行使相对薄弱，这意味着法律监督的宪法定位与检察权的实践运行存在一定的背离。在社会管理更加精细的背景下，各领域的法律关系呈现复杂化、交融化的发展趋势，检察审查的对象不能仅仅停留于传统的刑事领域，要做到民事、行政和公益诉讼领域全覆盖，实现"四大检察"均衡发展。

"四大检察"布局要求在检察机关内部进行权力分工，但这并不意味着"部门本位主义"，检察审查应打破部门法壁垒，发挥法律监督的整体效能。主要包括：一是从刑事领域延伸至民事、行政和公益诉讼领域。刑事追诉与公益诉讼涵盖的生态环境和资源保护、食品药品安全、国有财产保护等领域，必然存在涉法问题上的重叠，需要对相关案件在刑事、民事、行政领域是否存在违法情形进行全面审查，做到指控犯罪和刑事附带民事、行政公益诉讼的有机组合。如在污染环境案件中，检察机关对被告人可提起刑事附带民事公益诉讼，由人民法院判令被告人赔偿因污染所造成的环境损害，在媒体上书面向社会公众赔礼道歉。二是从民事、行政和公益诉讼领域延伸至刑事领域。对民事诉讼的合法性进行审查的过程中，不仅要监督纠正相应的民事案件，也要注意发现案件不公背后的审判人员职务犯罪，包括"以民代刑"应当移送案件而不移送的行为，以及审判、执行人员与当事人、律师串通进行虚假诉讼的行为，维护司法公信力。三是通过专门机构全面履行审查权。为了实现维护公共利益的重大目标，发挥专业化、集约化优势是检察审查的发展方向，在国际范围内，金融检察院、反恐检察院等专门检察院相继产生，可见组建专门检察机构是全面履行检察权的重要手段。如未成年人的司法保护涉及刑事、民事、行政等领域，如果按照传统业务的视角，难以在每个领域、每个案件中都充分关注未成年人利益，必须打破检察机关内设机构职责分工的传统格局，在有条件的地方探索成立少年检察院。

（二）从"管理型"向"保障型"转变

检察权涉及国家权力与公民权利之间的关系问题。传统的检察权在运行中存在"重打击、轻保护"的倾向，强调国家权力对社会秩序的控制和对犯罪行为的抑制，在权力的内在结构和价值取向上体现出明显的国家主义色彩，如采信对犯罪嫌疑人不利的证据，忽视对犯罪嫌疑人有利的证据；主要对量刑畸轻的法院裁判提出抗诉，很少对量刑畸重的法院裁判提出抗诉等。进入新时代，人民不仅对于物质文化生活提出了更高要求，而且在民主、法治、公平、正义、安全、环境等方面的需求日益增长，党的十九大报告明确指出要"深入贯彻以人民为中心的发展思想"，这意味着检察权要更加注重对公民权利的保障和尊重，除了依法惩治犯罪分子之外，还要通过对侦查权、审判权的制约监督来保障人权，充分发挥人权保障专门机关的功能。[①]

出于对权力运行不规范和影响权力构造的担忧，我国检察机关对不批捕、不起诉、不批准延长侦查羁押期限等检察裁量权采取较为谨慎的态度，使得上述检察权处于法律虽有规定，实践中受到限制和制约较多的境况。近年来，不捕、不诉率上升趋势明显，如昆山反杀案、福建赵宇案、河北涞源反杀案等一系列涉及到正当防卫和防卫过当的界限问题，检察机关通过依法行使不起诉权，既保证了案件质量，又起到了弘扬社会正气、鼓励见义勇为的价值导向作用。然而，相对于刑事案件的整体数量而言，不批捕、不起诉权的行使仍不够充分，特别是适用刑事速裁程序的案件大都是轻微刑事案件，在犯罪嫌疑人认罪悔罪的情况下，应充分考虑是否存在起诉必要性，而不能简单求快、一诉了之。应当认识到，即使现实生活中已发生犯罪，但从维持社会秩序的角度来看，缺乏处罚的必要，仍然可以不进行处罚。[②] 在公益诉讼检察领域，检察机关要密切与公益组织的协作，加强与公益组织的信息共享，找准公益诉讼的方向，参与对各种国家和社会公共利益的保护，如针对干扰人民群众工作生活的"骚扰电话"、电视台发布虚假广告、食品生产商偷工减料、虚假标识非转基因、校园周边商店售卖"三无"食品、入网餐饮服务提供者违法经营等事项，通过检察建议、提起公益诉讼等方式提升司法供给能力，积极回应人民群众的诉求。

（三）从"分散型"向"集聚型"转变

检察审查的分散化突出地体现在刑事检察领域。在传统的办案模式下，审查逮捕、审查起诉分别由不同部门和人员行使，在审查逮捕后至移送审查起诉前的侦查阶段，公安机关是否继续开展侦查工作、如何开展侦查工作均

---

① 参见樊崇义主编：《检察制度原理》，法律出版社2009年版，第42页。
② 参见［日］大谷实：《刑事政策学》，黎宏译，法律出版社2000年版，第86页。

缺乏专人负责,甚至形成了检察审查的"盲区"。① 在以审判为中心刑事诉讼制度改革的背景下,检察机关推行了"捕诉一体"的办案模式,是指检察机关对本院管辖的同一刑事案件的适时介入、审查逮捕、审查延长侦查羁押期限、审查起诉、诉讼监督等办案工作,原则上由同一办案部门的同一承办检察官办理。刑事检察权呈现集聚融合的发展态势,与"四大检察"的领域划分是并行不悖,由于刑事诉讼案件数量较大、涉及领域广泛,通过对分散的刑事检察权进行整合,既能够与集中统一的侦查权、审判权形成制约,也可从中发现民事、行政监督和公益诉讼线索,为"四大检察"的整体发展提供助力。

"捕诉一体"模式推行后,由同一检察官对审查逮捕后移送审查起诉前的侦查活动进行审查,重点监督纠正公安机关消极侦查、随意变更或撤销逮捕措施等情形,将庭审所需要的证据标准持续传导给公安机关,实现检察审查的刑事诉讼全覆盖。特别是办理"零口供"案件以及互联网、金融等专业性较强的案件,更要对侦查活动进行不间断的审查和指引,确保案件办理的质量和效果。"捕诉一体"虽然是检察机关内部的职权整合,对于侦查活动、审判活动的质量提升也会产生重要影响:一是以实质审查推动侦查监督工作。为适应已经不断提高的审判定案证据标准,要进一步严格刑事案件的证据审查标准,从审查逮捕环节就开始排除非法证据、督促完善瑕疵证据,并对相应的违法情形进行监督纠正,倒逼公安机关规范侦查取证工作。这里的刑事案件不仅包括公安机关移送检察机关的案件,还包括公安机关立案后自行撤案和应立案而未立案的案件。例如,刑事拘留、查封、扣押、冻结财产是严厉性极强的强制措施,司法实践中适用率高,应从取证必要性、合法性等角度对相关措施进行审查,既不能放纵犯罪分子,也要保护公民的合法权利。二是以精准审查推动审判监督工作。对于提起公诉的案件,检察机关要改变传统的粗放型办案方式,对定罪量刑、涉案款物处置等问题等进行精准判断,为法官的居中裁判提供充分的依据。例如,在认罪认罚从宽案件中,检察机关可以采取类案大数据分析的方式,不断提高量刑建议的精准度,以此作为量刑监督的基础。当量刑建议未被法院判决采纳且未合理说明原因的情况下,要进行相应的监督纠正,促进法院公正量刑。当然,检察权的整合意味着检察官个体权力增大,建立必要的程序审核和实体把关机制十分必要,可以探索建立检察官"分级分类授权"制度,根据检察官等级确

---

① 孙谦:《检察机关贯彻修改后刑事诉讼法的若干问题》,载《国家检察官学院学报》2018年第6期。

定案件授权的范围,对于特定类型的案件,仍应由检察长或检察委员会对案件作出决定。

(四)从"被动型"向"能动型"转变

检察机关的法律监督属性决定了检察审查比法院审判具有更强的能动性。在刑事检察领域,审查逮捕、审查起诉等诉讼职权具有被动受理的特点,导致部分检察人员形成了消极被动的理念,并将之带入其他工作领域。如果过分依赖有关机关的移送或当事人的申请,会导致检察监督出现"无线索可查"或"无案可办"的局面。面对法律实施特别是执法司法工作中存在的诸多问题,检察机关应建立"主动启动"和"被动受理"两种审查模式,既可以审查公安机关、法院移送的案件材料,也可以依照职权主动启动审查程序。主要包括:

一是对民事、行政裁判进行类案审查。应充分发挥检察机关在专业判断等方面的优势,在获得党委和人大授权的基础上,将审查法院民事、行政类案裁判作为重要的监督手段。审查法院裁判是一种事后监督,重点不在于审判权运行活动的过程,应当将重点放在确有错误的生效裁决上,包括在认定事实、适用法律和遵守程序上是否合法,对于类似案件的处理尺度是否统一等,对于审查裁判文书仍不能查明的有关问题,可以依照法律规定行使调查核实权。由于检察资源的有限性,对于案件数量极大的民事、行政案件不可能做到逐件审查,可以围绕一定时期内党和国家的重点工作,或者人民群众反映强烈的问题开展"外科手术"式的专项监督,如针对金融领域、环境保护领域进行专项监督。过程中,既要发现具体案件存在的问题,及时启动监督程序,更要着力发现民事、行政诉讼中存在的普遍问题,深入揭示产生问题的原因,提出对策建议,共同促进民事、行政审判水平的提高。

二是对巡回法庭和专门法院进行专门审查。根据《民事诉讼法》《行政诉讼法》相关规定,检察机关的监督范围既包括法院的判决裁定,也包括审判程序和执行活动的监督,属于一种全方位的监督。本轮司法体制改革以来,最高人民法院在全国共设置6个巡回法庭,负责审理跨区域重大行政、民商事案件。此外,在北京、上海等地还先后设置了金融、知识产权、互联网等专门法院。检察机关应加快推进专门检察院的建设或开展有针对性的巡回检察,有效开展专业化的检察审查工作。

三是逐步拓展公益诉讼的审查范围。与刑事、民事、行政检察工作相比,公益诉讼检察工作具有更强的开放性。目前,公益诉讼被限定在较为严格的范围内,主要涉及生态环境和资源保护、食品药品安全、国有财产保护、国有土地使用权出让、英烈名誉保护等领域。虽然《民事诉讼法》和《行政诉讼法》在列举检察机关提起公益诉讼范围时使用了"等"字,其含义是在没有明确授权之前,检察机关应审慎地在其他领域开展公益诉讼工作。将检察公益诉讼的范围进行必要的限缩,是由公益诉讼工作开展的初期阶段决定的,由于检察公益诉讼工作尚处于起步阶段,需要在重要领域内摸索经验,待时机成熟时再由检察机关全面承担起公益诉讼的职责,是较为稳妥的做法。但是,党的十八届四中全会从强化对行政权力的制约和监督的角度强调了检察机关的监督职权,最终所期望实现的应当是检察机关在涉及国家利益和社会公共利益的全领域均承担起监督职能,而不仅仅局限于少数领域,"等"字的运用也为公益诉讼范围的扩大预留了空间。对此,检察机关应尝试在与限定领域具有相当性、为人民所关切的范围内开展公益诉讼工作。如除食品药品安全领域外,探索其他与人民生活相关的互联网安全、电信消费等领域开展公益保护;在英烈名誉权保护之后,探索对如未成年人、老年人、残疾人权益进行特殊保护等。

四是精准行使职务犯罪侦查权。职务犯罪侦查本是检察机关的传统工作,随着《国家监察法》《人民检察院组织法》《刑事诉讼法》的制定或修改完成,检察机关的职务犯罪侦查权经历了从"两反"转隶后的暂停行使,到目前的有限行使,其职权范围和行使方式发生了重大调整。① 对于职务犯罪侦查权的"有限性"可从三个方面进行把握:(1)与诉讼监督的密切相关性。即限于检察机关在履行刑事诉讼监督、民事诉讼监督、行政诉讼监督过程中所发现的案件线索。(2)对象的特殊性和罪名的特定性。检察侦查权针对的是司法工作人员这一特殊对象,同时限定在《刑法》的14个特定罪名之内。② (3)非专属性。检察机关可以侦查的职务犯罪案件,监察委员

---

① 2018年10月修订后的《刑事诉讼法》第19条第2款对检察机关的职务犯罪侦查权进行了调整:"人民检察院在对诉讼活动实行法律监督中发现司法工作人员利用职权实施的非法拘禁、刑讯逼供、非法搜查等侵犯公民权利、损害司法公正的犯罪,可以由人民检察院立案侦查。对于公安机关管辖的国家机关工作人员利用职权实施的其他重大的犯罪案件,需要由人民检察院直接受理的时候,经省级以上人民检察院决定,可以由人民检察院立案侦查。"

② 根据最高人民检察院2018年11月24日发布的《关于人民检察院立案侦查司法工作人员相关职务犯罪案件若干问题的规定》,主要包括14个罪名,即:非法拘禁罪;非法搜查罪;刑讯逼供罪;暴力取证罪;虐待被监管人罪;滥用职权罪;玩忽职守罪;徇私枉法罪;民事、行政枉法裁判罪;执行判决、裁定失职罪;执行判决、裁定滥用职权罪;私放在押人员罪;失职致使在押人员脱逃罪;徇私舞弊减刑、假释、暂予监外执行罪等。

会也可以依法进行调查,包括司法工作人员在内的所有公职人员仍然都在国家监察机关的统一监督之下。① 法律之所以规定为"可以由人民检察院立案侦查",是因为存在监察调查权和检察侦查权的竞合,在这种情况下,需要具体问题具体分析,与监察机关的"职务犯罪全覆盖"做好协调配合。基于上述理解,检察机关在法律监督过程中不是自行"放弃"特定侦查权,而是要加强对诉讼活动的合法性审查,更加精准地行使特定侦查权。

当然,发挥检察审查的能动性还要注意保持其谦抑性,注意把握是否存在相应的法律依据,是否符合公共利益的需要,是否超过必要的强度,否则会突破其他国家权力的边界或者侵犯公民的合法权利。例如,当行政机关的违法行为侵害公共利益时,应优先通过检察建议的方式督促其履职整改,将提起公益诉讼作为最后的选择。公益诉讼案件审理过程中,如果被告人依法履行职责而使诉讼请求全部实现,人民检察院可以撤回起诉,以最优的成本达到"办理一案、治理一片"的效果。

(五)从"审批型"向"亲历型"转变

在"检察一体"的组织体系下,传统检察权的运行呈现出明显的行政化色彩,突出表现为审查权与决定权的分离。检察机关办理案件奉行承办人员负责审查、部门负责人审核、检察长或检察委员会决定的"三级审批"机制,以及上级检察院依据书面报告对下指导的机制,由于上级检察院或本院检察长、检察委员会对于众多的案件事实不可能亲自查证,体现了浓厚的行政审批色彩。然而,检察权本身具有司法权的属性,应当按照司法亲历规律的要求,实现案件审查权和案件决定权的融合,确保审查结论的准确性。

修订后《人民检察院组织法》明确了检察长、检察委员会或上级检察院的案件决定权。检察机关的办案组织包括独任检察官和检察官办案组两种办案组织形式,无论采取何种形式,检察长或检察委员会对重大办案事项享有决定权,上级检察院认为下级检察院的决定错误的,亦有权指令下级检察院纠正,或者依法撤销、变更。当检察长、检察委员会或上级检察院行使案件决定权时,应区分事实问题与法律问题的不同类型,并按照"谁办案谁负责,谁决定谁负责"的原则承担办案责任。对于事实认定和证据采信问题,检察长、检察委员会有权改变检察官的决定,上级人民检察院有权改变

---

① 陈国庆:《刑事诉讼法修改与刑事检察工作的新发展》,载《国家检察官学院学报》2019年第1期。

下级人民检察院的决定，但相关人员做出的改变决定应建立在亲历审查的基础之上，包括讯问犯罪嫌疑人、查阅书证、物证、视听资料、电子数据等，不能完全依赖审阅书面报告或听取汇报等方式，确保对案件事实、证据做出客观公正的判断。对于政策运用、法律适用等问题，上级检察院或检察长、检察委员会则可以通过书面报告方式了解案情，在此基础上做出决定。例如，在于欢故意伤害案中，最高人民检察院第一时间派员介入案件，对案件事实、证据进行全面审查，认为于欢的行为具有防卫性质，起诉书和一审判决书认定事实、情节不全面，对于案件起因、双方矛盾激化过程和讨债人员的具体侵害行为，认定有遗漏，提出了于欢属于防卫过当的意见，后法院采纳检察机关的意见，改判于欢有期徒刑5年，获得了较好的法律效果和社会效果。①

结语

一个国家实行何种检察制度，主要是由这个国家的政治体制、社会状况、历史传统等因素综合决定的，即使是在政治体制高度相似的国家，检察制度也可能存在较大差别，这意味着世界上没有一种放之四海而皆准的检察制度。要坚定对中国特色社会主义检察的理论自信、制度自信和道路自信，不能"看到别的国家有而我们没有就简单认为有欠缺，要搬过来；或者，看到我们有而别的国家没有就简单认为是多余的，要去除掉。"② 新时代背景下，人民需要的新变化、经济发展的新调整、社会结构的新变动、科学技术的新革命，意味着检察权同样处在一个"大变革、大转折"的时期。新时代检察工作的核心命题，就是找准检察权的定位，按照检察权的特征科学配置权力，建立符合规律要求的权力运行机制，剔除各项与规律不相符合的制度性障碍，最终实现"四大检察"的全面充分平衡发展，为现代法治文明的发展贡献中国智慧。

---

① 参见史兆琨：《于欢的行为具有防卫性质但防卫过当》，载《检察日报》2017年5月29日第1版。

② 习近平：《在庆祝全国人民代表大会成立60周年大会上的讲话》，人民出版社2014年版，第15页。

引领司法理念语境下的
民事抗诉标准实证研究[*]

邵世星　姜　昕^{**}

引言：从民事抗诉案件改判率说起

现行民事诉讼法规定的人民检察院提起抗诉的事由和当事人申请再审的事由都是该法第 200 条的内容。具体是："当事人的申请符合下列情形之一的，人民法院应当再审：（一）有新的证据，足以推翻原判决、裁定的；（二）原判决、裁定认定的基本事实缺乏证据证明的；（三）原判决、裁定认定事实的主要证据是伪造的；（四）原判决、裁定认定事实的主要证据未经质证的；（五）对审理案件需要的主要证据，当事人因客观原因不能自行

---

* 本文系 2019 年度最高人民检察院检察理论研究重点课题"引领司法理念语境下的民事抗诉标准实证研究"（项目批准号：GJ2019B13）的研究成果。

** 课题主持人：邵世星，国家检察官学院教授。课题组成员：姜昕，国家检察官学院讲师。

收集,书面申请人民法院调查收集,人民法院未调查收集的;(六)原判决、裁定适用法律确有错误的;(七)审判组织的组成不合法或者依法应当回避的审判人员没有回避的;(八)无诉讼行为能力人未经法定代理人代为诉讼或者应当参加诉讼的当事人,因不能归责于本人或者其诉讼代理人的事由,未参加诉讼的; (九)违反法律规定,剥夺当事人辩论权利的;(十)未经传票传唤,缺席判决的;(十一)原判决、裁定遗漏或者超出诉讼请求的;(十二)据以作出原判决、裁定的法律文书被撤销或者变更的;(十三)审判人员审理该案件时有贪污受贿,徇私舞弊,枉法裁判行为的。"

从文本的角度看,抗诉事由相对具体而清晰。一般理解,抗诉事由即是法定的抗诉标准。按此推导,民事抗诉标准的理解和把握并非难事,抗诉机关和审判机关对此也不应该有太多分歧。然而,民事监督案件再审情况映射出的相关信息却与此大相径庭。

课题组通过对高检院职能部门的调研,收集了近年全国民事抗诉案件再审的相关数据,并对此进行了必要的分析。具体情况见表一,其中的比率由课题组计算得出。

表一 近年抗诉案件再审情况

年度	合计	改判	调解	撤销原判发回重审	维持原判	和解撤诉	其他	抗诉改判率	抗诉改变率
2013	5779	2157	1374	653	1120	297	180	37.3%	80.7%
2014	3609	1565	491	499	798	179	77	43.4%	77.9%
2015	2414	1060	246	364	577	80	87	43.9%	76.1%
2016	1656	739	142	305	346	90	34	44.6%	79.1%
2017	1647	859	111	223	350	61	43	52.2%	78.7%
2018	1946	930	147	342	409	48	70	47.8%	79%
2019(1−10)	2260	1234	107	296	510	67	46	54.6%	77.4%

从检察机关通常采用的统计标准看,一般用表格中最后使用的"抗诉改变率"来表达民事抗诉工作取得的成效。从这组数字看,民事抗诉质量尚可。① 但如果用课题组计算得出的"抗诉改判率"评判,客观地讲通过抗

---

① 参见雷万亚:《民事抗诉制度的价值及程序问题分析》,载《国家检察官学院学报》2005 第 5 期。

诉再审对原裁判改判的比率还是比较低的,约在 50% 左右。①

民事抗诉改判率低,也就意味着检察机关的抗诉意见不被法院采纳的概率较高②。换个角度看,由于抗诉意见主要围绕抗诉事由阐释,本身即是抗诉标准的表达,裁判者不认可检察机关的抗诉意见,也就意味着裁判者对检察机关关于抗诉标准把握的认可度较低。这种局面普遍性、全局性存在,不可能将其中原因都归咎于裁判者一方,间接反映出检察机关在抗诉标准的把握和认识上也存在问题。

那么,民事抗诉标准的运用上存在的问题到底是什么?实践中对抗诉标准又应该如何把握呢?

一、民事抗诉标准存在问题的实证分析

(一) 2018 年高检院民事抗诉案件的观察

为了揭示抗诉标准运用中存在的问题,课题组首先采用实证研究通常的做法,从对抗诉案例的研究切入。但案件的实证观察首先遇到的一个问题是:即使将法律规定的抗诉事由与抗诉标准直接等同,然在适用层面由于要对法定抗诉事由进行解读,还要将其与案件事实进行匹配,从而使得抗诉标准具有了司法裁量属性,难以脱离办案人员主观因素的影响。这导致抗诉标准在运用上很难从客观角度具体量化,适用准确度的评价也相应缺乏客观参照。如此,对抗诉案件的研究其实是无法直接、准确得出抗诉标准优劣的结论的。

课题组认为,为避免主观臆断,对抗诉标准存在问题的案例研究,可行的方法是通过案例反映出的相关联内容去分析、揭示。这些与抗诉标准相关联的内容主要涉及抗诉事由的运用、抗诉说理的呈现、裁判者对抗诉理由认可与否的情况等。抗诉事由是抗诉标准的依托或者表现,抗诉书说理情况反映的是对抗诉标准的理由阐释,裁判者对抗诉意见的认可与否反映其对案件抗诉标准运用的态度。现实条件下,它们在一定程度上是衡量抗诉标准状况

---

① 参见郎立惠、程周彪:《关于审理民事再审抗诉案件情况的调研报告》,载《经济研究导刊》2016 年第 6 期。

② 参见张琳琳:《民事案件再审改判标准探析——从认定事实和适用法律两个视角切入》,载天津法院网 http://tjfy.chinacourt.gov.cn/article/detail/2013/10/id/1933217.shtml,访问日期:2020 年 2 月 20 日。

的功能化指标。

受民事抗诉管辖制度设置的影响,最高检无疑是民事抗诉任务最主要的承担者。课题组对最高检职能部门(原民事行政检察厅,现第六检察厅)2018年提出的民事抗诉案件情况进行了调研。最高检在2018年提出民事、行政抗诉约30件,课题组获取了其中28件民事类抗诉案件的资料,对它们进行了相关研究。

需要说明的是:课题研究的样本数量确实不大,但它基本上已是高检院2018年全年决定抗诉的民事案件。受民事抗诉案件特点的影响,它们涉及的内容其实也足够广泛,能够反映规律性。同时,高检院办理的民事抗诉案件无疑都属于相对复杂、疑难的案件,具有典型性和代表性。案件的具体情况见表二:

表二

序号	案由	主要争议问题	抗诉事由(民诉法200条具体项)	抗诉书说理(字数)
1	合伙协议纠纷	退伙认定	(2)(6)	838
2	建设工程施工合同纠纷	工程款利息计算	(6)	1255
3	股东资格确认纠纷	出资事实认定	(2)(6)	4222
4	房屋租赁合同纠纷	合同解除权认定	(6)	1219
5	物业服务合同纠纷	车位权属及租金收取	(6)	1984
6	建设工程施工合同纠纷	合同效力施工内容认定	(2)(6)	4646
7	民间借贷纠纷	还款认定	(1)	457
8	股权转让纠纷	合同效力认定	(6)	751
9	债务转让合同纠纷	债务转让认定	(6)	1267
10	土地承包经营权转让合同纠纷	土地承包费缴纳认定	(2)(6)	4294

续表

序号	案由	主要争议问题	抗诉事由（民诉法200条具体项）	抗诉书说理（字数）
11	承包经营合同纠纷	强制性规定的效力	（6）	1836
12	建设工程施工合同纠纷	驳回起诉的条件	（2）（6）	1947
13	财产损害赔偿纠纷	房屋性质认定及补偿标准	（2）（6）	3568
14	建设工程施工合同纠纷	作为判决依据的法律文书变更认定	（12）	888
15	企业租赁经营合同纠纷	设备折旧费承担认定	（6）	2510
16	委托合同纠纷	费用返还认定	（2）	1566
17	借款合同纠纷	款项性质认定	（2）（6）	2064
18	民间借贷纠纷	借款事实认定	（2）（6）	1684
19	民间借贷纠纷	借款关系认定	（2）（6）	3887
20	债务转移合同纠纷	还款事实认定	（1）	1986
21	债权转让合同纠纷	调解书性质认定	（6）	1665
22	追偿权纠纷	借贷及担保事实认定	（1）	2794
23	信用证垫付及担保纠纷	合同效力及担保责任认定	（1）（6）	1061
24	人事争议纠纷	劳动人事关系认定	（6）	1391
25	买卖合同纠纷	违约责任认定	（6）	1009
26	债权转让合同纠纷	合同义务履行的认定	（2）	1272
27	合作合同纠纷	"情势变更"条款的理解与适用	（1）（2）（6）	3584
28	建设工程施工合同纠纷	合同履行的认定	（1）（2）（6）	3182

针对表二中的统计数据内容，需要说明的两个情况是：其一，抗诉书说理是否到位、正确，本质上适应于主观评价，无法通过量化、客观方法呈现。表中只对说理部分所用字数（居于抗诉书抗诉事实认定之后的"本院认为"到"提出抗诉"之间的说理部分。个别抗诉书写法有差异的，截取相应部分）进行计算机统计，从形式角度反映一些抗诉标准运用情况。其二，由于再审案件审理周期较长等原因，课题写作过程中尚未获得上述28件抗诉案件的再审结果情况。但预计和抗诉案件总体再审裁判情况保持一致的概率较高，因为抗诉再审效果情况总体稳定，多年来没有大的起伏。①

从表二可以发现28件抗诉案件有几个特点：其一，民事抗诉案件性质上属于合同纠纷的占比高，具体类型除了常见的民间借贷、建设工程类型外，分布比较广泛，明显集中的案件类型不突出。且常规案件较多，新类型案件少。本年度抗诉案件类型与近些年总体情况较为一致，民间借贷纠纷案件数量较多，这应该和当前的经济形势有直接关联。

其二，抗诉针对的裁判问题点较复杂多样，即使是同类型案件，监督申请的争议问题也多有不同。这和民事案件复杂的个性化特点有关。抗诉标准运用情况需要根据具体案情确认。

其三，抗诉事由较为集中，主要以《民事诉讼法》第200条第1、2、6项监督事由为主，具体统计情况见表三。其他监督事由的出现只是散见的。

表三

总数	第200条第6项		第200条第2项		第200条第2、6项		第200条第1项	
	出现	占比	出现	占比	出现	占比	出现	占比
28	22	78.6%	13	46.4%	11	39.3%	6	21.4%

其四，抗诉书说理篇幅上相差较大，多者四千多字，短者只有区区四百多字。说理字数不足两千字的超过一半。单从说理字数来看，太少的说理很难与案件属于疑难、复杂类型联系起来。

将以上抗诉常规案件多、争议问题分散、抗诉事由较为集中、抗诉改判率又较低等表象综合在一起，反映出隐藏其中的抗诉标准的认识分歧是常见现象，在常用抗诉事由中表现很突出。这对检察机有相当不利的影响，它消

---

① 根据2020年高检院《工作报告》的数据，2019年高检院民事抗诉法院再审的改变率同比提高了1.9%。虽然高检院对民事抗诉的把控越来越严格，但改变率也只是略有增加。

耗有限的检察资源,也不利于监督作用的发挥。

民事抗诉是纠错程序,围绕抗诉事由进行充分说理是非常必要的。虽然抗诉书说理质量的高下不能简单以字数衡量,但根据常识,篇幅过短的说理是很难做好内容组织、分析论证的逻辑展开的。抗诉理由是抗诉标准表达的主要方式,抗诉理由表达不足,则基本可以断定抗诉标准存在欠缺。

上述实证分析基本可以得出的浅见结论是:民事抗诉标准的运用效果欠佳。这其中,有裁判者和抗诉机关的认识分歧原因,也有抗诉机关工作不到位的自身原因。

(二) 对专业群组的调查

鉴于抗诉标准的运用存在较强烈的主观性,很难通过案例评价得出直观结论,课题组为此选取了不同层级的一些检察院,专访了各级检察官,就抗诉标准运用问题听取他们的意见,以了解办案人员的认识和思维。调查的对象有高检院检察官、湖北、广东、河南、内蒙古省级院检察官及其下属的市级院、基层院的检察官,选取的地方检察院都是民事检察工作相对较好的地区。考虑到抗诉标准的掌握有抽象和主观性,需要面对面的交流,调研的方式主要是座谈。在国家检察官学院举办的民事检察业务专项培训班上,课题组还就"民事抗诉标准理解和运用问题"组织过专题研讨。

调查发现,不同层级检察院的检察官对抗诉标准的认识有共性但也存在差异。

基层院没有抗诉案件,有少许机会协助上级院办理。市级院抗诉案件也比较少,但提请上级院抗诉的案件会有一些。这两个层级院的办案检察官普遍认为民事诉讼法第 200 条的监督事由就是抗诉标准,只要案件裁判具备第 200 条规定的监督事由,检察机关就应该抗诉。不宜对民事抗诉标准掌握得太严格,甚至可以相对灵活。至于抗诉案件再审能否改判,检察官无法左右。

省级检察院办理抗诉案件较多,多数办案检察官对抗诉标准持相对严格的观点:除了认为生效裁判要满足规定的抗诉事由外,还比较强调抗诉要重视社会效果和法检关系,同时对选择典型案件的裁判进行抗诉也有一定的倾向性。

高检院是办理民事抗诉案件的大户,课题组在和高检院的检察官们交流中,明显感受到检察官们对抗诉标准持更为慎重的态度,并为此进行了必要的优化探索。在尝试优化的抗诉标准中,抗诉不再局限于满足法律规定的具体监督情形，而是在此基础上融入了延伸性的考量因素，形成综合性的判断。具体而言：衡量案件应否抗诉采用"法定监督情形＋再审的必要性＋改判的可能性"的综合评判。所谓法定监督情形，即是原审裁判需要具备规定的再审事由，这是抗诉需要满足的最基本条件，不可或缺。所谓再审的必要性，具体把握上是指裁判虽然满足抗诉再审的法定事由，但如果裁判错误的性质及程度不严重，通过其他监督手段而不必全案再审法院即能够纠正的，或者案件在客观上已经不适合抗诉再审处理的，则视为不具备再审的必要性，反之则视为具备再审的必要性。所谓改判的可能性，就是一旦检察机关抗诉，根据案件裁判错误的情况及原审当事人权利义务分配情况、案件的社会影响等，法院对原裁判改判的概率。如果认为改判的概率较小，检察机关不宜提出抗诉。综合而言，抗诉标准在运用中实际是高于法定监督情形的。①

从各级检察院检察官对抗诉标准的认识看，共性的内容是抗诉事由即是抗诉标准或者抗诉标准的基础，不存在另立抗诉标准的情形。同时也认为法定抗诉标准不好准确把握，和法官沟通困难。而各级检察院检察官认识上的不同则主要是对抗诉标准掌握的尺度有高有低，高层级的检察院的办案人员加进去了一些酌定考虑因素。但严格地讲，这些酌定因素并不具体，因此掌握不易。同时，能强烈地感受到办理抗诉案件多的省级院、高检院办案人员对抗诉标准的把握上，都不同程度地考虑法院的态度或者认识。

（三）民事抗诉标准存在问题的剖析

从抗诉案例呈现及办案人员认识考察等多方面内容来看，抗诉标准存在的问题带有一定的结构性，是从制度到实践的延伸。

1. 制度层面，抗诉标准的内容存在弹性，导致检法认识分歧

一般认为，民事诉讼法第 200 条规定的抗诉事由就是法定的抗诉标准，这从制度层面看并没有错。然而问题在于，尽管法定抗诉事由是明确具体的，但将其作为抗诉标准进行实际把握时却明显具有弹性，很容易产生抗诉机关和审判机关的认识分歧。这种情况尤其在三个常用抗诉事由的适用上表现更为突出，如："有新的证据，足以推翻原判决、裁定的"抗诉事由，其中"足以"的理解分歧；"原判决、裁定认定的基本事实缺乏证据证明的"

---

① 参见滕艳军：《民事案件的抗诉标准研究——以最高检近年 200 余件民事案件为研究对象》，载《人民法治》2018 年 8 月（上）。

抗诉事由，其中"基本事实"及"缺乏证据证明"的理解分歧；"原判决、裁定适用法律确有错误的"的抗诉事由，其中"确有错误"的理解分歧。抗诉裁量和法院裁判具有相同的特点，都具有司法裁量属性，对于这些有弹性的标准，出现认知上的不同难以避免。尽管最高检和最高法都以司法解释或者通过其他途径力图对容易出现理解分歧的抗诉（再审）事由进行统一，① 但由于法律规范自身的特点所在，这些措施也难以从根本上消弭认识分歧。

抗诉标准和再审改判标准在法律上是同一的，一旦出现抗诉机关和裁判机关对于案件是否达到抗诉标准的认识分歧，在不考虑哪一方的认识更接近正确的情况下，最后的结果无疑是裁判者更具有话语权。也就是说，在法检有争议的情况下，事实上的抗诉标准掌握在裁判者手里。在很多抗诉检察官看来，这是抗诉改判难的重要原因。

制度层面产生的问题，从制度设计角度看受法律规范的特点、诉讼结构及诉、审权力分工的制约，也是有其合理性和必然性的。因此，如果从制度层面寻找抗诉标准解决路径，在对抗诉制度的定位不作大的改变的情况下，很可能是无解的。而抗诉制度大的改变不具有现实性，不能作为解决问题的出发点。

2. 实践层面，抗诉标准的把握变性大，被动性明显

制度层面民事抗诉标准存在的问题，延伸到实践层面的表现就是运用中对抗诉标准的把握变性很大，具体又有三种表现：

其一，对抗诉标准不作从严掌握，具备抗诉事由即启动抗诉，论证不充分，具有一定的随意性。② 这种做法存在于一些层级较低的检察院，主要原因是认为检察机关在抗诉关系中较为被动，对标准从严掌握也未必会有好的结果。与其这样，不如适当放开抗诉，一方面可以满足监督申请人的需要，另一方面从考评角度看抗诉数量也能增长。其后果是缺乏对抗诉条件的规制，把握不甚精确。来自于审判机关的调研报告，也认为检察机关的民事抗诉存在"把关不严"的问题。③

其二，对于拟提出的抗诉，就抗诉标准和法院进行事前沟通。这种做法

---

① 如最高检制定的《民事诉讼监督规则（试行）》和最高法制定的《民事诉讼法司法解释》，都对民事诉讼法第200条规定的事由进行适用解释。
② 参见王景琦：《民事抗诉条件的理解与适用》，载《人民检察》2008年第13期。
③ 郎立惠、程周彪：《关于审理民事再审抗诉案件情况的调研报告》，载《经济研究导刊》2016年第6期。

较为普遍,主观意图在于和法院达成一些共识,取得法院对抗诉的支持。对于不能达成共识的,检察机关非有必要一般不冒风险提出抗诉。从实践看,这种做法有一定的效果,但也增加工作的难度,也有减损监督权威的风险。协商的结果亦有可能使抗诉脱离开法定监督事由,使抗诉标准虚无化。

其三,对在抗诉标准的把握上追随法院掌握的裁判标准,带有明显的被动性。审判机关和检察机关对待审判监督程序的价值取向有明显差异,审判机关虽然认可该程序是纠错程序,但在运用上比较明显地强调维护既判力。为此,审判机关通过司法政策实际上抬升了抗诉标准。如对"裁判适用法律确有错误"的抗诉标准,在最高法的司法解释中又用了"明显"有错误加以限制。对于有些裁判在适用法律上确实存在错误,但裁判结果处于大致可接受的范围时,再审法院通常会维持原裁判。① 这使得对于一些满足法律规定条件但案件裁判错误严重程度不足的抗诉无功而返,不能体现工作成效和监督权威。为避免这种现象,检察机关在抗诉中也只能追随法院的标准,这也是较为普遍的现象。

而追随裁判标准并非易事,因为目标依然不清晰。比如,法律适用"明显"有错误的标准是什么?对此,课题组成员在和相关审判人员的交流中得知,实务中法官通常认为原裁判在法律适用上确有错误即是适用法律必须有"硬伤"。"硬伤"是生活语言,如果不考虑裁判者的法律素养和经验等影响认知的重要因素,其在法律标准上的体现又是什么?这些模糊性的高要求,导致检察官很难准确把握裁判者理解的抗诉标准,较为被动。

实践层面的抗诉标准除了变性大、被动之外,相关性的问题还有:抗诉与否在具体问题上倾注精力多,缺乏对宏观问题、深层价值观及理念问题的关注;抗诉理由论证不充分,说理不透彻;对受主观理解因素制约的监督事由,容易和法院产生认识分歧,既难以影响裁判结果,也容易造成紧张关系;抗诉的定位不高,抗诉案件选择及标准运用缺乏重点关注;大多数抗诉案件是常规案件,检察机关抗诉发挥作用的空间小等。这些问题,说明检察机关缺乏主动塑造和改进抗诉标准的意识和方法。

---

① 《最高人民法院关于适用〈中华人民共和国民事诉讼法〉的解释》第390条规定:"有下列情形之一,导致判决、裁定结果错误的,应当认定为民事诉讼法第二百条第六项规定的原判决、裁定适用法律确有错误:……"。此条嵌入导致判决、裁定结果错误的条件,作为认定适用法律确有错误的标准。

二、民事抗诉标准变革

(一) 解决抗诉标准问题的着力点思考

针对抗诉标准存在问题的解决方法,如果从抗诉标准的制度设计出发寻求对策,需要对整个抗诉制度做体系化的调整,甚至要改变其功能定位。这不符合诉讼制度改革方向,也难以取得理论支持,还有可能使问题更加复杂化,难以把握,因此不具有可行性。相对可行的方式,是从实践层面在操作上寻求出路。

解决实践运用层面抗诉标准存在的问题,课题组认为不能就事论事陷入具体案件的监督事由是否达到标准之争,那样极有可能会导致没有标准的"标准"之争,徒劳无益,也不利于监督功能的发挥。按照问题与解决问题的方法同时存在的哲学观点,从抗诉标准存在的主要问题出发逆向思考,解决办法应该立足于摆脱被动局面。这需要调整思维,转换思路,改变抗诉标准的定位。以问题解决导向思考,抗诉标准的改革蕴藏着以下突破点:

其一,抗诉者在抗诉关系中更加主动,尽力改变地位上的不平衡局面,这样才能使抗诉秉持的标准更有机会发挥作用。这在本质上也符合检察权有主动性的特点。但是,抗诉者发挥更主动的作用并非是指抗诉要在诉审结构关系中谋求强势的地位,而是要改变抗诉标准的被动性。

其二,在抗诉说理中注重主观方面的作用表达,比如抗诉标准的法律思维、司法理念等,通过强有力的说理,尽力改变裁判者的思想认识。这符合常用抗诉事由理解上带有主观性的特征,也有利于避免陷入具体性问题认识上的纠缠,从而有助于建立新型的共赢关系。

其三,注重在重点类型案件尤其是新类型案件中发挥作用。目前的抗诉案件常规类型多,多是当事人的权利义务之争,法院的审判理念和裁判规则相对成熟,抗诉难以影响法院裁判,因而也难以树立监督权威。

其四,对常用抗诉事由予以特别关注。抗诉常用事由比较集中,重点予以研究符合实践需要。这些事由又多是需要借助主观判断的事由,比较容易出现认识分歧,但也恰好存在进一步发挥检察机关作用的空间,予以重点关注有较大的价值。

（二）引领司法理念民事抗诉标准的提出

1. 引领司法理念民事抗诉标准提出的契机

随着国家监察制度改革和检察机关工作任务的调整等形势的变化，最高人民检察院党组和张军检察长审时度势，提出检察制度需要进行重塑性的改革。① 就检察工作格局来看，确立了刑事检察、民事检察、行政检察、公益诉讼检察均衡发展的基本思路，打破长期以来刑事检察和民事检察等其他业务发展严重不平衡的格局。②

四大检察的均衡发展，需要立足于各自的现实基础确定进取的路径，以期强者做优，弱者补强。从总体来看，民事检察工作还处于偏弱的状态，在监督实效上还不尽如人意，未能产生出应有的社会影响。也正是基于此种现实考量，高检院党组和张军检察长提出要做强民事检察。

如何做强民事检察？这是多年来各级检察机关深思但又未能理出明确解决方案的问题。新一届高检院党组基于民事检察工作现状和监督发展趋势的深入思考，确定了要从监督质量上突破的路径。③ 民事检察的监督方式主要有抗诉和检察建议两种，对于检察建议而言，提高监督质量的有效方法是增强检察建议的刚性。对此，张军检察长指出要将检察建议从内容上做成刚性，从效力保障上做到刚性④。而针对提高抗诉监督质量的方法，在2018年10月24日张军检察长于十三届全国人大常委会第六次会议上作的关于《最高人民检察院关于人民检察院加强对民事诉讼和执行活动法律监督工作情况的报告》中，也有清晰的勾勒。其中针对性地指出："民事抗诉不是越多越好，要优先选择在司法理念方面有纠偏、创新、进步、引领价值的典型案件，抗诉一件促进解决一个领域、一个地方、一个时期司法理念、政策、导向的问题，发挥对类案的案例指导作用。"这段论述明确指出了新时期民事抗诉质量提高的具体方法，同时也是对新时期民事抗诉标准的明确，即民事抗诉应当体现引领司法理念的价值。

可以看出，引领司法理念民事抗诉标准的提出，直接的现实动因是希望通过确立更优功能的抗诉标准提高抗诉质量，提升监督价值。深远的考虑是

---

① 参见蒋安杰：《最高检的里程碑式重塑性变革》，载《法制日报》2019年3月11日。
② 参见姜洪：《"四大检察"、"十大业务"，检察工作迎来新格局》，载《检察日报》2019年7月15日。
③ 参见每周社评：《从人民需求出发做强新时代民事检察》，载《检察日报》2018年10月29日。
④ 参见每周社评：《检察建议要做成刚性做到刚性》，载《检察日报》2018年9月25日。

藉此做强民事检察,实现四大检察的均衡发展。

更为具有现实意义的是,透过张军检察长关于重点开展引领司法理念抗诉的论述要义,可以清晰地看到其是立足于解决抗诉的现实问题提出的要求。论述指明的方法,恰是解决抗诉标准问题的针对性路径。引领司法理念的抗诉标准,具有工作方法上的主动性、问题解决关注主观方面,面向的问题具有针对性和侧重性的内涵,非常切合目前抗诉标准存在问题的解决思路。它的提出,相信也是高检院党组及张军检察长对现实状况深思熟虑的结果,是解决抗诉标准问题的针对性方案。

2. 引领司法理念民事抗诉标准的意义

通过上文的分析可以看出,目前抗诉实务中掌握的标准,很大程度上都是在法院的裁判标准之后亦步亦趋。而引领司法理念民事抗诉标准的提出,实则是变被动为主导,由对裁判标准的"追随"变为"引领",确是对民事抗诉标准把握上质的飞跃。它跳出了解决抗诉标准的固化思维,不仅对解决抗诉标准的问题具有针对性,同时也直击裁判根本问题之所在,确是以问题为导向的方案。从辐射功能而言,引领司法理念民事抗诉标准还有以下方面的意义:

(1)它为长期偏软的民事抗诉工作指明了做强的方向。民事抗诉虽然是传统民事检察业务,但由于在办案上对案件类型没有重点性的选择,也缺乏提炼总结有效的工作方法,导致抗诉没有明确的目标追求,没有明确的科学标准,没有有效的手段,因此相当多的抗诉案件也没有取得成功。统计发现,近年来省级检察院提请最高人民检察院抗诉的民事案件,获得最高检支持的仅为40%多。[1] 而从抗诉的结果来看,有审判机关统计抗诉案件的改判率仅为29%。[2] 而且,比较普遍的情况是,即使抗诉后法院再审对原裁判结果有所改变的案件,纠正的错误往往也是些原裁判中不甚重要的事项,难以影响裁判者的司法理念和审判机关的裁判规则,抗诉对裁判产生的影响力微乎其微。引领司法理念的抗诉标准的提出,明确了民事抗诉的目标追求,聚焦了抗诉工作的重心及有效的方法,有利于民事抗诉工作的做强。

(2)进一步聚焦了民事抗诉的功能定位及作用发挥。民事抗诉作为对

---

[1] 参见滕艳军:《民事案件的抗诉标准研究——以最高检近年200余件民事案件为研究对象》,载《人民法治》2018年8月(上)。

[2] 参见郎立惠、程周彪:《关于审理民事再审抗诉案件情况的调研报告》,载《经济研究导刊》2016年第6期。

法院生效裁判监督的最刚性的手段，其直接的功能是法院应当根据抗诉启动再审程序。这一方面意味着抗诉是最能体现监督属性的监督手段，但同时也意味着抗诉可能引发检法之间的紧张关系，不但监督成本巨大，而且存在一定的副作用。进一步而言，抗诉在制度结构上是下审上抗，设计理念相当慎重。这就要求抗诉除应当贯彻谦抑原则外，还应当精准，应当选择最有必要性、最有价值的案件进行抗诉，使监督的深层次功能得以体现。而这一深层次功能，不仅是纠正重要个案的错误裁判，更重要的通过纠正错误裁判宣示、整塑司法理念，进而引领同类案件的司法统一性。因此，引领司法理念的抗诉标准，即是提高监督效能，发挥民事抗诉价值的有效路径。

（3）切合当下的司法需求。随着我国经济领域结构性改革的深入以及以大数据为代表的现代科技在生活领域中的广泛运用，民商事领域新型、疑难案件多发，日益成为常见类型。就新类型案件而言，例如信用卡纠纷、股权纠纷、委托理财纠纷、互联网金融纠纷等不断涌现，引起社会广泛关注。就疑难案件等而言，由于社会治理体系不够完善，劳资纠纷、土地纠纷等涉及群体性利益冲突的纠纷也经常出现，形成社会关注的热点案件；刑民交叉案件在多个案件领域也较为普遍，司法上对刑民关系的性质认识有较大差异。上述案件的司法处理有的涉及金融、大数据、互联网等较多的专业知识，有的对通过案件审理化解纠纷的能力有较高需求，综合来讲工作层面对审判人员的综合性的业务能力提出更高要求。① 但反观司法实务，裁判对于上述案件的处理在一定程度上还缺乏统一的认识和研究，以至于对案件处理要么缺乏一致性的裁判规则，导致司法裁判的不统一；要么缺乏有效的方法，致裁判不能起到息事宁人的效果。其最终是损害司法的严肃性和公信力，不利于法治国家的建设。这种状况是最需要检察机关通过抗诉职能加以改进的，也是最能够取得监督实效的。

（4）为实务工作中的诸多困局破解提供了策略。近些年，最高检察院为加强民行检察工作，先后提出类案监督、多元化监督、精准监督、专项活动等重点工作内容及方法。其虽也是从民事检察工作的软肋出发而做的部署，但从总体上看，这些重点工作并未能够产生预期的效果，究其原因是缺乏针对性强的工作抓手。引领司法理念抗诉标准的提出，本质上是实现精准监督的要求和体现，其主要应适用于类案监督，也就是其能够实现精准监督

---

① 参见周强：《充分发挥民商事审判职能作用，为经济高质量发展提供高水平司法服务和保障》，载《人民法院报》2019年7月4日。

和类案监督的贯通，是以精准监督的手段激活类案监督。同时，它也能带动其他监督工作的开展，有利于多元化监督格局的进一步形成和深化。

（三）引领司法理念民事抗诉标准构建和运用的路径及研究方法

客观地讲，引领司法理念的抗诉标准意义重大，但准确运用的难度也大。原因在于：

其一，抗诉引领司法理念的要求是"命题作文"，虽然立足于解决实践问题，也基于实践基础提出，但立论明显跳出了实践问题的具体性，要求上高于已有的实践探索。调研中，检察官普遍地认为"引领司法理念"的抗诉标准定位，既宏大又具有抽象性，是一个全新的要求。对这一命题目前尚感到理解不够、把握不准。

其二，"引领司法理念"的抗诉标准要体现引领司法价值观的功能，因此本质上是一个带有抽象内容的实践性命题，故破题既需要将其具体化，又需要准确把握实践问题。但实践问题过于复杂和个性化，破题过程容易出现对实践问题把握失准和被问题的过于具体性障目，从而使标准在适用中跟实践问题不能准确对接，无从发力。

因此，为使引领司法理念的抗诉工作要求得到顺利、准确实现，当前亟需对该抗诉标准进行内容构建和运用谋划。重点需要解决以下几个问题：一是，引领司法理念的抗诉标准应具有哪些功能要素和构成条件？对这个问题的准确把握是真正落实该项工作的基础。二是，引领司法理念的抗诉标准重点针对什么问题、哪些领域？在操作上和监督事由怎样结合？这个问题的揭示能保证标准和实务的对接。因民商事案件纷繁复杂，对接上需要相对类型化。三是，引领司法理念的抗诉标准的内容怎样构成？作用如何发挥？这个问题的回答能使抗诉标准内容相对规范，具有推广适用的意义。从运用的角度看，标准的内容需要相对体系化。

以解决问题为出发点，课题组将依然运用实证研究方法，按照解构再建构的逻辑，对引领司法理念的抗诉标准分层予以揭示。首先紧密结合实务对该标准的要素进行解构，在明确其内涵、特征、功能、运用方法的基础上，确定其适用的对象、针对的问题和适宜的监督事由，然后尝试对标准予以内容搭建和运用解析。这一过程中，基于实务的设想在研究中是必要的，为保证设想和实践问题的一致性，实证既用于讨论的展开，也用于有关建议和结论的检验。

三、引领司法理念民事抗诉标准解构

（一）引领司法理念民事抗诉标准的界定

1. 引领司法理念民事抗诉标准的含义

正确运用引领司法理念的民事抗诉标准，充分发挥好其效能，首先要清楚界定引领司法理念民事抗诉标准的内涵。引领司法理念的民事抗诉标准，体现一种新的抗诉监督理念，当然也是新的抗诉监督条件。它指的是检察机关用以启动民事抗诉的标准，不仅能够通过抗诉对于具体案件的裁判错误予以再审纠正，更要能够通过个案裁判的纠正宣示相似案件的裁判理念及其相关的标准和方法，对后来的裁判在价值追求、适用法律等方面起到参照和引导作用。

2. 引领司法理念民事抗诉标准的特征

引领司法理念的民事抗诉标准，由于其理念及定位不同寻常，决定了其内涵、效力、适用等方面具有独到之处。具体体现在：

（1）从抗诉标准的构成条件看，引领司法理念的抗诉标准高于一般意义上的抗诉标准。一般情形下的抗诉标准，是被监督案件只需符合规定的再审条件即可，也即以裁判具有损害两益事由或者《民事诉讼法》第200条规定的十三项再审事由之一为已足[①]。换句话说，再审事由即是抗诉标准。而引领司法理念的抗诉标准，除了要求原审裁判需要满足一般的法定再审事由外，还需具有抗诉能够指引后来的司法裁判的功能。抗诉确立的在案件适用法律、裁判尺度、价值体现等方面的标准为后来的同类裁判所参照、遵守。

（2）从抗诉标准的内涵上看，引领司法理念的抗诉标准更强调内容体现对裁判者在司法活动中主观思维活动范畴的引领，包括裁判的价值追求和价值判断、裁判思维活动等方面。法定的抗诉条件既是抗诉的直接理由，同时也成为承载司法理念的工具。而一般的抗诉标准并不强调要具有司法理念方面的内涵，只要具备法定的监督理由即可，更体现客观性。

（3）从抗诉标准的适用性上看，由于一般情形下的抗诉标准是个案裁

[①] 参见滕艳军：《民事案件的抗诉标准研究——以最高检近年200余件民事案件为研究对象》，载《人民法治》2018年8月（上）。

判具备再审事由,因而抗诉条件对其他案件较少具有特殊的参考意义,更谈不上具有引领功能。引领司法理念的民事抗诉标准具有示范效应,通过个案抗诉确立的司法理念、法律适用条件、案件处理标准能够指导以后的相类似案件的司法裁判。

(4) 从抗诉标准的功能发挥看,一般情形下的抗诉标准,其功能是对具体案件的监督起作用,立足于纠正个案具体的裁判错误。这个作用是个别性的,不能扩及于其他案件,因此也不具有防止同类裁判错误继续出现的功能。而引领司法理念的抗诉标准,其功能着眼于通过监督个案纠错的所能起到的示范效应,具有事前规范作用,对后来的裁判有参考价值,能够对后来的相似案件的裁判通过引领起到一定的间接约束功能。

(5) 从抗诉标准对监督关系的影响看,一般情形下抗诉标准的作用,是监督者监督裁判者对个别案件做出的裁判,双方因而成为结构上的对立性的监督与被监督的关系,容易引起情绪上或者工作中的对抗。而引领司法理念的抗诉标准,监督者对司法裁判者的引领,本身也是一种协作,以共同实现法治的统一,并维护裁判权威,因此构成新型的监督与被监督关系。也有学者将这种监督关系称之为协作型的监督关系,能够达到双赢多赢共赢的效果。①

(二) 引领司法理念民事抗诉标准的特殊功能

引领司法理念的抗诉标准,是对抗诉标准的高品质要求,即要求抗诉标准具备引领裁判者司法理念的功能。反向看,引领司法理念的要求构成对抗诉标准构建的制约,即抗诉标准要明确体现司法理念,且是具有引领价值的司法理念。

1. 实务层面对司法理念的理解

在文义上,理念大致与观念相同。对于何谓司法理念,受研究者分析的角度差异影响,观点众多。从司法理念具有的功能角度,有学者认为:"司法理念是指导司法制度设计和司法实际运作的理论基础和主导的价值观,司法理念是司法的重要组成部分,是体现在司法体制、司法组织、司法程序中,并直接作用于司法人员,形成'行动中的法'即司法实践中的重要因素。"②

---

① 参见肖建华:《新时代民事检察监督价值功能》,载《检察日报》2019年6月3日。
② 王申:《理念、法的理念—论司法理念的普遍性》,载《法学评论》2005年第4期。

司法理念属于法哲学的范畴，具有宏观的内容和丰富的内涵。我们从课题需要的角度，将司法理念简要界定为法官在裁判过程中所秉持的基本观念和价值判断，核心在于司法价值观。正确的司法理念之于裁判者非常重要，因为"如果没有清晰的、系统的价值导向，法律工作者就不能担当法学研究和法律实践的责任"。① 处理具体案件时，法官的司法理念不同，对规则的理解可能就会不同，甚而至于会误用、错用或者滥用规则。如此一来，就会产生适用法律的不统一或者不正确，导致做出不同的裁判结果或者错误的裁判结果。也就是说，裁判结果上出现的问题是司法理念不正确的结果而不是原因。解决裁判适用法律不统一或者错误适用法律问题首先是解决司法理念的一致性问题。

2. 司法理念对案件裁判影响的实证观察

司法理念对裁判结果的影响，在具体案件中表现的非常直观。比如备受关注的"老人景区擅自上树摘杨梅摔死案"，本案中，广州市花都区某村是国家 AAA 级旅游景区，村委会在河道旁种植了杨梅树。六旬村民吴某私自上树采摘杨梅跌落身亡，家属遂起诉村委会要求承担赔偿责任，索赔金额达 60 万元。一、二审法院判决以双方均有过错为由，酌定村委会承担 5% 的赔偿责任②。2020 年 1 月 20 日广州中院对该案再审宣判，明确认定村委会不存在过错，驳回了吴某近亲属要求其承担赔偿责任的请求。此案终审判决强调了民事活动上的价值观要求："吴某因私自爬树采摘杨梅跌落坠亡，后果令人痛惜，但行为有违村规民约和公序良俗"。③

遵守规则和公序良俗都事关公共利益，是民事裁判必须要维护的社会价值观。对此，裁判者应当有明确坚定的司法理念。如果缺乏这样的司法理念，认识模糊或者意志不坚定，就会进一步导致对规则的错误适用。就本案来讲，一审、二审判决和再审判决同样都是适用过错原则作为裁判依据，但由于一审和二审的裁判者司法理念有偏差，因此未能正确适用过错原则下的责任自负规则，以至做出了错误的裁判，也造成了严重的社会影响。④ 而再审判决追求的司法理念正确、清晰，对过错原则下的责任自负规则也就能够

---

① 【德】伯恩·魏德士：《法理学》，丁晓春、吴越译，法律出版社 2013 年版，第 175 页。
② 详见（2018）粤 01 民终 4942 号民事判决书。
③ 参见报道：《广州六旬老人景区擅自上树摘杨梅摔死案再审改判：景区无责!》，载《羊城晚报》2020 年 1 月 20 日。
④ 有公众评论认为，幸亏此案最终被改判，否则社会的道德水平会倒退 50 年。载搜狐网 https://www.sohu.com/a/376835003_776103，访问时间：2020 年 3 月 4 日。

正确予以运用:"村委会作为该村景区的管理人,虽负有保障游客免遭损害的义务,但义务的确定应限于景区管理人的管理和控制能力范围之内;村委会并未向村民或游客提供免费采摘杨梅的活动,杨梅树本身并无安全隐患,不能要求村委会对景区内的所有树木加以围蔽、设置警示标志。吴某作为具有完全民事行为能力的成年人,应当充分预见攀爬杨梅树采摘杨梅的危险性"。①

3. 抗诉标准要充分体现司法理念

首先,抗诉标准中要明确具体地体现司法理念。这要求抗诉不能只是简单的指出法律依据,而是要围绕法律适用进行司法理念的阐释。如付历与弘圆公司等确认合同效力纠纷再审案②,抗诉机关认为,合同效力的认定首先要体现遵守诚实信用、公序良俗的价值观的理念。这一理念要渗透到本案抗诉的法律依据即恶意串通签订合同效力的裁判规则运用上。恶意串通规则内容应当包含两个层面,一是双方均有损害国家、集体或者第三人的意图,即"恶意";二是就此意图,双方存在"通谋",这种通谋既可以表现为双方事先达成协议,也可以表现为一方做出某一意思表示,对方明知其目的非法,仍予以接受。吉林省高级人民法院采纳了抗诉机关的意见,再审认为,是否构成恶意串通应以行为人是否明知或应知该行为侵害国家、集体、第三人的利益,即行为人在主观上具有恶意。而判断行为人主观上是否具有恶意则需结合具体案情予以综合评判。本案中,弘圆公司于2005年10月18日将案涉房屋出售给付历并已经实际交付使用。弘圆公司在没有证据证明已经征得付历同意的情况下再次将案涉房屋出售给邵淑芝违反民法上的诚实信用、公序良俗的基本原则,应认定弘圆公司主观上具有恶意。据此应当认定弘圆公司和邵淑芝签订的商品房买卖合同无效。

该案在抗诉意见中,首先倡导民事主体树立遵守诚实信用、公序良俗的价值观,进而明确了恶意串通行为的认定,对恶意串通签订的合同效力做了否定性评价。整体上看,这是一个将司法理念与裁判规则有机结合的抗诉案件,值得肯定。

其次,抗诉标准体现的司法理念要正确、先进。抗诉标准体现的司法理

---

① "作为具有完全民事行为能力的成年人,应当充分预见攀爬树木的危险性,仍攀爬造成自身死亡的结果,村委会未违反安全保障义务的,不承担责任——吴某近亲属诉广州市花都区某村违反安全保障义务责任纠纷案",法信 www.faxin.cn/lib/cpal/AlyzContent.aspx? isAlyz = 1&gid = C1371533&userinput,访问日期:2020年2月20日。

② 详见(2018)吉民再第325号民事判决书。

念做到正确、先进，才能具有引领性，才能深入裁判思维①，唤醒裁判者宣扬司法理念的自觉意识，主动用社会主义核心价值观、以及科学的裁判标准去衡量、约束裁判活动。如果检察机关抗诉标准体现的理念不清楚、不正确、或者不具有先进性，是起不到引领作用的。从抗诉实践观察，抗诉不重视表达司法理念是一个较普遍的现象，其后果是容易陷入和裁判者就具体问题、具体规则的争议。如有的案件经历抗诉、跟进监督的反复，仍然不能和法院在认识上达成一致，导致抗诉工作步履维艰。

为使抗诉标准所秉持的司法理念正确、先进，从而具有引领性，则要确保抗诉标准所体现的司法理念符合社会主义核心价值观、公平正义的司法基本要求和公序良俗的司法观念。其一，社会主义核心价值观包含的内容和民商法的基本原则及精神内涵是高度一致的②，抗诉标准和裁判标准符合社会主义核心价值观，就体现了科学、先进、正确的司法理念。当司法人员对处理案件的具体规则把握不准时，社会主义核心价值观就是明确的指导。其二，公平正义是司法的基本要求，也是民众对司法裁判的基本期盼。尤其是民事裁判，其内容多关乎当事人间权利义务的分配，公众的直观感受更强。因此，公平正义就是民事司法的基本理念和价值追求，当裁判结果有违公平正义时，则对司法上的公信力就会造成直接的伤害，应当及时坚决纠正。考察高检院抗诉的案件，抗诉意见中指出裁判错误有违公平正义的情况还是比较多的，这是传递司法理念的重要表现。其三，鉴于民商事活动的广泛性和民事主体意志的自由，可能会出现边界模糊的行为，对此公序良俗就是重要的行为标准，是社会价值体系的重要组成部分。公序良俗在内容上虽然具有相对弹性，但树立的行为边界则是清晰的，即行为不能违反公共秩序和善良风俗。因此，维护公序良俗也是重要的司法理念。

抗诉标准所应体现的符合社会主义核心价值观、公平正义的司法基本要求和公序良俗的司法观念，本质上都是公共利益保护的理念，只是表现的侧重点不同而已。这也是由检察机关的职责、法律监督的任务决定的。

（三）引领司法理念民事抗诉标准的功能要素

司法裁判是集司法理念、裁判方法、裁判规则于一体的活动，裁判规则

---

① 参见江必新：《关于裁判思维的三个维度》，载《中国审判》2019年第3期。
② 参见卓泽渊：《社会主义核心价值观在法治建设中的贯彻》，载《法制日报》2018年9月10日。

是司法理念的最直接的载体。对于引领司法理念的抗诉而言，虽然司法理念具有牵引性，但其并不能独自发生作用，而是要通过抗诉标准的运行才能够起作用。因此，运用于引领司法理念的民事抗诉标准的功能要素，应该包括理念引领、方法引领、规则引领三个方面。从抗诉标准构建的角度看，也是标准的内容需要具备的三个维度。

1. 抗诉标准要传递先进、正确的司法理念

裁判错误的表面呈现的是事实认定、法律适用等方面发生的错误，但很多错误裁判的深层原因是裁判者的司法理念落后、偏颇、甚至错误。裁判者的司法理念一旦出现问题，对裁判规则可能就会误用或者滥用，导致裁判结果错误。为此，抗诉标准要起到引领司法理念的作用，首先就要立足于把正确的司法理念传导给裁判者。具体要求是：在理念表达上清楚、先进，且具有司法适用性。如上文所述，只有裁判者司法理念的深层意识被唤醒或建立，其才能主动去用抗诉宣示的标准去约束、检验司法裁判，从而提高裁判的准确性和社会认可度。

2. 抗诉标准要指引裁判方法

裁判本身是运用法律规范对案件事实进行分析、评判的工作，主观能动性很强，这一过程中司法理念得以彰显。虽然裁判过程有相对严谨的运行上的规则体系，但裁判者个体需要长期的经验积累才能够掌握其中的方法。因裁判者个体的知识、经验、思维特点有差异，从而导致每个裁判者的司法理念可能不同，对裁判方法的认知及掌握也会有差异。当这些差异输入到裁判过程和裁判结果的时候，就有可能导致裁判适用法律和裁判尺度的不统一，有出现错误的可能。① 因此，作为引领司法理念的抗诉标准，应该有意识地指引裁判方法，促进裁判者对规则认识、运用的一致性和准确性，弥补容易出现的问题，尽可能减少裁判错误。

3. 抗诉标准要引导建立裁判规则

对于司法裁判而言，裁判的依据是规则而不是纯粹的理念，司法理念的作用要通过裁判规则来体现。比如最高检抗诉的"丁祥明、李晴、冯月琴与瞿斐建优先认购权纠纷一案"，抗诉意见认为裁判结果有违公平正义的司法理念，原因是认定优先购买权行使的规则不准确。最高法认同抗诉意见，

---

① 参见韩振文：《论认知风格对法官决策差异形成的影响》，载《中南大学学报（社会科学版）》2016年第6期。

对案件作了改判。① 可见，引领建立裁判规则，应当作为引领司法理念抗诉标准的直接功能。其也是最能够为裁判者感知受领的功能。通过抗诉标准的传导引领建立的裁判规则，应当能够适用于同类案件的裁判，内容较为完备，理据充分、符合法律精神②、具有三个效果的统一。

上述三个引领司法理念抗诉标准的功能要素应当有机结合在一起，不能分割看待。其中，抗诉标准的重心应放在引领裁判者的司法理念上，但同时要在此基础上进一步引导建立相应的裁判规则和裁判方法的运用。因为，裁判的司法理念要通过裁判规则体现出来，没有裁判规则的建立，司法理念就容易空洞化。诚如有关专家在阐述社会主义核心价值观念融入司法裁判的方法时所言：司法实践中要注意避免两种倾向：一是防止泛化和滥用核心价值观，不能用核心价值观直接取代法律规范；二是防止把核心价值观虚化和抽象化，机械司法，应充分认识社会主义核心价值观在司法裁判中的独立价值。③

从检察机关抗诉的实证角度观察，也有一些在抗诉理由中将司法理念与裁判规则很好地加以融通并取得审判机关支持的案例。比如高检院发布的第14批共5件关于虚假诉讼的指导性案例中，有两件是通过抗诉监督的案例。该批指导性案例阐述了一个重要观点：虚假诉讼损害的不仅仅是案外人的私益，而且还破坏了国家的司法秩序，损害了司法权威，是侵害国家利益、社会公共利益的行为。④ 对虚假诉讼涉及的民事行为，应当判定为是无效的民事行为。此监督意见表达的司法理念正确，裁判规则清晰，最终得到法院的支持，也产生了示范效应。此后，省级法、检等职能部门会签的办理虚假诉讼的指导性文件，一般都采纳了此观点。⑤

---

① 详见最高人民法院（2012）民抗字第31号《民事判决书》。
② 参见吴英姿、马亚莉、张雪静、陈飞燕：《民事抗诉实证研究》，载《国家检察官学院学报》2015年第4期。
③ 参见赵栋梁等：《社会主义核心价值观融入司法裁判的路径、方法与机制——"司法裁判弘扬社会主义核心价值观的理论与实践"研讨会综述》，载《人民法院报》2020年1月9日。
④ 参见李浩：《如何发现民事诉讼监督引领性案件》，载《检察日报》2019年11月21日。
⑤ 如：广西壮族自治区高级人民法院、广西壮族自治区人民检察院、广西壮族自治区公安厅、广西壮族自治区司法厅于2109年10月共同会签的《关于防范和查处虚假诉讼的若干意见》规定："虚假诉讼行为妨害司法秩序，浪费司法资源，损害司法权威和司法公信力，应当认定为损害国家利益、社会公共利益。"

(四) 引领司法理念民事抗诉标准作用发挥的路径

1. 引领司法理念的抗诉标准通过案例发挥类案指导作用

鉴于民商事案件的复杂性和案件抗诉的个别性特征，引领司法理念的民事抗诉标准是很难通过司法文件系统地加以构建或者体现的。对此，张军检察长指出："……抗诉一件促进解决一个领域、一个地方、一个时期司法理念、政策、导向的问题，发挥对类案的案例指导作用。"也就是说，引领司法理念的民事抗诉标准，其引领功能表现的途径是案例指导。由此，引领司法理念的抗诉标准就具有了扩张适用的价值，也即具有了类型化的意义，可以发挥类案指导功能。而通常而言，类案指导功能又是指导性案例具有的典型特征。根据修订后的《最高人民检察院关于案例指导工作的规定》第2条，指导性案例应当符合以下条件："（一）案件处理结果已经发生法律效力；（二）办案程序符合法律规定；（三）在事实认定、证据运用、法律适用、政策把握、办案方法等方面对办理类似案件具有指导意义；（四）体现检察机关职能作用，取得良好政治效果、法律效果和社会效果。"这也说明，指导性案例和引领理念司法的抗诉案例在功能上是趋同的。

2. 处理好指导性案例和引领司法理念案例的关系

但指导性案例和引领司法理念的抗诉标准案例功能的相似，并不能说明二者是一样的，二者仍然具有不同之处，研究这些不同之处，对于创设引领司法理念抗诉案例功能发挥的管道具有意义。不同之处表现在：

（1）引领司法理念的案例应当比指导性案例具备更高的条件要求。指导性案例主要是在事实认定、证据采信、法律适用、政策掌握等方面对办理类似案件具有指导意义。[①] 而按照张军检察长的阐述，引领司法理念的抗诉标准是重在引领"司法理念"，重点是在司法理念上具有纠偏、创新、进步的引领价值，目的是抗诉一件案件促进解决一个领域、一个地方、一个时期司法理念、政策、导向的问题。也就是说，其意义不是局限于规范司法，虽然规范司法和理念引领一定程度上也是相互渗透和促进的，但张军检察长的论述显示，引领司法理念案例的标准定位更加提出对司法理念的引领，这是超出对指导性案例的要求的。

（2）引领司法理念的案例适用的对象和指导性案例不同。作为引领司

[①] 参见孙海龙、吴雨亭：《指导案例的功能、效力及其制度实现》，载《人民司法》2012年第13期。

法理念的抗诉案例,所引领的直接对象是审判机关,是对外的;而指导性案例所直接指导的对象是检察机关,是对内的。对外指导的作用发挥,无法通过行政程序要求而实现,而主要寄托于裁判者的认可和信服,因此这也要求引领司法理念的抗诉标准是高质量的。

(3)引领司法理念的案例和指导性案例的效力不同。最高检察院和最高法院均明确,指导性案例有相应的效力。修订后的《最高人民检察院关于案例指导工作的规定》第15条规定:"各级人民检察院应当参照指导性案例办理类似案件,可以引述相关指导性案例进行释法说理,但不得代替法律或者司法解释作为案件处理决定的直接依据。各级人民检察院检察委员会审议案件时,承办检察官应当报告有无类似指导性案例,并说明参照适用情况。"而《最高人民法院关于案例指导工作的规定》第7条则明确:"最高人民法院发布的指导性案例,各级人民法院审判类似案例时应当参照。"上述两院的规定均表明,指导性案例具有一定的约束力。《〈最高人民法院关于案例指导工作的规定〉实施细则》第9条则进一步强调:"各级人民法院正在审理的案件,在基本案情和法律适用方面,与最高人民法院发布的指导性案例相类似的,应当参照相关指导性案例的裁判要点作出裁判。"第10条又规定了具体方法:"各级人民法院审理类似案件参照指导性案例的,应当将指导性案例作为裁判理由引述,但不作为裁判依据引用。"而在有关学者的观点中,一般也认为指导性案例应当具有一定的约束力。①

引领司法理念的抗诉案例对以后的裁判者有没有一定的效力?这是一个需要深入研究的问题。从结构关系上看,由于引领者和被引领者分属两个组织体系,相互没有隶属关系,因此制度逻辑上很难要求裁判者必须遵守检察官提出的案件标准。但这不意味着引领司法理念的案例对裁判者不能起作用:首先,科学合理、实用价值强的引领性案例对司法裁判能够产生影响力,相信裁判者是能够自觉适用的。其次,引领司法理念的抗诉标准对裁判者能否起作用关键是取决于案例发挥作用的机制设计。引领司法理念的案例可以通过层级高的检察机关和审判机关协商产生②,从而在适用上可以由上级审判机关提出具体要求,也即可以通过体系"转化"的方式产生一定的约束力。司法实践中,法检两院就民事检察工作会签文件或者做联合规定的

---

① 参见刘峥:《指导性案例的适用效力》,载《人民法院报》2017年7月19日。
② 参见汤维建:《新理念引导民行检察监督新模式》,载正义网 http://news.jcrb.com/jszx/201810/t20181024_1918685.html,访问时间:2020年2月20日。

情况比较常见，实则体现的就是这种合作。①

（4）引领司法理念的案例和指导性案例产生的程序设计有差异。目前，指导性案例已经有相关制度规制，其中设计了严谨的产生程序，也有运作的实践。引领司法理念的抗诉案例还处于探索阶段，其中也包括需要对程序设计一并进行探索。总体上讲，引领司法理念抗诉标准案例的产生程序应不低于指导性案例产生的程序，程序的严谨能保证产生的具有引领价值的案例的权威性。

当然，指导性案例和引领司法理念的抗诉案例的相互关系还需要进一步深入的研究。二者融合也是一个可选的发展路径，在融合的路径下可以将具有引领司法理念价值的抗诉案例作为工作重点凸显出来。

四、引领司法理念民事抗诉标准的实践运用

张军检察长对引领司法理念抗诉标准的论述内容，从三个方面指出了该标准的应用问题：一是适用对象上要优先选择在司法理念方面有纠偏、创新、进步、引领价值的典型案件；二是在解决问题上是针对一个领域、一个地方、一个时期司法理念、政策、导向的问题；三是在作用方法上是类案指导。这实际上是构建引领司法理念抗诉标准的方法论，非常重要。概括地讲，构建引领司法理念的抗诉标准要选择重点裁判问题，包括问题形态和案件领域。民商事案件种类繁多，裁判问题性质也较为复杂，作为相对"高端"的引领司法理念的民事抗诉标准②，构建工作应该选择当前司法裁判最典型、最严重的问题进行，尤其是司法理念最不统一的案件领域进行，突出针对性，彰显实效性。

选好针对的裁判问题，是构建引领司法理念民事抗诉标准的首要环节。鉴于引领司法理念的民事抗诉标准是全新命题，尚无一定的组织标准对其面向的裁判问题做出要求，因此课题研究需要适当通过实证设想的角度展开讨论。但是，设想不是虚拟，应该基于一定的事实根据。为此，在做实证设想时课题将把握如下原则：一是，聚焦的裁判问题在实务中最突出，尤其在司

---

① 如最高人民法院和最高人民检察院在 2011 年就曾会签《关于对民事审判活动和行政诉讼实行法律监督的若干意见（试行）》和《关于在部分地方开展民事执行活动法律监督试点工作的通知》两个文件。

② 参见李浩：《如何发现民事诉讼监督引领性案件》，载《检察日报》2019 年 11 月 21 日。

法理念上问题更甚;二是,聚焦的案件领域社会关注度高,最需要在司法上予以重视;三是,聚焦的监督条件典型,能发挥司法引领价值。当然,三个方面不是孤立的,而是相互交织在一起的。

从以实证的方法构建引领司法理念抗诉标准的逻辑看,如果具备了针对的裁判问题、面向的重点领域、以及切实的监督条件(理由),且三者间内在连接上能够自洽,则已基本满足了标准构成的需要,应视为是可行的路径。

(一) 以适用法律不统一作为重点面对的裁判问题

1. 裁判适用法律不统一的严重性和危害性

课题组通过对抗诉案例及其他法院再审的案例的认真分析,咨询法检两系统专业人员,并参阅有关司法文件,认为目前司法裁判中存在的诸多问题中,最迫切需要在司法层面予以解决的是裁判不统一的问题。可以对此判断提供佐证的材料有很多,如最高法院有领导撰文指出:"裁判尺度不统一,是一段时间以来困扰民商事审判的突出问题,如公司对外担保的效力问题、盖假章合同的效力问题、合同约定与登记簿记载不一致的担保物权的范围问题、让与担保问题,甚至连违约金如何调整、解除权行使的条件等一些常见问题,裁判尺度都不完全统一。裁判尺度不一为滥用裁量权开了方便之门。因此,应通过司法解释、法律适用指导意见、指导案例、类案检索制度以及完善审判权运行约束机制等措施统一裁判尺度。"① 这段话指出了裁判不统一的表现、危害以及解决的方法,非常重要。

一般意义上讲,裁判不统一指的是同类案件的裁判适用法律②和裁判标准③、裁判尺度缺乏统一性。由于裁判标准、裁判尺度实际上也是法律适用问题,因此可以认为裁判不统一的集中表现就是裁判适用法律不统一。裁判适用法律不统一形成同案异判,严重损害司法公信力,严重背离司法的内在属性。美国著名法官、法学理论家本杰明·卡多佐曾指出:"如果有一组案件所涉及的要点相同,那么各方当事人就会期望有同样的决定。如果依据相互对立的原则交替决定这些案件就是一种很大的不公。如果在昨天一个案件中,判决不利于作为被告的我,如果今天我是原告,我就会期待本案的判决

---

① 刘贵祥:《关于人民法院民商事审判若干问题的思考》,载《中国应用法学》2019 年第 5 期。
② 参见凌宗亮:《法律适用统一个案实现的裁判路径》,载《人民法院报》2012 年 9 月 19 日。
③ 参见林振通:《统一司法尺度和裁判标准》,载《人民法院报》2013 年 12 月 24 日。

相同。如果不同,我的胸中就会升起一种愤怒和不公的感觉。"① 也即,"没有足够理由支撑的不同对待会造成当事人的不服和舆论的指责,严重破坏司法公信力"。②

2. 裁判适用法律不统一实务表现的普遍性

司法裁判工作的其他方面的不统一也存在,但不容易予以类型化,造成的社会影响也较低。从引领司法裁判统一的角度看,应集中于适用法律和裁判标准的不统一这个现象,其中主要是适用法律的不统一,因为裁判标准的不统一要么本身就是法律适用问题,要么是由法律适用引起的问题。

鉴于裁判适用法律不统一是一个普遍性的问题,因此检察机关在民事抗诉工作中对涉及到的案件领域都有必要加以理念和裁判规则的引领。但从现实来看,由于检察机关的监督力量比较有限,从解决裁判之困的角度,我们认为应当将重点引领的案件领域集中于裁判适用法律不统一情形比较高发的建筑工程案件、金融领域的新型投资案件、经济领域中的刑民交叉案件、公司担保案件、知识产权案件、事关社会价值导向的热点案件、民间日常生活交往意外伤害案件、虚假诉讼案件等。以下从实证的角度举例说明:

第一,以建设工程纠纷案件为例。其当前是司法实务的高发案件,且伴随我国社会的发展状况还会持续相当长一个时期。根据最高人民法院第二巡回法庭对其 2017 年度办理的民商事审判的统计数据看,第二巡回法庭已结民商事案件案由分布的基本情况为建设工程施工合同纠纷 137 件,占比 18.2%③,远远高于其他案由的案件。我们调研了最高检察院民事行政检察厅(现已变更为第六检察厅,专司民事检察)2018 年提出抗诉的案件情况,发现这一现象和检察机关受理的监督案件情况也相吻合。2018 年度高检院向最高法院提出民事、行政抗诉 33 件,课题组获得资料的是 29 件,其中 28 件是民事案件。在这 28 件民事案件中,建设工程纠纷案件为 5 件,占比为 17.9%。

建设工程纠纷案件高发的原因在于:一方面,我国正处于快速城镇化过程中,建筑市场巨大,催生大量建筑及相关合同;另一方面,建筑行业也在发展中转型升级,新型承包方式越来越多且专业性强,建设工程施工合同纠

---

① [美] 本杰明·卡多佐:《司法过程的性质》,苏力译,商务印书馆 2005 年版,第 18 页。
② 殷增华:《同案不同判的法理分析和现实对策》,载《法制与社会》2009 年第 9 期。
③ 参见第二巡回法庭:《最高人民法院第二巡回法庭 2017 年度民商事审判数据分析与通报》,载《法律适用》2018 年第 19 期。

纷案件情况多样，疑难复杂问题较多，导致合同效力认定困难，案件历经多次审理而纷争仍不能平息的情况较为普遍。①

而在建设工程纠纷案件中，合同性质认定不一致问题在裁判中尤为突出。因订立合同应招标未招标、串通投标、标前实质性谈判、借用资质投标、工程挂靠、擅自转包、违法分包等问题导致的建设工程施工合同被判决无效情况尤为突出。② 据江苏省高院统计其2010年至2015年审结的700件建设工程施工合同纠纷案，有217件合同被认定无效，高达31%。③ 在高检院提出抗诉的上述5件建设工程相关案件中，也都直接或间接地涉及合同效力的认定。

据有关专业人士研究，在建设工程合同效力的认定等方面，裁判则呈现出明显的不统一。主要表现有：其一，事实相同但裁判观点相反。如有的裁判中认定订立合同应招标而未招标的不影响合同效力，有的裁判则认为应招标而未招标的合同无效。其二，事实相同裁判也一致但裁判理由不同。如裁判均认为合同无效有过错者应承担责任，但对谁是过错者认定不同，有的认为都有过错，有的只认为一方有过错。其三，认定无效但是否支持某种主张不同。如有的裁判认定合同无效但支持当事人譬如利润的某种主张，而有的裁判则认定合同无效也不支持当事人的相似主张。支持与不支持不能具体说明裁判的理由，仅简单表述为依法无效或依法裁定。④

第二，以新的交易形态的案件为例。对于经济生活领域出现的新的交易形态纠纷，也存在较为突出的裁判不统一的情况。如对于对赌协议的效力，就存在无效、部分无效、有效的不同裁判意见。⑤

又如优先购买权案件。法律上规定优先购买权的场合较多，但对于侵犯优先购买权行为效力的认定，则缺乏一致的认识。譬如对于股权转让协议未履行通知义务侵害其他股东优先购买权的，对协议效力的裁判存在无效、可

---

① 参见吕祝华：《建设工程纠纷多发的原因及对策》，载中国法院网 https://www.chinacourt.org/article/detail/2014/02/id/1216994.shtml，访问时间：2020年2月9日。

② 参见报道：《规范建筑市场防范行业风险——重庆三中院关于建设工程合同纠纷案件中涉无效合同案件的调研报告》，载《人民法院报》2019年5月23日。

③ 参见付琳：《陕西省两级法院建设工程施工合同无效裁判观点研究》，2019年西北大学硕士学位论文，第2页。

④ 参见付琳：《陕西省两级法院建设工程施工合同无效裁判观点研究》，2019年西北大学硕士学位论文，第2页。

⑤ 参见《苏州海富投资有限公司与甘肃世恒有色资源再利用有限公司、香港迪亚有限公司、陆波增资纠纷案》，最高人民法院民事判决书（2012）民提字第11号。

撤销、效力待定、有效的不同意见。①

再如对于金融借贷合同中约定金融机构收取服务费、咨询费、顾问费、管理费等的效力认定，也存在不同的裁判意见。最高人民法院发布的《全国法院民商事审判工作会议纪要》（法〔2019〕254 号）中，也指出了这个问题。

第三，以公司担保案件为例。在常见的公司担保纠纷案件中，裁判对担保效力的认定也屡见分歧，甚至最高法院的态度也出现前后不一。如最高法院（2012）民提字 156 号判决书认为："（《公司法》第 16 条第 2 款）实质是内部控制程序，不能以此约束交易相对人。故此上述规定宜理解为管理性强制性规范。对违反该规范的，原则上不宜认定合同无效。"又如最高院（2015）民申字第 1684 号裁定则认为："修订后的《中华人民共和国公司法》规定，董事、高级管理人员不得违反公司章程的规定，未经股东会、股东大会或者董事会同意以公司财产为他人提供担保。该条规定旨在规范公司的内部管理，并未规定公司违反此条规定的对外担保效力。"从这两个判例来看，最高法院当时认为公司负责人擅自以公司财产对外担保原则上有效。但在 2019 年发布的《民商事审判纪要》中，则变更为将此种情况作为超越代表权行为对待，效力上类似于效力待定。

第四，以知识产权案件为例。在有关知识产权纠纷案件中，裁判不统一现象比较突出地存在于不同层级法院、不同地区的法院之间。② 如引起广泛关注的《迈克尔·杰弗里·乔丹与国家工商行政管理总局商标评审委员会、乔丹体育股份有限公司"乔丹"商标争议行政纠纷案》，在涉案"乔丹"商标是否侵犯"Michael Jordan"及其中文译名"迈克尔·乔丹"姓名权的认定上，一、二审法院均不认为侵权。但最高法院认为构成了侵权，反映了上下级法院认识上的不统一。这个案件虽然是行政纠纷案，但实质争议是商标侵权的构成，是民事法律问题。③ 而在最高检抗诉的《世界经理人文摘有限公司诉世界经理人资讯有限公司、海领袖广告有限公司、丁海森侵害商标权纠纷案》中，最高法再审撤销了高级法院的再审判决和终审判决，而维持

---

① 参见陈贵生：《侵害优先购买权的股权转让合同的效力认定及救济》，载中国法院网 ttps：//www.chinacourt.org/article/detail/2016/07/id/2010930.shtml，访问浏览时间：2020 年 2 月 9 日。

② 参见祝文明等：《知识产权保护亟需破解难题》，载《知识产权报》2016 年 5 月 20 日。

③ 参见张榆钧：《反不正当竞争法视角下的知识产权保护——以乔丹案为例》，载《法制与社会》2017 年 16 期。

了中级法院的一审判决①，同样也反映出各级裁判适用法律的不统一问题。知识产权案件的裁判不统一也被最高人民法院高度关注。②

第五，以涉及社会价值观的案件为例。③ 司法实务中，涉及社会价值观的案件常见，社会关注度也很高，但司法裁判不能保持一致的情况却很常见。如电梯劝阻吸烟案④、"叫了个鸭"商标案⑤、"goingdown"商标案⑥等案件，均事关公序良俗和社会价值导向⑦，但各级、各地法院的裁判也有明显的不统一。

第六，以日常生活案件为例。日常生活中，常有事实清楚，案件也不复杂，但由于规则的一般性和案件的具体性之间的差异，导致对规则适用的理解不一，从而出现司法裁判的不统一。如亲朋同事之间的聚会饮酒猝死案，关于共饮人对猝死者的饮酒行为以及发生死亡后果有没有过错的认识，很多法官之间认识不一。有法官认为，共饮人应当进行劝阻，因未履行劝阻义务导致共饮人喝酒过量而猝死的后果，应当承担责任。另一些法官则认为，酒量多大以及是否患有不宜喝酒的疾病只有自己最清楚，别人无从掌握。而且，作为完全民事行为能力人，理应对自身饮酒行为负责，这种风险责任不应转嫁给别人。值得注意的是，持这两种意见的法官所依据的法律是一样的，但却给出了不同的判决意见⑧。

3. 裁判适用法律不统一的根源是司法理念混乱

司法裁判适用法律不统一的主要原因是什么？这是应该深入研究的课题。只有深刻揭示导致裁判适用法律不统一背后的原因，才能做到对症下药，寻找科学的有针对性的解决方案。在构建引领司法理念的抗诉标准时，也才能做到内容具体、规则科学有效。

对裁判适用法律不统一原因的分析，迄今学术及实务界亦有很多的研究

---

① 详见（2017）最高法民再 106 号民事判决书。
② 参见报道：《最高法知识产权法庭将统一裁判标准》，载《南方都市报》2019 年 3 月 14 日。
③ 参见孟融：《中国法院如何通过司法裁判执行公共政策——以法院贯彻"社会主义核心价值观"的案件为分析对象》，载《法学评论》2018 年第 3 期。
④ 详见（2017）豫 01 民终 14848 号民事判决书。
⑤ 详见（2018）最高法行再 188 号行政判决书。
⑥ 详见（2019）京行终 1512 号行政判决书。
⑦ "叫了个鸭"商标案和"goingdown"商标案是行政诉讼案件，但争议的问题是商标本身是否违反公序良俗，具民事属性，裁判对此认定不统一。这和本课题的研究内容具有一致性，故文中加以引用。
⑧ 参见吴元中：《无明文规定裁判更考验法官智慧》，载《人民法院报》2019 年 5 月 29 日。

成果。① 研究者从不同的角度进行分析：有从法律确定性角度进行分析的，也有从司法机制角度进行分析的，还有从其他角度进行分析的等等。② 我们认为，各种不同角度的分析均有其立论的基础和研究的方法，对裁判统一法律的规制都有相应的价值。但基于本文论题的需要，我们选取从更为贴近实务和影响裁判者司法活动相关因素的角度进行分析，特别关注其中的司法理念因素。

裁判适用法律不统一是司法理念不一致的反应，在本质上是司法理念问题。从法律适用和司法理念的相互关系看，裁判适用法律不统一应是司法理念不一致的映射。法律适用是集中反映司法理念的活动，裁判者如果司法理念出现分歧，对同类案件的法律调整、对相同的法律规范就会产生不同的理解，适用上自然会有差异。因此，解决裁判适用法律不一致问题，根源之一是解决司法理念的统一性问题。按此逻辑，将裁判适用法律不统一作为构建抗诉标准重点面对的问题，符合课题研究的目标。

由于裁判者的司法理念受诸多因素影响，为使检察监督意见及措施能够更好地深入裁判者的司法理念，这里循着司法理念不统一的主线进一步揭示导致裁判适用法律不统一的原因。至少包括：

（1）从思想根源上讲，裁判适用法律不统一反映出裁判者对司法理念的认识不到位，有的可能有偏差，导致对法律的选择及法律规则的理解不同。如法律规定的建设工程合同招投标手续是强制性的还是任意性的？如果是强制性的，那么其是管理性的规定还是效力性的规定？还比如对意外事件中同伴间是否有相互照顾义务及其大小，裁判者也有不同的理解。在知假买假案件中，对于购买者是否属于"消费者"，裁判者也经常会给出不同的价值评判。价值评判决定司法理念，是解读、适用法律规则的出发点。价值评判不一致，对司法理念理解不同，自然会得出迥然不同的裁判意见。③

（2）从业务能力上讲，反映出裁判者对有关法律尤其是新的、专业性强的法律规定不熟悉，无法准确适用法律做出裁判。④ 譬如建设工程有关法律规范包括最高法院相关司法解释，都带有相当程度的专业性，较一般的民事法律更为复杂，而我国各地法院在审判管理上普遍实行轮案制，审判的专

---

① 参见张志铭：《对'同案同判'的法理分析》，载《中国人民大学学报》2012 年第 1 期。
② 参见陈景晖：《同案同判：法律义务还是道德要求》，载《中国法学》2013 年第 3 期。
③ 参见黎丽：《价值判断之于法官》，载《法学》2003 年第 6 期。
④ 参见龙碧霞：《新型民商事案件统一裁判尺度制度构建探讨》，载《法制与社会》2012 年 9 月（中）。

门化和专业化没有普遍开展和得到重视,很多法官对专业强的案件也是现学现判,自然难以参透法律精神,以至于对法律条文含义的理解不一致,导致裁判适用法律不统一和裁判质量不高。①

(3)从相关社会经验上讲,反映出裁判者不了解相关领域的专业知识或者缺少有关生活经历。对裁判者而言,具有丰富的生活阅历和相关领域的知识往往是准确认定案件事实所应当具备的基础。如果法官对相关领域缺少认知,对案件事实的把握往往会因缺少专业知识而不够准确,从而导致法律适用和裁判结果也不够精确。② 以建设工程合同为例,裁判者普遍不了解建设工程领域知识,不熟悉工程建设流程及相关管理,以至于在事实认定上出现偏差并进而影响法律适用。③ 对于新的金融领域的交易方式,裁判者也普遍缺乏认识,导致按常识判断而不符合新的行业规则。

(4)从立法建设方面讲,我国经济领域发展迅速,尤其出现很多新兴领域,如互联网金融、人工智能领域等迅速发展,法律制度、行政管理方面从观念到措施都相对滞后,④ 对于有些专业性强的纠纷,缺少明确有效的法律供给,导致法官在选择使用的法律时出现借用、参照、酌情情况或者以政策作为依据,容易形成认识偏差导致裁判适用法律不统一。

(5)从审判应对措施的角度看,很多法院缺少对法律规则或者价值导向有争议的案件、专业性强的案件的重视和必要的应对措施。如不重视类案的收集、整理与研究,不能及时总结出科学系统的审判规范;如不重视案例的指导作用,不能对同案异判反复发生进行预防等。同时,法院内部也没有建立法律统一适用的协调机制。上下级法院,同级法院和法院之间,同一法院内设业务部门之间以及法官与法官之间没有进行协调,导致"你判你的,我判我的"现象时有发生。⑤

(6)从法官个体角度看,个人的思想状态、认识水平、认知风格⑥甚至

---

① 参见蒋玮、李震:《法院分案制度改革研究》,载《人民司法(应用)》2019年第10期。
② 参见丁国强:《关于法官的人生阅历和生活经验》,载《中国审判》2006年第2期。
③ 参见潘军锋:《建设工程施工合同案件审判疑难问题研究》,载《法律适用》2014年第7期。
④ 参见报道:《广东省人大代表建议加快新兴行业立法进程》,载《深圳特区报》2016年1月29日。
⑤ 参见胡宗彬:《裁判尺度不统一的研究及对策》,载中国法院网 https://www.chinacourt.org/article/detail/2018/09/id/3513988.shtml,访问时间:2010年1月20日。
⑥ 参见韩振文:《论认知风格对法官决策差异形成的影响》,载《中南大学学报(社会科学版)》2016年第6期。

个人好恶有时也能导致裁判尺度不统一，甚至于还很严重。① 如学者研究某市法院的两个离异的女性法官在裁判离婚案件中，一个法官审理535起离婚案件只判决了1对离婚；而另一个法官审理的608起离婚案件则有589对被判离婚。原因是，一名法官对自己离婚非常后悔，认为如果当时没有离婚，自己感情还可以挽回，家庭还可以走向完美，因而对判决离婚持保守态度；而另一名法官认为没有爱情的婚姻就是坟墓，正是自己结束了当时不和谐的婚姻，才让自己重新找到自我，因而基于自己的取向对判决离婚持开放态度。②

综上，从司法理念混乱的因素看，导致裁判适用法律不统一的原因是复杂的，但深层次上也有一定的共性。即表现为：法官价值观的偏差、司法理念的不准确、经验不足、类案审理少、缺少行业专业知识等。检察机关在研究建立引领司法理念的抗诉标准时，必须重视这些带有共性的原因，以求对症施策。

4. 民事检察历来重视对裁判适用法律不统一的监督

鉴于裁判不统一是司法裁判中带有普遍性的突出问题，严重破坏司法公信力，影响司法参与社会治理的效能，检察机关近些年在抗诉工作中也高度关注这一现象，将其作为法律监督的重要内容来抓。这类案件的抗诉一般也会取得较好的效果。高检院抗诉的"中国农业银行股份有限公司张家界永定支行与李燕、湖南永成投资担保有限公司、张家界昌发钢材贸易有限公司、张家界盛兴综合市场经营管理有限公司、黄文昌、甘瑞容借款担保合同纠纷一案"，抗诉意见指出裁判对质押合同构成条件的认定，违背最高人民法院发布的54号指导案例"中国农业发展银行安徽省分行诉张大标、安徽长江融资担保集团有限公司执行异议之诉纠纷案"的意见，构成适用法律不统一，应予纠正。此抗诉意见得到最高法院的支持。③

将裁判适用法律不统一问题作为构建引领司法理念抗诉标准的选择对象，具有靶向的契合性、实务的针对性、问题的典型性，因此也是最能体现抗诉监督价值的。从检察监督的认知来看，也具备将其作为构建引领司法理念抗诉标准对象的基础。

---

① 参见施忆：《法官个体化差异与裁判统一的冲突与协调——影响司法公信力原因的内发探寻》，载《司法改革论评》2013年第1期。

② 参见唐东勇：《同案同判实现路径探究》，2018年年江西财经大学硕士学位论文，第12页。

③ 详见（2018）最高法民再77号民事判决书。

（二）以三类案件作为抗诉标准的重点适用领域

1. 引领司法理念的抗诉标准适用于类案监督

"标准"即准则，是对同类事物而言的。引领司法理念的抗诉标准也不是立足于个案的，而是为同类案件提供参照的，这也是张军检察长指出引领司法理念的抗诉标准要发挥类案指导作用的原因。因此，研究引领司法理念的抗诉标准的构建，要确定其针对哪些典型的案件类型。而这又需要从存在裁判适用法律不统一问题的设定前提出发。

从现实必要性来看，即使是存在裁判适用法律不统一的案件领域，也并非都需要检察机关着力通过抗诉来建立规则、阐释司法理念予以引领。这是因为：一方面，检察机关的民事检察监督资源历来非常有限①，即使当前在四大检察的布局下人员也没有明显增加。而抗诉又需要足够慎重，没有必要对常见案件、已引起普遍关注的问题再分散太多精力。另一方面，客观地看，近些年裁判适用法律不统一问题已经引起法院系统的高度关注，最高法院②、各高级法院出台不少相关规定进行规制，且也已经取得了较好的效果。依靠法院内部的工作，也是可以解决一些常见案件中存在的裁判适用法律不统一问题的。③

从实证的角度出发，我们认为，当前检察机关需要通过抗诉标准构建重点引领的案件类型，应该限定为既能够充分体现引领的价值又确有引领必要的领域。也即，该领域里案件裁判的司法理念比较混乱或者陈旧，急需统一或者创新，而法院系统又缺乏相应的规制。

从抗诉的现实情况来看，目前抗诉案件中常规案件占比过大。如据专业人士对某省的实证调查，某省抗诉案件传统类民事案件居多：人身、财产侵权纠纷 77 件，占 22.8%；劳动争议纠纷 54 件，占 16%；一般合同纠纷 53 件，占 15.7%；买卖合同纠纷 35 件，占 10.4%；民间借贷纠纷 26 件，占 7.7%；婚姻家庭纠纷 26 件，占 7.7%……。这样的案件通常是当事人寻求权利救济的传统案件，法院审理理念和裁判规则都较为成熟，抗诉其实很难

---

① 参见报道：《办案力量不足民行检察人员占 4% 六大难题有待解决》，载《法制日报》2010年 7 月 23 日。

② 如最高法院在 2019 年 9 月 9 日发布《最高人民法院关于建立法律适用分歧解决机制的实施办法》等文件。

③ 参见报道：《最高法：要在民商事审判中统一裁判尺度》，载人民网 http://legal.people.com.cn/n1/2019/0703/c42510-31212129.html，访问时间：2020 年 2 月 10 日。

发挥引领性的作用。发挥引领作用的抗诉案件，要拓宽视野另行确定重点类型。

2. 引领司法理念抗诉标准的重点针对三类案件

（1）新型的民商事案件

我们认为，检察机关需要通过构建抗诉标准引领法律适用的裁判案件，首先应定位于新型的民商事案件。这里有两个问题需要说明和关注：一是何谓新型案件？新型案件指的是随着社会经济生活的变化出现的新类型案件，如上文述及的建筑工程施工案件、互联网金融纠纷案件、科技及知识产权领域案件、虚假诉讼案件等。新类型案件的产生与新的生活方式、新的科学技术、甚至是新的违法问题相伴，是社会发展过程中需要司法重点给予规范的新的现象。二是为什么新型案件的裁判适用法律容易不统一？新型案件往往蕴含着处理上的规则缺失或者规则过时，司法裁判依据不足，法官又缺乏经验。① 如互联网金融案件的裁判存在的问题就有：有的案件超越现有的法律规定，在裁判时处于无法可依的状态，法官需要综合各种情况判断司法裁判的具体尺度，弹性空间较大；有的案件金融交易当时的法律规定因形成较早，容易将其归于违法违规甚至是刑事犯罪，但新的行政监管措施、态度有放松、灵活的趋向，用旧法评价新对象造成法律适用相互冲突；有的案件金融交易时只有效力层级较低的部门规章，甚至是地方性法规，不能直接作为司法裁判时的效力判断依据等。② 上述两个方面结合在一起，决定了新型案件的裁判适用法律不统一的情况相对严重，也亟需从理念上引导裁判形成。

从社会发展的角度看，新型案件产生于新的生活之中，是新的社会现象的深层反映。司法裁判对社会现象具有规制作用，从而对社会发展具有引领作用，而裁判适用法律不统一则一定程度上使司法丧失这些作用。因此，检察机关通过抗诉引领司法理念和裁判规则，将推动、强化用司法的方法对社会纠纷的解决，从而也有助于实现社会治理的现代化，从根本上助力于社会的发展。

（2）具有社会价值观和司法政策导向的案件

弘扬社会主义核心价值观对保障社会秩序、促进社会健康发展意义十分重大。在社会主义市场经济建设的过程中，日常生活中利益多元化和追求多样化的现象比较突出，在一些人身上也有道德滑坡的情形，导致在纠纷中会

---

① 参见郭卫华、刘园园：《民商事新型案件法律适用的统一》，载《中国审判》2008 年第 1 期。
② 参见殷华：《新型金融交易的裁判理念与思路》，载《人民法院报》2018 年 11 月 17 日。

出现价值扭曲的诉求或者主张,对此司法裁判应从维护社会主义核心价值观、维护公序良俗的高度进行司法论理和责任分配。① 但遗憾的是,由于一些裁判者缺乏担当精神或者不具有对司法理念、价值追求的深刻把握,导致一些裁判结果价值观不准确。比如见义勇为导致损害后果发生的案件,这类案件在事实和法律上并不复杂,但由于裁判者观念不正确,或者顶不住受损害者一方及其亲属的压力,而做出了在价值观上有差错的裁判,造成了不良的社会影响。② 对此,检察机关应当通过抗诉建立规则引领裁判者的司法理念,扭转不正确的裁判价值倾向。

司法政策就是司法领域的公共政策,它是国家政策在司法领域的具体体现,是司法机关结合司法工作实际制定的工作方针、工作策略、工作重点、工作原则及一个时期司法工作的方向。③ 司法政策首先通过司法理念传达给司法机关,以使在司法工作中贯彻执行。各个时期的司法政策会有不同,如当前民商事审判工作要体现保护产权、改善营商环境的要求。由于司法政策并非法律条文,加之通常又具有较强的时效性,司法裁判中容易出现理解疏失的情况,导致适用法律的不统一,应该予以监督。

(3) 存在严重类型化问题的案件

从检察监督秉持问题导向看,引领司法理念的抗诉仅针对上述高端案件④也是有失偏颇的。实务中,普通案件的裁判中也存在较多法律适用不统一的情形,有些已经高度类型化。如强制性条款的效力认定问题、上述公司担保效力认定问题、优先权行使条件问题等。这些问题在司法裁判中集中反复出现,就有可能引起当事人不服或者社会批评而申请或者要求检察机关监督。对于这种有代表性的典型案件,检察机关也宜通过抗诉引领司法裁判的统一。

上述三种案件的裁判领域,是最需要、也最能接受检察机关抗诉引领的。将其作为构建引领司法理念抗诉标准针对的案件领域,符合这项工作的宗旨。

---

① 参见刘晓芬:《用公正裁判弘扬社会主义核心价值观》,载新华网 http://www.xinhuanet.com/comments/2018-03/14/c_1122538419.htm,访问时间:2020年2月10日。
② 参见黄韬:《电梯劝阻吸烟致死案裁判的司法逻辑反思》,载澎湃新闻网 https://www.thepaper.cn/newsDetail_forward_1980734,访问时间:2020年2月10日。
③ 刘武俊:《司法政策的基本理论初探》,载《中国司法》2012年03期。
④ 参见李浩:《如何发现民事诉讼监督引领性案件》,载《检察日报》2019年11月21日。

(三) 以"适用法律确有错误"作为重点监督事由

1. 裁判适用法律不统一和适用法律确有错误的统一关系

法定的监督条件也就是法律规定的再审事由，也可称之为监督事由。引领司法理念的抗诉标准的构建，也需要依托法定的监督条件进行。司法理念不正确是裁判者的内在思维问题，但不是外在的监督条件；裁判适用法律不统一是裁判存在问题的现象，也并非规定的抗诉监督条件。因此，通过对裁判适用法律不统一问题的监督而引领司法理念，还要通过法定的抗诉监督条件进行，纳入再审事由之中。

从裁判适用法律不统一现象出发揭示法定的监督条件，基本的路径是厘清其和法定监督条件的关系，也即其是蕴含在现有法定监督条件之中还是游离在法定监督条件之外。

在裁判适用法律不统一的语境下，意味着同类案件的裁判在法律适用上不可能都是对的或者恰当的，其中有对的恰当的，也有错误的不恰当的（适用法律不恰当，也应当评价为适用法律错误）。对于适用法律错误的案件裁判，那就符合《民事诉讼法》第 200 条第六项的规定。因此，裁判适用法律不统一问题是包含在适用法律确有错误这个监督条件之中的。

2. 以适用法律确有错误为监督条件最能体现引领价值

"适用法律确有错误"的监督条件，展现的是法律适用后果，映射的即是法律适用问题。对于裁判工作而言，适用法律政策性强，专业性强，最能体现裁判者的司法理念。构建引领司法理念的抗诉标准，内容实际上就是针对法律适用问题而言的。①

虽然实践中常用到的监督条件还有涉及事实认定问题的，但对于构建引领司法理念抗诉标准的需要而言，则主要应集中于适用法律确有错误这一情形。涉及事实认定问题的，即使将案件作为引领范围，也应该从事实认定的适用规则角度切入，以聚焦于带有共性的法律适用问题。这是因为单纯的事实认定问题，直接相关的是个案的证据认定，而法官在证据认定上采用自由心证原则，享有较大的自由裁量权，无法建立统一的裁判标准，在司法理念的体现上也不强烈，实缺乏引领的意义。另外，检察机关一般未曾亲历诉讼庭审，未曾直接听取各方当事人对证据的出示、质证、辩驳意见，对于证据

---

① 参见李浩：《如何发现民事诉讼监督引领性案件》，载《检察日报》2019 年 11 月 21 日。

和事实的判断也有一定局限性,很难达到裁判者的认识深度。① 相关研究资料也显示,检察机关以"基本事实缺乏证据证明"事由和以"基本事实缺乏证据证明、适用法律确有错误"事由提出的抗诉,获裁判支持的比率,一般会低于单独以"适用法律确有错误"事由提出的抗诉。②

3. 以适用法律确有错误为监督条件符合抗诉及审判实践

比对抗诉实践发现,上述三种典型类型的案件中,作为突出裁判问题的适用法律不统一所对应的法定监督条件,和检察机关长期办案实践中呈现的普遍性的抗诉条件是吻合的。对实务中再审及抗诉案件的实证分析显示,审判监督程序中检察机关基于《民事诉讼法》第200条规定的其中三项事由而启动抗诉的案件数量占比达80%以上。这三项事由即是:有新的证据足以推翻原判决、裁定;原判决裁定认定基本事实的缺乏证据证明;原判决裁定适用法律确有错误。从实证角度看,这就是裁判出现错误的共性。③ 在我们研究的最高检察院原民事行政检察厅(现第六检察厅)2018年提出抗诉的28件民事类案件中,也具有此特点。

这三项带有共性的监督事由,④ 尤其是其中适用法律确有误的事由,适用上不但占比最高,而且带有稳定性,不似其他的监督事由可能在一定时期高发而通过集中治理就会显著减少。因此,即使不从"引领司法理念"而仅从一般性的抗诉标准的构建看,也应主要针对这三种监督条件展开,以发挥类案指导功能。⑤ 而将其作为引领司法理念抗诉标准构建针对的监督条件,又更加具有针对性的意义。最高检察院民事抗诉的重心选择,也能佐证这一点。2019年,最高检着重强调要加强对适用法律错误的重大典型案件向最高法提出抗诉。⑥

---

① 参见郎立惠、程周彪:《关于审理民事再审抗诉案件情况的调研报告》,载《经济研究导刊》2016年第6期。

② 参见郎立惠、程周彪:《关于审理民事再审抗诉案件情况的调研报告》,载《经济研究导刊》2016年第6期。

③ 参见邵世星:《民事诉讼类案监督的实务考察和完善建议》,载《人民检察》2015年第3期。

④ 参见江苏省高级人民法院审监庭:《现行民事再审事由实证研究》,载《法律适用》2003年第11期。

⑤ 参见江必新:《民事再审事由:问题与探索——对民事诉讼法有关再审事由规定的再思考》,载《法治研究》2012年第1期。

⑥ 祁彪:《聚焦"四大检察" | 做强民事检察,强什么?》,载最高检官网 https://www.spp.gov.cn/spp/zdgz/202002/t20200226_455333.shtml,访问日期:2020年2月28日。

从审判机关审理抗诉案件的实践考察，再审改判的最主要事由也是原裁判适用法律确有错误。如某省高院 2103 年 1 月至 2015 年 6 月审理的抗诉案件做出改判的 22 件中，因适用法律错误改判的 9 件，占 40.9%；因原审裁判事实认定不清、证据不足改判的 7 件，占 31.8%；因事实认定和法律适用原因兼具而改判的 5 件，占 22.7%；因原审裁判程序存在问题发回重审的 1 件，占 4.8%。[①] 其他途径发动的再审案件，改判事由也基本上呈现此特点。这反映出法律适用问题确实存在问题较多，需要检察机关在法律监督上格外重视。

五、引领司法理念民事抗诉标准的建构及适用把握

（一）引领司法理念的抗诉标准的内容构成

引领司法理念的抗诉标准的内容，和一般抗诉标准的结构并无大的不同，表现形式是：指出错误——分析错误——明确正确的处理——结论。不同之处在于在抗诉理由中要注重司法理念的阐释，从驳论和立论两个方面强化，以能够起到主观引领的作用。

司法理念的阐释又需要借助适当的表达形式，这要求抗诉标准内容结构要相对完整。两相结合，引领司法理念抗诉标准的内容具体应包括：

1. 明确指出裁判的错误情形及其原因

抗诉的基本要求是裁判存在错误，引领司法理念的抗诉主要针对法律适用错误，因此抗诉意见要明确指出法律适用错误的表现，并分析原因。注重剖析裁判存在的司法理念不正确、不统一问题，论述纠正裁判错误的必要性。

2. 明确指出裁判应当适用的法律规范，解析法律规范的适用

作为抗诉标准内容的表现重心，是明确指出案件裁判应当适用的法律，它既是司法理念的寄托，也是要求法院纠正原裁判的直接依据。因此，这项工作要求极高，不仅要指出案件应当适用的法律规范，还需要解析法律规范，分析法律规范的目的、含义、适用条件等。解析法律规范的适用要准确体现司法理念，使司法理念阐释和法律适用融为一体。

[①] 参见郎立惠、程周彪：《关于审理民事再审抗诉案件情况的调研报告》，载《经济研究导刊》2016 年第 6 期。

3. 针对司法理念与裁判规则进行总结提炼

虽然抗诉是对个案进行的，但引领司法理念的抗诉标准的内容是针对类案的，因此抗诉标准内容的表达上要有提升，要针对类案适用法律的理念与裁判规则，提出明确可行的建议。对类案裁判中存在的共性问题，提出治理的方向和方法。

（二）将阐释司法理念作为抗诉书说理的重要内容

1. 抗诉标准引领司法理念的功能通过抗诉书说理实现

从课题设定来看，"引领司法理念"和"民事抗诉标准"构成的逻辑关系是："引领司法理念"指引"民事抗诉标准"的设立，而反向看"民事抗诉标准"就要体现"引领司法理念"的功能，也就是说抗诉标准要把司法理念体现出来。

抗诉标准包含在抗诉意见之中，而抗诉意见又集中通过抗诉书表达，因此抗诉标准对司法理念的引领，首先应当通过抗诉书说理来实现。抗诉标准的内容主要是对法律规范的分析运用，虽然具体的法律规范都体现一定的司法理念，但司法理念是隐藏其后的法律精神内涵，需要借助主观思维活动来探知和阐释，从而保证法律规范的正确适用。因此，围绕法律适用的抗诉书说理，是阐释司法理念不可替代的路径。

抗诉书强化说理也是目前法律框架下抗诉工作之必须。2012年第二次修改后，申请抗诉程序实行"3+1"模式，当事人向法院申请再审成为申请检察机关监督的前置程序。这意味着一般而言当事人申请检察机关监督的理由已经被审判机关审查、审理过，如检察机关再以同样的理由抗诉（可能性较大），势必需要有更深刻的论证分析才能改变裁判者的认识。

对照工作层面，目前的民事抗诉书作为格式化极强的法律文书，通常在内容上对裁判过程的回顾占有很大比例，抗诉理由的呈现占比反而不高。[①] 抗诉书说理部分仅有区区几百字的情况，实务中实不罕见。说理不透彻，行文没有层次，法律运用和逻辑分析欠缺，是抗诉书存在的比较普遍的问题。这种现实状态满足不了呈现引领司法理念的抗诉标准的需要，应当改进。

2. 抗诉书说理要突出司法理念的阐释

抗诉书对司法理念的阐释，要符合社会主义核心价值观、公平正义的司法基本要求和公序良俗的价值观念。社会主义核心价值观包含的内容和民商

---

① 参见陈冰如：《制作民事抗诉书应注意的几个问题》，载《中国检察官》2014年第6期。

法的基本原则及精神内涵是高度一致的①，抗诉标准和裁判标准符合社会主义核心价值观，就体现了科学、先进、正确的司法理念；公平正义是司法的基本要求，也是民众对司法裁判的基本期盼。尤其是民商事裁判，其内容多关乎当事人间权利义务的分配，公众的直观感受更强。当裁判结果有违公平正义时，对司法公信力就会造成直接的伤害，应当及时坚决纠正；鉴于民商事活动的广泛性和民事主体的意志自由，民事活动可能会出现边界模糊的行为，对此公序良俗就是重要的行为标准。其也是公认的社会价值体系的重要组成部分，是重要的司法理念。

民商事案件分布于社会生活的众多领域，案件类型不同，裁判的司法理念就会有所不同，对此抗诉书说理时应分类表达。对于新型案件，抗诉书说理要特别注意维护社会稳定、社会发展和当事主体的利益平衡的价值导向的传导，要体现司法对进步事物的鼓励理念，权利与义务相一致的理念，以及司法对弱势群体的保护理念等。在裁判方法上，要传导穿透性的思考方法和全局性的把握方法。因为很多情况下的裁判错误，往往是裁判者看不到事物的本质及社会的发展方向，缺乏对社会大局的把握。② 同时，也要注意做好风险风范。在裁判规则上，要指出处理好国家政策、法律规定以及具体司法裁判的相互关系。③ 如果涉及对新法的理解和适用，要注意引导裁判结合社会发展把握好立法精神，切实做到司法裁判对法律的适用符合立法本意和社会发展方向，符合正当的社会价值观念。

对于具有价值观或者司法政策导向问题的案件，抗诉书说理在司法理念的把握上要高度重视公众的是非观念和公共规则的维护，以及公共政策的体现。抗诉标准要根据具体案件注意向裁判者传导维护社会主义核心价值观和公序良俗的理念，不能够在价值观宣示上含糊其辞、模棱两可甚至搞平衡，不能够从损害后果出发而扭曲原因力的分配。在裁判方法分析上，要传导裁判注意运用好民商法公共利益保护、公序良俗维护等基本原则和规定，要注意司法裁判引领社会正义和社会进步，要从维护三个效果相统一和社会价值观角度进行司法说理，事实及责任认定要从厘清因果关系出发。在裁判规则上，要指出裁判需要准确认定事实，正确运用过错原则确定责任，单方过错和混合过错的区分要精确。同时，要以维护社会秩序和公序良俗对过错原则

---

① 参见卓泽渊：《社会主义核心价值观在法治建设中的贯彻》，载《法制日报》2018年9月10日。
② 参见王玉华：《浅析社会主义司法核心价值观》，载《法制与社会》2012第19期。
③ 参见殷华：《新型金融交易的裁判理念与思路》，载《人民法院报》2018年11月17日。

的运用是否恰当进行考量和制约。涉及裁判的自由裁量权运用的，要指出其要受公序良俗和案件事实的制约，考虑裁量结果的社会可接受性。①

对于具有严重类型化问题的案件，抗诉书说理应当阐释维护公共秩序、司法秩序、公平正义、社会发展等司法理念。在裁判方法的引导上要提示裁判正确分析立法意图、规范目的，必要时做适当的法益对比，要使裁判结果和法律精神相一致。在裁判规则上，要传导利益划分方法的运用，注意裁判依据和规则的甄别和优选，准确解读裁判规则的含义。

3. 强化抗诉书说理的方法

（1）进一步加强对抗诉书性质的认识

实践中部分检察官有一种不全面的认识，即认为抗诉书具有启动再审程序的法定功能，因此抗诉书说理的内容与质量无关紧要，反映出来的后果表现为抗诉书说理流于表面。这种认识具有严重的片面性，可能会对抗诉的效果构成直接影响。作为诉讼文书，民事抗诉书确如起诉书一样能够发动起审判程序，但不同的是，抗诉书更应该注重实质内容。因为，抗诉书发动的是审判监督程序的庭审，以"纠错"为目标，审理内容会有所侧重，并不会全面化。同时，法律也未对抗诉程序的庭审作出特殊安排，实务中检察机关在庭审中往往无法发挥全面参与的作用，甚至于没有充分的机会阐述自己的抗诉理由。这种状况决定了法官了解抗诉理由的主要来源是抗诉书，如果抗诉书简单、肤浅，难免会影响法官对原裁判情况的认识和判断。无法打动法官的抗诉书，又如何能引领司法理念呢？

（2）重视围绕抗诉事由阐述理由

实务中也有一些检察官把法律规定的抗诉事由和抗诉理由混同，因此抗诉书点名抗诉事由即止，对抗诉理由未有深刻论述，甚至个别抗诉书连抗诉事由的表述也不清楚。实际上，这种理解也不准确。正确的理解应是：抗诉条件＝事由＋理由。事由是指出裁判存在什么法定错误，但这些错误是否真正存在、程度如何、是否需要改判，要靠充分的理由来说明。因此，一定程度上讲，抗诉理由比抗诉事由更为重要。抗诉书说理要围绕抗诉事由充分论证抗诉理由，既要防止抗诉理由和抗诉事由脱节，出现两张皮现象，更要做到抗诉理由阐述得充分、细致、有理有据。

---

① 参见陈飞翔：《司法裁判权的运作与限度——对司法自由裁量权的规范》，载《学习与探索》2012年第4期。

(3) 做好驳论与立论的结合

抗诉是纠错程序，但"错误"的参照物是"正确"，因此抗诉书说理既要驳论，又要立论，二者要兼顾。方法上可以先驳后立，也可以边驳边立，驳论与立论的论证过程都要饱和，有层次、有针对性、有深度，能够说服法官。

抗诉书对裁判的驳论，不能仅对裁判结果即判项，更应该针对事实认定、法律适用及裁判论证过程进行。尤其对适用法律确有错误的驳论，更要透彻分析裁判选择法律规范的依据和法律适用规则的错误表现，对裁判中的司法理念错误，更要特别阐述。

(三) 精准定位和解析法律规范

1. 法律依据是抗诉标准的基本支撑

引领司法理念的抗诉标准，其内容的呈现离不开定位案件所应当适用的法律规范。无论是抗诉标准还是裁判标准，基本的依据都是法律的具体规定，因此抗诉标准必须明确、准确定位抗诉案件所应当适用的法律规范。脱离开法律的基本规定谈引领司法理念的抗诉标准，抗诉标准无所依托，最终将使抗诉标准失去意义。

实务中，在指明抗诉的法律依据上常见的问题是：有的抗诉书在抗诉的法律依据上笼统地表述为"根据法律规定""根据有关法律规定"而不列明具体的法条，实则是依据不清。审判机关通常是不会采纳这样的抗诉意见的，如此又谈何引领司法理念呢？

2. 选择法律规范要准确

要做到定位法律精准，既要保证选择适用的法律严格和案件事实相对应，又要正确把握司法理念。没有正确的司法理念作指引，即使事实认定正确，也可能会出现选择法律规范上的偏差。如某地发生的"电梯劝阻吸烟案"①，一审法院和二审法院在事实认定上并无差别，但一审法院在认定劝阻人没有过错的情况下，却按照公平原则的法律条款分配了责任。这种事实认定和选择法律规范的错位，与法官把握社会价值观和公序良俗等司法理念的不正确是相关的。因此，构建引领司法理念的抗诉标准，要重视在正确的司法理念指引下选择和适用法律。

---

① 详见 (2017) 豫 01 民终 14848 号民事判决书。

3. 精细解析法律规范

裁判规则虽依托于法律条文，但不等于法律条文。案件的裁判规则是法律条文运用过程中形成的具体尺度、做法等。因此，构建引领司法理念的抗诉标准，除了要确定所要适用的法律规范外，还要具体的解析法律规范的适用。这一过程中，司法理念的指引尤其重要。如，就裁判适用法律不统一现象产生的原因来看，有选择适用法律规范上的不一致，也有对同一法律规范适用上的认识分歧。要解决这个问题，抗诉标准就要解析法律适用的规则，要做到明确法律规范是什么和怎么用。"徒法不足于自行"，抗诉标准应当把法律规范的含义、适用条件、注意事项等阐述清楚。

从抗诉实践来看，有些抗诉书解析法律规范的工作明显不足，和裁判文书有明显差距。它反映出检察官对解析法律适用工作重视不够和素能欠缺的问题，对引领司法理念抗诉标准的构建产生直接影响。

（四）以问题导向对适用法律确有错误进行针对性分析

1. 结合重点案件类型对适用法律确有错误进行分析

案件的性质不同、案情不同，裁判适用的法律就会不同。同样是判决裁定适用法律确有错误的情形，但因具体案件适用具体的法律条款是不一样的，则适用法律上具体的错误情形就会有所不同。[①] 那么，构建抗诉标准对适用法律确有错误进行分析时，就不能不考虑具体的案件类型和裁判规则的具体表现。这样提出的构建标准才能既具有普遍性的宏观指导意义，又能针对性的解决类案存在的法律适用问题。

适用法律确有错误的监督理由，在新型、疑难案件中的表现和常规普通案件中的表现会有所不同。对于常规案件而言，由于法律规范相对成熟，审判规则和审判理念也较为成熟，因此案件裁判出现单纯的适用法律确有错误的概率会大大降低。申请监督的理由更多的是"有新的证据足以推翻原判决裁定"或者"原判决裁定认定基本事实缺乏证据证明"，出现适用法律确有错误的监督理由很多情况下也是跟这两个理由共同或分别捆绑在一起的，也即适用法律确有错误是因事实认定不准确问题导致的，并非独立的。只要事实认定不出现偏差，则适用法律也就不会出现错误。当然，也不能排除常规案件的审理中由于裁判者理念、规则理解出现问题而导致的独立性的适用法律确有错误，但概率较小。

[①] 参见孙祥壮：《申请再审事由需明细化、法定化》，载《法制日报》2007年8月1日。

而在新型案件中，由于法律规定欠缺或者过时，裁判规则也相对欠缺，从而导致选择裁判依据上出现偏差而引起裁判错误的几率更多，也就是说裁判错误有可能更多地表现为独立的适用法律确有错误。

由于适用法律确有错误在不同类型案件中的不同表现，在针对此监督情形构建引领司法理念的抗诉标准时，需要有重点的做好区分和选择。选择的重点一般是独立的适用法律确有错误的案件，并根据不同的错误原因分类施策，提出有差别的建议。

2. 结合重点裁判问题对适用法律确有错误进行分析

按照实证结论，本课题设定的重点裁判问题是裁判适用法律的不统一。从适用法律确有错误的角度，针对此问题的分析可从以下方面具体化：

明确指出法律适用不统一的问题及原因。虽然抗诉监督针对的具体案件的问题是裁判在适用法律上确有错误，并以此作为监督理由，但抗诉的目标定位于解决同类案件存在的适用法律不统一的类型化问题，因此检察机关除了应明确指出该裁判存在适用法律确有错误的情形外，重点应分析该案存在和同类案件适用法律不统一的问题。

明确指出法律适用不统一的危害。抗诉理由中应当指出裁判存在的适用法律不统一问题在性质上是适用法律确有错误，属于法定监督情形。但指出具体错误是抗诉浅层的功能，还应该结合案件类型指出适用法律不统一的深层危害。[①] 适用法律不统一的危害有具体层面的，也有宏观层面的，应当结合案件表现进行透彻的分析，以促使法官内心深处认识到问题的严重性，彰显统一抗诉标准的说服力。

明确指出同一类型的案件正确的法律适用理念、方法及规则内容。作为引领司法理念的抗诉标准，重点应放在展现引领内容上。包括要指出案件裁判应当贯彻的理念，解决法律争议的思路和据以做出裁判的规则。在司法理念的阐释上要充分，可以对案件裁判的实然理念和应然理念作对比分析。同时注意分析司法理念要结合法律规范、裁判规则进行，不能够相互脱节。

---

① 参见倪寿明：《法律统一适用的意义与方法》，载《人民司法》2011 年 15 期。

余论：引领司法理念民事抗诉标准构建的主体及程序

（一）抗诉标准构建的主体

1. 构建主体是高检院和省级院

引领司法理念的抗诉标准的构建，应由最高检和省级检察院承担。引领司法理念抗诉标准引领的对象主要是裁判者，构建该标准的目的是实现裁判适用法律的统一性和法律适用的准确性，促进社会问题的解决。它的重心在于司法理念的引领，是一项难度很大的工作，也是一项具有影响力、敏感性强的工作，需要慎重对待。由最高检和省级院承担此项工作，便于从全局研判裁判问题和监督要旨，从宏观上能够保证提出的司法理念具有准确性和权威性，也便于和审判机关的沟通协调。同时，抗诉工作的主要承担者是最高检和省级检察院，[①] 其职能部门和承办检察官有较为丰富的抗诉实践经验，由其承担作为构建抗诉标准的主体有实践经验作为支撑，能够保证司法理念的针对性和标准的实用性。

2. 人力保障

作为构建引领司法理念民事抗诉标准的重要人力保障，高检院和省级院的民事检察部门应强化认识，切实提升检察官业务素质。一方面，要提升检察官的法律素养和人文素养、行业知识。民事抗诉本就是一项高要求的工作，而引领司法理念的抗诉肩负引领裁判的重任，显然难度更高。要做好这项工作，要求检察官必须具有较高的法律素养和人文素养。从法律素养看，要准确理解法律精神，有较高的法律思维水平，掌握好法律适用方法，并对司法裁判的错误及纠正有透彻的认识。从人文素养来看，检察官要熟悉风土人情，熟悉市民生活，熟悉商业习惯和规则，对行业规则及相关知识也应有相当的了解。另一方面，要注重检察官正确的司法理念、正确的社会价值观的培养。[②] 引领司法理念的抗诉标准的构建，显然不是简单的法律规则的运用，而是要突出抗诉标准体现的司法理念和反映的社会价值观。只有理念清晰且符合社会进步的价值追求，所树立的抗诉标准才能具有引领作用。因

[①] 张军：《构建各有侧重全面履职的民事检察监督格局》，载正义网 http://news.jcrb.com/jxsw/201810/t20181024_1918341.html，访问时间：2020年2月21日。

[②] 参见郑青：《以核心价值观引领检察官执法素养提升》，载《检察日报》2012年09月11日。

此，在树立引领司法理念的抗诉标准时，要坚持从司法理念和社会价值观角度对标准进行评判分析。这就要求检察官司法理念准确科学，社会价值观准确，能够把握时代进步的脉搏。

（二）抗诉标准构建的程序

1. 三级程序设计

引领司法理念抗诉标准的产生程序，应当十分严谨。严谨的程序才能保障提出的司法理念经得起检验，才能保证其质量。我们的设想是：最高检针对全国性的引领司法理念的抗诉标准的产生，应当经内部三级程序。即：首先，主办检察官提出建议。主办检察官在案件办理过程中发现有需要引领司法理念的抗诉案件时，向业务部门负责人提出书面建议。书面建议内容简要包括案件性质、裁判错误类型、需要抗诉引领的理由、抗诉标准体现的司法理念、抗诉的法律依据、正确的裁判规则等。但是，对于抗诉秉持的司法理念，主办检察官应作为重点阐释。其次，业务部门集体讨论研究。业务部门召开检察官全体会议进行研究，包括将案件作为引领司法理念的案件有无价值，拟抗诉提出的司法理念是否清晰正确，并对主办检察官提出的建议内容进行完善。再次，检察委员会讨论决定。业务部门认为有必要将案件作为引领性案件提出抗诉的，提交检察委员会讨论决定。检察委员会应充分发表意见，进一步提出完善意见，尤其注意对司法理念的阐述及体现进行把关。必要时可邀请相关专家参加，听取专家意见，形成明确的结论。2018 年 7 月，最高检聘请 103 名专家组建民事行政诉讼监督案件专家委员会，已举行两次论证会，对 8 起民事申请监督案件提出了专家意见。① 这一做法运用到抗诉标准构建的工作中也是非常必要的。

省级院针对本省的引领司法理念的抗诉标准的产生，也应当在本院范围内履行上述三级程序，但最后还应当报最高检审查备案。最高检如果认为省级院提出的引领司法理念的抗诉标准的意见不正确的，有权否决。

2. 检法沟通机制

引领司法理念的抗诉标准的构建，还需要加强和法院的协商。引领司法理念的抗诉标准的达成，尤其是司法理念引领作用的发挥，离不开检法沟通以及协作的机制。这种机制的内容由以下方面组成：其一，检察机关在对拟

---

① 参见报道："张军作最高人民检察院民事检察专项工作报告"，《检察日报》2018 年 10 月 26 日。

抗诉监督的案件进行审查时，如发现存在裁判适用法律不统一、严重法律适用错误等问题的，应进行调查研究，充分了解和掌握该类型案件整体情况、国家监管政策以及立法规范情况、案件特点及裁判的难点、适用法律不统一的原因等，要注意了解裁判者所持的理念及其原因，对被监督案件形成清晰的认识；其二，检察机关和生效裁判的上级法院一起研究此类案件的法律调整模式，及具体的规则应用、裁判应当查明的事实、证据规则的运用、证据标准、裁判思维、理念及方法、裁判应注意的问题等；其三，检察机关根据规定的抗诉条件提出抗诉，抗诉书对案件充分说理①，清晰表达正确的司法理念内容，对法律适用提出科学明确的建议，对类案的处理意见予以明确。检法并应总结、参考以前相关的工作交流经验，②探讨引领司法理念的抗诉标准在裁判中的适用模式。

---

① 参见王水明：《论民行检察抗诉书的说理要求》，载《青海检察》2015年第3期。
② 参见报道：《最高院最高检围绕民事执行法律监督工作到沧州中院进行联合指导调研》，载河北法院网 http://czzy.hebeicourt.gov.cn/public/detail.php?id=459，访问时间：2020年2月21日。

二审检察院能否新增抗诉
请求及其合理控制[*]

李崇涛^{**}

在办理刑事二审抗诉案件的过程中,市级以上检察机关强调全面审查、注重精细化办案,①常常会发现原审检察院抗诉不全面、不彻底,对一审判决某些错误"当抗不抗"的问题。②为充分履行诉讼监督职能并有效节约司

---

* 本文系2019年度最高人民检察院检察理论研究一般课题"二审检察机关新增抗诉请求问题研究"(项目批准号:GJ2019C14)的研究成果,原载于《交大法学》2020年第3期。

** 课题主持人:李崇涛,四川省人民检察院政治部干部一处副处长,西南政法大学博士研究生。

① 关于二审检察院的办案工作态度和方式,具体可参见李崇涛:《省级检察机关的阅卷审查与职能发挥》,载《应用法学评论》2015年卷(总第1辑),法律出版社2015年版,第150—153页。

② 目前,上级检察院公诉部门普遍通过抓好"抗前请示"工作,尽可能指导、帮助原审检察院在《抗诉书》中全面提出抗诉请求。但是,受抗诉期限时间紧、"抗前请示"多为上级检察院听取口头或书面汇报而不阅卷、下级检察院撰写《抗诉书》贯彻上级院意见不彻底等因素的限制,二审检察院全面阅卷后,仍会发现一些"漏抗"问题。

法资源，对于上述情况，二审检察院①往往会在支持抗诉的基础上，增加原审检察院《抗诉书》没有涉及的抗诉请求。②特殊情况下，甚至会一方面否定《抗诉书》的全部内容，另一方面又"支持抗诉"并提出新的抗诉请求。③但是，这种做法并无法律依据，实践中未能得到各地、各级法院的一概认可，在检察系统内部也存在争议。研究领域对此缺乏足够关注，目前仅有少数案例分析文章提供了"就案评案"的意见。④个别检察官对此虽有持续研究发声，但始终是在改良法律文书的操作层面上提出建议，⑤未能立足检察制度、刑事诉讼抗诉制度基本理论和被告人权利保障相关需求，深入考量二审检察院到底能不能新增抗诉请求，以及哪些情况下需要进行限制。本文力求厘清这些问题，以期推动国内刑事抗诉制度的进一步完善。

一、国内缺乏全面、明确的规范

现行《刑事诉讼法》第 228 条、第 232 条规定，地方各级检察院对于同级法院第一审的判决、裁定确有错误的时候，应当向上一级人民法院提出抗诉；上级检察院如果认为抗诉不当，可以向同级人民法院撤回抗诉。这两条规定与 2012 年《刑事诉讼法》第 217 条、第 221 条和 1996 年《刑事诉讼法》第 185 条的规定一脉相承，多年来并无实质变化。在此基础上，"两高"通过发布司法解释、规范性文件或业务指导用书，对抗诉案件办理工作作出了一些具体规定或指引，但在"二审检察院能否及如何新增抗诉请

---

① 所谓"二审检察机关""二审检察院"，是指"参与刑事二审程序的原审检察机关的上一级检察院"，或者"参与刑事二审程序的二审法院同级检察院"。严格来讲，审级制度属于审判制度，所以在立法层面和实务部门正式行文、学界研讨中，一般只有"二审法院"而没有"二审检察院"的提法。但是为了方便表述，本文将通篇采用这一简明、直观的实践常用表述方式，以免语句繁琐。

② 正如有检察官分析数据后发现，支持抗诉但又修正甚至颠覆原审检察院提出的抗诉请求，是二审检察院办理抗诉案件的常态。参见赵鹏：《刑事二审抗诉的合力与制度配置——基于法律文书的观察和分析》，载《中国刑事法杂志》2011 年第 12 期。

③ 检察人员往往认为，此时二审检察院"支持抗诉"，是支持原审检察院"启动二审抗诉程序"。

④ 涉及抗诉制度的研究成果对此往往一笔带过，即便是专门探讨国内抗诉权运行理论与实践的博士学位论文，也只是简要介绍了最高人民检察院印发的工作指引，而未进行深入探讨。参见吴杨泽：《刑事抗诉权运行理论分析与实证研究》，西南政法大学 2017 年博士学位论文，第 78 页。

⑤ 参见赵鹏：《刑事二审抗诉的合力与制度配置——基于法律文书的观察和分析》，载《中国刑事法杂志》2011 年第 12 期；庄伟、赵鹏：《刑事二审抗诉权分置与抗诉理由表达》，载《人民检察》2015 年第 23 期；赵鹏：《抗诉权分置下的抗诉合力生成——以抗诉理由的表述为视角》，载《中国检察官》2016 年第 2 期。

求"的问题上,始终没有给出全面、明确的意见。

(一)最高人民检察院:持肯定态度但授权不够到位

多年来,《人民检察院刑事诉讼规则》(以下简称《检察刑诉规则》)只是规定,"上一级人民检察院对下级人民检察院按照第二审程序提出抗诉的案件,认为抗诉正确的,应当支持抗诉;认为抗诉不当的,应当向同级人民法院撤回抗诉";"上一级人民检察院在上诉、抗诉期限内,发现下级人民检察院应当提出抗诉而没有提出抗诉的案件,可以指令下级人民检察院依法提出抗诉"。[①] 对此可概括为两点:(1)上一级检察院对原审检察院的抗诉请求可以"做减法"(全部支持、部分支持、全部撤回);(2)如果要"做加法",上一级检察院须在抗诉期限内,通过指令原审检察院提出抗诉来实现。那么,如果上一级检察院在二审阅卷期间才发现还有"当抗未抗"的情况,能否增加抗诉请求呢?最高人民检察院的态度及其变化过程大致体现为:

2009 年以前对此关注不够,没有给出意见。如,在 2005 年《关于进一步加强刑事抗诉工作强化审判监督的若干意见》、2007 年《人民检察院办理死刑第二审案件工作规程(试行)》等规范性文件中,只是重申了前述《刑事诉讼法》《检察刑诉规则》的内容,并未涉及本文探讨的问题。

2009 年至 2014 年,授权二审检察院可以全面新增抗诉请求,但又存在一定矛盾。一方面,《人民检察院公诉工作操作规程》(2009 年印发)第251 条、第 278 条提到,上一级检察院对下级检察院刑事抗诉意见部分支持,或者改变下级检察院的抗诉请求时,上一级检察院应当在《支持刑事抗诉意见书》中予以阐明,并在抗诉审开庭时全面阐述上一级检察院对刑事抗诉的意见。《刑事抗诉案件出庭规则》(2011 年印发)第 6 条、《检察机关执法工作基本规范(2010 年版)》第 5·230 条、《检察机关执法工作基本规范(2013 年版)》第 6·214 条、《检察机关执法规范培训学程(2013年版)》均提到,"上一级检察院不支持下级检察院提出的抗诉意见和理由,但认为原审判决、裁定确有其它错误的,应当在《支持抗诉意见书》表明

---

① 参见 1999 年《人民检察院刑事诉讼规则》第 403 条和 2012 年《人民检察院刑事诉讼规则》第 589 条的规定。二者之间并无变化。

不同意《抗诉书》的抗诉意见和理由,并且提出新的抗诉意见和理由"。①但是另一方面,上述《检察机关执法规范培训学程》又引用了一起案例,阐述并支持了某省高级人民法院的观点,认为二审检察院在支持抗诉时不应当新增罪名、变更罪名或者增减犯罪事实。②

2014年以来,授权二审检察院可以在一定范围内新增抗诉请求,但又存在一定歧义。《关于加强和改进刑事抗诉工作的意见》(2014年印发)第21条、《人民检察院刑事抗诉工作指引》(2018年印发)第24条提到,"上一级检察院支持或者部分支持抗诉意见的,可以变更、补充抗诉理由,及时制作支持刑事抗诉意见书,阐明支持或者部分支持抗诉的意见和理由"。从字面来看,该两份文件仅允许二审检察院在原审检察院所提"抗诉意见"的范畴内,变更、补充"抗诉理由"。实践中对此存在疑惑:抗诉"意见"和抗诉"理由"应当如何理解,二者是何关系?一些抗诉观点对其上一级观点而言属于"抗诉理由"(论据),对其下一级观点而言又属于"抗诉意见"(论点),此时如何区分?即便能够区分,这种不能改变抗诉"意见"而只能变更、补充抗诉"理由"的要求是否科学,会不会过于保守和绝对化?

纵观上述司法解释、规范性文件和业务指导用书,相关意见主要是由原最高人民检察院公诉厅提出,③目前看来倾向于"二审检察院可以适当改变原审检察院的抗诉请求",但观点不够全面、明确。而且,该厅未能将有关意见纳入检察机关司法解释的层面,更未协调最高人民法院刑事审判庭达成共识、联合发文,实践中往往难以作为司法办案的依据。④

---

① 参见最高人民检察院:《检察机关执法工作基本规范(2010年版)》,中国检察出版社2011年版,第193页;最高人民检察院:《检察机关执法工作基本规范(2013年版)》,中国检察出版社2013年版,第238页;最高人民检察院:《检察机关执法规范培训学程(2013年版)》,中国检察出版社2013年版,第463页。

② 参见最高人民检察院:《检察机关执法规范培训学程(2013年版)》,中国检察出版社2013年版,第516—518页。

③ 2018年底,经内设机构改革,原最高人民检察院公诉一厅、二厅已和侦查监督部门合并调整为第一至第四检察厅。

④ 实践中,司法人员办理刑事案件的常用工具书是《刑法一本通》和《刑事诉讼法一本通》,后者在本文所涉问题上仅收集了2014年最高人民检察院《关于加强和改进刑事诉讼工作的意见》第21条的规定。对于前述其它文件、书籍的意见,司法工作者往往未能掌握。

（二）最高人民法院：持否定态度但主要限于"就案说案"

最高人民法院从未在正式印发的司法解释、规范性文件中提及本文所涉问题，目前只是在其刑事审判庭所编《刑事审判参考》的两起案例评析中，针对个案情况，提到不应当支持二审检察院新增的抗诉请求。

一起案件中，一审法院判处被告人死刑缓期两年执行，公诉机关抗诉后，省检察院的检察官在二审庭审时发表了不同于《抗诉书》的抗诉意见，得到省法院采纳，被告人被判处死刑。最高人民法院在死刑复核时认为，该案省检察院、省法院限制了被告人行使辩护权，可能影响司法公正，遂将案件发回重审。《刑事审判参考》对该案的评析意见提到，"抗诉书是承载检察院抗诉意见与理由的正式法律文书，被告人在二审审判前获悉抗诉书是其依法行使辩护权的重要保障……出席二审法庭支持抗诉的检察人员发表的抗诉意见不能超出抗诉书的范围，其目的主要是为了维护被告人的辩护权"。①

另一起案件中，原审检察院认为原审法院对一名被告人量刑畸轻，遂提出抗诉；二审检察院支持该意见，同时又提出原审判决对同案另外两名被告人量刑畸轻，应予改判。二审法院认为，二审检察院在抗诉期限届满、支持抗诉时增加抗诉对象的做法不符合《刑事诉讼法》关于抗诉主体和"上诉不加刑"原则的规定，遂不支持该抗诉请求。《刑事审判参考》的案例评析意见对此表示认可并进一步指出，该案二审检察院的做法还会造成被告人的辩护权遭受抗诉突袭，而且违反了抗诉期限的法律规定。②

总的来看，最高人民法院一方面不便于直接发文规范检察机关的抗诉工作，另一方面也不曾在司法解释、规范性文件中明确限制二审抗诉案件的审判范围。通过上述两个案例，最高人民法院刑事审判庭表达了"不支持二审检察院新增抗诉请求"的态度，但这不是该院审判委员会审议印发的指导案例，有关评析意见也是由地方法院的法官个人署名，所以权威性有限。而且，该两起案例的评述内容，主要是"就案论案"地反对"在二审庭审时突袭抗诉"和"新增被抗诉人并请求加重处罚"这两种最突出的做法。

---

① 参见董朝阳、蔡金芳：《李林故意杀人案——二审法院能否采纳出庭支持抗诉的检察人员超出抗诉书范围提出的抗诉意见》（第222号案例），载最高人民法院刑事审判一庭等主编：《中国刑事审判指导案例·侵犯公民人身权利、民主权利罪》，法律出版社2009年版，第82—84页。

② 参见夏宁安、胡渡渝：《孙超等抢劫、盗窃、掩饰、隐瞒犯罪所得案——抗诉期限届满后，上一级人民检察院在支持抗诉时增加抗诉对象的，如何处理》（第765号案例），载最高人民法院刑事审判一至五庭主办：《刑事审判参考》（总第85集），法律出版社2012年版，第59—65页。

关于二审检察院新增抗诉请求的其它情况应当如何处理,最高人民法院的态度尚不明确。

二、实务操作及其分析研讨的不足

(一)不同地区之间、检法两院之间的做法存在差异

"两高"权威意见的缺失,造成了司法人员认识不一、办案实践无所适从。就法院系统而言:(1)在有的地区,二审检察院新增的抗诉请求能够得到法院支持;①但在另外一些地区,相关法院就不太赞同这一做法,认为二审检察院只能支持抗诉、撤回抗诉或按照审判监督程序提出抗诉,而不能直接增加抗诉请求。②(2)这种禁止性要求在各地也存在差异。如,北京市第一中级人民法院、北京市人民检察院第一分院会签的《关于加强诉审关系协调的若干意见》,禁止二审检察人员当庭新增抗诉请求;北京市第三中级人民法院的内部会议纪要,则是禁止二审检察院提出比《抗诉书》更重的抗诉请求。

检察系统内部对此往往也没有统一做法。以四川的22个市级检察院为例:(1)4个院原则上不在二审环节增加独立的抗诉请求;18个院则会在二审环节不同程度地新增抗诉请求。(2)该18个院中:5个院对于确有错误的一审裁判,可以全面新增抗诉请求;7个院认为不能新增被抗诉人,但可以针对原审检察院已经抗诉的被告人新增抗诉请求;4个院认为既不能新增被抗诉人,也不能突破《抗诉书》涉及的被告人有关罪名,但可以在被抗诉人及其被抗诉罪名的范畴内新增抗诉请求。③

总的来看,关于二审检察院能不能提出、二审法院该不该采纳新的抗诉请求,司法实践缺乏统一规范,出现了不同地区之间、同一地区类似案件之间"同案不同处"的情况。此外,检察机关为了避免"新增抗诉请求但被

---

① 如,广东省中山市、安徽省合肥市都有类似案件,被检察机关视为经典案例作经验介绍。参见广东省人民检察院:《新理念带来新视角新机制催生新成效——以抗诉为中心推进审判监督创新发展》,载《人民检察》2015年第15期;黄骊:《教而不改,如何能轻罚?》,载《检察日报》2019年8月22日第6版。

② 参见最高人民检察院:《检察机关执法规范培训学程》,中国检察出版社2013年版,第517页。

③ 另有2个院的公诉部门负责人表示,实践中该会增加抗诉请求,但近期没有遇到需要增加被抗诉人、跨罪名增加抗诉请求的案件,也没有关注、考虑过相关问题,不便发表意见。此外,检察机关做法不同,有的是源自其自身认识,有的则是当地法院传导压力所致。

法院驳回"的尴尬,又采取了一些"应对之举",进一步造成了司法不规范问题。比如:(1) 对于是否新增抗诉请求,市级检察院有时候会"按需操作"。即,如果二审环节发现的新问题未必能够"抗准",或者对于"完成抗诉考核任务"可有可无(原审检察院提出的其它抗诉请已能"抗准"),上一级检察院就不会对新增抗诉请求过分强求;如果原审检察院提出的抗诉请求并不一定能够抗诉成功,但二审环节发现的新问题能够"抗准",上一级检察院就会新增该抗诉请求并努力获取二审法院的支持。(2) 个别地区有时候会由原审检察院在《抗诉书》中"打大包围"笼统表达抗诉请求。此时,原审检察院《抗诉书》发挥的作用就主要是全面启动二审抗诉程序,具体的抗诉请求实际上是留待二审检察院阅卷详加研究后,才通过《支持抗诉意见书》来表达。

(二) 理论研讨未能提供全面、深入的意见

面对实践中的办案分歧,以司法人员为主的研究者形成了一些探讨意见。目前,反对二审检察院新增抗诉请求的理由主要是:(1) 会造成"抗诉突袭",进而侵犯被抗诉人的辩护权,影响控辩平衡;(2) "抗诉突袭"还会导致辩护方、审判方准备不足,进而影响二审庭审的实质化;(3) 会造成二审环节对原审被告人的不当追诉甚至加重处罚,违反"上诉不加刑"原则;(4) 一审公诉机关才是《刑事诉讼法》规定的抗诉主体,上一级检察院不能自行、直接提出抗诉请求;(5) 是在抗诉期满后又提出抗诉,违反了关于抗诉期限的规定;(6) 如果一审判决确有其它错误需要纠正,上一级检察院可以通过审判监督程序寻求救济。

总的来看,这些观点及其视角的局限性较为明显:一是未能切中要害,关注的往往是操作层面上的问题。例如,对于"抗诉突袭"等问题,其实通过合理设置法律文书送达程序、用好庭前会议就能有效解决。① 二是考虑

---

① 一些法官一方面否定二审检察人员当庭新增抗诉请求的个案做法,另一方面又提出,二审检察机关新增抗诉请求的,应当指令原审检察院修改《抗诉书》,或者提前形成有新抗诉意见的《支持抗诉意见书》,在开庭10日前提交人民法院,由后者送交被告人。可见,这只是反对"不经提前告知而在二审庭审中'突然'新增抗诉请求",但认可"二审检察院新增抗诉请求"。参见董朝阳、蔡金芳:《李林故意杀人案——二审法院能否采纳出庭支持抗诉的检察人员超出抗诉书范围提出的抗诉意见》(第222号案例),载最高人民法院刑事审判一庭等主编:《中国刑事审判指导案例. 侵犯公民人身权利、民主权利罪》,法律出版社2009年版,第84页;高亚莉、黄小明:《抗诉意见超出原指控范围不应采纳》,载《人民法院报》2010年5月20日第7版。

不够全面，忽视了实践中二审检察院新增抗诉请求的复杂情况，目前大体上只探讨了"二审检察院新增被抗诉人且新增抗诉请求不利于该被告人"的问题。三是论证不够深入，尚未把关键性问题说通说透。反对论者认为二审检察院无权独立提出抗诉请求，理由仅仅是《刑事诉讼法》《检察刑诉规则》规定由原审检察院提出抗诉，且法定的正式文书只有《抗诉书》而无《支持抗诉意见书》。①

与之相对，认为二审检察院可以新增抗诉请求的观点，同样缺乏深入、系统的论述。支持论者往往是在评述案例时提出：（1）按照《刑事诉讼法》及其司法解释的规定，刑事二审适用"全面审查，一并处理"原则，不受上诉、抗诉范围的限制；（2）上一级检察院发现了错误却不能在二审抗诉中提出意见，而要启动审判监督程序纠错，会造成不必要的司法资源浪费；（3）《支持抗诉意见书》虽然不是法定的文书类型，但是作为二审检察院表达诉讼意见的法律文书，必然具有法律效力。

这些观点的说服力普遍不强。一方面，"全面审查、一并处理"只是一项关于办案审查范围的基本要求，但是具体如何处理，还要受"上诉不加刑"等规则的限制。另一方面，如果二审检察院新增抗诉请求的合理性无法确定，所谓《支持抗诉意见书》的法律效力，以及在抗诉二审环节纠错从而节约诉讼资源，就无从谈起。

总的来看，以下问题有待逐层厘清：（1）立足上下级检察院的基本关系和二审诉讼主体的诉讼请求表达权，考察二审检察院究竟有无资格独立提出抗诉请求；（2）如果具备该资格，则要从保障被抗诉人合法权益、促进抗诉案件二审庭审实质化的角度，进一步考察对二审检察院新增抗诉请求的哪些情况应予合理限制。需要特别说明的是，在探讨前一个问题的时候，不应当将后一个问题牵扯其中、混为一谈，即不能因为二审检察院新增某些抗诉请求可能侵害被告人的权益，就否定其行使这一权力的基本资格。保障被告人有关权益，可以通过划定二审检察院新增抗诉请求的范围、设置合理程序来实现。笔者将按照这一逻辑，在下文展开探讨。

---

① 参见顾永忠：《当前刑事公诉中存在的若干问题探究》，载《河南社会科学》2010年第1期；夏宁安、胡渡渝：《孙超等抢劫、盗窃、掩饰、隐瞒犯罪所得案——抗诉期限届满后，上一级人民检察院在支持抗诉时增加抗诉对象的，如何处理》（第765号案例），载最高人民法院刑事审判一至五庭主办：《刑事审判参考》（总第85集），法律出版社2012年版，第62—63页；姜保忠：《论检察机关支持抗诉意见书的法律地位与法律适用》，载《河南社会科学》2017年第5期。

三、允许二审检察院新增抗诉请求的合理性与必要性

按照《刑事诉讼法》《检察刑诉规则》的规定,原审检察院有权对同级法院作出的一审裁判提出抗诉,上一级检察院经审查有权支持或撤回抗诉。所以,刑事二审抗诉权是由原审检察院及其上一级检察院共同行使,这种制度设计被国内检察官称为"刑事抗诉权的分置"。[①] 目前普遍认为,原审检察院是提出抗诉的主体。但是,该"主体地位"明显缺乏唯一性、持续性和独立性,因为原审检察院提出的只是"效力待定"的抗诉,随时可能被上一级检察院否定"清零"。事实上,在提出抗诉启动二审程序、审查案件参与二审诉讼的过程中,上一级检察院虽然不是直接享有抗诉二审程序启动权的"抗诉主体",但也承担着重要职责、发挥着重要作用。立足国内司法制度、刑事诉讼制度来看,应当认可其有权独立提出抗诉请求。

(一)检察体制的许容性

按照《宪法》《人民检察院组织法》的规定:[②](1)上下级检察院之间是"领导"关系(不同于上下级法院之间的"监督"关系);(2)四级检察机关共享1个条文规定的一套职权(不同于《人民法院组织法》用4个条文分别规定了四级法院审理案件的不同职权);[③](3)上级检察院可以行使的对下"领导"权,包括指令下级检察院纠正、撤销、变更错误决定,指定下级检察院管辖案件,直接办理下级检察院管辖的案件;(4)下级检察院应当执行上级检察院的决定,即便有不同意见,也只能在执行该指令的同时作出报告。

由此可见,立法者在作出授权规定时,是将"全国四级检察机关"视

---

① 参见赵鹏:《刑事二审抗诉的合力与制度配置——基于法律文书的观察和分析》,载《中国刑事法杂志》2011年第12期;庄伟、赵鹏:《刑事二审抗诉权分置与抗诉理由表达》,载《人民检察》2015年第23期;赵鹏:《抗诉权分置下的抗诉合力生成——以抗诉理由的表述为视角》,载《中国检察官》2016年第2期。

② 参见《宪法》第132条、137条,《人民检察院组织法》第10条、第20条、第24条、第25条的规定。

③ 有学者曾对此归纳称,检察院组织法形成了四级检察机关职能配置上的"圆柱形"重叠。参见韩成军:《不同层级检察机关的功能定位与权限划分》,载《河南社会科学》2016年第2期。

为了一个整体,并且允许其在检察系统内部通过"上命下从"的方式行使权力。国内普遍认为,这是"检察一体化"在法律规范层面的体现。所以对于《宪法》第 136 条、《人民检察院组织法》第 4 条规定的"人民检察院依照法律规定独立行使检察权",往往都理解为"检察系统""检察权"而非"某一个检察院"的独立。① 有学者更是提出,"除了法律明确规定只能由最高人民检察院或上级人民检察院行使的职权外,法律赋予检察机关的职权每一级人民检察院都有权行使"。②

但是客观来讲,正如有学者指出,上述规定过于原则,对于上级检察院行使对下"领导权"的范围、方式和程序,都缺乏明确规定。③ 实践中,检察系统着力强化这种领导权,④ 在一定程度上对"检察一体化"理论产生了误读,进而造成了上下级检察机关之间"领导"关系绝对化、检察权运行过度行政化的问题。⑤ 学界对此普遍认为,检察权的配置具有地区性和层级性,各地各级检察院都是依法享有独立办案权、以自己名义实施公法行为并独立承受相应法律后果的司法执法主体。所以,按照国家权力依法配置、依法行使的原则,"检察一体化"要有一定限度,在加大上级检察院领导力度的同时,也应当重视该"领导权"行使的规范化,尊重、保障下级检察院相对独立的权力与责任。⑥

据此来看本文所涉问题可以发现:由二审检察院独立提出抗诉请求,一方面符合检察体制"一体化"特征及其"上命下从"的行为准则,另一方面也没有破坏"下级检察院独立性"与"检察一体化"之间的平衡,所以

---

① 参见陈国庆:《论检察》,中国检察出版社 2014 年版,第 150 页;章群:《我国上下级检察机关关系检视与构建》,载《学术论坛》2016 年第 7 期。

② 姜伟:《论检察》,中国检察出版社 2014 年版,第 41—42 页。

③ 樊崇义:《论检察》,中国检察出版社 2013 年版,第 249 页。

④ 最高人民检察院在 1999 年《检察工作五年发展规划》中提出,要健全上下一体、政令畅通、指挥有力的领导体制,2007 年又印发《关于加强上级人民检察院对下级人民检察院工作领导的意见》,要求加强检察工作一体化机制建设并提出了若干具体措施。

⑤ 关于该问题的具体表现和弊端,参见罗庆华、颜翔:《论上下级检察机关领导关系的规范化——对检察工作一体化机制的反思与检讨》,载 2013 年《诉讼法修改与检察制度的发展完善——第三届中国检察基础理论论坛文集》。

⑥ 参见郝战红:《上下级人民检察院工作领导关系新探》,载《法学杂志》2009 年第 8 期;向泽选:《检察权的宏观运行机制研究》,载《人民检察》2012 年第 2 期;龙宗智:《论检察》,中国检察出版社 2013 年版,第 219 页;谢小剑、张玉华:《检察机关上下级领导关系的规范化》,载《人民检察》2014 年第 12 期;章群:《我国上下级检察机关关系检视与构建》,载《学术论坛》2016 年第 7 期。

是国内检察制度及其理论能够许容的做法。

第一，该做法符合检察"一体化"原则的内在精神。从《宪法》《人民检察院组织法》设置的"一体化"检察体制来看，能够行使某项抗诉权的，是"依法有权提出抗诉的检察院＋该院的上级检察院"这样一种组合。这在刑事诉讼级别管辖制度和抗诉二审制度中，主要就体现为原审检察院及其上一级检察院的分工配合——原审检察院在上一级检察院的领导下，代表检察机关对外表达初始意见、启动抗诉程序；此后，上一检察院在二审环节进一步发表检察意见。期间，原审检察院因为熟悉案情并且是法定的抗诉二审程序启动者，首先居于抗诉工作的主动地位；上一级检察院则具有双重身份：一方面，它对原审检察院的抗诉工作具有主导地位；[①] 另一方面，因为在二审环节正式接手案件，它又能最终取得抗诉工作的主动地位。按照"上命下从"的关系定位，上一级检察院不必受制于下级检察院的意见，所以其始终有权独立提出抗诉请求。

第二，该做法无损于下级检察院的独立性。（1）不会减弱下级检察院的抗诉主体责任。如前所述，原审检察院自始熟悉案情，是提出抗诉从而启动二审程序的法定主体，其始终对此承担第一责任，不会因为上一级检察院有权独立提出抗诉请求就出现责任减损。而且，检察系统在实践中针对抗诉工作设置了高权重的考核指标，也会促使下级检察院持续保持提出抗诉的积极性。（2）不会影响下级检察院处理在办案件。一些学者认为上级检察院应当最大程度尊重下级检察院办理个案的独立权而不要发布指示、命令，主要理由是司法办案讲究亲历性，所以身处办案一线的下级检察院最有处断案件的资格。[②] 那么，二审程序启动后，上一级检察院的身份恰恰是办案的"亲历者"，它已经从下级检察院手中承继了办案"接力棒"，提出抗诉请求

[①] 这种"主导"地位体现为：原审检察院提出抗诉的，上一级检察院可以撤回；原审检察院没有提出抗诉或是提出了抗诉但不全面的，上一级检察院在抗诉期限届满前都可以发出原审检察院必须执行的抗诉指令，进而必然启动对某案、某人、某事的二审抗诉。而且，与原审检察院提出抗诉但"效力待定"不同，经上一级检察院指令提出的抗诉其实更具有完整、稳定的效力，一般不会被撤回。

[②] 参见张智辉：《论检察》，中国检察出版社 2013 年版，第 397—400 页；向泽选：《检察权的宏观运行机制研究》，载《人民检察》2012 年第 2 期。

是对本院在办案件发表意见，并不损害下级检察院的办案独立性。①

（二）延伸并正确行使诉权的要求

二审抗诉程序启动后，上一级检察院是诉讼对抗的实际参与者，也是诉讼发起方在后续诉讼进程特别是二审庭审中延伸诉权、继续支持公诉的实际代言人。实践中，对于有上诉诉求（包括上诉、抗诉并存）的刑事二审案件，审判长当庭归纳《上诉书》的内容后，都会询问上诉人是否还有补充，从而允许其自由表达诉讼请求。与之对应，二审检察院作为"两造"的一方，表达自己的诉讼主张是当然之义。如果只能在"支持抗诉""部分支持抗诉""撤回抗诉"的选项中"做减法"，二审检察院就成了原审检察院的"复读机"，或是仅有"对内否决权"而无"对外发表意见权"的监督者，明显和其"诉讼主体"的角色定位不符。

当然，出于"最大程度保障被追诉人合法权益，合理限制追诉机关权力"的刑事诉讼基本理念，在授权方面，检察机关的抗诉权不能与被告人的上诉权简单对比、一概而论，而要有所限制。在英美法系国家，刑事上诉权被视为被告人的法律救济权，所以一般不允许检察官提出上诉（即我国的"抗诉"），特别是不能就事实问题和一审无罪判决提出上诉，否则就违反了"禁止双重危险原则"。但是，一方面，英美法系国家的做法是对"检察系统"作为控方的整体制约，而非专门限制二审检察院的上诉请求表达权；另一方面，我国和大陆法系国家一样，认为抗诉（德国、日本称为"抗告"）具有法律监督性质，所以赋予了检察机关广泛的抗诉权。目前国内对检察机关提出抗诉的特别限制，主要体现为允许被告人"口头上诉""无理由上诉"但要求检察机关提出抗诉必须采取书面形式并说明理由。这些情况，都无损于二审检察院独立行使抗诉请求表达权。

此外，上一级检察院在二审环节延伸诉权、提出诉讼请求，当然也需要

---

① 相比之下，其实撤回抗诉制度更容易导致原审检察院丧失实质抗诉权而仅有抗诉建议权，被挫伤抗诉积极性，所以一些研究人员曾建议取消二审检察院撤回抗诉的权力及其制度设计。参见李建国、金志锋：《二审刑事抗诉制度之重构浅探》，载《法学杂志》2007年第5期；余德峰、王建荣：《刑事抗诉运行机制实证分析》，载《中国刑事法杂志》2009年第11期；刘突飞、王宇飞、李佳：《论我国刑事二审抗诉制度的缺陷及立法建议》，载《政治与法律》2009年第11期；曲卫东、张宇：《刑事二审抗诉制度之完善——以比较法为视角的展开》，载《黑龙江社会科学》2010年第6期。但是，很难想像当上级检察院认为抗诉有误时，还必须派员出席二审法庭"违心"支持抗诉的场景。这种观点既不符合国内检察系统"上命下从"的体制，也不符合检察机关应当坚守客观公正义务的原则，还会造成司法实践的尴尬场面，所以很难得到更多认同。

遵守相应的二审诉讼规则。比如，所提诉讼请求不能超出原审公诉的范围，不能架空二审终审制度。这涉及对二审检察院新增抗诉请求进行合理限制的问题，将在下文专门探讨。

（三）发挥诉讼监督职权的题中应有之义

在检察语境下，抗诉权属于典型的诉讼监督权。毫无疑问，允许二审检察院独立提出抗诉请求，是检察机关更好履行诉讼监督职责、推动实现司法公正的应有之义。

第一，二审检察院更能坚守客观公正立场。刑事诉讼中，原审检察院对案件提起公诉（前期可能还开展了提前介入引导侦查工作、批捕工作），后因法院判决结果与控方诉求存在差异，遂提出抗诉。这样的情况下，原审检察院难免会有先入为主、一以贯之的认识和"扳回一局"的情绪，甚至还有"把握机会完成抗诉工作考核任务"的内在动机。相比之下，上一级检察院地位更高，不必受原审检察院的制约；绝大多数情况下没有介入案件前期办理工作，不存在明显的思维认识局限，也不会面临"难以自我否定"的桎梏；没有抗诉考核任务的压力（省级院），或者考核任务还可以通过其它地区的抗诉案件来完成（市级院）。总的来看，上一级检察院带着这种"平常心"审查案件，在二审环节提出抗诉请求会更为理性、客观。

第二，二审检察院更能提出全面、科学的抗诉意见。总体来讲，上级检察院的日常办案工作审查更细、研究更深，而且在长期办理二审抗诉案件的过程中积累了相应经验、教训，更了解同级法院持有的审理思路、掌握的裁判标准，从而能够提出更符合案件客观事实和二审法院观点认识的抗诉请求。此外，国内检察机关对二审案件办理工作的定位是"强化法律监督，继续支持公诉"，所以上一级检察院公诉人员普遍将发现、纠正原审错误视为二审审查工作的首要任务和突出自己办案能力、办案成绩的重要内容。在这样的观念引导和能力支撑下，二审检察院独立提出的抗诉请求，往往是检察机关发挥诉讼监督职能的良好体现。

第三，更能够实现监督纠错的有效性、及时性。诉讼监督的目的在于，要尽早纠正已有诉讼行为及其结果的实体性、程序性错误，实现司法公正。如果履行客观公正义务、秉持强化监督理念、深入审查案件事实的二审检察院发现了原审错误，却只能对原审检察院没有提的抗诉请求不管不问，或是对原审检察院虽已提出但不太正确的抗诉请求不予变更、勉强支持，又或是非要等到二审终审以后再启动审判监督程序，都会有损于司法公正和二审纠错的功效。① 当然，此种纠错功效不能和保障被告人合法权益的价值相冲突，但是正如本文一再提到的，不能为此就因噎废食地直接否定二审检察院独立提出抗诉请求的资格。实践中，二审检察院新增的一些抗诉请求并不会侵犯被告人的合法权益，甚至有的还是为了被告人的利益而予新增。所以，"原则上授权许可，辅之以合理限制"，才是对二审检察院独立提出抗诉请求权的应有态度。

四、二审检察院新增抗诉请求的权力边界与规制

（一）执行审级制度：不能任意新增超出起诉范围的抗诉请求

国内普遍认为，二审检察院支持抗诉发表的意见，不能超出起诉指控的事实和主张。这是因为：（1）确定起诉对象、划定起诉（审判）范围，是下级检察院在一审程序中的职权。上一级检察院在二审环节只能履行对某人某事的"继续指控"职能，而不能越俎代庖地对该人该事直接"启动追诉"。否则，审级制度下的各级检察院职能划分和下级检察院的独立性会受到根本性破坏。（2）一审法院受"不告不理"原则的约束，不能"不诉而判"。在公诉机关存在"漏诉"的时候，即便一审判决与涉案证据、事实不符，但这也是公诉机关的责任而非一审法院的错误，所以该类情况缺乏抗诉的责任主体和对象。②（3）如果允许在抗诉二审环节增加一审起诉没有提出的指控请求，必然导致被告人在有关事项上只能接受一次审判，这无异于变"二审终审"为"一审终审"，剥夺了被告人的上诉权。

实践的难题在于，如何科学限定"一审起诉指控事实及其主张"的范围？在我国刑事司法"诉因"理论相对欠缺、起诉书制作方式有待改善、一审程序尚未践行"诉审同一"理念的情况下，"抗诉请求有没有超出起诉范围"未必是一个容易判断的问题。

比如，原审检察院以 A 罪起诉，后因法院判处 B 罪或判处 A 罪但量刑

---

① 实践中，由于启动审判监督程序比较困难、成本较高，对于一些非原则性问题，办案人员、办案部门往往都是"放过不纠"。

② 参见高亚莉、黄小明：《抗诉意见超出原指控范围不应采纳》，载《人民法院报》2010 年 5 月 20 日第 7 版；黄清明、钟晨：《刑事诉讼二审抗诉范围之探讨》，载《贺州学院学报》2011 年第 3 期；薛洁、王阳：《刑事二审抗诉支抗范围探析》，载《黑龙江政法管理干部学院学报》2013 年第 5 期。

畸轻，遂提出抗诉。二审检察院审查后认为被告人构成 C 罪，于是支持抗诉并提出这一新的抗诉请求。此种做法是否超出了原审起诉的范围？

又如，实践中由于工作疏忽，原审检察院有时候会出现"漏诉"特定情节的情况，即原卷证据能够反映出被告人还有加重处罚情节，但原审公诉没有指控。其中，有的是在《起诉书》中完全没有提及相应事实（漏诉事实），有的则是在指控事实中记载了该情节，但在"本院认为"部分没有提出相应指控意见，也没有引用相关法律条款（漏提主张）。一审判决后，原审检察院因其它事项提出抗诉（继续忽略该加重处罚情节），如果二审检察院发现了该问题进而新增抗诉请求，是否超出"起诉范围"？实践中对此存在争议，一些检察官认为，如果一审、二审指控的犯罪事实和提出的证据均无变化，二审检察院新增加重处罚情节的抗诉请求就与原审起诉不存在矛盾，因为这"只是对部分事实作何法律评价以及适用哪一档量刑幅度持不同意见"。① 但是，法院往往不认可这种观点。

笔者认为，在"抗诉请求有没有超出起诉范围"的问题上，可以把握一个适中标准，即"不能突破原审检察院指控的犯罪事实，但可以不同于原审检察院提出的法律适用意见"。这是因为：一方面，如果二审检察院新增的抗诉请求涉及原审检察院《起诉书》没有指控的犯罪事实（包括应当处罚的独立罪行和应当加重处罚的情节），会对被告人"可获得二审救济"的权利造成较大损害，所以有必要绝对禁止。此时，即便原卷证据能够提供足够证明，但是只要《起诉书》"经依法审查查明"部分没有载明该事实，上一级检察院就不能通过新增抗诉请求的方式在二审环节直接追诉。对于这种"漏诉事实"，如果它与已起诉事实具有较强关联性，② 又或者构成同一罪名，③ 认定后会对已起诉事实的定罪、量刑产生直接影响，二审检察院就

---

① 北京市人民检察院法律研究室：《刑事疑难案例参阅——危害公共安全罪破坏社会主义市场经济秩序罪侵犯公民人身权利、民主权利罪》，中国检察出版社 2015 年版，第 262 页。

② 对此可以借鉴德国法对"诉讼标的同一性"、日本法对"公诉事实同一性"的判断标准，即在一个普通人看来，被告人的行为可以成为一个有机整体或者通俗地说可以成为一个故事，经考察行为的时间、地点、方法、对象等基本因素，如果两个事实的基本关系之间存在亲近性、密切关联性、共性，就可以认定相关诉讼标的或事实具有同一性。参见林钰雄：《变更起诉法条与突袭性审判》，载林山田主编：《刑事法理论与实践》，台湾学林文化事业公司 2000 年版，第 14 页；[日] 田口守一：《刑事诉讼法》，张凌、于秀峰译，中国政法大学出版社 2010 年版，第 258 页。

③ 《最高人民法院关于判决宣告后又发现被判刑的犯罪分子的同种漏罪是否实行数罪并罚问题的批复》提到，二审期间发现原审被告人在一审判决宣告以前还有同种漏罪没有判决的，二审法院应当依照《刑事诉讼法》的规定裁定撤销原判，将案件发回原审人民法院重新审判。

可以新增抗诉请求建议将案件发回重审，再由原审检察院补充起诉；否则，就只能由检察机关另行起诉。另一方面，由于目前国内尚未广泛接受"诉审同一"理论，立法、实践也都允许一审、二审法院在查明案件事实的基础上直接判定检察机关没有指控的罪名，所以对二审检察院提出的法律适用意见也不宜严格限制在起诉主张的范围内。总的来说，如果二审检察院立足《起诉书》载明的事实，新增不同于《起诉书》的法律适用意见，或者新增《起诉书》的"漏提主张"，应予获准。

（二）落实"上诉不加刑"原则：不能任意新增对被告人不利的抗诉请求

"上诉不加刑"原则的意义在于，让被告人不会因为自己或同案人提出上诉而在二审环节遭受更重处罚，从而消除其上诉顾虑，保障其上诉权。依照《刑事诉讼法》的规定，检察机关提出抗诉时，二审判决不受"上诉不加刑"原则的限制，但抗诉必须在10天内提出，以免被告人长期面临仍有变数的刑事追诉。对此需要首先匡正两点基本认识：

一是"可以加重刑罚"的抗诉效力，是"就人、就罪名不就全案"。（1）抗诉效力"只就人不就全案"。虽然《最高人民法院关于适用〈中华人民共和国刑事诉讼法〉的解释》（以下简称"《法院刑诉解释》"）第325条第2款提到，"人民检察院抗诉的'案件'，不受前款规定（'上诉不加刑'）的限制"，但该解释第326条明确规定，"人民检察院只对部分被告人的判决提出抗诉，第二审人民法院不得对其他同案被告人加重刑罚"。所以，原审检察院对某一个被告人提出抗诉虽能阻止全案判决生效，但在"可以对被告人加重刑罚"的问题上，抗诉的效力仅限于被抗诉人个人。（2）抗诉效力"只就人且只就罪名"。《法院刑诉解释》第325条第（三）项规定，"原判对被告人实行数罪并罚的，不得加重决定执行的刑罚，也不得加重数罪中某罪的刑罚"。显而易见，最高人民法院认为"上诉不加刑"原则对被告人权利的保护应当深入到以罪名为单元的层面，从而为被告人提供更全面、更彻底的权利保障。① 基于此种思路，实践中对"上诉不加刑"

---

① 这种以"罪名"为单元的区分思路，在我国刑事司法中比较常见。比如，在自首认定的问题上，对于被采取强制措施的犯罪嫌疑人、被告人，只有在其如实供述司法机关尚未掌握的"不同种罪行"时，才能以自首论。如实供述"同种罪行"的，只能构成坦白。参见最高人民法院《关于处理自首和立功具体应用法律若干问题的解释》第2条、第4条，最高人民法院、最高人民检察院《关于办理职务犯罪案件认定自首、立功等量刑情节若干问题的意见》第三部分的规定。

原则的适用进一步延伸到了以罪名为单元的层面,即对于上诉案件被告人涉及的每一个罪名(当然,还包括立功、自首等独立量刑情节,下同),二审环节都不能作出不利于上诉人的处理。因此,检察机关提出抗诉后,"可以对被告人加重刑罚"的效力也要以罪名为边界。换言之,如果原审检察院提出的抗诉只是针对某个被告人所涉的部分罪名,在"上诉不加刑"原则的保护下,二审环节仅能在被抗诉罪名的范围内,对该被告人加重刑罚。

二是抗诉期限对于检察机关启动二审程序进而"可以加重处罚"的限制,是"就人不就意见、不就理由"。对比上诉权、抗诉权可以发现:(1)法定期限内没有提出上诉的被告人,在二审环节只能作为"原审被告人"参与诉讼,二审法院不可能允许其申请成为新补充的"上诉人"。① 同样的道理,无论二审检察院还是原审检察院,在案件抗诉期满后都丧失了对原审被告人提出二审抗诉的权力。即便全案因为某个被告人被抗诉而进入了二审程序,检察机关都不能再追加被抗诉人并对其加重处罚。(2)对于法定期限内提出了上诉的被告人,二审法院不会将其诉讼请求限定在《上诉书》的范围内,而是允许其进一步补充上诉请求。这种"补充"是任意性、开放性的,不会有"不能突破某项罪名""不能突破某项上诉意见或理由"的限制。同样的道理,抗诉期限也应当视为检察机关对某个被告人提出抗诉、启动二审抗诉程序的时限,而非划定抗诉所涉罪名、提出具体抗诉意见及理由的限制。

据此就能明确,二审抗诉案件如果存在"当抗未抗"的问题,应当分别采取以下态度予以处理:

第一,允许二审检察院新增有利于被告人的抗诉请求。这种做法与"上诉不加刑"原则并无冲突,不应当受到限制。从节约诉讼资源、尽早维护被告人合法权益的角度考虑,对其恰恰还应予鼓励。值得一提的是,二审检察院能否为了原审被告人的利益而将其新增为被抗诉人呢?表面上来看,这一做法突破了抗诉期限"就人不就案"的限制,但是笔者认为,设置二审抗诉期限的目的是要保障原审被告人的合法权益,避免其长期处于"判决无法生效、自己可能被加重处罚"的处境。所以,允许二审检察院为了原审被告人的利益而将其新增为被抗诉人,在诉讼价值方面与抗诉期限的规定具有同向性。考虑到此种做法能够借助已有司法资源(已经启动的二审

---

① 只是出于最大程度保障被告人权利的考虑,在行使辩护权、获得有利改判权等方面,允许没有上诉的原审被告人享有等同于上诉人的权利。

程序)尽早实现纠错维权,可以将其作为"二审抗诉期满后不能新增被抗诉人"的特例。

第二,禁止二审检察院新增需要加重处罚的被抗诉人。如果允许二审检察院新增被抗诉人并且提出对其不利的诉讼请求,会让原本没有被抗诉的被告人在二审环节面临随时可能被加重刑罚的潜在威胁,这有悖于"上诉不加刑"原则和抗诉期限的设置初衷,也不符合前述"就人不就全案"的要求。① 值得一提的是,《法院刑诉解释》第311条第(二)项规定了"上诉不加刑"的例外情形,即"原判事实清楚,证据确实、充分,只是认定罪名不当的,可以改变罪名,但不得加重刑罚"。该项规定的目的,是在无损被抗诉人实质性权利的同时,对定性问题及时纠错。借鉴此种思路,可以考虑将"二审检察院新增被抗诉人,请求对其改变比原审判决更重的罪名,但不加重刑罚"的情况,作为"禁止二审检察院新增被抗诉人并对其提出不利诉讼请求"的例外。

第三,对于法定期限内原审检察院提出了抗诉的被告人,可以但也只能在该抗诉请求所涉罪名的范围内,允许二审检察院新增不利于该被告人的抗诉请求。这是因为,虽然抗诉时限的规定不直接阻止二审检察院"跨罪名"增加抗诉请求,但是当该抗诉请求不利于被告人时,会让原本没有被抗诉的罪行所涉刑罚效果缺乏稳定性,进而让被告人在二审环节面临因涉案其它罪行而被随时加重刑罚的潜在威胁,这有悖于前述"上诉不加刑"原则"就人还就罪名"的要求。因此,二审检察院新增的抗诉请求,应当以原审检察院提出抗诉针对的罪名为边界。在此基础上,鉴于前文第二点提到的原因,可以将"允许二审检察院在《抗诉书》所涉罪名外新增抗诉请求,建议对被告人改变比原审判决更重的罪名但不加重刑罚"的情况,作为"禁止二审检察院对被抗诉人跨罪名新增不利抗诉请求"的例外。

---

① 对此需要纠正一种错误认识,即有检察官认为,鉴于检察一体化原则,对于《法院刑诉解释》第326条规定可以提出抗诉的"人民检察院",不应当片面理解为"下级检察院",而要理解为具有整体意义的"检察机关",所以当二审检察院新增被抗诉人时,应视为检察机关对其提出了抗诉。参见赵鹏:《抗诉权分置下的抗诉合力生成——以抗诉理由的表述为视角》,载《中国检察官》2016年第2期。实践中,也有检察官用这种"思路"来当庭答辩、应对质疑。但是,遵循检察一体化原则并不意味着上级检察院在行使对下领导权的时候没有权力边界,上述观点与"上诉不加刑"原则和抗诉期限有关规定的精神明显不符,所作论述过于牵强,应予摒弃。

（三）保障辩护权：不能"突袭"新增抗诉请求

如前所述，要防止抗诉"突袭"、保障被抗诉人对二审环节新增抗诉请求的辩护权，通过操作层面的机制构建就能实现。目前对此有三种方案：（1）二审检察院指令原审检察院制作《变更抗诉书》，再通过原审法院送达二审法院，后者负责送达被抗诉人及其辩护人。（2）允许二审检察院向同级法院发送《变更抗诉书》或《补充抗诉书》，①再由后者送达被抗诉人及其辩护人。（3）原审检察院提出抗诉时制作《抗诉书》和《抗诉理由书》，其中，《抗诉书》用于送达法院启动二审程序，其内容简洁明快，只需要表述抗诉原因是"一审判决确有错误"，不提出具体意见和理由；《抗诉理由书》记载抗诉理由并按照内部程序报送上一级检察院，后者审查案卷材料后制作向二审法院送达的《抗诉理由书》，再由二审法院送达有关当事人。②

笔者认为，既然二审检察院具有独立的抗诉请求表达权，就应当允许其直接提出抗诉请求，从而起到避免程序回流、实现化繁为简、节约诉讼资源的效果。此时，原审检察院主要负责启动二审抗诉程序，二审检察院代表两级检察机关就抗诉请求发声，还有助于从根本上避免两级院对外表达抗诉请求出现矛盾的尴尬局面。所以，上述第三种方案既能彰显上一级检察院在二审抗诉程序中的作用，又能兼顾被告人的辩护权，还有助于提高诉讼效率、解决现有矛盾，应当作为下一步完善国内抗诉制度、健全检察机关抗诉工作联动机制的发展方向。

而且，方案三的实际运作也不会带来其它方面的明显弊端。（1）不必担心原审检察院"只提出抗诉但不向法院说明理由"就会滥用抗诉权。与德国、日本设置了对上诉、抗告申请的审查程序，实践中上级法院可以不接受检察院的抗告不同，我国原审检察院提出的抗诉必然引起二审诉讼，所以无论《抗诉书》说理是否充分，都不能起到过滤非理性抗诉的效果。事实上，对于"促使原审检察院审慎抗诉"发挥了关键作用的，并不是"《抗诉书》应当充分阐述抗诉理由"的现有要求，而是检察系统内部对"上级检察院支持抗诉率""二审法院改判或发回重审率"的考评机制。这种机制在

---

① 参见贺恒扬：《刑事抗诉制度的立法完善》，载《西南政法大学学报》2007年第1期。
② 参见赵鹏：《刑事二审抗诉的合力与制度配置——基于法律文书的观察和分析》，载《中国刑事法杂志》2011年第12期；庄伟、赵鹏：《刑事二审抗诉权分置与抗诉理由表达》，载《人民检察》2015年第23期；赵鹏：《抗诉权分置下的抗诉合力生成——以抗诉理由的表述为视角》，载《中国检察官》2016年第2期。

方案三的模式下,仍能发挥作用。当然,在《抗诉书》中载明抗诉理由有助于原审检察院检委会会议对其详加审议,但这一效果同样可以通过审议拟向上一级检察院报送的《抗诉理由书》来实现。(2)不必担心抗诉质量受到影响。实践中往往认为,原审检察院制作《抗诉书》要将抗诉理由说透、说充分,才有助于得到上一级检察院的支持并最终被二审法院采纳。① 但是,对于原审检察院而言,为了得到二审检察院的支持,同样会认真撰写内部报送的《抗诉理由书》;对于二审法院而言,原审检察院的抗诉请求在二审环节要么被撤回,要么被重申,所以二审检察院的意见及其说理才是影响案件处理结果的关键。方案三的做法,不会对抗诉质量造成影响。②

五、结语:兼论"抗诉请求"及其相关概念的区分与表述

对于检察机关提出抗诉的诉讼请求,最高人民检察院发布的司法解释、规范性文件采用了"抗诉请求""抗诉意见和理由""抗诉意见""抗诉理由"等多种表述方式却又无章可循。实践中,检察人员还惯于使用"抗点"一词,认为找准"抗点"是提高抗诉案件办理质量的关键所在,③ 个别官方文件也会采用这一表述。④ 此外,司法人员、研究人员还使用了"抗诉事项""抗诉对象"等用词,但有的把"抗诉对象"视为"抗诉事项",有的把"抗诉对象"看作被抗诉人。总的来看,目前国内对"抗诉请求"及其相关概念的使用较为混乱。

为准确表述二审检察院可以新增哪些抗诉请求,有必要先厘清下列概念:(1)"抗诉对象",是检察机关所提抗诉针对的被告人,即被抗诉人。(2)"抗诉事项",是所提抗诉针对的事实,包括一审判决错误认定的案件事实和一审法院办案违反法律规定的情况。⑤ 其中,犯罪事实是以"同种罪

---

① 参见于书峰:《提高刑事抗诉质量"五部曲"》,载《检察日报》2014年3月2日第3版。
② 当然,为促进辩方了解二审检察院新增抗诉请求是否超了出合理范围,方案三在实际运行时还需要进一步调整、细化。对此,笔者将在下文介绍。
③ 参见成懿萍:《刑事抗诉工作中如何找准抗点之实证分析》,载《中国检察官》2014年第4期;薛长义:《找准抗点确保刑事抗诉质效》,载《检察日报》2016年9月23日第3版。
④ 例如,最高人民检察院公诉厅2012年《关于办理适用简易程序审理的公诉案件座谈会纪要》第十九部分提到,"简易程序案件都在三年有期徒刑以下量刑,量刑幅度小,抗点寻找困难"。
⑤ 案件事实,包括犯罪事实和坦白、自首、立功、赔偿谅解等归案后的量刑事实;办案违反法律规定的情况,包括合议庭组成不合法,违反审判公开、回避有关规定,审判人员贪污受贿、枉法裁判等依法可以提出抗诉的情况。

行"作为"抗诉事项"的评价单元,① 立功、自首等量刑情节和一审法院办案违反法律规定的情况,以该独立事实作为评价单元。(3)"抗点"是实践中的口语化表述,应系"抗诉对象"+"抗诉事项"的集合概念,意在表示"何人何事所涉判决存在错误",从而区别于其它"抗点"。(4)"抗诉意见",应系检察机关抗诉时,结合有关规定,指出一审判决有何错误、应当如何纠正的结论性见解主张。如,"一审判决关于被告人杨某犯抢劫罪的量刑畸轻,应当判处杨某十年以上有期徒刑"。(5)"抗诉理由",是检察机关针对其提出的"抗诉意见",深入阐述有关事实及法律依据的具体观点。(6)"抗诉请求",是检察机关作为抗诉机关向法院提出的诉讼请求的统称,包涵上述各项概念的内容。

在此基础上,结合前文分析就能明确,二审检察院有独立的抗诉请求表达权,可以新增抗诉请求,但要注重保障被告人的应有诉讼权利,遵循以下规则体系:(1)新增的抗诉请求不能超出原审《起诉书》指控事实的范围,但可以提出不同于《起诉书》的法律适用意见。(2)在《起诉书》指控事实的范围内,如果是为了被抗诉人的利益,可以突破原审检察院《抗诉书》的内容,新增抗诉对象、抗诉事项和抗诉意见、抗诉理由。(3)如果新增抗诉请求会对被抗诉人产生不利后果,就不能超出《抗诉书》的范围新增抗诉对象,也不能超出《抗诉书》涉及的抗诉事项。此时只能在《抗诉书》针对的抗诉对象、抗诉事项范围内,新增抗诉意见和抗诉理由。(4)二审检察院新增抗诉对象、抗诉事项、抗诉意见,要以书面形式及时送达二审法院,以便后者在开庭前送达被抗诉人及其辩护人,并留足时间供其做好辩解、辩护准备。必要时,可由法院组织召开庭前会议,确定原审检察院能够新增的抗诉请求。

为有效运行上述制度,建议至少由省级以上检察院联合同级法院印发规范性文件,从而明确有关做法。检察系统内部还要改进《抗诉书》的制作方式,以便诉讼各方辨析二审检察院可以新增抗诉请求的范围。为此,可将前述保障被告人辩护权的第三种方案进一步调整、细化为:(1)原审检察院的《抗诉书》无需载明具体的抗诉理由,但必须明确抗诉对象、抗诉事项和抗诉意见。抗诉期满前,公诉机关可以通过书面形式对此作出变更;抗诉期满后,《抗诉书》发生效力,抗诉范围据此确定,检察机关不能再超出该抗诉对象、抗诉事项的范围提出不利于原审被告人的抗诉请求。此件由法

---

① 即,多个犯罪行为构成一罪的,不以单个行为作为评价单元。

院送达被告人及其辩护人，以便后者了解抗诉范围、做好辩护准备。（2）原审检察院制作《抗诉理由书》，应当立足《抗诉书》指向的抗诉对象、抗诉事项，详述抗诉意见及其理由，报送上一级检察院。此件作为检察机关内卷，被告人及其辩护人不可查阅。（3）二审检察院经审阅案卷材料和《抗诉理由书》，认为需要支持抗诉的，应当制作《支持抗诉意见书》，载明支持的原审检察院抗诉请求和本院认为应当新增的抗诉请求，在阅卷完毕、归还案卷材料时一并送达二审法院。

三、检察权运行

监察体制改革背景下的
职务犯罪检察工作[*]

——以北京市检察机关的实践为样本

监察体制改革背景下的职务犯罪检察工作研究课题组[**]

  国家监察体制改革是以习近平同志为核心的党中央确立的一项事关全局的重大政治改革,涉及我国政治体制、政治权力、政治关系的重大调整,是推进国家治理体系和治理能力现代化的重大举措。在该项改革中,检察机关反贪、反渎职能转隶,整合至监察委员会。改革后,监察机关行使绝大部分的职务犯罪调查权,检察机关主要负责对监察机关移送的职务犯罪案件开展

---

[*] 本文系2018年度最高人民检察院检察理论研究重点课题"监察体制改革背景下的职务犯罪检察工作研究"(项目批准号:GJ2018B13)的研究成果。

[**] 课题主持人:朱小芹,北京市人民检察院第四分院党组书记、检察长。课题组成员:王滨,北京市人民检察院第三检察部主任;杨先德,北京市人民检察院第三检察部检察官助理;李晓娟,北京市朝阳区人民检察院第二检察部副主任;贾晓文,北京市朝阳区人民检察院第三检察部主任;练虹怡:北京市朝阳区人民检察院第一检察部检察官助理。

依法审查、提起公诉等工作,检察机关在职务犯罪案件办理中的地位、职能和作用发生较大转变。为适应新时期检察改革的需要,根据高检院的专业化改革思路,在刑事检察领域设置了职务犯罪检察部门(即第三检察厅),专门与监察机关对接,办理监察机关移送的职务犯罪案件。如何在监察体制改革背景下,加强职务犯罪检察专业化建设,提升专业能力水平,充分发挥检察机关在新的反腐败工作格局中的职能作用,是检察机关职务犯罪检察部门的重大课题。北京市检察机关作为首批试点单位,在改革之初,率先在三级院设立职务犯罪检察部门,在职务犯罪检察工作以及如何推进专业化建设方面积累了一定经验。本文将结合北京经验,分析监察体制改革背景下,反腐败工作的变化及其特点,梳理在新的反腐败工作体系中,检察机关与监察机关的分工关系和主要职责,并提出要走职务犯罪检察专业化道路来应对变革,更好发挥检察职能在新的反腐败工作格局中的作用。

一、国家监察体制改革背景下职务犯罪案件办理机制的变化

(一) 国家监察体制改革的主要内容

根据党中央确定的《关于在北京市、山西省、浙江省开展国家监察体制改革试点方案》《关于在全国各地推开国家监察体制改革试点方案》(中办发〔2017〕62号)(以下统称《改革试点方案》)以及全国人大常委会《关于在北京山西浙江开展国家监察体制改革试点工作的决定》《关于在全国各地推开国家监察体制改革试点工作的决定》,(以下统称《试点工作的决定》),国家监察体制改革的主要内容有以下几个方面:

一是整合职能、设立机构。在试点地区设立监察委员会,行使监察职权。将试点地区人民政府的监察厅(局)、预防腐败局及人民检察院查处贪污贿赂、失职渎职以及预防职务犯罪等部门的相关职能整合至监察委员会。试点地区监察委员会由本级人民代表大会产生。监察委员会主任由本级人民代表大会选举产生;监察委员会副主任、委员,由监察委员会主任提请本级人民代表大会常务委员会任免。监察委员会对本级人民代表大会及其常务委员会和上一级监察委员会负责,并接受监督。在实践中,监察委员会和党的纪律检查机关合署办公,两块牌子,一块人马。

二是明确新机构的职权、职责和调查手段。监察委员会按照管理权限,

对本地区所有行使公权力的公职人员依法实施监察。履行的监督、调查、处置三项职责，包括：监督检查公职人员依法履职、秉公用权、廉洁从政以及道德操守情况，调查涉嫌贪污贿赂、滥用职权、玩忽职守、权力寻租、利益输送、徇私舞弊以及浪费国家资财等职务违法和职务犯罪行为并作出处置决定，对涉嫌职务犯罪的，移送检察机关依法提起公诉。监察委员会履行上述职权可以采取的调查措施包括：谈话、讯问、询问、查询、冻结、调取、查封、扣押、搜查、勘验检查、鉴定、留置等措施。

三是进行新的立法修法。按照《试点工作的决定》，监察体制改革试点期间，在试点地区暂时调整或暂时停止适用一部分法律，后根据试点情况，全国人大先后制定了《中华人民共和国监察法》，修改了《中华人民共和国刑事诉讼法》。中央纪委国家监委以及最高人民检察院先后出台涉及职能管辖、监检衔接等多方面的规范性文件，目前《监察官法》也处于制定之中，监察法律法规体系逐渐健全完善。

（二）国家监察体制改革的重要意义

全面理解监察体制改革的重要内容和重要意义，重点要从以下几个方面把握：一是坚持和加强党对反腐败工作集中统一领导。党的领导是中国特色社会主义最本质的特征，任何改革都要朝着坚持和加强党的领导的方向去改。反腐败斗争是严肃的政治斗争，更需要坚持和加强党的集中统一领导。监察委员会是国家专门的反腐败机构，此次改革实行党的纪律检查委员会、监察委员会合署办公，履行纪检、监察两项职能，将纪检监察工作牢牢掌握在党的手中，这是新形势下开展具有新的历史特点的伟大斗争的迫切需要，也是党内监督实现全覆盖之后向国家监督领域延伸的逻辑结果。二是体现对权力的制约制衡。在国家监察体制改革的制度设计中，实际上体现了权力制衡的原则。监察机关调查案件，要移送给检察院，由检察院采取强制措施、审查起诉、提起公诉，再交由法院审判，形成了有效的制约制衡机制。这次改革使得检察院摆脱了过去受到"自侦、自捕、自诉"的质疑，解决了既是裁判员又是运动员的问题，职责定位更加清晰，更加有利于履行检察机关法律职责。三是对所有行使公权力的公职人员监察全覆盖。这次改革针对以往行政监察范围过窄的问题，将监督范围从行政机关及其工作人员，拓展到所有行使公权力的公职人员，从重视"公务员和参公管理人员"的身份属性，到更加凸显"行使公共职权、履行公共职责"的权力属性，完成了从对"狭义政府"监督到对"广义政府"监督的跨越，贯彻了全面从严治党战略部署。四是推进国家反腐败工作机构专门化建设。各级监察委员会由本级人大产生，对本级人大及其常委会和上一级监察委员会负责，在党的统一领导下开展廉洁建设和反腐败工作。国家监察是国家监督的重要组成部分，与行政机关、司法机关并列，而不是隶属于行政机关的一个部门，贯彻了国家反腐败机构体系专门化的形势要求。五是建立集中统一、权威高效的监察体系。此次改革撤销监察厅（局）、预防腐败局、检察机关反贪污贿赂局等部门，将相关职能整合至监察委员会，避免了因法律依据、职能定位、隶属关系不同而出现的"各自为战"、信息不通等问题，实现了职能整合、资源优化，保障了国家监察权的集中统一高效行使。六是推进国家监察组织和制度创新。通过开展试点，积累经验、示范带动，条件成熟以后，又将党的意志转化为国家意志，启动反腐败国家立法，将行政监察法修改为国家监察法，最终达到以法治思维和法治方式惩治腐败的目的。从行政监察向国家监察的转变，既是依法治国与依规治党的有机统一，也是推进监察调查法治化与理顺侦捕诉关系的有机统一。

（三）监察体制改革后职务犯罪案件办理机制变化

国家监察体制改革后，国家的反腐败工作格局，尤其是职务犯罪案件办理格局发生重大变化，监察机关和检察机关同属于反腐败工作格局的重要组成部分，只是职能上存在不同的分工，伴随着这种职能分工的变化，职务犯罪案件的办理程序也面临巨大变革。

1. 职务犯罪案件办理程序变革

按照旧刑事诉讼法职能管辖的规定，一般刑事案件之外的贪污贿赂犯罪，国家工作人员的渎职犯罪，国家机关工作人员利用职权实施的非法拘禁、刑讯逼供、报复陷害、非法搜查的侵犯公民人身权利的犯罪以及侵犯公民民主权利的犯罪，由人民检察院立案侦查。改革后，除国家机关工作人员利用职权实施的非法拘禁、刑讯逼供、报复陷害、非法搜查的侵犯公民人身权利的犯罪以及侵犯公民民主权利的犯罪外，其他职务犯罪案件由检察机关立案侦查转变为由监察机关立案调查。

自 1978 年检察机关重建，79 年的《刑事诉讼法》及《人民检察院组织法》中均对检察机关的自侦案件范围作了明确规定。1986 年最高检制订《人民检察院直接受理侦查的刑事案件办案程序》和《人民检察院直接受理侦查的刑事案件管理制度》。我国检察机关自侦工作大致经历了五个发展阶段，① 并取得显著成绩。在上一轮司法改革中，有理论界对检察机关在查办职务犯罪过程中，行使"自侦权、自捕权、自诉权"提出质疑，呼吁完善职务犯罪案件审查逮捕程序。为了进一步提升执法的公正性与公信力，2009 年最高检试行省级以下人民检察院立案侦查的案件，需要逮捕犯罪嫌疑人的，报请上一级人民检察院审查决定的工作制度，此项制度获得各方面认可，认为在保留检察机关侦查权前提下，该制度有效提升了办案质量，有效维护了嫌疑人的合法权利，从制度构建方面通过上下级之间的内部监督制约，形成"侦查权、逮捕权、公诉权"的分治。2015 年，中央全面深化改革领导小组审议通过《深化人民监督员制度改革方案》，根据方案内容，明确人民监督员可对检察院直接受理立案侦查的 11 种情形的案件实施监督。人民监督员制度对于强化检察机关职务犯罪案件办理的外部监督发挥了重要作用。检察机关的自侦权通过加强内部监督的"上提一级"工作机制，以及加强外部监督的"人民监督员制度"得以完善，随着监察体制改革的推进，检察机关的职侦权将变革为监察机关的调查权，"上提一级"制度相应没有继续存在的必要，职务犯罪案件将恢复同级审查逮捕工作机制。改革后，职务犯罪案件的办理演变为监察机关立案调查，检察机关审查起诉，人民法院审判的基本构造。

2. 监察委员会职务犯罪案件办理中的职能定位

国家监察法区别于刑事诉讼法，监察机关行使的调查权不同于刑事侦查权，监察机关调查职务违法和职务犯罪适用国家监察法，案件移送检察机关之后适用刑事诉讼法。② 从以上表述中可以得出以下结论：首先，从履职范围界定。监察委员会的职能包括执纪与执法两个方面，违法严重程度达不到犯罪标准的，依党纪条规处理，职务犯罪案件办理只是其工作"四种形态"中最严重的一种类型，这与之前检察机关职侦部门的职能范围有重大区别。其次，从履职的依据界定。监察委员会办理职务犯罪案件的依据是国家监察法，而区别于检察机关职侦部门办理案件适用刑事诉讼法。再次，从履职的决策过程界分。监察委员会坚持集体审议，集体决策。而职侦部门，包括后程序的司法官，在司法责任制改革背景下，"抓两大，放两小"，制定"权

---

① 吕波：《我国检察机关自侦工作的历史沿革》，载《检察理论研究》1999 年 4 月 1 日，第 83—89 页。

② 《使党的主张成为国家意志》，载中央纪委监察部网站，最后访问日期：2017 年 7 月 17 日。

限清单",突出检察官的主体地位和决定权限。最后,从履职的后果界分。监察机关审理后,移送检察机关,正式进入刑事诉讼程序,审查起诉。这与职侦部门办理案件,案件自始在刑诉法框架内运行不同。

3. 检察机关在职务犯罪案件办理中的职能定位

监察体制改革后,检察机关不再拥有绝大部分的职务犯罪侦查职能,但检察机关的法律监督机关的宪法法律定位以及政治定位没有变,监察委员会调查的案件要移送检察机关依法采取强制措施、审查起诉和提起公诉,检察机关作为国家追诉主体,仍然是一支不可或缺的重要反腐败力量。反腐败是一项系统工程,检察机关要在党委领导、纪委协调、其他机关各负其责、群众参与的反腐败格局中,立足本职,发挥优势,确保案件在检察环节得到优质高效办理。监察委员会调查的案件要移送检察机关审查采取强制措施、审查起诉和提起公诉。检察机关在新的职务犯罪案件办理格局中的具体职能可以分解为如下几个方面:

(1) 受理审查。由于监察委员会调查程序不是侦查,不适用刑事诉讼法,案件移送检察机关后才适用刑事诉讼法。而在现有刑事诉讼框架下,案件要经历立案、侦查、审查起诉、审判以及执行等阶段。监察委员会的立案并不是刑事立案。检察机关受理案件后要解决一个适用刑事诉讼程序的起点问题。基于此,北京市检察机关在这方面做了探索,北京市检察机关受理监察机关移送审查的案件后,首先要审查是否有犯罪事实需要追究刑事责任,并经检察长审批做出案件审查决定。做出案件审查决定,标志着案件进入刑事诉讼阶段。(2) 强制措施审查。检察机关受理并做出审查案件决定后,首先要解决强制措施的适用问题。注意由于调查工作已经结束,留置措施也应当解除,虽然还有退回补充调查和自行侦查的环节设置,但检察环节强制措施的适用主要解决的是公诉审查环节,犯罪嫌疑人应当采取羁押或者非羁押强制措施的问题。调查,也就是原来侦查期间的强制措施适用是由监察委决定。与原办案程序相比较,职务犯罪案件的强制措施适用由原来统一由检察机关行使,变更为两个阶段,调查阶段由监察委员会决定,审查起诉阶段由检察机关决定。这与一般刑事案件,公安机关只行使拘留权,超过37天的羁押权不在侦查机关不同。(3) 公诉审查。职务犯罪案件的公诉审查职能与监察体制改革前相比,属于变化最小的环节,依法做出起诉、不起诉、退回补充调查或者自行侦查、建议撤回案件。(4) 提起公诉和支持公诉。职务犯罪案件提起公诉后检察机关的职能较之改革前,并没有太多变化。

二、检察机关与监察机关互相配合和互相制约机制建设

深化国家监察体制改革,传统权力格局、职能分工发生变化,案件办理主体、办理模式、办理程序面临重大调整,但是案件办理是一个不间断的程序,需要前后不同机关基于分工做好业务衔接和配合工作,共同推动案件办理。按照监察法的规定,检察机关与监察机关在职务犯罪案件办理中是互相配合、互相制约的关系。下面,分别从衔接配合机制和互相制约机制建设两个方面论述监检关系。

(一) 监检衔接配合机制建设

这种衔接配合,涉及案件调查、案件移送、审查采取强制措施、审查起诉、审判和执行等各个环节。以北京地区为例,针对改革后的职能分工和工作实际,检察机关与监察委员会着力建立以下几项衔接配合机制:

1. 案件移送受理衔接机制

案件移送受理要解决的是监察委员会调查终结后,把案件交由下一个环节也就是检察机关办理的衔接问题。为了便于衔接和管理,对监察委员会调查终结的案件,根据诉讼管辖与"同级协调、归口管理"的原则,向同级人民检察院或通过同级人民检察院向有管辖权的人民检察院移送。比如,北京市监察委员会调查终结的案件移送市检察院,再由市检察院根据管辖等规定交由分院或区院办理。案件移送检察机关后,由检察机关检察管理监督部统一负责受理,由办理职务犯罪案件的职务犯罪检察部统一负责审查办理。

2. 案件调查、审查办理衔接机制

监察委员会移送的案件,检察机关案管部门受理后,移送有管辖权的检察机关的职务犯罪检察部门审查办理。检察机关按照法律和司法解释的规定进行审查,根据具体情况分别进行处理:认为构成犯罪、应当提起公诉的,决定起诉;认为符合不起诉条件的,决定不起诉;认为需要补充调查的,决定退回监察委员会补充调查或者自行侦查补证(补充侦查);认为不构成犯罪或补充调查后仍然证据不足的,可以建议监察委员会撤回移送的案件。监察委员会的调查和检察机关的审查工作并不是完全隔绝的两个阶段,而很可能是相互交织的,这也是需要相互衔接配合的领域。在案件调查阶段,根据办案工作的实际需要,经监察机关和检察机关双方商定,检察机关可以对监

察机关正在调查的职务犯罪案件介入进行审查。而在检察机关审查案件期间，对于需要补充调查或在补充提供证据的也可以退回监察委员会补充调查或者补充提交审查需要的证据。下面具体介绍一下提前介入和退回补充调查的情况：

(1) 提前介入工作

检察机关在提前介入案件时，通过查阅案件材料，听取案件承办人介绍情况并进行交流，提出补充完善证据的意见，就案件移送等后续办理程序与监察委进行沟通，为后续案件办理的质量和效果打下良好基础。提前介入主要有两方面好处：一是有利于案件有效衔接。按照目前的制度设计案件移送衔接存在人案分离、时间紧张等问题，提前介入工作可以解决很多案件移送、强制措施对接、逮捕执行等相关的意见共识和沟通协调问题。二是有利于案件优质高效办理。与传统诉讼程序不同，由于监察委员会调查程序是一个特殊程序，检察机关不能通过批捕等程序提前了解和介入案件情况，调查程序也不允许律师介入，一旦案件进入检察机关诉讼程序，根据职务犯罪的特点，不排除翻供翻证等情况大量出现，为适应以审判为中心的刑事诉讼制度改革要求，确保证据标准符合庭审证明犯罪的要求，确保案件优质高效办理，检察机关对监察委员会调查的案件，尤其是重大复杂敏感案件，提前介入了解案情，助力证据完善很有必要。

但是实践中提前介入也存在问题，主要表现在：提前介入的时间无法保证，使得检察机关提前介入提出的意见建议不能有效落实，提前介入的目标不能完全实现。检察机关提前介入的一项重要功能是就案件的调查取证提出意见建议，从而确保案件证据体系得到完善，有效应对后续程序中的各种挑战。对于需要检察机关提前介入的案件，在案件审理阶段时间尽量要提前一些，检察机关抓紧审查提出意见后，还能为调查人员完善补强证据留有时间，这样提前介入的功能才能实现。实践中，部分案件即将移送时才通知检察机关提前介入，即使检察机关提了意见建议，也没有时间完善证据，等到案件进入检察机关，还要通过退补等程序完善证据，案件办理的效率和质量其实并没有提高。这些问题的解决，有赖于进一步将提前介入工作制度化、规范化，提升提前介入工作的刚性和约束性。

(2) 退回补充调查工作

在原来的刑事诉讼程序中，存在补充侦查的概念，是指人民检察院在审查侦查机关移送提起公诉的案件时，认为案件的主要事实不清楚、据以定罪的证据不充足或者遗漏罪行、遗漏同案犯罪嫌疑人，不符合起诉条件，从而将案件退回侦查机关或侦查部门,要求其进一步调查、补充证据的诉讼行为。具体可以分为检察机关自行补充侦查和退回补充侦查两种形式。在监察体制改革后,对监察委员会调查终结移送的案件,也会存在类似于需要补充调查的情形,需要退回监察委员会继续调查,这一点已经由现行刑事诉讼法的"退回补充调查制度"替代。在北京的工作实践中,人民检察院经审查,认为具有下列情形之一,需要补充调查的,可以退回监察机关补充调查:主要犯罪事实不清、主要证据不足,影响认定犯罪的;遗漏罪行、遗漏同案犯罪嫌疑人的;需要补充自首、立功等对量刑有重大影响的事实和证据的;其他应该由监察机关补充调查的情形。对于补充调查的案件,应当在一个月以内补充调查完毕。补充调查以二次为限。补充调查完毕移送检察机关后,检察机关重新计算审查期限。

退回补充调查的,由审查案件的检察机关直接退回负责调查案件的监察机关。对于退回补充调查的案件,检察机关应当提出书面补充意见,制作《退回补充调查决定书》,列明退回补充调查的理由、事项及需要调取的证据,明确证据证明目的及效力。监察机关应当在规定期限内补充调查相关事实及证据。确实无法调取的,应当写明理由,待补充调查结束后,形成补充调查报告,与相关证据材料、移交手续等移送检察机关。对于犯罪嫌疑人在押的,退回补充调查时,检察机关应将退回补充调查情况通知看守所。补充调查期间,监察机关工作人员可以持有效证件讯问在押的犯罪嫌疑人。监察体制改革以来,北京检察机关对监察委员会调查案件的退回补充调查比例在20%—30%之间,较之改革前,有较大比例减少。退补的主要理由包括事实、证据问题和需追加犯罪事实等。应该说,退回补充调查有利于进一步完善案件情况,为后续依法妥善处理奠定了更好的基础,发挥了这一案件衔接办理程序的制度功效。

3. 强制措施衔接机制

监察委员会调查程序可以自行采取留置措施,案件移送检察机关后,检察机关需决定采取强制措施与监察委员会的留置措施对接。对于监察委员会未采取留置措施的,检察机关也需要采取相应的强制措施。《监察法》第47条规定,对监察机关移送的案件,人民检察院依照《中华人民共和国刑事诉讼法》对被调查人采取强制措施。刑事诉讼法对检察机关如何对被调查人采取强制措施进行了明确。其中第170条第2款规定,对于监察机关移送起诉的已采取留置措施的案件,人民检察院应当对犯罪嫌疑人先行拘留,留置措施自动解除。人民检察院应当在拘留后的10日以内作出是否逮捕、取保候审或者监视居住的决定。在特殊情况下,决定的时间可以延长1日至4日。人民检察院决定采取强制措施的期间不计入审查起诉期限。这两条规定明确了以下事项:一是监察调查案件进入检察环节,人身自由的剥夺和限制措施必须转换,即由留置措施转换为刑事强制措施。二是检察机关可以采取的强制措施的种类包括拘留、取保候审、监视居住和逮捕。三是设置独立的强制措施审查程序。即对于留置案件先行拘留后,有一个最长达14天的独立的审查采取强制措施的程序阶段。应该说这些规定有效解决了我们试点中遇到了强制措施衔接方面的诸多难题,但也存在不足或者需要细化的内容,其中一个重要的不足是没有就检察机关对未留置案件采取何种以及如何采取强制措施进行衔接做出规定,留下了较大的规则缺口。实践中,未留置案件占监察机关案件较大比重,除留置外,监察机关对被调查人没有其他限制措施,在案件移送检察机关时,有被调查人不在案、不到案或者移送后隐匿、逃跑等办案风险,也需要尽快采取刑事强制措施。修改后的《人民检察院刑事诉讼规则》对这一点进行了明确,即对于未留置案件,检察机关要在审查起诉期限以内审查采取强制措施。这一规定与实践的需要有较大差距,主要是在审查采取强制措施的时间无法有效保证,需要在将来进一步改进。

关于强制措施的执行,按照刑事诉讼法规定,拘留、取保候审、监视居住、逮捕的执行均由公安机关执行。但是《关于实施刑事诉讼法若干问题的规定》《人民检察院刑事诉讼规则》《公安机关办理刑事案件程序规定》等规范中,对于检察机关决定拘留和逮捕的,由公安机关执行,必要时,检察机关可以协助执行。在之前的执法司法实践中,对检察机关自侦案件的强制措施执行,嫌疑人的抓捕、押解和入所等执行活动也经常由检察机关的法警实际执行。监察体制改革后,对于监察机关移送的职务犯罪案件,由于之前实践中都是检察机关的法警自己执行,出现了一些公安机关不理解、不配合的情况,给强制措施的执行带来了一定的困难。在刑事诉讼法修改后,对监察机关移送的职务犯罪案件强制措施的执行,如果严格按照法律规定交由公安机关执行,则要加大沟通协调的力度,确保公安机关迅速签发拘留证、逮捕证,并立即派员执行,包括宣布、押解、送所等活动。也有观点认为,对于监察机关移送案件中的拘留、逮捕,是否可以赋予检察机关完整的拘留和逮捕权,包括拘留证、逮捕证的签发,以及由检察机关法警队伍直接负责执行,这样有利于提高案件办理的效率,但这目前在法律上存在一定的障碍。

关于拘留、逮捕后的讯问问题。按照修改前的刑事诉讼法,检察机关决定拘留和逮捕的案件,都要在拘留和逮捕后24小时以内进行讯问。发现不应当拘留和逮捕的，立即释放。监察体制改革后，对于监察机关移送案件采取拘留和逮捕案件是否都需要进行 24 小时内的讯问需要探讨。实践中有观点认为，这里的拘留和逮捕不同于侦查程序中的拘留和逮捕，在拘留到逮捕的不到半个月时间内进行两次 24 小时内的讯问似无必要。我们经研究后认为，逮捕后 24 小时内的讯问规定在总则强制措施一节，如果不执行，属于明显违法。而原刑事诉讼法检察机关拘留后的讯问规定在检察机关自行侦查案件的办理一节，对监察机关移送案件不适用，但是考虑到对于监察机关移送案件立即核实嫌疑人的基本情况、犯罪事实以及进行控告权都十分有必要，在拘留后进行讯问也就应该予以明确。在刑事诉讼法中没有规定的情况，应该在《人民检察院刑事诉讼规则》中予以补充明确。这样一来，虽然看似繁琐，但是拘留和逮捕后的讯问以及通知家属等都是不可或缺的程序。

4. 线索相互移送机制

改革后，监察委员会负责职务犯罪案件查办，检察机关原来的职务犯罪举报等制度没有存在的必要，但是在履职中发现的职务犯罪线索应当移送给监察委员会。检察机关在履行法律监督职能中也需要线索来源，其中有一部分在实践中是来自于职务犯罪案件的查办过程中发现的线索，监察委员会也可能会收到由检察机关管辖的案件线索，因此也有向检察机关移送线索的必要。因此，有必要建立线索相互移送机制。

以北京为例，通过沟通协商，检察机关和监察委员会明确：检察机关在办理刑事案件中，对纪检监察机关移送的党员或者公职人员涉嫌犯罪案件决定提起公诉的，公诉部门应当在作出决定之日起 7 个工作日内向纪检监察机关案件监督管理部门通报；发现涉案对象以外的其他党员或者公职人员涉嫌违纪违法的案件线索，应当在发现之日起 15 个工作日内移送纪检监察机关案件监督管理部门，并提供相关材料。因特殊原因不宜在规定时间内移送的，应当在特殊原因消除后 10 个工作日内移送。而纪检监察机关在办理案件中发现属于检察机关管辖的线索，也应当及时将线索移送检察机关。涉及生态环境和资源保护、国有资产保护、国有土地使用权出让等领域负有监督管理职责的行政机关违法行使职权或不作为，造成国家和社会公共利益受到侵害的行政公益诉讼案件线索，由纪检监察机关案件监督管理部门移送检察机关检察管理监督部门。检察机关受理纪检监察机关移送的行政公益诉讼案件线索的，应当及时将办理情况通知移送的纪检监察机关。

5. 办案协助配合机制

在检察机关办理诉讼案件和进行检察监督工作与监察委员会办理职务违

法犯罪案件工作中，有必要建立相互支持、相互配合，特别是办案标准、协查追逃、信息共享、技术支持等方面的协作配合机制，从而检察监督和职务犯罪查办的合力。比如，北京检察机关与监察委员会在立案在逃案件的方面开展了较为的合作。市检察院配合市监察委研究制定了《试点期间办理在逃人员案件暂行办法》，对试点期间追回的已立在逃人员归案的案件，与监察委员会进行沟通，均作了依法妥善处理。

（二）监检制约制衡机制建设

1. 建立制约制衡机制的必要性

国家监察体制改革能够整合反腐败资源力量，构建集中统一、权威高效，针对公权力和公职人员的全覆盖监察监督体系。随着监察委监察范围扩大、监察手段丰富、监察资源汇集之后，针对监察委的自身监督问题也引起广泛关注。

一是建立制约制衡机制是"程序正义"的需要。从职务犯罪案件被调查人、犯罪嫌疑人、被告人的角度分析，程序是权利保障的宪章。正如有学者的观点：从决策的角度，如果要授予某人或者某些人利益，那么程序及程序正义都不必然重要，但假如要剥夺某人或者某些人的利益，则程序和程序正义都将是不可或缺的。因为相对于不公正的程序，公正的程序更容易化解失去利益一方的不满，令其失去抵制不利决定的借口。[①] 建立检察机关对监察委办理案件的制约制衡机制，能够更加有效的保障被调查人的权利，实现"程序正义"。类比公安机关办理一般刑事案件、行政机关办理"两法衔接"涉刑案件，均配套有检察机关的监督制约机制，如果单独监察委办理"公职人员"职务犯罪案件可以不受制约制衡，除了制度构建方面的缺憾，对权利保障的"底线"设置将形成冲击。

二是建立制约制衡机制是"以审判为中心的诉讼制度改革"的需要。从职务犯罪案件的证据流转角度分析，所有的证据最终都将在法庭上接受检验。对于监察委调查程序取得的证据能否直接作为刑事诉讼中的证据在庭审中使用，存在不同的意见。一些试点地区的内部试行文件规定，对于监察委调查取得的证据与侦查机关侦查取得的证据同等对待，可以在公诉审查环节直接使用。另外一些学者则对此表示担忧。[②] 笔者认为：由于检察机关的职

[①] 陈瑞华：《程序正义理论》，中国法制出版社2010年版，第7页。
[②] 张建伟：《法律正当程序视野下的新监察制度》，载《环球法律评论》2017年第2期。

务犯罪检察部门主要承担的是公诉职能，对经过3—6月的留置调查程序后的所有证据进行司法转化，在没有检察侦查环节设置的情况下，在实务操作中并不现实，也造成司法资源的重复工作。相应的，设置制约制衡机制，由检察机关对监察机关调查所取得证据进行审查，将非法证据、瑕疵证据排除在庭审前，补证在庭审前，既有"以审判为中心的诉讼制度改革"的需要，也是提升办案机关执纪执法形象的需要。

三是建立制约制衡机制是"加强外部监督"的需要。有学者提出加强对国家监察权力行使的监督和制约原则，除了党委的领导和监督、监察权合理分工制约的内部监督、人民监督和民主监督的外部监督，完善检察机关、审判机关的监督制约，也是不断提高监察机关执纪执法的法治化水平的重要渠道。①"在全面依法治国条件下，反腐败工作各环节必须既相互衔接又相互制衡。"② 监察委员会一方面通过在调查环节设置"前台"和"后台"分离，"一案双查"等制度来不断的强化内部监督，防止出现"灯下黑"，另一方面，也认为监察委员会调查、检察院起诉、法院审判的工作机制本身就体现了通过办案流程的分阶段设置，实现职务犯罪案件办理的制约制衡。监督和制约制衡思想也获得了中央的认可，在中共中央办公厅《改革试点方案》中也明确规定，要"强化对监察委员会的监督制约。加强自我监督，严格审批程序和内控制度，接受人大监督和社会监督，与司法机关形成相互衔接、相互制衡的有效机制"。

2. 制约制衡机制的具体内容

根据之前的论述，可以认为各方对职务犯罪案件办理过程中，办案机关之间应当构建制约制衡机制本身并不存在争议，更多的争议体现在制约制衡机制的具体内容。笔者认为，国家监察体制改革是事关全局的政治体制改革，体现了中央的顶层设计，在设计过程中试点地区的做法为明年改革在全国推开积累了经验。同时，刑事诉讼本身的程序设置、律师在刑事诉讼中的作用、庭审与裁判文书的公开、社会舆论的监督都在制度设计中为检察机关开展工作提供了依据与保障。检察机关可以从个案的证据审查切入，依法定程序做出捕与不捕、诉与不诉的决定；充分履行重要证据的检察环节复核职能，依法排除非法证据；正确提出追捕追诉、立案调查、撤销案件的建议；逐步推动调查人员出庭作证，

---

① 吴建雄：《国家监察体制改革的法理思考》，载《学习时报》2016年12月15日。
② 《监察委员会行使调查权时需决策要严》，载中央纪委监察部网站，最后访问时间：2017年7月24日。

通过制定类案证据指引传导庭审证明标准等措施积极构建协作配合与制约制衡相统一的工作机制。

一是狭义的制约制衡，由各办案机构分段办理案件的性质本身产生。主要指后程序对前程序的否定性审查判断。既包括带有全案性质的不批捕、不起诉。也包括带有部分否定性质的个别共同犯罪人不批捕、不起诉，部分犯罪事实不认定、部分证据非法排除、部分证据认定为瑕疵证据等。狭义的制约制衡因为与办案分工与办案流程本身密不可分，是后程序对前程序办案情况进行审查的"题中应有之义"，一般不存在争议。二是广义的制约制衡，由检察机关的审查职能随附产生。检察机关在审查职务犯罪案件过程中，根据审查情况，可以提出追捕追诉、立案调查、撤销案件的建议。关于此类"建议权"的分歧意见主要包括：一是能否将侦查监督职能覆盖至监察机关的调查程序。目前，根据中央纪委官方网站文章的表述，"国家监察法区别于刑事诉讼法，监察机关行使的调查权不同于刑事侦查权，案件移送检察机关后适用刑事诉讼法"① 这种意见显然不能成立，侦查监督职能覆盖至"调查程序"没有法律依据。二是能否在将来授权检察机关可以"做出追捕追诉、立案调查、撤销案件的决定"，将"建议权"上升为"决定权"，构建起类似于针对一般刑事案件的"立案监督"与"侦查活动监督"的职能。

三、职务犯罪检察专业化建设是应对改革变化的必由之路

（一）职务犯罪检察专业化的必要性

从前两部分的分析不难看出，对于监察体制改革后的职务犯罪案件办理，不仅不同于改革前，而且不同于普通刑事案件的办理，应该说职务犯罪检察工作开展的环境更为复杂，如想切实发挥检察职能作用，根本的还是要走专业化道路。这种专业化的必要性体现在：

1. 职务犯罪的社会危害性和复杂性要求走专业化道路

一方面，职务犯罪具有严重的社会危害性。尤其腐败犯罪，是腐蚀社会的瘟疫，会破坏民主和法治根基，败坏社会风气，破坏公平竞争的市场环境，并且会引发其他相关犯罪，损害国家利益和社会公共利益，影响社会的

---

① 《使党的主张成为国家意志》，载《中国纪检监察报》2017年7月17日。

稳定和可持续发展，具有严重的社会危害性，是各国执法司法活动打击的重点。① 在我国，党中央从古今中外的历史教训出发，将党风廉政建设和反腐败斗争提到了事关党和国家生死存亡的高度，突出了打击腐败的紧迫性和必要性。② 另一方面，职务犯罪具有高度的复杂性。职务犯罪的主体是公职人员群体，覆盖面大，涉及领域广，行为人具有较高的文化和智力水平，有较高的反侦查能力，犯罪隐蔽性强，而且随着经济社会的发展，犯罪手段更加多样化、新型化和非典型化，刑事打击的难度增大。这两方面的特点决定了建立专业化的调查（侦查）机构和公诉机构成为强化打击合力的必然选择。为了提升职务犯罪案件审查起诉的专业化水平，在2016年启动司法改革时，即在北京市检察院第一分院设立了职务犯罪公诉部，为职务犯罪检察专业化进行了率先的探索，为后续改革提供了宝贵经验。

2. 制度反腐和法治反腐要求走专业化道路

坚持用法治思维和法治方式惩治腐败是反腐败工作的长期趋势。党的十九大将坚持全面依法治国作为新时代坚持和发展中国特色社会主义的基本方略，提出了"全面依法治国是国家治理的一场深刻革命"的重要论断，这场革命是观念革命、思维革命、制度革命，涉及党领导下的方方面面工作，其中包括反腐败斗争。反腐败是一项系统工程，监察体制改革后，在党委领导、纪委协调、监委调查、其他机关各负其责、群众参与的反腐败格局中，检察机关作为专业的执法司机机关，承担着审查起诉、审判监督等重要职能，仍然是一支不可或缺的重要反腐败力量。检察机关顺应以审判为中心的刑事诉讼制度改革和专业化改革要求，设立专司职务犯罪审查起诉等职能的专业化办案机构和办案组，依托专业优势，准确把握职务犯罪证据标准和刑事政策方向，有效指控和证明犯罪，对推动法治化反腐，维护反腐败工作的权威性具有重要意义。

（二）职务犯罪检察专业化的内涵

1. 职务犯罪检察是案件类型专业化的产物

专业化是由分工这个概念衍生出来的，是经济学、管理学上的基础概

---

① 参见《联合国反腐败公约》，载 https：//www.unodc.org/documents/treaties/UNCAC/Publications/Convention/08-50026_E.pdf. 最后访问时间：2019年2月15日。

② 习近平：《习近平谈治国理政》，外文出版社2014年版，第390页。

念。所谓分工是指把整体工作分为相对专业化的岗位以利用专业化优势的过程。① 从管理学角度讲，专业化分工有不同的标准和维度，最终决定了一个机构和组织的部门划分和职权配置。比如在经济管理上，部门的划分标准包括按照职能划分、按照产品划分、按照地区划分、按照过程或程序划分，这些都是分工的表现形式，最终要满足组织有效运行的需要。② 在经济管理活动中，专业化要追求的目标主要是效率和效益。就检察机关刑事检察业务的部门划分而言，以前主要是按照职能划分，包括侦查（自侦）、审查逮捕、审查起诉、审判监督、刑事执行，也就是根据检察机关在不同刑事诉讼阶段承担的不同职能来划分的。按照职能和诉讼程序进行划分，也是一种专业化分工模式，但是这种流水线办案模式也有一定的弊端，即"由于各部门各阶段办案标准要求不同，检察官缺乏分类型、全过程、专业化的更高办案水平能力。"③ 也就说这种专业化划分方法没有能够有效提升检察官办案能力水平，没有有效发挥检察机关职能作用。而按照高检院的改革思路，替代这一方案的是按照案件类型或者说刑法调整的领域来进行专业化分工，同时整合检察职能，由同一内设机构、同一办案组、同一检察官承担案件的强制措施审查、审查起诉、提起公诉、审判监督等多项职能。按照案件类型推进专业化建设是世界各国检察机关通行做法，比如近年来澳大利亚、英国等国即致力于推进以案件类型为标准设置内设部门，提升专业领域犯罪的打击能力，取得明显成效。④ 高检院在本轮改革中对刑事检察工作做了重塑性的变革，以案件类型划分专业化部门，其中职务犯罪检察是整个刑事检察内部的一个重要分工类型。职务犯罪案件在犯罪的主体、侵犯的法益、犯罪的构成要件等方面具有相似性，而且职务犯罪与其他犯罪相比有不同的规律和特点，再加之调查机构和调查程序的特殊性，将职务犯罪案件办理作为一个相对独立的专业化领域，符合按照犯罪类型进行专业化分工的标准，具有科学性。

2. 职务犯罪检察专业化的主要内容

从承担的职能维度讲，职务犯罪检察部门负责专门对接监察机关，办理

---

① 詹姆斯．L．吉布森等著：《组织：行为、结构和过程》，王德禄、王坤等译，电子工业出版社2015年出版，第369页。

② 李传军编著：《管理学：理论与实践（第二版）》，北京大学出版社2018年版，第188—199页。

③ 检察日报社评：《内设机构改革势在必行恰逢其时》，载《检察日报》2019年1月7日第1版。

④ 参见杨先德：《澳大利亚联邦检察改革突出专业化建设》，载《检察日报》2016年7月5日第3版。

监察机关移送的职务犯罪案件，主要职能包括审查逮捕、审查起诉、出庭支持公诉、抗诉、开展相关案件的审判监督和相关案件的补充侦查。这里要注意的是职务犯罪检察职能与其他刑事检察职能的两点重要不同：一是检察机关与监察机关在职务犯罪案件办理中的关系定位不同。依据目前的法律规定，监察机关与检察机关在职务犯罪案件办理中是"互相配合、互相制约"的关系定位，这一点与刑事诉讼法关于检察机关在刑事诉讼活动中的角色定位以及与其他机关的关系定位有较大不同，直接影响到检察机关在监察机关移送案件办理中的具体职权和办案方式。二是审查采取强制措施职能内涵发生变化。在其他刑事案件中，审查逮捕与审查起诉是两个独立的程序和案件，检察机关根据侦查机关提请或者检察机关自侦部门移送做出逮捕决定后，案件仍由侦查机关或部门进一步侦查，侦查终结后移送检察机关作为公诉案件办理。在移送时犯罪嫌疑人身上一定附有刑事强制措施，通过换押手续，公诉环节沿用或者变更原来的措施即可。但是在监察机关调查的职务犯罪案件中，监察机关在调查环节自行采取留置措施或者不采取任何措施，这些措施不涉及检察机关批准和决定问题，因此，检察机关对于监察调查环节不存在任何法定的介入权力。监察机关调查终结的案件移送检察机关后，检察机关要将留置措施变更为逮捕、取保候审等刑事强制措施或者对未留置案件审查采取刑事强制措施。也就是说，职务犯罪检察部门审查采取强制措施的职能完全服务于审查起诉等后续刑事诉讼程序的顺利进行，这也决定了职务犯罪检察部门的审查采取强制措施职能与普通刑事案件中的审查逮捕等职能有较大区别。从专业化建设内容维度讲，职务犯罪检察专业化涉及三个方面内容：一是专业平台，主要指专业机构、专业办案组和办案团队的建设，包括平台的行政事务和办案工作的管理的专业化。二是专业工具，主要指办案所需要的专业设施、设备、装备等软硬件保障的现代化问题。三是专业素能，主要指专业人员的知识结构、素能结构和培养模式的建设。应该说，在专业平台、专业工具和专业素能三个维度，职务犯罪检察专业化建设与其他刑事检察工作具有很多共性的方面，同时也因为所承担的职能和案件的特点等原因具有一些具有自身特点的内容，需要加以注意。

3. 职务犯罪检察专业化应当遵循的基本原则

在专业化建设的具体路径选择上要遵循以下四项基本原则：一是遵循依法原则，确保专业化建设有法可依。宪法法律为推进专业化建设提供了法律依据和充分的法律资源。尤其是要落实和充分利用新修订的《中华人民共和国检察院组织法》关于检察职权、办案组织、人员构成和行权保障有关的规定，在法律规定范围内推动检察专业化建设创新发展。二是坚持目标导向，最大化检察效能。检验职务犯罪检察专业化成败的标准就是是否实现了预期目标，即检察机关在职务犯罪领域做到专案专办，有效发挥审查职能以及指控和证明犯罪的主体作用，密切与监察机关的协作配合，形成反腐败工作合力，确保检察机关在新的反腐败工作格局中发挥应有作用，推动反腐败工作朝着制度化、法治化方向推进。三是要遵循管理科学规律，体现检察业务特点。专业化建设本身是组织管理科学在检察领域的运用，因此既要遵循管理学、组织学的基本规律，又要体现检察工作作为一种执法工作本身具有的独立性、专业性、亲历性等特征，建立科学高效合理的组织运行体系。四是坚持集中统一领导和体现地方实际相结合原则。专业化改革是高检院推动的检察机关重塑性变革的重要方向和鲜明特征，要破解的问题包括内设机构五花八门、设置不合理、名称不统一、运行不规范、领导衔接不顺畅、专业能力不强等问题，[①] 在各地普遍推进专业化建设过程中，要坚持与高检院保持一致的原则，确保检令畅通，同时根据机构编制的限制，结合本地检察工作实际，科学推进专业化部门设置等工作，确保检察领导体制顺畅高效。在分析了职务犯罪专业化建设的必要性、内涵和基本原则的基础上，需要重点谋划具体的建设路径。下面将结合北京市检察机关的探索实践，从专业平台、专业工具和专业能力三个方面分析职务犯罪检察工作的建设思路和路径。

（三）平台建设是职务犯罪检察专业化建设的关键

专业平台涉及专业化部门或者专业化办案组的设置、专业人员分工、部门管理体制等多重问题。重点要从三个方面着眼：

1. 科学设置专业化部门或专业化办案组

按照检察院组织法规定，人民检察院根据检察工作需要，设必要的业务机构。检察官员额较少的设区的市级人民检察院和基层人民检察院，可以设综合业务机构。北京市是最早开展监察体制改革试点的地区，2017年初就在全市三级院同步设立职务犯罪检察部，实现监察调查与刑事诉讼审查的专门化办案机构对接。北京市检察机关这一改革体现了较高政治站位，体现了对配合监察体制改革以及对反腐败工作的重视，而从两年多的实践运行来

---

① 蒋安杰：《最高检的里程碑式重塑性变革》，载《法制日报》微信公众号，访问地址：https://mp.weixin.qq.com/s/BXhfvF5dGf4eWq_EfOu7LA，最后访问时间：2019年3月9日。

看,这项改革卓有成效。职务犯罪检察部门不仅顺利完成了配合转隶等过度衔接工作,而且推动了与监察机关案件办理和工作衔接机制逐步建立,监察机关移送的案件得到优质高效办理,检察机关在新的反腐败工作格局中发挥了应有作用,职务犯罪检察这项工作已经在监察机关、人民法院等机关中获得了普遍认可。高检院设立第三检察厅后,按照高检院关于省级院、地市级院的内设机构要与高检院基本对应的要求,北京市检察机关在具体落实中,在市、分院均保留了独立的职务犯罪检察部门,与高检院保持基本一致。而在区级院,由于机构数量的限制等原因,普遍的做法是原有职务犯罪部门与其他检察部门整合为一个部门。但是机构的整合并不影响职务犯罪检察这项工作,关键在于要在整合的部门中根据本地职务犯罪案件量、案件疑难复杂程度和体现政治站位的需要,合理设置职务犯罪检察专业化办案组,保留原来的职务犯罪办案力量,继续加强职务犯罪检察专业化建设。按照新的检察院组织法,检察机关依法办理案件并承担司法责任的办案组织包括独任检察官、检察官办案组、检察长、检察委员会四种组织形式。[①] 在专业化办案组织的设置上也要根据具体情况,设置不同的办案组织。比如北京市三级检察机关共有 12 个检察院的检察长或者副检察长被编入职务犯罪检察办案组,承担重大、复杂、疑难案件的具体办理工作,其中四件省部级案件均由分院检察长或副检察长担任第一公诉人,有效加强了职务犯罪检察专业化力量,起到了带头示范作用。

2. 统筹做好专业机构或办案组的人员管理工作

在改革探索基础上,新的检察院组织法已经固化了检察机关实行检察官、检察辅助人员和司法行政人员实行分类管理的人员管理制度体系。在专业化建设过程中:一是按照人员分类管理的要求,合理搭建办案组织。在专业化办案部门要实现一名检察官、一名检察官助理和一名书记员的基本配备,并且根据组织法关于检察权分配和工作分工的要求,制定明确的符合四级院实际的检察官和检察辅助人员的权限清单、履职清单等,理清检察官和检察辅助人员的权责关系,形成分工明确、职责清晰、合作高效的工作关系。二是配备必要的司法行政人员。从管理角度讲,专业化部门或者业务条线,不仅是办案单元,也是一级管理平台,有大量的行政管理以及党务工作,包括组织协调、上传下达、后勤保障等事务性工作。司法责任制改革

[①] 高景峰、李先伟:《正确认识和理解人民检察院办案组织的组成与定位》,载《检察日报》2019 年 1 月 3 日第 3 版。

后，施行扁平化管理，部门负责人对案件实体不再进行审查签批，但是大量的行政事务落在了部门负责人身上，工作繁重，在司法行政人员分类招聘和集中管理基础上，有必要在业务部门设置司法行政岗位，专司行政管理和各项保障工作，将检察官从一些事务性的工作中解放出来。应当在业务部门司法行政人员与政工、办公室、后勤保障等综合部门的司法行政人员之间建立一定的人员管理、流动和培养机制，实现业务部门与综合行政部门的更好融合。三是建立人员统筹管理调动机制。组织法规定，对检察官员额要在省、自治区、直辖市内实行总量控制、动态管理。因此在专业化部门人员管理上也要建立有效的总量控制、动态管理、统一调用机制，建立员额数定期测算和调整制度，充分发挥检察一体化优势，根据办案需要用好专案组办案、协助办案、异地履职办案等机制，形成灵活高效的人力资源的利用管理生态。

3. 建立高效的案件办理和管理体系

在专业化平台建设过程中，围绕司法办案这个中心，有必要建立高效的案件办理和管理体系。一是明确检察长、副检察长和检察官的职责权限。《人民检察院组织法》规定，检察官在检察长领导下开展工作，重大办案事项由检察长决定。检察长可以将部分职权委托检察官行使，可以授权检察官签发法律文书。副检察长、检察官的权力都来自于检察长授权。这一点与法院的权力体系有重大不同。这种权力关系与司法责任制下"谁办案、谁决定、谁负责"的要求之间是什么关系需要厘清。笔者认为，关键在于建立有效的授权体系和领导指挥体系，根据不同案件类型、不同职权性质，在四级检察机关中都制定明确清晰的权限清单显得尤为重要。比如，在职务犯罪检察领域，由于案件类型的特殊性，强制措施决定、不起诉决定等重大权限均由检察长或者检察长授权副检察长行使更为合理。二是充分发挥检察官联席会的作用。检察官联系会是由检察官参加的就涉及专业问题的重大疑难复杂案件和工作事项进行会商研究、专业咨询，为检察官办理案件及本部门研究决定有关事项提供决策参考和智力保障的会议制度。检察官联席会虽不是决策机制，但是却有着重要的辅助办案和辅助决策的平台作用。北京市检察机关职务犯罪检察部门高度重视发挥检察官联席会在案件办理中的作用。比如在北京市朝阳区检察院，对每一起监察委员会调查的案件均提交检察官联席会进行讨论，并制作案例讨论台账，要求承办检察官在审结报告中注明讨论意见，并适时跟踪案件进展，尤其针对处理意见不一致或涉及刑法理论焦点等案件，要求检察官对案件最终结果在联席会予以通报，推动辖区执法司法和工作标准统一。三是提升上级检察机关在案件办理中的领导力。检察机关的管理体系和权力运行特点，决定了必须加强上级检察机关的领导力，尤其是在案件办理方面的领导指导能力。张军检察长在2018年的大检察官研讨班上指出了"最高检、省级检察院的领导指导能力与市、县检察院办案工作的实际需求不适应、不平衡"的问题。破解这一问题，除了要通过落实检察逐级遴选制度，丰富上级机关检察官的一线办案经验外，要运用好组织法规定的上级人民检察院对下级人民检察院行使的职权，发挥好司法文件制定、指导性案例发布等统一司法适用工具和机制的作用；上级机关应当带头办理重大复杂疑难案件，改进督办、指导案件办理制度，避免上级检察机关的职权运行行政化、事务化和官僚化，切实增强办案能力，提升对下级检察机关的领导力。比如，北京市检察机关职务犯罪检察部门，探索对市监委办理的职务犯罪案件与承担一审公诉职能的下级院同步提前介入、同步开展实质审查并提出反馈意见，有效增强了上级检察机关的案件办理能力和指导能力。

（四）专业工具和专业素能是职务犯罪检察专业化的重要保障

1. 完善办案工具配备，提供办公办案保障

随着案件的多样化、复杂化和审判标准的提高，过去办案模式已经无法适应专业分工模式下的办案需要，在新形势下的职务犯罪案件办理中尤其如此。在推进专业化建设过程中，检力资源配置要服务于司法办案工作，专业工具是司法办案的重要保障，对提升办案能力和效率至关重要。在专业工具建设方面，主要涉及软件、硬件两个方面。

（1）完善软件工具保障体系

一是进一步改进统一业务应用系统，提升智能化水平，在确保案件线上办理、全程留痕的同时，提升办案效率和规范化水平。需要向科技要生产力。北京市检察机关针对目前的统一业务应用系统与职务犯罪案件办理需求不匹配的问题，在2017年开发设计了统一业务应用系统职务犯罪子模块，成为全国检察机关第一个单独运行的职务犯罪检察办案系统，确保了案件的规范办理，提升了办案效率。二是建立有效的辅助决策工具。司法办案是一个研究法律并作出决策的过程，在法律体系和案件事实越来越复杂的趋势下，需要充分且便捷地获取法律资源和信息资源。在电子化办公时代，需要建立专业信息平台和数据库，除了日常集中采购或者统一开发的法律文献和数据库外，可以根据各专业领域和司法的地方性特点，分门别类整合相关法律法规、指导案例、典型案例等资源，通过编辑、电子转化等形成专业信息

平台，实现智能检索等功能，为检察官专业化办案提供信息支持。北京市检察机关在这方面作做了一些探索，比如在职务犯罪检察部门二级网页上建立职务犯罪法律法规库，以及包括两高指导案例、刑事审判参考案例、北京市本地典型案例在内的职务犯罪案例库，并设置了检索功能，有效提升了专业人员决策信息的可获取性。三是善于借用外部信息资源辅助办案。发挥大数据技术优势，充分利用互联网资源以及政府和企业的信息资源辅助办案，建立专家库和决策咨询会商制度，辅助案件办理和决策。北京市职务犯罪检察部门充分利用原反贪部门遗留的信息化工具和外部资源，在办理监察机关移送案件中，积极开展自行补充侦查等工作，取得了明显成效。

（2）完善硬件设施设备

一是配备智能化的办公办案设备，包括配备视讯语音、视频会议系统，提讯录音录像设备、执法记录仪等工具，提升办公办案效率。二是配备必要讯问室、证人室、律师会见室、家属接待室、宣告室等。在实践中，对监察机关移送案件采取强制措施以及补充侦查工作量加大，在职务犯罪检察部门，配备原来由自侦部门配备的设施设备变得非常有必要。在这方面，北京市检察机关进行了一些有益探索，北京市检察院第四分院率先完成了"四新检察院"，即以新型办公区、新型办案区、新型管理监督设施、新型专业技术设施为主要内容的硬件建设，适应专业化为特色新的检察工作方式，为专业化建设提供了优质的硬件保障。

2. 构建合理的素能体系，完善专业化人才培养模式

专业化建设追求术业有专攻，最终体现的是人的专业化，体现在人的专业能力上。在专业化建设过程中，要围绕人的专业化做以下两个方面工作。

（1）构建合理的专业素能体系

构建素能体系就是要明确需要什么样的专业人才？这些人员需要哪些专业素质？对专业素能体系的认知决定了人才的招录条件、培养训练方向和考核评价标准，是专业人才建设的基础工作。要立足职能，根据不同专业领域的案件特点和工作特点，构建符合本专业领域需要的多层次的素能体系。在北京市检察机关职务犯罪检察工作模式探索中，提出了职务犯罪三个层次的素能体系。一是专业基础素能。专业基础素能是从事任何法律工作的人都应当具备的最基础和细节的能力。包括基本的办公办案技能、法律检索和研究能力、法律知识掌握能力、语言表达能力等。二是专业核心能力。主要是从事刑事检察工作最核心的素能。就职务犯罪检察工作而言，我们认为职务犯罪检察工作的专业人员应当具备包括证据审查、事实认定和法律适用分析、

法律文书写作、包括法庭辩论在内的出庭支持公诉能力，法律政策把握能力等在内的核心素能。三是专业拓展能力。具备基础和核心素能，可以满足正常的办案要求，但是要想将办案提升到更高水平，还需要一些拓展性的能力。就目前办理监察机关移送的职务犯罪案件办理而言，沟通协调能力，包括侦查取证、讯问询问在内的侦查能力，对党政管理、企业运行这里很多专业素能是各个刑事检察领域都应当具备的能力，但是由于监察机关的特殊定位，职务犯罪的办理特殊性，职务犯罪专业人才对党纪国法的政策把握、与监察机关等单位的沟通协调成为重要的工作能力，直接影响的案件办理效果，因此需要尤其注重培养。

（2）建立有效的专业人才培养体系

在明确了专业化人才应当具有的专业素能结构基础上，就要思考如何综合各种方式加快人才培养。笔者认为，应当从以下几个方面着手：一是依托办案培养人才。实践是最好的老师，优秀的检察官都是拿案子"喂出来的"。依托案件办理，营造"师徒式""学徒式"的传帮带工作氛围，是司法机关的重要人才培养传统，尤其是年轻人才快速成长的重要途径。值得一提的是，按照组织法规定，检察官助理在检察官指导下负责审查案件材料、草拟法律文书等检察辅助事务。从这个关系定位角度讲，检察官对检察官辅助人员有指导、培养、训练的义务。北京市检察机关职务犯罪检察部门采取模拟法庭等方式推动重大复杂敏感案件诉前准备实战化，这样既为庭审做了充分准备，又通过实际案例锻炼培养了人才。二是依托培训培养人才。业务培训是司法人才培养的基础性和常态化工作。专业人才的成长就是一个不断训练的过程，而训练是一个有层次的递进过程，因此专业培训应当具有层次性。要根据专业人才的素能体系，对人才成长进行统筹规划，构建合理的课程体系，进行分层次分阶段的业务培训。比如对新入职的检察辅助人员，围绕基础素能进行培训是第一层次的；而对于有一定工作经验的人员，专业核心技能的培训将成为核心，辅之以专业拓展技能培训，最终才能塑造一个基础扎实、能力过硬的立体专业人才。在培训方式上，应当按照突出专业方向、贴近办案实际的要求，开展实务讲坛、业务竞赛、技能演练、庭审观摩等多种专业化培训。北京市检察机关职务犯罪检察部门在过去两年进行了一些有益探索，比如通过将办公软件运用、法律检索技能课程列入业务条线培训内容，组织具有一定业务经验的人员编写数十万字的证据审查指引和典型案例，采用模拟法庭辩论等业务竞赛模式等对干警进行全方位业务培训和训练。三是依托专业文化氛围培养人才。"师徒式"传帮带、业务培训都是一种有限的人才培养方式,更为重要的是干警要具有自我学习和自我训练的意识和能力。而这种意识和能力与检察机关的专业文化氛围有很大关系。"真正的检察文化绝不仅仅是唱歌、跳舞,而是研习法律、崇尚正义蔚然成风,这才是检察文化的真谛所在。"① 在一个崇尚专业技能、用人唯才的组织文化氛围内,其组织成员一定有一种自我学习和自我训练的动力,这无疑会极大推动专业人才快速进步和成长。

四、小结

在监察体制改革背景下,新的党风廉政建设和反腐败斗争工作格局已经形成,检察机关需要立足依法审查、提起公诉等检察职能,积极适应以审判为中心的诉讼制度改革要求,从专业平台、专业工具和专业素能等维度统筹推进职务犯罪检察专业化建设,切实提升打击职务犯罪的专业水平,充分发挥指控和证明犯罪的主体作用,推动反腐败工作制度化、法治化,确保案件办理取得良好的法律效果、政治效果和社会效果,确保检察机关在新的反腐败工作格局中发挥应有作用。

---

① 李勇:《检察官专业化应当突出四个并重》,载《检察日报》2019年3月6日第3版。

检察机关侦查司法工作人员
职务犯罪工作机制研究[*]

刘 晖[**]

惩治职务犯罪，是检察机关的传统业务。1949 年 12 月 21 日，新中国颁布《最高人民检察署试行组织条例》，规定检察机关"对刑事案件实行侦查，提起公诉"。1954 年 9 月 20 日，新中国颁布的第一部宪法，确立人民代表大会下"一府两院"的国家体制，明确了检察机关在国家机构中的地位及其领导体制。同时，颁布第一部《人民检察院组织法》，规定检察机关"对于刑事案件进行侦查，提起公诉，支持公诉"。立法上授予检察机关侦查权后，侦查管辖范围几经调整，至中办公 2016 年 11 月 7 日印发《关于在北京市、山西省、浙江省开展国家监察体制改革试点方案》，正式部署开展

---

[*] 本文系 2019 年度最高人民检察院检察理论研究一般课题"检察机关侦查司法工作人员相关职务犯罪工作机制研究"（项目批准号：GJ2019C19）的研究成果。

[**] 课题组成员：徐伟勇，最高人民检察院第五检察厅主办检察官，三级高级检察官。桑先军，最高人民检察院法律政策研究室四级调研员，四级高级检察官助理。

监察体制改革试点，试点地区检察机关相关侦查职权暂停运行。2017年10月18日，中共十九大报告明确提出，深化国家监察体制改革，将试点工作在全国推开。随后，全国人大常委会2017年11月4日通过《关于在全国各地推开国家监察体制改革试点工作的决定》，规定"在试点期间，暂时调整或者暂时停止适用《刑事诉讼法》相关条文中关于检察机关对直接受理的案件进行侦查的有关规定。"2018年3月11日，第十三届全国人民代表大会第一会议审议通过《中华人民共和国宪法修正案》，第123条规定各级监察委员会是国家的监察机关，同时，第134条规定人民检察院是国家的法律监督机关。2018年10月刑事诉讼法修改，再次赋予检察机关部分侦查职权。回顾这一波澜壮阔、曲折发展的历程，可以发现，检察机关侦查司法工作人员相关职务犯罪工作机制，既有历史的延续，更多的是基于国家监察体制改革后"一府一委两院"新体制下对法律监督制度的再审示、重建构与新定位。

一、逻辑起点：司法工作人员相关职务犯罪侦查工作机制的理性认识

在一定意义上，有什么属性的权力，构建什么样的运行机制。修改后刑事诉讼法对检察机关职务犯罪侦查权的立法赋权，蕴含着不同层面的性质与关系，这些性质与关系在侦查运行中，又往往体现为机制、制度、行为、方法等方面的诉求，它们相互消长、相互促进，在辩证统一中推动工作发展。可以说，司法工作人员相关职务犯罪侦查职权的基本属性与犯罪侦查的实践诉求，直接决定了构建什么样的侦查机制。

第一，司法工作人员相关职务犯罪侦查职权的立法要义

《监察法》第11条规定，监察委"对涉嫌贪污贿赂、滥用职权、玩忽职守、权力寻租、利益输送、徇私舞弊以及浪费国家资财等职务违法和职务犯罪进行调查。"既规定了"贪污贿赂、滥用职权、玩忽职守"等职务犯罪的管辖，也规定了"权力寻租、利益输送、徇私舞弊以及浪费国家资财"等职务违法的管辖，体现了"纪法合一"的特点。刑法对职务犯罪有明确的规定，《刑法》第8章和第9章对贪污贿赂犯罪、渎职罪进行了详细规定。《刑事诉讼法》也及时作出了适应性、衔接性调整，其中第19条规定，"刑事案件的侦查由公安机关进行，法律另有规定的除外。人民检察院在对诉讼活动实行法律监督中发现的司法工作人员利用职权实施的非法拘禁、刑

讯逼供、非法搜查等侵犯公民权利、损害司法公正的犯罪，可以由人民检察院立案侦查。"调整人民检察院侦查职权，是刑事诉讼法修订中完善与监察法衔接机制的首要内容，删去检察院对贪污贿赂等案件行使侦查权的规定，赋予检察院在诉讼活动监督中发现司法工作人员利用职权实施的非法拘禁、刑讯逼供、非法搜查等侵犯公民权利、损害司法公正的犯罪的侦查权，是在坚持国家监察全覆盖的前提下对检察机关法律监督职能优势的充分发挥与彰显，同时，也是以习近平同志为核心的党中央健全党和国家监督体系、推进国家治理体系和治理能力现代化的重大举措。从立法上看，系统理解与把握检察机关相关职务犯罪侦查权，应该把握以下两点。

一是从法理上看。对于《刑事诉讼法》第19条第2款中"可以"所强调的部分性授权，并不存在争议或歧义。法律中的"应当"与"可以"都是授权表述，"应当"是法定的必须"为"，不为即违法；"可以"是授权性规定，基本等同于"有权"，也就是"可为"。在具体界定检察机关管辖属性中，有学者侧重强调案件管辖双重性，指出"第19条第2款的规定可以视为《监察法》第34条的一项例外规定。在此意义上，对于此类职务犯罪案件，实行双重管辖原则，原则上可以由人民检察院自行立案侦查，但必要时监察委员会也可以直接管辖。"① 有学者认为该类案件"可以"由检察机关管辖，也可以由监察委员会管辖。第一次出现了"共同管辖"的现象，属于共同管辖授权。② 综合分析，第一种观点更加符合我国立法实际，但要防止在"双重"概念中过度强调"附属性"或依附性的倾向。附属、依附都包含着主体与附体的依存关系，意味着载体不存在后附体也可能随之灭失。这与监察机关与检察机关立案管辖的补充性关系不相符。修订后刑事诉讼法对检察机关立案侦查管辖的授权，应当是看作《监察法》第34条的法律例外，是一种补充性授权。同时，这种补充性授权又暗含着优先管辖的治理导向。正如，孙谦副检察长在检察机关贯彻落实刑事诉讼法专文中指出，"可以"暗含着条文的政策导向性，即由检察机关侦查，因为检察机关更贴近诉讼，更容易发现诉讼过程中司法工作人员相关职务犯罪，发现、遇到此类须立案查办的案件线索，检察机关就不能推诿，而应当依职责开展立案侦

---

① 吴宏耀：《论刑事诉讼法与监察法的制度衔接》，载《中国检察官》2018年12期上（司法实务），第23页。

② 参见谢小剑：《监察委员会刑事调查管辖制度初探》，载《湖湘论坛》2019年5期，第53页。

查工作。① 诚然，也有学者以此为论证起点，结合国家监察委员会管辖规定明确监察委员会管辖的 88 个罪名中排除了刑事诉讼规定由检察机关管辖的案件等法律法规体系构建实际，提出从现有法律解释的角度，可以认为其确立了检察机关的"优先管辖权"。从法理上看，直接认定"优先管辖权"有待商榷，但综合司法渎职侵权犯罪的治理体系来看，"可以"暗含优先管辖的治理导向，是立足司法工作人员渎职侵权犯罪特点、规律而进行的治理方式现代化调适，换言之，通过监检衔接等机制保障，检察机关对此类案件职能管辖的"优先性"体现的越充分，治理效果越好，治理现代化水平也就越能得到提升。因此，更加准确的来说，《刑事诉讼法》第 19 条第 2 款的赋权是一种有限性、补充性，甚至是优先性适用授权，其限度的界限就是遵循与保障监察监督的刚性，在权力界限内实现职务犯罪侦查活动中的主导功能。

二是从整体制度设计来看。完善党和国家监督体系，"要以党内监督为主导，推动人大监督、民主监督、行政监督、司法监督、审计监督、财会监督、统计监督、群众监督、舆论监督有机贯通、相互协调。纪委监委要发挥好在党和国家监督体系中的作用，一体推动、落实纪检监察体制改革各项任务。"② 可见，党内监督是党和国家监督体系的主导，纪委监委在一定意义上肩负着主体作用，而在其他各项监督中，相关责任机构在一定环节履行主导责任。查办司法工作人员相关职务犯罪是检察机关法律监督的重要方式，在特定的司法监督环节，检察机关承担着主导职责，这既是检察机关履行刑事诉讼主导责任的必然，也是检察机关充分发挥宪法定位，推动与促进各项监督有机贯通、相互协调的基本途径。

司法工作人员相关职务犯罪侦查职权的职权属性

在系统把握立法授权精神、属性与要求的基础上，要将检察侦查司法工作人员相关职务犯罪的职权放置在中国特色社会主义法律监督制度中，系统把握与准确理解其职权属性与内涵诉求。

（一）司法工作人员相关职务犯罪侦查职权的基本属性

关于职务犯罪侦查权的性质，国内学者曾展开过激烈的争论，行政说、

---

① 孙谦：《检察机关贯彻修改后刑事诉讼法的若干问题》，载《国家检察官学院学报》2018 年 11 月，第 3 页。

② 选自习近平在十九届中央纪委四次全会上发表重要讲话。

司法权说、法律监督说、双重属性说等从同视角对职务犯罪侦查权的基本属性进行了阐述。但在国家监察体制改革后，职务犯罪侦查工作发生了巨大变化，仍由侦查权的一般属性去论证检察机关职务犯罪侦查职权的行政性、司法性已不具有时代价值与意义，唯有立足法律监督的基本属性，才能更为科学地认识与把握检察机关职务犯罪侦查职权的本质。具体来说，集中体现在四个方面。

1. 政治性是检察机关职务犯罪侦查工作的根本属性

职务犯罪侦查首先是一项政治性工作，其次才是司法属性的实践活动。检察机关通过立案侦查司法工作人员相关职务犯罪案件，其核心目的就是维护党的绝对领导、维护国家安全，确保党中央的各项部署与要求在司法工作中得到不折不扣的落实，这也是赋予检察机关对司法工作人员相关职务犯罪侦查的重要使命。检察机关必须要将牢牢坚持党的绝对领导作为根本准则，严格落实党中央的重要精神与高检院党组对侦查工作的部署要求，严格执行要案请示报告制度，在侦查实践的每一个环节、每一项活动都要严格落实党的绝对领导、维护党的绝对领导，切实将政治强侦贯彻侦查实践全过程。

2. 人民性是检察机关职务犯罪侦查工作的根本价值追求

自检察制度恢复重建以来，检察机关职务犯罪工作发展的基本立足点，就是聚焦人民群众反映最强烈的问题、直接关系人民群众切身利益的问题，调整侦查重点、优化侦查结构、完善侦查工作机制，从而推动工作科学发展。可以说，无论斗争环境多么复杂、任务多么艰巨，人民始终是我们职务犯罪侦查工作乃至法律监督工作取得发展的最大底气。展望新时代，新时代智能侦查、科技化发展无论到何种程度，职务犯罪侦查工作需要始终守住的一条根本底线，那就是绝不能脱离人民群众。从工作理念到实践创新，职务犯罪侦查工作在任何时候、任何情况下都要把人民群众的利益放在最高位置，坚持以人民为中心，将群众工作方法作为侦查工作的根本方法，牢牢坚持从群众来、到群众去，聚焦反映人民群众反映最强烈的突出问题，突出治理重点，加大惩治力度，全面维护人民群众的合法权益。

3. 法治性是检察机关职务犯罪侦查工作的内在特点

依法公正高效是职务犯罪侦查权运行的基本要求。要全面贯彻落实党内法律法规与国家监察法、刑事诉讼法等法律要求，认真贯彻落实司法工作人员相关职务犯罪的立案标准与办案程序要求，严格依照办案范围、遵循办案程序、依法规范行使职权，从立案审查、立案侦查到侦查终结，坚持有法可依、依法推进。要将职务犯罪侦查工作摆在我国民主法治建设大局之中，将维护司法公正、维护司法公信力作为重要工作目标，不断贡献职务犯罪侦查工作的法治力量。

4.监督性是检察机关职务犯罪侦查工作的基本属性

检察机关是宪法规定的法律监督机关，调查对象是行使诉讼职权的司法工作人员，目的是维护司法公正、保障公民合法权益，这就决定法律监督属性是新时代检察机关职务犯罪侦查权的基本内核。而且，纵观历史，在不同的时代蕴含着不同内涵的职务犯罪侦查权，更是中国特色法律监督制度发展的应有之义。总之，新时代检察机关职务犯罪侦查工作，并不是单纯的刑事案件侦查或调查，而是为了实现法律监督目的与价值依法进行专门调查、采取强制措施的实践活动。

（二）司法工作人员相关职务犯罪侦查工作的基本特点

根据《关于人民检察院立案侦查司法工作人员相关职务犯罪案件若干问题的规定》，司法工作人员相关职务犯罪侦查主要包括非法拘禁罪（刑法第238条）（非司法工作人员除外）、非法搜查罪（刑法245条）（非司法工作人员除外）、刑讯逼供罪（刑法第247条）等14类罪名的立案管辖。相比一般意义上的渎职侵权案件，司法工作人员相关职务犯罪行为既具有立案难、取证难、查处难等共性，也具有自身的特殊性。一是从犯罪主体来看，14类犯罪行为中有10类是纯正职务犯罪，实施犯罪行为需要履行职权行为、司法专业知识与特定的执法条件，职务犯罪主体的反侦查能力较强，办案阻力也相应较大。二是从犯罪的时间及空间看，时间、空间跨度大，大多预谋性强，大多没有明显的物理犯罪现场可供勘验，在一定条件下，虐待被监管人等个别犯罪行为可能会形成物理犯罪现场，但极易被破坏，证据也极易灭失。三是从犯罪对象因素来看，被害人与犯罪人在权利配置、专业知识、行为认知等方面存在明显的不对等，有些犯罪行为甚至并无一般意义的刑事被害人，很难为侦查活动提供足够的有利帮助。四是从犯罪手段方法上看，司法工作人员犯罪多发生或作用在司法权运行过程之中，具有较强隐蔽性，多无目击证人，且与相关联系人容易形成"攻守联盟"，竞合犯罪、派生犯罪等时有发生，这些都在无形之中增加了案件侦查的对抗性与多样性。

司法工作人员相关职务犯罪侦查与司法渎职侵权犯罪相对应，是检察机关在法律监督中依法揭露犯罪、证实犯罪、追诉犯罪的专门法律监督工作及有关强制性措施。司法工作人员职务犯罪自身的特点与侦查需求，使检察机关职务犯罪侦查工作的特点更加丰富多彩。相比一般的侦查活动，具有以下特点。

第一，侦查主体的非特定性。与普通侦查权的主体特定性不同，检察机关作为司法工作人员相关职务犯罪侦查主体并不具有特定的唯一性。根据国家《监察法》第34条第1款规定与刑诉法①检察机关是"可以"立案侦查，特定的侦查主体仍然是监察机关，检察机关是其重要补充。第二，侦查对象的多元性。大多数职务犯罪侵犯的客体是各类法益多种交织，而且，贪贿、渎职、侵权等多种职务犯罪共同交织的特点较为突出。具体到14类职务犯罪行为的侦查，看似犯罪主体、客体较为简单，实则往往一人多罪，犯罪场域叠加交织非常突出，侦查对象涉及多个领域，多元性、复合性非常突出。第三，侦查空间的共存性。14类职务犯罪行为均发生在诉讼活动之中，均是司法工作人员行使职权过程中实施的侵犯公民权利、损害司法公正的犯罪，侦查行为空间与犯罪发生机制空间共存交叉，这是普通刑事侦查活动所不具有的显著特点。第四，侦查活动的对抗性。侦查是一项对抗性很强的活动。对抗程度的强弱一般取决于三个方面，即：犯罪行为反侦查的意识、技能与所能够掌握的资源；犯罪性质的严重程度，违法犯罪成本的高低；侦查人员的素能、技术及侦查科技手段等。综合这些因素可以发现，司法工作人员相关职务犯罪侦查活动相比一般侦查活动的对抗性更强。此外，由于侦查对象是司法工作人员，基于司法工作人员对司法工作程序和专门知识的掌握也加大了对侦查有效开展和取证的难度。第五，证据规范的二元性。国家监察法对职务违法与职务犯罪实行了一体化的程序构建，客观上带来了违法调查与犯罪调查"二元化"的证据标准体系。这就要求检察机关在监检衔接中，要充分遵循纪法衔接、法法衔接的各项要求，注重对司法工作人员违法违纪案件线索与相关职务犯罪行为证据的全面收集、审查，统筹运用检察建议、纠正违法等手段，依法规范构建科学的证据标准体系。

（三）司法工作人员相关职务犯罪侦查工作机制的概念与特点

在一般意义上，侦查机制是侦查管理与侦查资源整合范畴下的概念，是指为达到侦查破案的目的，侦查各组织或组成部分之间相互作用的手段、过

---

① 《监察法》第34条第1款规定，"人民法院、人民检察院、公安机关、审计机关等国家机关在工作中发现公职人员涉嫌贪污贿赂、失职渎职等职务违法或者职务犯罪的问题线索，应当移送监察机关，由监察机关依法调查处置。"

程和方式。① 综合职务犯罪侦查职权的立法属性与工作特点，自 2018 年国家监察法实施与刑事诉讼法修改后，检察机关职务犯罪侦查工作进入了新时代，在此语境下，司法工作人员相关职务犯罪侦查机制指的是，检察机关为实现宪法法律赋予的职务犯罪侦查功能、目标与任务，所依法采取的各种侦查措施和相关组织保障的司法组织制度。

第一，肩负多层次的价值目标。司法工作人员相关职务犯罪侦查机制的价值追求至少包括了完成侦查任务、维护司法公正、保障公民合法权利与实现法律监督功能、确保国家法律正确实施等多个层面，为此，建立什么样的侦查机制，需要以能否最大化实现多层次的侦查价值为目标。第二，符合资源整合与协调的客观实际。能否有效地发掘、规范、整合、运行、利用侦查资源，是衡量一个侦查机制成功与否的重要指标。我国检察机关的组织形式在一定程度上可以概括为司法属性、行政属性、监督属性的统筹架构，职务犯罪侦查职权贯彻其中，作为基础性刚性根基，其资源整合与协调的诉求也就更高，挑战也就更大。第三，体现主动反应的实际诉求。司法工作人员相关职务犯罪具有较强的隐蔽性，有时甚至被害人自身都难以发生危害行为的发生，这就决定了侦查机关不能等待犯罪结果呈现，再启动侦查活动。检察机关要能够在法律监督中的便利性、即时性中转化动能，在法律监督实践中把握侦查主动与时机，有效地发现、揭露并证实犯罪，维护司法公正与权威。第四，具有规范支撑的功能。依法履行司法工作人员相关职务犯罪侦查职权，其重要一环就是侦查机制规范、标准、法治。职务犯罪侦查机制自身应当在法律规范的框架下构建、完善与变革，通过自身的规范性对侦查部门和侦查实践活动形成有效的制约。第五，具有一定的稳定性或长效性。侦查对抗是司法工作人员相关职务犯罪侦查的"主旋律"，而且是一项长期艰苦、复杂多变的斗争活动。这就决定了侦查机制的建立和完善，必须具有一定的稳定性与长效性，切实为机动多变、"随机应变"的侦查斗争提供稳定性框架支撑。

二、时代起点：司法工作人员相关职务犯罪侦查工作机制构建的理念

张军检察长强调，理念是指引、引领办案的思想和灵魂。侦查理念反映

---

① 马忠红：《侦查学基础理论》，中国人民公安大学出版社 2006 年版，第 379 页。

了检察机关职务犯罪侦查理论体系中的基本观点,是职务犯罪侦查机制建设的内在支柱。司法工作人员相关职务犯罪侦查机制的构建和完善,需要符合时代需求的理念引领与支撑。没有正确、先进的侦查理念引路,司法工作人员相关职务犯罪侦查机制建设就难以符合治理体系与治理能力现代化的要求。侦查理念陈旧,必然导致司法工作人员相关职务犯罪侦查机制与时代脱节,不得不走向变革与革新。

(一) 树立并践行以人民为中心的侦查办案新理念

积极稳妥行使职务犯罪侦查权,首要的就是要以习近平新时代中国特色社会主义思想为引领,牢固树立并积极践行以人民为中心的侦查办案理念。这也正是具有检察特色职务犯罪侦查新道路的基本内涵。一是要自觉服务大局,紧紧围绕党和国家的中心工作推进侦查办案工作。特别是要结合服务保障"三大攻坚战",依法严肃查处扶贫开发、非公经济、生态环境等领域涉及的司法工作人员渎职侵权犯罪,突出查办非公企业案件、涉众型案件中的司法工作人员渎职侵权犯罪,切实保护民营企业和民营企业家的合法权益,维护社会大局和谐稳定。要积极开展扫黑除恶专项斗争,依法严肃查处司法工作人员滥用职权、徇私枉法、充当黑恶势力"保护伞"等犯罪案件,加强与纪委监委沟通衔接,形成工作合力,切实维护人民群众的合法权益。二是要突出办案重点,紧紧围绕人民群众反映强烈的司法不公突出问题推进侦查办案工作。特别是要聚焦刑事立案、刑罚执行以及审判等环节,将虚假诉讼案件、"民刑交叉"案件、重大经济纠纷案件中司法工作人员裁决、裁定作为法律监督的重点,注重发现背后的职务犯罪案件线索,依法严惩司法工作人员利用职权非法插手经济纠纷、枉法裁判、徇私舞弊减刑、假释等职务犯罪,促进司法公正,维护司法权威。三是要践行群众路线,紧紧依靠人民群众推进侦查办案工作。特别是要坚持从群众中来、到群众中去,相信群众、依靠群众、服务群众,把专门工作与群众路线更好地结合起来,针对新形势下司法工作人员职务犯罪的特点规律,深入基层倾听群众呼声,扩大线索来源,落实举报反馈、奖励、举报人保护等制度,积极回应群众关切。要充分利用巡回检察、派驻检察的有利条件,在注意发现问题的同时,畅通控告举报渠道,发动在押犯打消顾虑,积极检举揭发职务犯罪案件线索。

(二) 树立并践行以证据为中心的侦查办案新理念

客观公正是检察官的基本立场,也是职务犯罪侦查机制构建的基石。一方面，要充分尊重律师的执业权力与诉讼当事人的合法权益；另一方面，要进一步推动"由人到证"向"人证并重"思维模式转变，增强运用物证、书证等客观证据证明犯罪事实的理念，注重运用现代科技手段调查取证，提升利用除审讯以外其他方式获取证据材料的能力，提高破案效率，锻炼多样化取证思维，坚持以客观证据揭露犯罪、证明犯罪、追诉犯罪。

（三）树立并践行实体与程序并重的侦查办案新理念

在过去很长一段时间里，受侦查评价机制、理念等因素限制，职务犯罪侦查过多地强调惩罚犯罪的"实体"结果，而忽视了程序公正，在职务犯罪侦查程序设计中，也缺少必要的程序性制裁措施。2010年"两高三部"出台《关于办理刑事案件排除非法证据若干问题的规定》，标志正式确立非法证据排除规则。2016年"两高三部"《关于推进以审判为中心的刑事诉讼制度改革的意见》第5条第2款规定，"探索建立重大案件侦查终结前对讯问合法性进行核查制度。对公安机关、国家安全机关和人民检察院侦查的重大案件，由人民检察院驻看守所检察人员询问犯罪嫌疑人，核查是否存在刑讯逼供、非法取证情形，并同步录音录像。经核查，确有刑讯逼供、非法取证情形的，侦查机关应当及时排除非法证据，不得作为提请批准逮捕、移送审查起诉的根据。"可以说，重大讯问合法性核查等非法证据排除规则的实施，以及一系列以审判为中心刑事诉讼制度改革措施的深化，都迫切需要检察机关理性审视新赋予的职务犯罪侦查职权，坚持实体与程序并重的理念，构建依法、公正、高效的职务犯罪侦查职权运行机制。

三、实践起点：司法工作人员相关职务犯罪侦查工作机制中的问题与短板

在不同的发展阶段，工作面临的主要矛盾也在发展变化，工作模式相应地需要与时俱进、应时而变，这是促进科学发展的必由之路，是解决突出问题的迫切需要。国家监察体制改革之前，邱学强副检察长对"十二五"时期检察机关职务犯罪侦查预防工作发展方式提出过"六个意识、六个转变"，即：一要增强统筹意识，切实从偏重办案数量向更加重视办案规模、质量、效率、效果的有机统一转变；二要增强侦查意识，切实从偏重被动"审查、核查"式办案和过分依赖口供向主动发现犯罪，科学运用法律手段和措施，全面收集证据和运用证据揭露犯罪、证实犯罪转变；三要增强现代

意识，切实从传统人力投入型办案向把情报、信息、网络、现代科技和装备有效组合运用于办案之中的现代化侦破方式转变；四要增强合作意识，切实从偏重独立办案向统合内部资源、加强外部联通、加强国际合作，动员和依靠社会力量推动工作转变；五要增强治本意识，切实从偏重惩治犯罪向标本兼治和注重化解社会矛盾、创新社会管理机制转变；六要增强规范意识，从粗放型执法办案向理性、平和、文明、规范执法转变。这"六个意识、六个转变"内涵丰富、影响深远，彰显了与时俱进、改革创新的精神，对于做好当前和今后一个时期的侦查办案工作仍然具有重要指导意义。自 2016 年 11 月监察体制改革试点开始，职务犯罪侦查机制建设与完善在一定程度上受到了影响与中断。2018 年 10 月刑事诉讼法修改后，面对 14 类罪名的新特点与反贪反渎转隶后管辖、组织、队伍等方面的新挑战，机制建设既要继承"六个意识、六个转变"的成功经验，发扬背后体现的职务犯罪侦查机制建设规律，同时，还要深刻认识到，还存在以下几方面的不足。

一是以人民为中心的办案理念还有待进一步夯实。集中体现在办案规模、质量、效率、效果在不同地区、不同层面、不同阶段还存在统筹力度不强、"顾此失彼"的现象，侦查办案结构不合理的问题依然存在，在一定程度上制约了侦查机制的创新。二是贯彻落实宽严相济刑事政策还有待加强。综合运用认罪认罚从宽、检察建议、纠正违法等手段与政策还不充分，导致宽严失衡，不能做到根据个案实际，当宽则宽，当严则严，从而影响了办案效果。三是以证据为核心的办案理念还有待进一步落实。过分依赖口供的现象依然存在，装备现代化、侦查信息化建设相对滞后，信息引导侦查、大数据侦查等侦查理念的引领创新价值尚未得到充分彰显，传统人力投入型办案机制还在一定程度上制约着工作体制机制的改革发展。四是践行检察官客观公正立场的主动性、能动性还有待增强。对客观存在的一些有失公平正义的案件，缺乏较真的精神，主动性、积极性不强。同时，在一定程度上还存在重惩治、轻人权的现象，主动接受监督的意识还有待进一步提高，比如，充分听取律师、被害人意见建议、落实同步录音录像规定等方面的机制建设仍有待加快。五是相关检察业务部门的侦查思维与意识有待增强。如，一些负责刑事检察的基层检察人员对司法工作人员相关职务犯罪线索的发现和重视的程度不高，缺乏一定的敏锐性，往往只注重对所承办案件的审查工作，对有可能挖掘出犯罪线索的细节、隐患重视不够。个别地方刑事检察部门检察官对一些可能存在司法工作人员相关职务犯罪线索的情形往往要求有关人员通过事后出具"工作说明"的方式进行补充说明，而不是及时开展调查核实与线索移送等工作。

以机制建设审示检察机关相关职务犯罪侦查工作整体来看，具体来说，又有以下问题，既直接或间接制约了机制建设，也影响了侦查办案质效。

(一) 法律法规建设方面

1. 关于进一步加强监察法与刑诉法的衔接、互涉案件处理中的问题

（1）准确把握案件管辖界限的相关问题。一是非诉讼活动中司法工作人员涉嫌14类罪犯的违法犯罪行为，检察机关有无管辖权，仍需进一步明确。比如，因"酒驾"被依法判处缓刑后，根据《道路交通安全法》需吊销驾照，但公安机关明知而故意不作为，导致犯罪嫌疑人再次危险驾驶，造成被害人死亡等严重后果，对于公安干警的渎职犯罪行为，检察机关是否可以立案管辖。二是对于转化犯是否可以并案管辖。比如，虐待被监管人案件中如果发生人身伤亡，就会转化成故意伤害、故意杀人，检察机关能不能立案管辖。三是在与纪委监委沟通衔接中，纪委监委将14类罪名之外的其他案件线索移送检察机关，检察机关应当如何办理，是否可以根据纪委监委意见立案侦查。

（2）依法办理互涉案件中的相关问题。一是互涉案件管辖以纪委监委为主，缺乏明确、细化的标准。有的地方全部移送检察机关办理，有的地方全部由纪委监委办理，有的地方同样的类案，纪委监委在决定是否由检察机关时中前后不一、弹性较大，甚至个别地方在立案前明确由检察机关立案侦查，在审查起诉环节又要求检察机关撤案移送，造成基层检察机关在有限的办案期限内，反复变更侦查措施或改变移送审查意见，无形之中增加了办案不规范的风险。二是证据共享不对等。有的地方对于涉及14类罪名的相关证据，纪委监委机关不能及时或完全不与检察机关共享，造成重复调查取证。

2. 关于司法工作人员相关职务犯罪案件立案标准的问题

立案标准关系着证据固定与获取、移送审查起诉后对案件质量的评价等问题，既要与刑法相衔接，更要立足检察机关侦查办案实际。

（1）徇私枉法罪立案标准中"情节特别严重""特别重大损失"及"徇私、徇情"表现形式等，需要进一步细化。比如，借款纠纷案件中，法官枉法裁判，案件经过二审，二审维持了一审判决，是否影响一审法官枉法裁判的认定？案件判决生效后，判决裁定的经济赔偿，当事人尚未实际履行，是否可以认定为造成了"特别重大损失"。再如，徇私、徇情的客观证

据标准能否结合调查取证的实际，进一步细化与明确。

（2）玩忽职守、滥用职权罪的认定需科学处理追诉期的问题。由于玩忽职守、滥用职权的最高刑相对较低，且玩忽职守罪为结果犯，受诉讼活动相对封闭、串案窝案多、诉讼周期较长等因素限制，客观危害结果一般需要一段时间才能被审查发现，往往超过了追诉时效，但实践中，因扫黑除恶专项斗争活动要求，社会危害性较大，不予以查处，会造成不良的政治与社会影响，如何把握好追诉时效，如何深挖窝案，需要予以明确。

（3）玩忽职守、滥用职权罪中对犯罪结果的具体要求，包括人身伤害、财产损失及"恶劣社会影响"等要尽可能的细化与规范。课题调研中，基层同志普遍反映，滥用职权、玩忽职守罪中对犯罪结果的认定较难把握，"恶劣社会影响"的定罪标准较为模糊，一些地方在实践操作中与法院的认定标准存在较大差异，亟需予以统一细化与规范。一是人身伤害、财产损失的界定要尽可能的细化。如，对于派出所查处涉黄涉赌中发生的涉嫌滥用职权案件，可否把违法所得、参与黄赌的人数多少作为执法标准。再如，"导致犯罪嫌疑人自杀、自残、精神失常"，"导致"表述相对主观、不够清晰，如何证明是因违法监管导致的精神失常，还是因为犯罪后本身的压力太大导致的精神失常，在实践中较难操作。再如，高检院起草的《立案标准》（稿）中将有关经济损失的立案标准从10万提高至30万，其主要依据是什么，利息是否计算在内，各地经济差距较大，是否可以区别细化。二是"恶劣社会影响"的认定要统一规范。如，扫黑除恶专项斗争中发现公安机关办理三年前的聚众斗殴案件时，对一部分犯罪嫌疑人应当立案而没有立案，算不算形成了恶劣社会影响；再如，刑罚交付执行中因法官未能及时办理交付执行，罪犯未能收监再犯罪，这里的"再犯罪"是否属于造成恶劣影响。

（4）刑讯逼供、暴力取证与非法拘禁罪的定性问题。比如，未能及时固定身体伤情，如何通过证据链证明刑讯逼供、暴力取证行为。再如，高检院拟制《立案标准》（稿）中对非法拘禁罪要求拘禁24小时以上等7种情形，拘禁24小时的主要依据是什么，在实践中如何界定与核准起算时间，有待进一步明确。

（5）民事、行政枉法裁判罪的立案标准有待进一步全面与细化。比如，有的地方民事、行政案件当事人明知法官存在枉法裁判情形，在法定期限内不提请上诉，也并不采取其他法定的救济途径申请复议与救济，在判决生效后拒绝履行判决事项，而到检察机关举报法官行为，对法官的行为能否以民事、行政枉法裁判罪定性。

(二) 工作规范与机制建设方面

1. 准确把握职务犯罪侦查工作定位

如何准确把握检察机关职务犯罪侦查工作的定位，仍然是基层检察干警侦查办案中面临的重要问题。由于认识不清、思想不统一，有的市级院一直在观望，甚至一些原来的"办案大户"仍然在等待文件精神，办案积极性不高。有的地方延续了原来为侦查而侦查的误区，无法及时开展相应的监督工作，办案效果不能在办案中逐步提升。

2. 司法工作人员相关职务犯罪侦查工作规范亟需进一步细化与完善

调研中，基层检察官普遍反映，随着刑诉法修改与相关法律规范的调整，以及司法工作人员相关职务犯罪线索难、取证难、突破难与查处难的特殊性不断凸显，亟需在实体标准与办案程序方面，对司法工作人员相关职位犯罪侦查工作制定实施规范性文件，为基层严格按照"积极稳妥"的要求规范职务犯罪侦查办案工作提供基本遵循。

3. 司法工作人员相关职务犯罪侦查工作机制建设急需加强

个别地方对积极稳妥开展司法工作人员相关职务犯罪侦查工作的认识还不够深刻，对职务犯罪侦查的立法定位、职能定位缺乏深刻的理解与把握，在线索移送、立案审查、违纪行为移送查处等方面，尚不能立足实际，探索建立行之有效的工作机制。

4. 建立职务犯罪案件线索科学衔接机制

地方检察院控申部门对职务犯罪案件线索的研判、移送、审查与管理，缺乏较为科学的衔接机制。调研发现，由于目前职务犯罪案件线索的移送、管理与审查缺乏较为完善的操作规范，直接影响了案件线索的审查、挖掘与利用。特别是个别基层控申部门不对案件线索进行评估与分类，只要涉及职务犯罪等相关"词语"即移送负责侦查的部门。经审查发现，移送来的案件线索大多属于当事人不服法院裁判，其目的主要是为了改变案件判决结果，有的只是带有怀疑性地认为司法工作人员办案过程中有贿赂或者渎职行为，并不具有案件线索审查的价值。普通的控申检察案件线索，被误作为职务犯罪线索予以移送审查，延缓信访答复的实效，无形之中增加"案结事了"的工作难度。

5. 与纪检监察机关的衔接沟通机制有待进一步健全

一是沟通衔接的主体有待进一步明确。面对课题调研，基层同志反映，由于缺乏沟通衔接的规范性文件，在沟通衔接中案件移送到监委哪个部门各地并不一致，不同性质的案件线索会因不同内设部门管理而产生较大差异，制约了沟通衔接的时效性。二是上下级沟通衔接环节较多，效率不高。对于交办由县级院办理的案件线索，如需要与纪委监委沟通时，在程序上，需先报该市级院，市级院与市纪委监委沟通，市纪委监委再向区县纪委监委了解情况，再依次反馈至县级院，先后涉及四个部门，流程较长、效率偏低。三是沟通衔接的规范性有待加强。由于缺乏明确的法律法规或规范性文件支撑，基层纪委监委在处理沟通衔接中较为随意，有的地方直接在检察机关报送的材料上签署意见，有的明确拒绝提供沟通意见的文字材料，个别地方意见会出现前后反复、矛盾，有的地方明确提出需要有上级精神才能会签文件，等，这些问题亟需规范与破解。

6. 单独设立职务犯罪侦查部门

职务犯罪侦查部门应当单独设立，以确保该项权力依法规范充分行使。在课题调研与专题研讨中，基层同志普遍反映，职务犯罪侦查部门应当单独设立。这不仅关系着检察机关内设机构改革的深化，更直接关系着相关侦查机制的健全与完善。主要意见为：一是在机构改革中，有的院设立侦查部门，有的没设，导致上下不对称。相比较来看，单独设立侦查部门的地区侦查专业化建设较好，办案风险防控与办案安全建设也比较扎实。二是职务犯罪侦查工作具有较强的复杂性、对抗性与专业性，除组织专案组办理案件外，还存在大量的线索审查、分类处置与犯罪治理等工作，客观上需要将负责侦查的部门单独设立，以更好地推进专业化建设。三是刑事执行检察履行了对刑事强制执行检察的职责，将这项职责与职务犯罪侦查职责整合在一起，由同一个部门共同行使，不利于对职务犯罪侦查过程中强制措施适用、执行与变更的监督。四是职务犯罪侦查有其独特价值，它是唯一贯穿于四大检察监督的工作，与刑事执行检察主要集中在刑事检察领域、重点是诉讼裁判裁决"末端"监督的属性不同、专业类别也不同，应当将职务犯罪侦查单设，由专门机关履行专门职责。五是受办案力量相对薄弱等因素影响，一旦出现重要、敏感、较大案件，包括负责巡回检察、羁押期限监督等在内的全部门人员均需要投入职务犯罪侦查中，以致"无暇他顾"，且侦查办案周期较长，往往会"顾此失彼"。有同志反映他所在市级院第五检察部门共6人，半年时间全部投入一起职务犯罪侦查案件难以顾忌其他监督业务，刑事执行检察常规工作受到很大影响。六是职务犯罪侦查是国家侦查权的重要组成部分，目前，其他依法履行侦查权的机关均依据侦查权的基本属性设置专门机构,检察机关也应当单独设置专门机构开展这项工作,以确保侦查工作的专门化专业化,更好地服务我国民主法制建设大局。

7. 规范细化办案组织开展的办案工作

对于省、市级院组建专案组等办案组织开展办案工作,亟需进一步规范与细化。一是组建专案组中从基层院抽调到省、市级院办案的检察官资格存在异议,县级院检察官由县人大任命,抽调到市级院后不能直接以检察官身份办案,导致办案组员额内检察官数量严重匮乏。二是对被抽调的基层检察官、被抽调基层检察院的办案业务如何考核评价,有待给予统进一步规范与明确。三是侦查部门组建专案组中,邀请公诉部门相关同志提前介入、引导与监督办案存在规范性保障与支持,一些基层公诉部门同志因办案任务重、工作压力大,且缺乏相应的激励与督促,难以及时或较为深层次地介入侦查案件,也难以给予充分有效的引导。

8. 案件线索审查、管理与流转机制有待健全与完善

一是线索管理模式存在两种模式,有的地方由省级院集中管理,有的地方由市级院分别管理,由市级院管理可能会导致线索的流失,由省级院统一管理又会降低,如何取舍、规范,有待进一步明确与细化。二是线索来源匮乏依然制约侦查办案工作,如何充分发挥民事、行政检察等相关业务部门发现、审查与评估案件线索的积极性与能动性,亟需统一明确与规范。如,如何避免普通的控申检察案件线索,被误作为职务犯罪线索予以移送审查,无形之中增加"案结事了"难度。

(三)队伍素能建设方面

1. 在监督中办案的意识仍有待增强

刑事执行检察与司法工作人员相关职务犯罪侦查职权集中行使,致使一些地方干警仍以原监所检察思考,看待侦查中发现的制度机制问题,对调查核实中形成的检察建议、纠正违法等,缺乏较强的侦查意识与侦查思维。少数干警对监督与办案的关系存在模糊的认识,习惯以传统监所检察办事为主的思维方式来办理案件,如对需要制发检察建议书和纠正违法通知书的案件,没有自觉开展立案、认定事实、审查或收集证据、制作审查(调查报告)、适用法律等具有司法属性的行为,线索受理、审批处理、跟踪整改等司法程序也不完备,导致检察建议和纠正违法通知书重数量、轻质量,影响了监督效果。

2. 在衔接制约中强化办案的能力与素养还有待增强

个别基层检察官在工作中缺乏"坚定的内心""柔软的身段",不想、不善与刑事执行机关协调,导致实际问题无法及时解决,工作合力无法有效形成。

3. 侦查办案力量薄弱,地方检察院普遍存在侦查人员断层的问题

随着内设机构改革完成,竞争上岗、双向选择,执检和侦查部门干警不足、人岗不相适的矛盾得到了较好解决,但干警能力素质与工作要求相比仍存在一定差距,尤其是在"两反"干警转隶后,检察干警在查办司法工作人员相关职务犯罪侦查方面,线索获取能力不强、案件突破能力不足的问题比较突出。

(四) 基层基础建设方面

1. 派驻检察人员、编制和职能需要进一步明确

调研发现,个别地方驻看守所检察室编制尚未到位,随着职务犯罪侦查案件线索收集、挖掘的深化与重点案件固定证据的推进,需要进一步明确驻看守所检察室的人员、编制与职能配置要求,为拓展职务犯罪侦查空间提供更多支撑。

2. 侦查手段较为匮乏,调查取证难的问题较为突出

如,信息查控平台亟需恢复,在与银行、电信、腾讯等企业沟通查询中,由于缺乏信息查询机制与规范性文件支撑,难以及时获取相关信息;协调公安等政法机关中,由于缺乏明确的法律法规支持,协查单位往往不予配合。有学员反映,有时仅需查询普通司法工作人员的基本身份信息,仅凭借检察机关出具的文书材料都无法获取,需要协调驻公安机关纪检部门出具介绍信或证明函才能提供,信息查询"受制于人"的问题较为突出。

3. 侦查办案力量薄弱,部分检察院出现侦查人员结构断层的问题

随着办案数量、任务日益加剧,进一步加大实战能力培训、强化实战练兵等工作,需要全面、系统、一体化部署,以更好地统筹协调各方资源。特别是对于侦查人才库建设,亟需高检院予以统一部署,为基层侦查办案储备人才资源。

4. 办案经费紧张,缺乏相应政策支持

随着反贪转隶,原职务犯罪侦查办案经费、特勤费、办案补贴等都已经停止或取消。死刑执行临场监督、派驻经费一直没有解决,基层办案经费非常紧张,一些地方连办案取证误餐等基本的办案费用都无法保障。同时,一

些地方侦查办案区急需修复或新建,但缺乏经费支撑与财政政策支持。另外,派驻检察室一般在远郊或者异地,相关补贴还是八十年代标准,有的还取消了。

四、实践路径:司法工作人员相关职务犯罪侦查机制构建的重点环节

实践证明,司法工作人员相关职务犯罪侦查机制建设,既不能因循守旧、穿新鞋走老路,也不能割裂历史、重起炉灶另开张,必须正确处理好继承与发展的关系,诚然,也不能急于求成、一蹴而就,而是要抓住开局、起步阶段紧迫、重要的环节,积极构建符合立法要求、体现侦查规律、植根侦查实践的办案模式与工作体制。这里,重点强调目前机制构建中亟需破解的三项重点。

(一)司法工作人员相关职务犯罪侦查机制中检察一体化的完善

以侦查的角度审视,"检察一体"既是办案组织原则,也是制度构建的遵循。具体来说,主要包含两个维度:一是"上命下从",强调的是上级对下级的指令、领导;二是检察官独立和客观义务,强调的是检察官负有代表维护公益、保障人权的法治职责。这两个维度相互联系、互相支撑。国家监察体制改革前,检察机关依法履行职务犯罪侦查各项职权,针对贪污贿赂犯罪跨国境、跨地区的特点,曾探索推进职务犯罪侦查一体化机制建设。如,2006年7月,最高检曾制定实施《关于健全职务犯罪侦查工作一体化机制的若干规定》(以下简称《规定》),明确要求建立纵向指挥有力、横向协作紧密、运转高效有序的侦查工作一体化机制。在此基础上,各地检察机关细化规范、健全制度,取得了一定成效。新的历史条件下,随着司法责任制改革与国家监察体制改革的深化,"检察一体"被赋予了新的时代内涵,司法工作人员相关职务犯罪侦查也呈现出新的特点与规律。司法工作人员相关职务犯罪侦查机制建设中完善检察一体化,需要理清与把握好以下三个方面问题。

1. 司法工作人员相关职务犯罪的特点与规律

这是司法工作人员相关职务犯罪侦查机制建设中完善检察一体化的首要考量。犯罪行为的特点与规律,往往决定了治理的手段与方式。贪污贿赂犯罪具有自身的特点与规律,曾直接指引了侦查工作机制体制的建设与发展。

司法工作人员 14 类犯罪行为与之不同。（1）随着司法责任制改革的深化与执法司法制约监督体系建设加快推进，需要更加严格地区分办案质量瑕疵责任与违法犯罪责任，细化司法工作人员执法司法责任划分标准，确保放权与监督相结合、公正与效率相统一，司法工作人员相关职务犯罪的刑罚治理与司法责任追究、惩治有机衔接。（2）非法拘禁罪、非法搜查罪、刑讯逼供罪、暴力取证罪、虐待被监管人罪等犯罪并不完全消融犯罪现场的物理空间，犯罪现场重建、犯罪地理画像等侦查技术与方法在一定条件下能够为侦查活动提供有益启发和借鉴。（3）对诉讼活动的法律监督及相关侦查工作，与司法工作人员犯罪行为往往共存于一个司法场域之内，犯罪场域与治理空间相互交叉、相互影响。（4）随着信息技术快速发展，司法工作信息化建设深入推进，滥用职权罪、玩忽职守罪、徇私枉法罪与民事、行政枉法裁判罪等犯罪行为的数据空间具有一定的相对固定性，甚至在某种情况下会出现类物理化。这些都对完善检察一体化办案模式，统筹推进法律监督资源整合、规范衔接、结构优化等提出了新要求。

2. 司法工作人员相关职务犯罪侦查办案结构与运行方式的内生需求

这是检察机关侦查工作中完善检察一体化办案模式的基本立足点。2018 年《刑事诉讼法》第 108 条第 1 款将"侦查"概念修改为："'侦查'是指公安机关、人民检察院对于刑事案件，依照法律进行的收集证据、查明案情的工作和有关的强制性措施。"调查从侦查立法内涵中相对剥离。2018 年修订的《人民检察院组织法》第 21 条赋予了"调查核实"以法律定位，成为检察机关履行法律监督工作的基本手段。2019 年 2 月，《人民检察院检察建议工作规定》专章规定了检察建议的"调查办理和督促落实"，明确规定了应当提出检察建议时采取调查核实的程序、措施等。调查核实权作为检察机关行使法律监督职权的一项权能，其运行方式与边界有了基本规范。同年 12 月，《人民检察院刑事诉讼规则》（以下简称《刑诉规则》）将"初查"改为"立案审查"，以"调查核实"代替原来的"初查"概念，使立案审查工作机制更加完善。综上，经过法律制度体系的健全与完善，检察机关依法履行相关侦查职权的结构、方式与机制发生了很大变化。权力因素的剥离、再定义与规范，必然内生一体化需求，且在检察一体化框架下，这些需求更具时代性与针对性。可以说，综合研判基本需求与规律，完善一体化办案模式，是检察机关依法履行相关侦查职权的必由之路。

3. 推动法法衔接、纪法贯通以及与各项监督贯通融合的客观需要

从腐败治理体系来看，《监察法》第 11 条既规定了对"贪污贿赂、滥

用职权、玩忽职守"等职务犯罪的管辖，也规定了对"权力寻租、利益输送、徇私舞弊以及浪费国家资财"等职务违法的管辖，体现了"纪法合一"的特点。《刑事诉讼法》及时作出适应性、衔接性调整，第19条第2款的赋权可以看作补充性赋权，也可以看作优先性适用授权。完善检察一体化，首要出发点在于依法行使职权，增强职务犯罪侦查活动中的主导功能，促进法法衔接、纪法贯通。从法律监督体系来看，人民检察院是国家法律监督机关，又是刑事诉讼活动的参与机关。反贪反渎职能剥离后，检察机关仅剩侦查监督、诉讼监督、执行监督等权力配置，与公安机关的侦查强势职权、人民法院的以审判为中心相比，难以形成分权制约的相对优势。特别是对诉讼活动中的司法腐败，缺失了检察机关的职务犯罪侦查权配置，就缺失了即时、便利性的监督力量，无形之中增加了国家治理司法腐败的成本。此时，检察机关履行相关侦查职权，就需要着眼于促进司法腐败、渎职犯罪治理资源整合，如推进与司法责任制追究、惩戒机制的贯通衔接等，推动司法腐败治理在党的领导下法法衔接、纪法贯通，与各项监督贯通融合。这也是司法工作人员相关职务犯罪侦查机制建设中完善检察一体化的基本立场。

综上，司法工作人员相关职务犯罪侦查中检察一体化办案的开展，一方面，要有效解决传统侦查机制难以解决的问题，包括办案协作、统一管理、统一指挥等一般性问题；另一方面，还面临着深化监察体制改革、司法责任制综合配套改革等检察办案业务制度时代调整中的诸多难题，包括统筹与检察官办案主体地位、秉持客观工作义务等特殊性问题。具体而言，集中体现在三个层面。

1. 检察官统一调配方面

上下级检察机关之间是领导与被领导关系，上级检察机关对下级检察机关具有纠偏、管辖、办案，甚至调配办案人员等较为完整的司法事务管理权。《人民检察院组织法》第24条第1款第4项规定，上级人民检察院可以统一调用辖区的检察人员办理案件。由于检察官由同级人大常委会选任，检察官被上调或下派后，如何依法履行检察官职责，如何建立调配检察人员的基本规程，以及如何突出检察官主体地位，更好地确保检察官秉持客观公正的立场等，都需要建构相应的法律支撑与制度保障。此外，检察官统一调配中，如何加强对检察官业绩考评，既强化监督制约，促进依法履职，又有效调动工作积极性，需要进一步有针对性地完善制度机制。

2. 组建办案组织与团队方面

按照司法责任制的要求，人民检察院组织法在修订中增加"人民检察院的办案组织"一章，完善了独任检察官和检察官办案组运行机制。《2018—2022年检察改革工作规划》部署"科学设置办案组织和办案团队"改革措施。结合侦查办案的特殊性，组建检察官办案组、指定主办检察官主导日常侦查办案工作，是司法工作人员相关职务犯罪侦查办案组织的基本单元。如何立足侦查办案的特殊性，既突出检察官在侦查办案中的主体地位，又强化监督制约，杜绝执法司法不公不廉，充分发挥办案资源集中、有效行使的优势，加强以办案组织检察官为核心的办案团队建设，科学界定办案团队中检察官、检察辅助人员的职责，形成分工负责、运行有序的侦查办案机制，是侦查办案组织建设的重要课题。

3. 侦查手段的一体化整合方面

正如前所述，随着调查核实权的法治化，统筹运用侦查职权与调查核实职权，就成为检察机关充分行使侦查职权、一体化办案所面对的重要课题。此外，还包括侦查办案协作与统一指挥，侦查策略、侦查对抗等方面的协调与整合，与司法责任调查、惩戒的相互协作与衔接等。

检察官统一调配是现阶段司法工作人员相关职务犯罪侦查中检察一体化办案面临的难点与焦点问题。特别是《规定》确定立案侦查决定权"上提一级"制度后，一般由市级院为办案主体，统筹全市侦查办案资源，集中力量侦办案件，原则上不交由县级院立案侦查，这其中，规范区域内检察官统一调配，确定被调配检察官办案职权，是迫切需要解决的基础课题。为破解办案实践中的困境，2019年6月，最高检制定下发了《关于规范上级人民检察院统一调用辖区检察人员办理案件工作的通知》，规定"根据办案需要，上级人民检察院既可以调用本院检察人员到辖区的下级人民检察院办理案件，也可以调用辖区的下级人民检察院人员到本院或者辖区的其他下级人民检察院办理案件。下级人民检察院认为确有必要，可以申请上级人民检察院调用检察人员到本院办理案件"，进一步规范了上级检察院统一调用辖区检察人员办理案件工作。但从实践情况看，检察官调配后侦查办案组织、团队的组建及职权行使等，仍需要更多的法律支撑与规范。

然而，当前，司法工作人员相关职务犯罪侦查机制建设仍处于起步阶段，在司法工作人员相关职务犯罪侦查中实现检察一体化"理想"，必须深入落实政法领域全面深化改革部署要求，宏观层面，要统筹兼顾检察官办案主体地位，促进检察官秉持客观公正立场，践行新时代法律监督理念；微观层面，则要抓实线索统一管理、立案侦查机制建设两个环节，推动侦查规范、侦查结构、侦查模式、侦查策略、侦查对抗等方面的一体化整合，切实为"四大检察""十大业务"全面协调发展提供刚性保障。

1. 推动检察官统一调配与检察官办案主体地位相统一

首先,加快专项法律法规的制定实施,进一步细化检察官统一调配的基本规则与被调配检察官依法行使相应层级的办案职权、依法接受监督。其次,进一步完善司法工作人员相关职务犯罪侦查部门办案团队组建的基本原则与方式,特别是对下派检察官、入额院领导参与办案组或办案团队的,要进一步细化规范主办检察官的权力职责,既确保办案组织的一体运行、"上令下行",又确保突出检察官的主体地位、权责一致。最后,完善司法工作人员相关职务犯罪侦查部门检察官权力清单,探索制定检察官助理、书记员权力清单与检察官权力"反向清单",适时探索建立健全检察官与检察辅助人员双向选择机制,赋予检察官对检察辅助人员的工作分配权、考核建议权及一定的人事管理建议权,从制度上保障并提高检察官独立自主办案的能动性。

2. 推动检察一体化侦查办案与侦查检察官秉持客观公正立场相统一

一直以来,在侦查办案中强调检察一体化,似乎就意味着会在"上令下行"中影响检察官秉持客观公正的基本立场。有学者曾就此建议,建立检察一体化被阻断的异议制度,如果下级检察机关认为某一指令违背了其客观义务,可以向两级检察机关的共同上级机关申请复议,并依据该上级机关的复议结果行使;如果检察官认为检察长的指令违背了其客观义务,则可以向上级检察机关的检察委员会申请复议。① 显然,此为"不得已"之策。在侦查环节,正确处理好检察一体化办案与检察官秉持客观公正立场的关系,重点是通过一体化调配与整合,更好地推动惩罚犯罪与保障人权辩证统一,实体公正与程序公正有机融合。这就需要通过统一指挥、资源整合及相关机制建设,切实将程序性证明材料放置在突出位置,完善侦查部门检察官客观公正责任体系,健全非法证据排除审查机制,确保侦查办案以事实为依据、以法律为准绳。同时,充分调动检察官的主观能动性,用好用足法律赋予检察机关的各项办案手段,综合运用各种侦查科技手段,不断探索运用新形态证据揭露犯罪,捕捉与案件有关的所有信息,寻找证据之间的内在联系,推动相似走向同一、客观事实向法律事实的转化,实现侦查办案的主观与客观相统一。此外,还要进一步健全检察官依法履职保护机制、受到侵害救济机制和不实举报澄清机制,建立健全检察官依法履职免责机制,持续推动落实

---

① 蒋伟亮:《检察一体化的法治意义及中国的路向选择》,载《河北法学》2011年第4期。

与检察官单独职务序列等级相应的生活待遇保障政策，充分发挥检察官权益保障委员会功能，消除检察官的"后顾之忧"。

3. 稳步推进司法工作人员相关职务犯罪侦查检察官业绩考评机制建设

司法工作人员相关职务犯罪侦查检察官业绩考评机制建设是深化检察一体化办案机制改革的关键一环。要全面贯彻政法领域全面深化改革推进会精神，以完善司法工作人员相关职务犯罪侦查检察官业绩考评机制为抓手，切实推动检察院内部制约监督制度机制建设。围绕"案—件比"的价值导向，按照最高检《关于开展检察官业绩考评工作的若干规定》等规范要求，加快建立绩效合理、评价科学、高效智能的司法工作人员相关职务犯罪侦查业绩考评指标体系和考评机制。根据检察一体化侦查办案的实际与特点，在统一设定平均分的基础上，对统一调配检察官办案情况进行单独计分，推动实现以质量和效果为核心的考核评级体系。充分发挥业绩考评"风向标""指挥棒"作用，进一步推动将办案业绩考评情况作为侦查部门检察官选配、交流与综合考核评价的重要内容，增强考评结果与晋职晋级、核发绩效工资挂钩的刚性。同时，充分依托检察一体办案平台，大力开展实战素能培训和岗位练兵，在办案实践中锻炼队伍，在案件侦办的摸爬滚打中培养选拔办案能手和业务专家，尽快打造出一支高水平侦查办案专家、骨干队伍。

4. 构建深层次的司法工作人员相关职务犯罪案件线索管理运用一体化机制

当前，对于完善线索管理运用机制的焦点主要在两个方面。一是聚焦线索的收集、反馈与挖掘，包括建立健全检察机关内部案件线索移送反馈机制、司法机关之间案件线索移送反馈机制及社会组织、律师、群众举报线索管理机制等，主要是线索来源的拓展与整合问题。二是聚焦线索的交互与整合，包括案件侦查过程中新的线索审查与利用、互涉案件中线索的移送与利用等，主要是线索的审查、运用及二次转换的问题。这两个方面的问题都是为了实现对案件线索的统一管理，建立对案件线索开发、挖掘、整合与利用等方面的一体化管理机制，其说到底属于侦查资源整合的范畴。除此之外，案件线索管理运用的一体化还应当包括案件线索在侦查活动中的导向与功能发挥问题。具体而言，包括两个维度：第一，"由案件到线索"。这里既包括以事立案中，由犯罪事实排查案件线索为侦查活动提供导向，也包括互涉案件移送中，原职务犯罪侦查案件移送后局部或全部转变为监察机关案件调查的线索。第二，"由线索到案件"。突出强调的是刑事、民事、行政、公益诉讼监督案件中，对司法工作人员职务犯罪案件线索的发掘与审查，将线索发掘延伸至每一起监督案件之中。两个维度相互转换、相互交织,一方面强调线索表现形式的突破,线索可以是数据、信息材料,也可以是物证、口供等,打破传统线索实物化的不良倾向,为大数据侦查提供基础;另一方面也强调侦查思维、模式与策略的整合,防止线索管理环节过于孤立,推动案件线索审查、挖掘与运用的深层次化。

5. 进一步健全司法工作人员相关职务犯罪侦查立案审查机制

进入新时代,司法工作人员相关职务犯罪侦查机制改革的一个显著特点,就是要以调查核实权等法律监督权力要素的最优化配置为基础,真正将侦查置于法律监督制度语境之中。一是对直接受理的司法工作人员相关职务犯罪案件线索的调查核实,贯彻落实《规则》第167条规定的案件线索调查核实交办、指办、提办等要求,必要时,上级检察院直接调查核实或组织、指挥、参与下级人民检察院的调查核实,或指定辖区内其他人民检察院调查核实,强化上级人民检察院对下级人民检察院工作的组织、指挥、指导,排除调查核实的干扰和阻力。二是健全与完善提前介入、引导侦查机制,通过邀请捕诉部门提前加入专案组、组织相关业务部门检察官联席会商等方式,引导侦查取证,协作案件突破,从线索审查、案件突破、明确证据标准等方面,为侦查工作提供支撑与保障。三是提升挖掘与发现刑事、民事、行政与公益诉讼活动中违法违规问题线索的能力水平,对于民事、行政检察中重大监督事项的调查核实,建立侦查部门协助核查机制,在协助深化调查核实工作的同时,注重将职务犯罪线索摸排等活动与检察建议、纠正违法的调查核实紧密结合起来,以侦查刚性推进检察工作整体协调发展。

6. 加强与司法责任认定、追究与惩戒机制的贯通衔接

目前,各地在推进司法责任认定、追究机制建设中,积极探索司法责任认定、追究与相关职务犯罪侦查工作的衔接协作,如,广东省人民检察院于2020年7月制定实施《关于建立广东省检察机关侦查部门与检务督察部门协作机制的规定》,迈出了实践步伐。根据司法责任制综合配套改革要求,最高检正在制定司法责任追究条例,构建公平合理的司法责任认定和追究机制。司法工作人员相关职务犯罪侦查与司法责任认定、追究及惩戒工作的贯通衔接,有利于促进检察机关整合侦查、调查资源,加强对相关侦查工作的监督。具体来说,要建立健全案件线索统一管理、双向移送机制。在督察、巡察、内部审计等工作中发现司法工作人员涉嫌相关职务犯罪的,包括谈话函询、初步核实、立案调查等司法责任认定、追究活动中发现相关职务犯罪案件线索的,应及时移送负责侦查的部门依法办理,这是贯彻落实《规则》

第 166 条规定的基本要求。侦查部门在办案过程中，发现检察人员涉嫌违反司法责任但并不涉嫌相关职务犯罪的，也应当将有关线索移送检务督察部门。同时，要建立健全办案协作机制，侦查部门与检务督察部门在办理案件过程中，根据工作需要，通过协同调查核实等方式，相互协助办案，确保办案资源最大化优化配置。

（二）积极构建检察机关内设业务部门协作配合新模式

从一般意义上看，职务犯罪侦查机制主要包括案件发现机制、侦查决策指挥机制、整体作战机制、侦查监督制约机制、侦查队伍激励约束机制、侦查后勤保障机制①，其中，案件发现机制是机制运行的"启动阀"。立足司法工作人员相关职务犯罪侦查实践，案件发现机制的重点在于各业务部门的协作一体，而主线是案件线索的发现、研判与审查。

1. 加强检察机关内设业务部门之间的线索移送与协作

要强化协作配合意识，积极加强沟通联系，主动接收民事、行政、公益诉讼等业务工作中发现的司法工作人员职务犯罪案件线索，将协作配合融入到线索审查、侦查决策与侦查工作实践之中。强化监督意识，善于发现刑事、民事、行政与公益诉讼活动的违法违规问题线索，及时主动向相关业务部门移送高质量的监督线索，配合做好纠正违法、提出检察建议等工作。认真反馈其他业务部门移送线索的处理情况，不仅要反馈最终的结果，更重要的是要反馈线索审查的方法、标准和依据，积极引导其他部门有针对性强化线索发掘意识，提高线索质量。

2. 提升案件线索研判、审查与相关调查核实工作的整体合力

要在调查核实中构建便捷、高效的衔接沟通机制，对于民事、行政检察中重大监督事项的调查核实，需要侦查部门参加的，侦查部门要积极派员参加，在协助深化调查核实工作的同时，注意将职务犯罪线索摸排、立案审查等活动与检察建议的调查核实紧密结合起来，切实以职务犯罪侦查的刚性，积极推进"四大检察"协调健康发展。

3. 加强职务犯罪侦查案件线索发掘、移送工作的考核评价

案件线索移送情况要纳入检察官业绩考核，对于积极发现和移送案件线索的，要建立激励机制，在业绩评价方面予以倾斜；对于重大案件线索因失职未能发现、未能及时移送线索的，要根据司法责任制依法追责。

---

① 朱孝清：《职务犯罪侦查学》，中国检察出版社 2004 年版，第 288 页。

（三）积极探索职务犯罪大数据侦查模式

大数据在侦查活动中的价值已被实践所广泛认可。习近平总书记在全国公安工作会议上强调，要把大数据作为推动公安工作创新发展的大引擎、培育战斗力生成新的增长点，全面助推公安工作质量变革、效率变革、动力变革。① 这一要求，对检察机关职务犯罪侦查工作同样具有重要指导意义。检察机关要进一步部署与推动侦查装备现代化和信息化建设，突出加强侦查信息数据和公共信息查询平台建设，建立管而不死、用之高效、适应现代侦查需要的职务犯罪情报线索体系、侦查指挥体系与侦查信息网络体系。要科学运用大数据侦查理念，对传统情报导侦、信息化侦查加以传承和发展。"传承"强调信息化侦查建设为大数据侦查提供的基础和支撑，"发展"强调大数据侦查对信息化侦查的升级与提升。这种升级首先体现在两个方面：一是侦查载体、侦查媒介的突破，将信息化侦查以电子形态所呈现电子信息的载体，转变为以"数据"为侦查媒介来传递信息；二是侦查信息分析方法的突破。传统信息化侦查更为强调的是对电子信息的获取。如，查询涉案人员的通讯信息、资金财务信息等，这些信息的获取主要是为侦查取证提供方向，或直接提供基础性证据材料，但信息的数据化分析、研判并不作为重点。大数据侦查则强调对查询、检索信息的二次利用与深度分析，通过数据挖掘技术对海量的犯罪数据进行分析，发现犯罪现象背后的行为规律、特征等深层次信息，将个案侦查靶向延伸到类案治理、制度监督。

五、机制运行：坚持一切从实际出发，遵循运用侦查规律

机制建设最终要在实践中检验、完善与发展。在一定意义上，也正是实践运行的高效、公正、规范，才有了机制改革发展的活力与动力。司法工作人员相关职务犯罪侦查工作是一项实践性很强的工作，机制建设应当遵循侦查规律，立足侦查实践，坚持一切从实际出发，在"丰富多彩"的对抗中

---

① 《习近平：坚持政治建警改革强警科技兴警从严治警　履行好党和人民赋予的新时代职责使命》，载中国共产党新闻网 http://cpc.people.com.cn/n1/2019/0509/c64094-31074825.htm，最后访问日期：2019年6月26日。

不断完善与健全。

(一) 加强线索审查、评估、分流与发掘

线索匮乏是制约司法工作人员相关职务犯罪侦查工作发展的重要因素。首先要加强线索管理，规范案件线索受理、登记、分流、审查、评估、反馈等办理流程，严格防控线索流失，杜绝线索休眠。其次，要注意审查把关。对不同的线索要实行审查、分流，特别是对于群众来信来访反映的线索，不能简单地将普通的来访申诉与职务犯罪案件线索划等号，要有评估、分流，突出重点，深入排查。经审查认为不涉嫌职务犯罪问题的，要及时退回相关部门依规处理，并配合做好罢访息诉工作。第三，要注意方式方法。比如，在来源上，要注重发挥犯罪嫌疑人、被告人、罪犯及其近亲属，对犯罪行为知情度较深、真实性较强的优势，畅通举报与反馈渠道；注重将派驻纪检监察机构作为重要的线索来源之一，加强与沟通衔接，形成定期或不定期通报移送线索机制。在环节上，违法提解出所、违法交付执行、超期羁押和羁押期间警戒具使用、刑罚变更执行等，以及民事诉讼案件提请二审、再审等，都是职务犯罪易发多发的环节。同时，还要针对司法工作人员职务犯罪线索的即时性、易变性，及时固定线索材料。

(二) 积极开展立案审查

立案审查源自于初查，是根据职务犯罪隐蔽、被查对象特殊等特点以及检察机关侦查力量有限的实际，在长期工作实践中逐步发展形成的，符合职务犯罪侦查工作规律，是侦查工作有效运转的必然选择。2019年12月新修订的《人民检察院刑事诉讼规则》将初查调整为立案侦查，进一步提升了立案审查的规范化、法治化水平，为办案工作重心前移提供了支撑。积极推进立案审查规范化、标准化，加快建立立案审查工作制度，事关侦查机制建设全局。一要因势利导，充分运用检察机关深度参与司法行为、诉讼程序的便利优势，全面了解审查对象主体身份、社会关系及涉案情况，用足用好政法一体化平台及信息共享的便利条件，尽可能获取充分的证明材料和涉案信息。二要客观公正，充分认识和把握线索审查的不确定性，既要查是，也要查否，不能先入为主。三要灵活机动，强化发散性思维，尽可能地考虑犯罪行为的种种可能性，尽可能地挖掘单个犯罪行为背后隐藏的其他职务犯罪线索，依据案件事实与取证情况，灵活调整工作方向，不断提升审查实效。

（三）正确认识立案、移案与撤案、强制措施

与其他职务犯罪相比，司法工作人员职务犯罪反侦查的对抗性更强。一方面，司法工作人员本身具有较强的反侦查意识，往往以所谓的"自由裁量"掩盖犯罪本质；另一方面，司法工作人员职务犯罪的背后，常常暴露出发案单位队伍管理、内部监督等方面的问题，侦查工作需要面对的往往不仅是犯罪嫌疑人，还有其背后的单位。这就需要针对不同对象、不同阶段、不同目的、不同情况，依法规范用好各项强制措施和侦查手段。一要正确认识立案。充分发挥立案在刑事诉讼程序中的"过滤"功能。同时，也不能把立案作为职务犯罪侦查办案工作的"唯一道路"，要善于通过线索审查等活动，综合运用检察建议、纠正违法等手段，在办案中监督、在监督中办案，争取双赢多赢共赢。二要正确认识移案。通过与纪委监委的沟通衔接，将案件移送纪检监察机关依法办理，是贯彻落实监察法与刑诉法衔接一致的重要内容，也是司法工作人员相关职务犯罪侦查成绩的体现。三要正确认识撤案。有立就可能有撤，有移案就有撤案，撤案不等于办错案。要坚持公平、正义与效率的辩证统一，对于违反规定立案、事实或定性有问题的，应坚持罪刑法定、疑罪从无，及时撤案。四要依法使用强制措施。既要敢于依法果断适用，并视情况灵活变更；又要稳妥慎重，准确把握法定条件，做到法施于人，慎之又慎。

（四）稳妥做好侦查终结工作

一要准确把握侦查终结的标准。移送审查起诉的案件，要严格做到犯罪事实清楚，证据确实充分，但也不能人为拔高标准，违背办案规律，把所有的办案风险和压力层层前移，造成"进退失据、陷入两难"。要严格审慎，穷尽可能，必要时要邀请相关部门提前介入侦查，做到确实不能证明构成犯罪或符合不起诉法定条件。二要严格遵守侦查羁押期限，建立羁押期限预警机制，杜绝违法延押、久押不决、超期羁押。三要认真做好与审查起诉的衔接。上级院要支持基层院依法独立审查起诉案件，配合做好退查和补查。对异地侦查的，侦查终结前要及时与法院商请办理指定管辖事宜。对于犯罪嫌疑人曾系检察人员和审判人员的，要实行管辖回避，堵住可能导致司法不公或诱发舆情炒作的程序漏洞。

(五) 加强司法工作人员相关职务犯罪侦查的监督制约

监督与制约，是检察机关职务犯罪侦查权依法公正行使的基本保证。一是加强对下指导中的监督，省市两级院要切实将办案督导与流程监督密切结合起来，着重建立健全程序规制、流程监控、案件评查等机制。二是加强衔接配合中的监督，主动接受其他内设部门的监督制约，在监督制约中增强自我约束。三是加强监检衔接中的监督，清醒认识到检察机关的侦查工作同样在监察全覆盖之下，在沟通衔接中自觉接受监察监督。四是严格落实人民监督员制度，深入推进检务公开，广泛接受社会各界和人民群众的监督。尤其是要认真落实《人民检察院办案活动接受人民监督员监督的规定》要求，自觉接受人民监督员的监督，不得限制、规避人民监督员对办案活动的监督，不得干扰人民监督员依法独立发表监督意见，不得违反规定泄露人民监督员监督办案活动情况，监督意见的采纳情况应当及时告知人民监督员。

(六) 进一步完善职务犯罪侦查案件质量评查指标体系

办案质量评价督查工作具有重要的导向作用。原反贪反渎时期，检察机关自侦部门工作考核指标主要包括立案数、起诉数、起诉率、有罪判决数、有罪判决率、起诉大案要案数和违法违规办案致使涉案人员自杀自残数等，在不同阶段或不同地区，可能具体细化与落实中有所调整，但基本保持这样的指标模式。随着司法责任制改革的深入推进与"案－件比"考核指标的规范化、科学化，完善职务犯罪侦查案件质量评查指标体系既迫在眉睫，又需要立足实际、稳步推进。总的方向是要在继承原反贪反渎办案质量评价机制的基础上，既体现职务犯罪侦查的特殊性，又体现司法责任制改革的基本精神。基本目标是围绕人民群众对司法公正、人权保障的新需求，建立绩效合理、评价科学、高效智能的侦查业务质量评价指标体系和督查工作制度，用足用好信息化手段，有针对性加强管理举措，为一线办案人员减负，提升办案质效。

(七) 进一步加强职务犯罪侦查办案风险防控

保障与提升防控办案风险是司法工作人员相关职务犯罪侦查机制建设的"底线"保障。一要增强依法办案、文明执法的意识和能力，树立红线意识、底线意识、风险意识，确保办案风险警钟长鸣，不断增强理性、文明、规范办案的行为自觉。二要充分依托办案区，落实办案安全要求。根据工作需要，设区的市级检察院要立足实际、用好正常，尽快恢复办案工作区。办案工作区恢复后，各项设置和使用管理还是参照原有规定，既要安全，又要保密。三要严格遵守办案时限、办案地点、办案程序和方式的相关规定，加强对抓捕、审讯、看押、外出就医以及询问证人等重点环节的监管安全，严格防控刑讯逼供、暴力取证等行为，严格防止协助调查取证为名变相限制和剥夺证人的人身自由的行为发生，坚决杜绝发生重大违法违规办案现象和涉案人员非正常死亡事故。四要加强对司法工作人员职务犯罪案件被害人的保护，在司法工作人员职务犯罪案件中犯罪嫌疑人往往掌握有一定的专门经验和资源，在侦查工作推进中可能存在犯罪嫌疑人为对抗侦查会采取毁灭证据甚至一些极端行为，据此要对案件进行事前风险研判，果断采取有效措施保护案件被害人。

最高人民检察院指导性案例应用研究[*]

李文峰　张　杰　杨泽宇[**]

建立中国特色案例指导制度，是我国司法改革的一项重要成果，有助于凝聚司法共识，统一法律适用标准。截至 2020 年 12 月 31 日，最高人民检察院发布指导性案例 24 批 93 件，涵盖了刑事、民事、行政、公益诉讼"四大检察"，在统一法律正确实施，指导检察工作，开展法治宣传教育等方面发挥出重要作用。为进一步掌握指导性案例在司法实践中的应用情况，本课题组对检察指导性案例发布、应用情况进行了问卷调查、统计分析，对 24 批指导性案例在司法实践中应用情况进行了实证研究，总结检察指导性案例在研发、应用等方面的成效与不足，并提出优化和完善检察案例指导制度的意见建议。

---

[*] 本文系 2019 年度最高人民检察院检察理论研究一般课题"最高人民检察院指导性案例应用研究"（项目批准号：GJ2019C17）的研究成果。

[**] 课题主持人：李文峰，最高人民检察院法律政策研究室副主任，二级高级检察官，法学博士。课题组成员：张杰，最高人民检察院法律政策研究室综合指导处处长，法学博士；杨泽宇，最高人民检察院法律政策研究室干部，法学硕士。

一、检察指导性案例基本情况

（一）发布时间

2010年7月，《最高人民检察院关于案例指导工作的规定》颁布。同年12月，最高检发布第1批3件指导性案例，标志着检察案例指导制度正式运行。除2011年外，最高检每年都有指导性案例发布，其中2014年和2016年各发布2批。2018年以来，最高检提升了指导性案例发布频次，仅当年就发布了4批13件，2019年发布了3批12件，2020年发布了8批30件。24批93件指导性案例中，发布时间与办结时间间隔平均在三年以内，其中间隔最长的是袁才彦编造虚假恐怖信息案（检例第11号），办结时间可以追溯到2005年9月，与发布时间相隔7年7个月。间隔时间最短的是陈满申诉案（检例第21号）与林某彬等人组织、领导、参加黑社会性质组织案（检例第84号），办结时间距发布时间仅相隔4个月。

（二）案例来源

93件指导性案例中，有5件案例因涉及未成年人、相关企业等情况，地域信息未公开[①]，其余88件案例分别来自25个省（自治区、直辖市）。其中，浙江16件，江苏11件，广东8件，北京、上海各7件，湖北5件，福建4件，辽宁、吉林、安徽、江西各3件，天津、河北、四川、陕西各2件，山西、内蒙古、黑龙江、河南、湖南、广西、海南、重庆、贵州、云南各1件。截至目前，尚有7个省份未有指导性案例入选。从地域上看，指导性案例多集中在东部沿海省份，特别是长三角、珠三角地区共有45件案例入选，占总数的48.4%。反映出指导性案例地域来源的不平衡，很大程度上与当地经济发展水平、业务建设水平相关。

（三）检察机关层级情况

从检察机关层级来看，93件指导性案例中，最高检办理的抗诉、核准或不予核准追诉案件有9件，占9.7%；省级人民检察院办理的有4件，占4.3%；设区的市级人民检察院办理的有26件，占28%；基层人民检察院

---

① 分别是检例第42、43、44、45、57号。

办理的有 54 件，占 58.1%。反映出指导性案例层级来源的不平衡，县区级检察院贡献了近六成案例来源，这既是基层一线检察人员承办了"百分之八十以上案件"工作量的体现，又体现出案例素材中"重大、疑难、复杂"案件所占比重相对偏低，设区的市级以上检察机关办理的一审案件相对较少。

（四）案例分布情况

2019 年初，最高检对内设机构进行了系统性、整体性、重构性改革，新设十大检察厅，提出刑事、民事、行政、公益诉讼"四大检察"全面协调充分发展的目标。从指导性案例在十大检察业务中的分布情况来看，刑事检察 70 件，占总比 75.3%；民事检察 9 件，占 9.7%，其中诉讼监督案 4 件，执行监督 3 件，非诉执行监督 2 件；行政检察 3 件，占 3.2%，其中诉讼监督 1 件，非诉执行监督 2 件；公益诉讼检察 11 件，占 11.8%，其中环境保护 8 件，英烈名誉保护 1 件，"等外"探索 2 件。

（五）案例体例结构

根据案例发布情况，检察指导性案例的体例格式在不断丰富和完善。第 5 批指导性案例增加了"相关法律规定"，第 7 批指导性案例增加了"指导意义"。此外，根据不同案例主题以及检察机关履职情况，案例内容均会进行相应调整。如第 5 批、第 6 批案例增加了"抗诉""核准追诉"过程，第 8 批案例根据公益诉讼程序特点，增加了"诉前程序"等。特别是从第 10 批指导性案例开始，最高检对刑事案例体例进行了大幅改版，增加了"指控与证明犯罪"，取代此前的"诉讼过程"和"案件结果"。第 12 批指导性案例将"要旨"置于首要位置，突出其提纲挈领的地位和作用。这种改动并非仅仅是形式上的改变，而是从内容到理念的革新。一方面从内容上看，这种改动更注重还原检察机关对证据的审查、法庭质证、辩论过程，突出了控辩交锋，情节更具有故事性。另一方面，这种创新使得指导性案例更具有"检察特色"，不仅还原了检察机关特别是检察官在刑事诉讼中客观公正义务，更突出了检察官诉前的主导责任。

（六）法律程序与检察职能

70 件刑事检察案例中，侦查活动监督案件 7 件，占刑事检察案例的 10%，其中检察机关监督立案 2 件，监督撤案 3 件，不批准逮捕 2 件；最高检核准追诉4件，占5.7%，其中核准追诉，一审作出有罪判决2件，不予核准追诉2件；审查起诉阶段，检察机关不起诉4件，占5.7%；提起公诉案件43件，占61.4%，其中一审判决生效26件，二审法院驳回被告人上诉，维持原判16件，二审法院维持定罪，改变量刑1件；检察机关启动审判监督程序抗诉9件，占12.9%，其中，法院二审改判4件，法院再审改判5件；刑罚执行监督3件，占4.3%。9件民事检察案例中，检察机关提出抗诉3件，发出检察建议5件，促成民事和解1件。3件行政检察案例，均为检察机关依职权启动监督程序，其中提出抗诉1件，提出检察建议2件。11件公益诉讼检察案例中，民事公益诉讼2件，行政公益诉讼9件。

（七）案例主题

最高检发布的24批指导性案例，除第1批当时处于探索阶段未确定主题外，其他各批次指导性案例均围绕一定主题发布。如第4批指导性案例是在《刑法修正案（八）》施行、"两高"联合发布《关于办理危害食品安全刑事案件适用法律若干问题的解释》背景下，检察机关打击"地沟油"等严重危害人民群众健康的食品犯罪，切实保障人民安居乐业。第8批指导性案例以第十二届全国人大常委会《关于授权最高人民检察院在部分地区开展公益诉讼试点工作的决定》为背景，以检察机关提起公益诉讼为主题，目的是总结检察机关办理公益诉讼案件的特点和规律，加大检察机关提起公益诉讼工作力度，为建立具有中国特色、符合检察职能特点的公益诉讼制度进行有益的探索。第10批指导性案例是结合"打击金融犯罪，防范化解重大金融风险"，针对司法实践中遇到的疑难问题，明确法律适用标准，指导各级检察机关依法加大惩治金融犯罪力度。第16批指导性案例是在全面建成小康社会的背景下，检察机关立足检察职能，主动服务大局，在服务保障农业农村发展，维护农民权益等方面，彰显涉农检察的力量和作为。

综上所述，检察指导性案例虽然初步实现了"四大检察""十大业务"全覆盖，但是总体数量仍然偏低，案例来源以及分布仍不均衡，检察业务类型仍然有很大的拓展空间，背后反映出四大检察"不全面、不协调、不充分"发展的现状。例如：民事、行政检察相对于刑事检察依然供给量不足。公益诉讼检察只发布了生态环境保护与英烈保护两个领域的指导性案例，法律规定的食品药品安全、国有财产保护、国有土地使用权出让等领域尚为空白。即使在比重最大的刑事检察领域，目前仅涉及刑法分则第3章第1节、第3—8节，第4章，第5章，第6章第1节、第2节、第6节，第8章，第

9章中的50个罪名，相对于现行刑法494个罪名，覆盖率仅为10.1%。与全国检察机关办案数据以及检察人员业务需求相比，供求关系之间的差距仍然很大。

二、检察指导性案例相关问题研究

（一）指导性案例的"效力"

指导性案例的效力问题，是我国案例指导制度建立、运行、发展、完善过程中的首要和核心问题。指导性案例的效力之所以受到学术界、实务界广泛关注，主要与案例指导制度设立之初的定位以及"两高"官方规范性文件文本表达、措辞变化有关。如2010年"两高"分别颁布关于案例指导工作的规定，在应否参照指导性案例问题上，最高法规定为"应当"，而最高检则规定为"可以"，相对更委婉和暧昧。从技术规范层面而言，"应当"属于义务性规定，具有强制性，而"可以"则属于授权性规定，具有任意性、选择性。虽然最高检关于指导性案例效力的规定，先后经历了"可以"（2010年）、未明确"应当还是可以"（2015年）、明确"应当"（2019年）三个阶段，体现了对指导性案例效力认识的逐步深化。但是，由于指导性案例与法律、司法解释相比不具有法源地位，仅仅从内部规范角度规定的"应当参照"具有自由选择倾向，从而导致指导性案例存在司法应用不理想，引领指导作用发挥不明显等问题。

在大陆法系与英美法系讨论判例效力时，往往使用"拘束力"这一概念。① 判例拘束力，主要指司法人员办理类似案件时是否受先例的"约束"或者"影响"，由此形成了"约束力"与"影响力"二分法。所谓约束力，是指判例（法）是一种主要的法律渊源，作出判例或先例判决的上级法院及其下级法院在今后审理同类案件时需要遵循判例或先例中所确定的法律规则审理案件。所谓影响力，是指下级法院对并非自己直接上级的法院或者与自己同级的其他法院的判决，如果认为该判决正确，他们会接受该判决的法律规则或者判决理由，这种遵循并非司法人员负有遵循先例的法律义务，而

---

① 域外根据判例拘束力的强弱可以分为几种情况：一是具有法源的效力必须遵循，以英美为代表的普通法、德国联邦宪法法院、欧洲法院以及欧洲人权法院；二是作为非正式法源，但是具有事实的拘束力，如德国下级法院不遵循上级法院的判决有被改判的风险；三是无事实拘束力，但是可以参照；四是仅具有参考效力。

是由于先例或判例中的法律推理的正确性或妥当性所说服，因此是一种说服力。通过比较，不难发现我国案例指导制度设计之初，就面临上述"二分法"选择的两难境地。一方面，指导性案例不具有突破成文法的内部机制和认识基础，另一方面，又强调其经最高司法机关确认和产生，具有理性权威。因此，有学者认为我国的案例指导制度既不是单纯的说服力，也不是单纯的约束力，而称之为具有一定制度支撑的说服力。①

关于我国指导性案例的效力，学界一般存在否定说（影响力）与肯定说（拘束力）。否定说认为"指导性案例对各级人民法院将来案件的审理没有效力，当然也就没有拘束力，各级法院不得援引指导性案例直接进行判决"。② 肯定说依据拘束力性质的差异，又分为了事实拘束力说、行政拘束力说和规范拘束力说：（1）事实拘束力说，是指本级和下级司法机关"'必须'充分注意并顾及，如明显背离并造成裁判不公，将面临司法管理及案件质量评查方面负面评价的危险，案件也将依照法定程序被撤销、改判或者再审改判等。这种危险，表面上看是因为明显背离了指导性案例，实质上却是通过'违反了明文规定的实体法和程序法'来实现的"。③ 在以德国为代表的大陆法系国家，虽然上级法院的判例并不具有法律渊源地位及规范上的拘束力，但是通过设置上诉等制度性程序，使得上级法院的判例具有了"事实上的拘束力"。（2）行政拘束力说，该观点认为，指导性案例在生成机制上并非是依靠审级控制的司法权运作的结果，而是最高司法机关依靠其行政权运作的结果，其所具有的是一种行政上的拘束力。④ 持反对观点的学者认为，那种通过考评和司法管理方面的负面评价方式来影响司法人员裁判的做法，与案例指导制度改革的旨趣其实是相违背的，是一种行政化的方式和措施，并不符合司法裁判的性质。它承认并正当化了如下的实践和惯例：如果下级司法机关的判决被上级机关推翻和驳回，各种对司法人员的业务考核机制就可能形成"惩罚"和"规训"。因此下级司法机关在适用法律时，尽量与上级的裁判保持一致，其背后的原理并非是司法意义的同案同判，而

---

① 张琪等：《中国司法先例与案例指导制度研究》，北京大学出版社2016年版，第170—172页。
② 夏锦文、莫良元：《社会转型中案例指导制度的性质定位与价值维度》，载《法学》2009年第11期。
③ 胡云腾、于同志：《案例指导制度若干重大疑难争议问题研究》，载《法学研究》2008年第6期。
④ 孙国祥：《从柔性参考到刚性参考的嬗变——以"两高"指导性案例拘束力的规定为视角》，载《南京大学学报》（哲学·人文科学·社会科学）2012年第3期。

是司法人员考核与惩戒制度的作用下尽量不违背上级机关意志的"预测学"和"信息学"。①（3）规范拘束力说，是指一种应然拘束力，也就是说，如果存在相关的法律渊源而法官没有适用，那么他就违背了法官的法律义务，也使得判决本身是违法的。有学者从最高司法机关拥有法律解释权出发，指出指导性案例作为制度性功能的法律解释、作为规范基础的复合型确证、作为制度性实践的试行立法，从以上三个方面分别赋予了指导性案例以功能正当性、规范正当性与实践正当性。进而认为指导性案例已经获得了某种法源的性质，或者称之为"准法源"（quasi-legalsource）。②

笔者认为，指导性案例对于司法实践具有指导效力，主要体现在三个方面：（1）指导性案例对于后案或者类案具有事实上的说服力。这种说服力是由案例自身"正确性"所决定的，因为"指导性案例的效力主要是一种说服力，人们服从它是因为它的正确和正当。"这种事实上的指导并非规范意义上的指导，也不同于法律、司法解释的强制适用效力。一方面，检察指导案例的效力是一般情况下要参照，这就意味着这种"参照"不是可有可无，不是检察官想参照就参照，不想参照就不参照，而是没有特殊情况就应当参照，是一种事实上的约束；另一方面，检察指导案例的效力又不同于法律或司法解释，没有强制适用效力，检察指导案例发挥作用，主要在于因其对法律精神的准确阐释和精准应用，对司法人员有较强的说服力，能够通过要旨提炼和指导意义的说明，获得司法人员的认同，从而事实上对司法实践产生影响，发挥指导司法的功能作用。③因此，将指导性案例效力定位于具有事实上的说服力，并不影响其在司法实践中有效发挥自身功能与作用，更主要的是，因为它能充分契合我国立法制度及司法体制现状，还将获得进一步发展的足够空间。（2）指导性案例具有制度上的约束力。所谓制度上的约束力分为纵向和横向，是指上级司法机关作出的决定对下级机关具有约束力，或者司法机关作出的裁定对于自身或者同级机关所具有的约束力。一般而言，纵向约束力要强于横向约束力。指导性案例是最高检对全国检察机关工作行使领导权的重要体现。近年来，最高检日益重视运用指导性案例这种方式行使领导权，对下指导开展工作。最高检通过发布指导性案例，明确法律政策适用和工作开展中带有普遍性的问题，提炼案件办理的规则和经验，

---

① 泮伟江：《论指导性案例的效力》，载《清华法学》2016年第1期。
② 雷磊：《指导性案例法源地位再反思》，载《中国法学》2015年第1期。
③ 万春：《检察指导案例效力研究》，载《中国法学》2018年第2期。

能够为各级检察院办理类似案件提供具体参考示范，开展对下业务指导。立足宪法规定的"最高人民检察院领导地方各级人民检察院和专门人民检察院的工作"的精神要求，从统一司法思想和司法尺度的要求出发，各级检察院必须参照最高检发布的指导性案例办理类似案件，否则将面临案件质量考核评价甚至被改变或者纠正的后果。（3）最高司法机关发布的指导性案例具有实践上的融通力。《人民法院组织法》《人民检察院组织法》均对案例指导制度与司法解释制度作出规定，赋予其统一法律正确实施的价值目标。《最高人民检察院关于案例指导工作的规定》也对"必要时，可以商有关机关就互涉法律适用问题共同发布指导性案例"作出了规定。例如"两高"曾先后就马乐操纵证券市场案分别发布指导性案例，反映出最高司法机关在刑事指导性案例遴选方面存在广泛的共识。其次，联合发布案例也有先例可循，如1986年3月最高人民法院、最高人民检察院、卫生部、公安部联合印发了山西省运城市制药厂厂长张水月等六人贩卖安钠咖毒品罪的案例，要求严格加强对安钠咖、咖啡因等精神药品的管理，对于贩毒罪犯依法从严打击，以震慑罪犯，张扬法纪，严厉制止吸毒贩毒的违法犯罪活动。此外，畅通最高司法机关指导性案例效力渠道，符合司法实践的需要。① 比如司法实践中，检察机关、审判机关存在大量参考援引对方案例的情形，但是基于不同的考虑可能未予以明示或者规范。如果"两高"能够畅通指导性案例的效力渠道，使其具有同等互认的效力，不仅能够增强指导性案例的权威性、稳定性，更能增加司法实践违背指导性案例作出相关裁判，进而被上级机关否定的风险，统一法律适用的尺度。

（二）如何理解"参照"

"两高"在关于案例指导工作的文件中，不约而同地规定了"参照"。所谓参照，即"参考并仿照（方法、经验等），如参照实行。"② 根据全国人大常委会法工委的解读，参照是指一般情况下用于没有直接纳入法律调整范围内，但是又属于该范围逻辑内涵自然延伸的事项。据统计，截至2018

---

① 如蔡某犯非法买卖危险物质案中，检察机关建议参照最高法院指导性案例王召成等人非法买卖、储存危险物质案（法例第13号）予以改判。二审法院最终采信检方的量刑建议，撤销了原判并依法予以改判。参见贵州省黔南布依族苗族自治州中级人民法院（2013）黔南刑一终字第38号《刑事判决书》。

② 《现代汉语词典》，商务印书馆2005年版，第129页。《辞海》（第六版），上海辞书出版社2009年版，第218页。

年 6 月 30 日，立法条文中使用了"参照"字样的法律有 213 部，约占全部法律的 80%，行政法规有 1168 部，监察法规有 2 部，司法解释有 1032 部，部门规章有 18230 部，团体规定有 704 部，行业规定有 1709 部，军事法规有 108 部。由此可见，"参照"已经成为法律、行政法规和司法解释的一个常用词汇。依据"参照"一词在立法中不同的位置及修饰作用，分为前缀型修饰与后缀型修饰。其中，前缀型修饰分为加强型参照、一般型参照和选择型参照。后缀型修饰分为依据类参照、数据类参照、案例类参照与其他类参照。① 有学者指出，"应当"是否能够与"参照"搭配使用值得商榷，"两个含义相反的词汇组合不可能产生统一的逻辑效果，因此，也不可能产生统一的实践效果，否则违背逻辑的同一律"。② 又有学者指出，这种文本表述或许体现了制度设计者对指导性案例效力定位的矛盾心态，一方面，指导性案例不具有与成文法一样的强制性拘束力；另一方面，制度设计者又希望指导性案例能够发挥弥补成文法不足的实际功能，能够发挥与成文法一样的法律拘束力。③

笔者认为，关于"参照"在指导性案例的涵义，应当从三个层面进行理解：一是在语言层面，参照就是"参考、比照"指导性案例认定事实和适用法律；二是在法律层面，指导性案例本质上属于对法律法规条文或者法律规范的一种解释，通常是对法律法规进行一定程度的细化、明确或补充，而不是修改或新立，故一般不能独立作为司法裁判的规则或者准据，亦不能像对待立法那样使用"按照"或者"依照"；三是在实践层面，司法人员通常要从价值与规则相统一的角度把握和参照指导性案例。④ 因此，指导性案例的参照有别于法律规范的参照，更不等同于依照，其本质是司法实践中通过综合运用区别技术、类比推理等进行的价值判断，并得出是否遵循相关规则、经验、方法的结论。参照的对象是待决案件与指导性案例在主要事实、主要法律适用问题、主要争议焦点以及裁判结果之间的异同，而非仅仅局限于从生效裁判中归纳抽象出的"要旨"。参照的主体并不限于检察官、法官，还包括当事人及其诉讼代理、辩护人。对于当事人而言，应当参照指导性案例是其诉讼权利，对于检察官、法官而言则是义务。指导性案例的参照

---

① 刘金洪、纪长胜：《在强制与任意之间："参照"之于司法裁判》，载《深化司法改革与行政审判实践研究（下）——全国法院第 28 届学术讨论会获奖论文集》，第 1654—1657 页。
② 谢晖：《"应当参照"否议》，载《现代法学》2014 年第 2 期。
③ 王彬：《案例指导与法律方法》，人民出版社 2018 年版，第 46 页。
④ 胡云腾：《关于参照指导性案例的几个问题》，载《人民法院报》2018 年 8 月 1 日。

贯穿于诉讼程序的始终，其结果要么是同案同判，要么是同案异判，要么是异案异判。

（三）"同案同判"与"遵循先例"

德国哲学家莱布尼茨曾说"世界上没有两片完全相同的树叶"，也没有两件完全相同的案件。因此，作为司法公正代名词的"同案同判"这一观念一度被批评者称为虚构的"法治神话"①，并由此引发"同类案件同类判决""类似案件类似判决""同样案件类似判决""同类案件同样判决""类似案件同样判决""同样情节同样处理"②等令人眼花缭乱的观点。

人类历史表明，各民族都有尊重、崇拜本民族传统和权威的倾向，因此，在处理相似情况时，人们往往效仿或者参考先前的做法以实现公平正义。这种源自人类天性的朴素情感和道德诉求，反映在司法活动中则总结为"遵循先例"或者"法先王"。无论是英美等普通法系国家的判例法制度，还是我国的案例指导制度，其核心原则都是"遵循先例"，也就是说指导性案例或先例对后续同类案件的裁判具有拘束力。

虽然绝对意义上的"同案"不可能存在，但是相对意义上的"同案（同类案件）"却是大量存在的，这就构成了"同案同判"的现实和逻辑基础。一方面，公平正义永远是司法的终极追求。相同案件相同办理或者同类案件同类办理，既是公平正义的实现方式，又符合人类关于同样问题得到同样处理的自然预期。另一方面，适用法律人人平等的宪法原则构成"同案同判"的法理基础。"如果有一组案件所涉及的要点相同，那么各方当事人就会期望有相同的决定。如果依据相互对立的原则交替决定这些案件，那么，这就是一种很大的不公。如果在昨天的一个案件中，判决不利于作为被告的我，那么如果今天的我是原告，我就会期待对此案的判决相同。如果不同，我胸中就会升起一种愤怒和不公的感觉；那将是对我的实质权利和道德权利的侵犯。"③可见，"同案不同判"现象不仅引发公众对司法公正的质疑，更严重损害了法律适用的统一性、严肃性与权威性。第三，在确定前后

---

① 周少华：《同案同判：一个虚构的法治神话》，载《法学》2015年第11期。
② 参见张骐：《论类似案件应当类似审判》，载《环球法律评论》2014年第3期。孙海波：《"同案同判"与司法的本质——为依法裁判立场再辩护》，载《中国法律评论》2020年第2期。陈焘、刘宇琼：《"同案同判"的涵摄与超越——兼论区域法律统一适用与司法协同治理》，载《山东社会科学》2020年第3期。
③ ［美］卡多佐：《司法过程的性质》，苏力译，商务印书馆1998年版，第18页。

案件属于"同案"的情况下,司法人员仍然需要对指导性案例或者先例是否适用于待决案件进行价值判断,只有在确定无疑的情况下,才可援引先例作出判决,而不是简单的"照葫芦画瓢"。

三、检察指导性案例应用实证研究

(一) 指导性案例应用情况分析

1. 前期研究情况综述

近年来,关于检察指导性案例发布及应用问题逐渐引起实务界、理论界的关注,这些前期研究为课题组开展调研积累了较为丰富的文献资料和素材。

(1) 最高检研究室课题组调研情况。2017 年 3 月,最高检研究室课题组通过问卷调查、查阅案卷,调取广西南宁检察系统案件管理数据库法律文书(含工作文书)等方式,未发现参照、引用引述检察指导性案例的应用案例。研究认为,检察指导性案例实践效力偏低,作用发挥不够充分,实践效果不够理想。主要原因有:一是指导性案例参照方法缺失;二是类似案件对比缺乏统一标准;三是缺乏案例法观念和引用案例的习惯;四是指导性案例效力级别偏低和应用力不足;五是缺乏健全的案例应用和管理机制等。①

(2) 北大法律信息网数据分析情况。2018 年 7 月,北大法律信息网研究人员以"北大法宝－司法案例库"中的裁判文书以及"北大法宝－检察文书"作为数据样本,对截至 2017 年 12 月 31 日最高检发布的 9 批 38 件指导性案例作为研究对象,在 4000 余万裁判文书以及 200 余万检察文书中,仅发现 2 例检察指导性案例的应用案例,其中检察机关在刑事抗诉书中应用案例仅 1 例,另外 1 例为上诉人援引的案例。研究认为,检察指导性案例应用状况不理想的主要原因,与指导性案例的效力界定、检察人员对指导性案例的重视程度以及相应的激励和绩效考核机制等存在密切的关系。建议需要进一步加强对检察人员的指导性案例相关培训,可以考虑将运用指导性案例作为检察人员的强制注意义务,对于积极适用指导性案例的检察人员,可以

---

① 张杰、苏金基:《检察指导案例的实践应用效果》,载《国家检察官学院学报》2018 年第 4 期。

在业务能力评估、职称晋升等方面予以考虑。①

(3)"刑事案例结构问题研究"课题项目研究情况。2019年10月,南开大学"刑事案例结构问题研究"课题项目,通过中国裁判文书网分别以"指导案例"与"指导性案例"为关键词,就"两高"发布的刑事指导性案例援引情况开展样本分析,共计检索出229件裁判文书,剔除重复、无关文书、不规范援引后,得到58例涉及"真正意义"援引刑事指导性案例的样本案例,其中最高法、最高检发布的刑事指导性案例被援引的案例数量分别为54例与4例,认为其他刑事指导性案例尚未在司法实务中发挥其统一认识、指导审判实践的预期作用。②

(4)"检察案例指导制度"课题项目运行分析情况。2020年2月,天津市人民检察院课题组以15批59件指导性案例"制发和应用情况"进行实证调查,收回有效调查问卷437份,其中参照案例办案的仅有91人,占20.8%,不参照的原因认为"不好参照"的占51%,"不会参照"的占17%,"其他"占32%,没有案例应用评价体系的单位占87%,有279人认为指导性案例的效力缺乏刚性。研究认为,由于缺乏配套的培训和考评激励机制,案例指导制度运行中存在不会适用、不愿适用、不好适用等问题,建议完善检察案例指导制度,让检察官真正成为指导性案例的"消费者"和"生产者"。③

上述研究结果显示,检察指导性案例在司法实践中应用状况整体不理想。

2. 调查问卷基本情况

2020年5月,本课题组编制了《关于对指导性案例应用情况的调查问卷》,设计了25项问题,面向部分检察院在编人员发放电子问卷,采取线上、自愿、不记名的方式开展问卷调查,得到检察同仁的热烈响应和积极参与。此次在线调查共回收有效问卷5256份,调查问卷情况如下:

(1)受访者基本情况。5256份有效问卷中,受访者来自六个地区的三级检察系统,其中,省级检察院占2.11%,分市级检察院占22.53%,县区

---

① 郭叶、孙妹、朱雨婷:《最高人民检察院指导性案例2017年度司法应用报告》,2018年第10期(法宝总第21期),http://weekly.pkulaw.cn/Admin/Content/Static/7a46b62a-fe3d-4417-9f29-362635929a9b.html。访问时间2020年6月15日。

② 雷娜:《刑事指导性案例裁判援引的考察与反思》,载《政法学刊》2020年2月。

③ 天津市人民检察院课题组:《检察案例指导制度:运行分析与完善建议》,载《中国检察官》2020年第1期。

级检察院占 74.45%，专门检察院占 0.80%，其他占 0.11%。受访者中，员额检察官 2098 人，占 39.92%，司法辅助人员 2126 人，占 40.45%，司法行政人员 488 人，占 9.28%，其他身份占 10.35%。参加检察工作五年以下 1488 人，5 年至 10 年 1353 人，10 年以上 2415 人。

（2）关于指导性案例的认识。关于"对指导性案例了解程度"，有 76.10% 的受访者"学习过部分指导性案例"，14.04%"学习过全部"，9.38%"听说过但没有学习过"，另有 0.48%"从未听说过指导性案例"。关于"有无必要在司法实践中参照适用指导性案例"的问题，94.71% 的受访者认为"有必要"，3.60% 认为"我国非判例法国家，没有必要"，1.69% 认为"无所谓"。关于"如何看待'两高'发布的指导性案例之间的效力"问题，23.10% 的检察官认为"审判机关的案例效力更强"，19.50% 认为"效力相同"，8.54% 认为"检察机关的案例效力更强"，48.86% 认为"各自适用，不存在效力比较的问题"。

（3）关于应用的有关问题。关于"是否在司法实践中从未参照适用过指导性案例"，有 86.02% 的受访者表示从未参照适用过，较少或偶尔参照的占 8.47%，经常参照的仅占 5.52%。针对"参照适用指导性案例的主要原因"，从高到低依次为"案件事实以及争议问题与指导性案例类似""法律、司法解释未作出规定，或规定不明确""增强释法说理""保持法律适用的稳定性、统一性、连续性""案件争议较大"，有 21.39% 的检察官选择了"规避办案风险"，因当事人、律师或者法官引述而作出回应的分别占 12.21% 和 8.92%。

（4）关于"指导性案例的应用的方式"，70% 的检察官首选"在内部工作文书中引述，作为支持承办人意见的依据"，其次为"在法律文书中引述，置于法律、司法解释之后，作为释法说理的依据"，依次为"在法律文书中引述，同法律、司法解释一样，作为提出意见、作出决定的依据""在撰写案例分析、新闻稿件中引用""在公文（如工作报告、通报、纪要等）中提及，作为汇报、宣传检察工作的亮点""仅作为发表出庭意见或口头答复依据，不在文书中引述"。

（5）关于"不参照或者较少参照指导性案例的原因"，主要是"指导性案例数量少，无法为司法实践提供指导"，其次分别为"从未出现过与指导性案例类似的情况""指导性案例法律地位不够明确，并非正式法律渊源，没必要参照适用""无明文规定必须参照指导性案例，不参照也没有相应后果"，有 16.01% 的检察官认为"检察文书限制了参照适用"，另有 6.24%

的检察官"不知道如何参照适用"。

（6）关于"是否有必要制定案件相似性判断规则"，87.54%的受访者认为有必要，12.46%的受访者认为无必要。关于"相似性标准"，70%以上的检察官认为待决案件与指导性案例在"争议焦点、基本事实、法律适用、价值判断"相同或者相似即具有相似性，有20%左右的检察官认为"案由相同"即构成相似，另有6.11%认为"凭经验、感觉等主观判断"。

（7）关于应用存在的问题。针对"目前指导性案例存在的问题"，大家反映最强烈的问题是"没有统一的数据库，不便于检索"，占59.67%；其次分别是"案例数量少，供给不足""'四大检察''十大业务'覆盖不均衡""对司法实践指导性、针对性、时效性不强"等问题；有20%左右的受访人员反映受困于"没有参照适用操作指引""没有相似性判断规则""没有权威的出版刊物"。

3. 问卷调查情况综述

通过问卷调查，反映出广大检察人员对案例指导制度普遍持很高的热情，对于指导性案例在司法实践的积极作用抱有很高的期待。受访人群来自二个省、三个直辖市、一个地级市三级检察系统，检察官和司法辅助人员占80.37%，能够比较客观、全面、准确的反映一线检察人员对指导性案例的看法和意见。客观上来讲，供给不足仍然是制约指导性案例应用的主要原因，数据库建设也是大家反映比较多的问题。受访者中明示援引指导性案例的比例仍然较低，大家更倾向于在向领导或者检委会汇报案件的工作文书中进行援引或者引述。此次调研中，一线检察人员提出了许多建设性意见建议，特别是对覆盖范围、数据库建设以及参照适用指导性案例的标准和方法有广泛需求，上述情况对于检察案例指导制度的进一步发展完善无疑具有重要的参考价值。

（二）指导性案例应用情况实务研究

课题组通过调研、征集、各地报送，辅以检察统一业务应用系统、人民检察院案件信息公开网、中国裁判文书网等渠道检索，收集到援引检察指导性案例司法文书85例，应用时间自2015年1月至2020年12月，包括21例检察文书（10例法律文书，11例工作文书），64例审判文书。课题组以此为样本，对检察指导性案例在司法实践中的应用情况进一步研究考察。①

1. 司法文书类型

10 例检察法律文书中，《起诉书》2 例、《不起诉决定书》5 例、《刑事抗诉书》2 例、《报请核准追诉案件报告书》1 例、《刑事申诉复查决定书》1 例；11 例工作文书中，《审查逮捕意见书》1 例、《公诉案件审查报告》6 例、《提请检委会审议案件报告》3 例。

64 例审判文书中，《刑事判决书》39 例、《刑事裁定书》8 例、《刑事附带民事判决书》3 例；《民事判决书》7 例；《行政判决书》5 例、《行政裁定书》1 例；《驳回申诉通知书》1 例。

2. 案例援引情况

据统计，截至 2020 年 12 月 31 日，最高检发布的 24 批 93 件指导性案例中，已被司法实践具体援引的有 21 件，尚未被援引的有 72 件，占比分别为 22.6% 和 77.4%，另有 3 批（第 4 批、第 6 批、第 12 批）指导性案例被整体援引。

被具体援引的 21 件案例中，应用次数最多的为检例第 42 号，累计被援引 25 次；其次为检例第 43 号，被援引 11 次；检例第 45 被援引 8 次，检例第 46 被援引 7 次，检例第 48 被援引 3 次，检例第 1、35、37、44 分别被援引 2 次，检例第 2、5、7、8、20、38、41、47、56、61、64、68 被援引 1 次。② 被整体援引的 3 批案例中，第 12 批（正当防卫）被援引 13 次，第 4 批（食品安全）、第 6 批（核准追诉）分别被援引 2 次。

3. 司法机关情况

85 例司法文书中，以作出决定的司法机关所在地域进行统计，江苏 16 例，河南、湖南各 7 例，广东 6 例，黑龙江、浙江、安徽、四川各 5 例，福建 4 例，天津、河北、湖北各 3 例，北京、辽宁、山东、广西、云南、甘肃各 2 例，山西内蒙古、贵州、陕西各 1 例。以司法机关所在层级统计，省级检察院、省高级法院各 1 例；市级检察院 2 例，市中级法院 22 例；县区级检察院 18 例，县区级法院 41 例。

4. 应用主体

指导性案例应用的主体主要以检察官、法官为主，另有案件当事人、律

---

① 课题组仅以此次调研过程中收集到的援引检察指导性案例司法文书为样本，对于经权威部门通报、媒体报道的应用案例，因未掌握相关文书，未列为研究对象。

② 一份文书援引 2 件以上指导性案例的，分别统计次数。

师援引的情况①，其中，检察官援引 22 次（含 1 例公诉人主动援引，法官记录在判决书中），法官援引 34 次，辩护人（诉讼代理人）援引 11 次，当事人（被告人、上诉人、民事、诉讼行政原告、再审申请人）援引 18 次。

5. 应用时间

以年度为单位对援引检察指导性案例情况进行统计，其中 2015 年 1 次，2016 年 1 次，2017 年 2 次，2018 年 3 次，2019 年 50 次，2020 年 28 次。目前已知最早明示应用时间是 2015 年 1 月 15 日，来自湖北省黄石市西塞山区人民检察院对林某某滥用职权、受贿罪抗诉案，援引的是杨周武玩忽职守、徇私枉法、受贿案（检例第 8 号）。最新应用时间为 2020 年 12 月 30 日，来自广西壮族自治区钟山县人民法院（2020）桂 1122 民初 1630 号《民事判决书》，被告在答辩中援引陈某正当防卫案（检例第 45 号），主张虽有致人重伤的客观后果，但防卫措施没有明显超过必要限度，不属于防卫过当。

6. 应用方式

根据法官、检察官在司法办案中，是否明确援引了指导性案例进行释法说理，可以分为"明示（显性）援引"与"默示（隐性）援引"。根据司法人员援引指导性案例是主动还是被动的态度，又分为"主动（积极）援引"与"被动（消极）援引"。85 例司法文书中，明示援引 47 例，隐性援引 38 例，因案件当事人（被告人）以及辩护人（诉讼代理人）提出，法官在裁判文书中被动援引的有 29 例。

应用案例 1（检察官明示援引）：2019 年，某县人民法院审理黄某某强奸、猥亵儿童一案，以事实不清，证据不足，认定被告人无罪。检察机关以一审判决书采信证据错误，适用法律不当，判决确有错误为由，提出抗诉。承办检察官在《刑事抗诉书》中援引齐某强奸、猥亵儿童案（检例第 42 号），指出：对性侵未成年人犯罪案件证据的审查，要根据未成年人的身心特点，按照有别于成年人的标准予以判断。审查言词证据，要结合全案情况予以分析。根据经验和常识，未成年人的陈述合乎情理、逻辑，对细节的描述符合其认知和表达能力，且有其他证据予以印证，被告人的辩解没有证据支持，结合双方关系不存在诬告可能的，应当采纳未成年人的陈述。故在本案中，应当采纳被害人潘某甲、潘某乙的陈述。因此，一审判决采信证据、

---

① 笔者以主动援引指导性案例的主体进行统计，例如检察官当庭主动援引，辩护人回应，法官记载于判决书中，仅统计为检察官援引。又如被告人、辩护人将指导性案例作为辩解、辩护意见提交，被法官记载于判决书中，统计为被告人、辩护人援引。

认定事实确有错误。二审法院经审理，认定一审判决对言词证据采信逻辑分析错误，导致认定事实、适用法律错误。原公诉机关指控的犯罪事实清楚，证据确实充分，抗诉机关的抗诉意见及上级检察机关的支持抗诉意见，予以支持。撤销一审判决，以强奸罪，猥亵儿童罪判处被告人有期徒刑12年。

应用案例2（检察官明示援引）：犯罪嫌疑人吕某某、常某某系滴滴司机，二人获悉乘客不及时付车费，平台会先行垫付司机该笔车费的"漏洞"，采取微信群，向群内"针头"（出售虚拟乘客单的人）购买虚拟的乘客单的方式，骗取滴滴平台的垫付金。吕某某先后实施26次，获利9531.19元，常某某先实施43次，获利10860.62元。在办案过程中，承办检察官参考了董亮等四人诈骗案（检例第38号），指出：该案例在基本案情、作案模式、行为手段等方面与常某某、吕某某案存在较高的一致性，"在网络约车中，行为人以非法占有为目的，通过网约车平台与网约车公司进行交流，发出虚构的用车需求，使网约车公司误认为是符合公司补贴规则的订单，基于错误认识，给予行为人垫付车费及订单补贴的行为，符合诈骗罪的本质特征，是一种新型诈骗罪的表现形式。"承办检察官据此认为，根据现有证据，可以认定常某某、吕某某构成诈骗罪。

应用案例3（检察官明示援引）：湖南省湘潭市雨湖区人民检察院在审查李某甲涉嫌故意伤害中，认为案件起因是被害人夏某某与李某乙之间的口角纠纷，不管是将整个案件当成一个整体来看，还是将整个过程分阶段来看，李某甲都不是和夏某某有直接冲突的人，在李某甲几次离开现场去工作的过程中，夏某某均有主动对其进行攻击的行为，李某甲是为了化解针对其自身的伤害行为而采取的措施，对李某甲的行为定性为正当防卫更加符合本案客观情况。根据最高检第12批指导性案例陈某正当防卫案（检例第45号）一般防卫有限度要求，超过限度的属于防卫过当，需要负刑事责任。本案中，李某甲为了防止夏某某用铁棍对自己仅依据的伤害而抢夺铁棍过程中将其摔倒在地，就所要保护的权利性质以及与侵害方的手段强度比较来看，不能认为防卫措施明显超过了必要限度，所以即使防卫结果在客观上造成了重大损害，也不属于防卫过当。检察机关认为李某甲的上述行为，属于正当防卫，不负刑事责任，依法对李某甲作出不起诉决定。

应用案例4（法官隐性援引）：2018年10月，13岁的被害人在网络上结识了被告人。被告人在聊天中对被害人进行引诱、哄骗，获取被害人的裸照某。之后，被告人以裸照相威胁，要求被害人到其家中见面。被害人不敢前去，被告人将其裸照发布在QQ空间进行传播。公诉人援引指导性案例进行指控，法院在一审判决书中隐性援引骆某猥亵儿童案（检例第42号）：本院认为，被告人以满足性刺激为目的，以诱骗方法要求不满14周岁儿童拍摄裸体、敏感部位照片、视频等供其观看，严重侵害儿童人格尊严和心理健康，其行为已构成猥亵儿童罪。公诉机关指控被告人犯罪的事实清楚，证据充分，罪名成立，本院予以支持。法院以猥亵儿童罪，判处被告人有期徒刑1年2个月。

应用案例5（法官隐性援引）：2016年9月，何某某利用网上买来的苹果手机ID号码，通过电脑远程操控锁死苹果手机多部，随后向被害人索要手机解锁费用为由，敲诈518人得款228807元。人民法院以犯破坏计算机信息系统罪判处何某某有期徒刑9年。判决生效后，何某某提出申诉。人民法院在（2019）豫14刑申8号破坏计算机信息系统《驳回申诉通知书》中隐性援引曾兴亮、王玉生破坏计算机信息系统案（检例第35号）：认为何某某利用苹果智能手机自身存在的漏洞，采取远程锁定的手段造成被害人手机不能正常运行，后以解锁费为名索要钱财累计数额巨大，其目的是为了敲诈勒索犯罪，但其手段行为造成被害人手机无法打开、功能丧失，使之成为无法正常使用的"僵尸机"，属于对计算机信息系统功能进行修改、干扰，符合刑法第286条规定的破坏计算机信息系统罪的犯罪构成要件，且后果特别严重，根据牵连犯从一重罪处罚的原则，应以破坏计算机信息系统罪定罪处罚。原判认定事实和适用法律正确，量刑适当，审判程序合法，应予维持。何某某申诉请求予以驳回。

虽然隐性援引也是指导性案例应用的一种方式，体现了司法实践对于检察指导性案例的关注和熟悉程度不断上升，但是这并不符合案例指导制度设立的初衷。如果司法人员不能以"看得见的方式"进行类比推理，进而作出"同案"或是"异案"的价值判断，而仅仅是将这种推理、判断隐藏于内心，不仅不利于案件当事人对裁判结果的接受和预期，也不利于社会公众对司法活动进行监督。

7. 表述要素

司法文书中，关于对指导性案例要素的表述，有"发布主体、案例批次、案例标题、检例号、要旨"五要素模式，也有表述为"发布时间、案例批次、案例标题、要旨"的四要素模式，还有仅表述"发布主体、检例号"二要素模式，等等。虽然最高检没有对指导性案例要素的表述形式作出强制性规定①,但是无论是采用何种模式进行表述,都或多或少涉及以下几个方面,分别是:发布主体、发布时间、案例批次、案例标题、检例号、要旨和指导意义。而"发布主体＋检例号＋要旨"三要素是较为精准定位指导性案例"来源、身份以及内容"的有效标志。笔者认为,在援引检察指导性案例时,应当统一表述为参照"最高人民检察院第×号指导性案例",或者参照"最高人民检察院检例第×号"的形式。对于是否援引要旨的具体内容,则由承办人根据案情、说理论证结构以及个人习惯自由掌握。

8. 应用效果

由于各种因素,司法实践中正当防卫制度一度处于"沉睡"状态,但我国关于正当防卫的立法其实已经比较完整。通过指导性案例引领司法理念,强化责任担当,激活正当防卫制度,既是顺应人民群众对公平正义、权益保障的新期待,更有利于彰显依法防卫者优先保护理念,鼓励公民依法保护自身合法权利的勇气,坚定公众对法治的信仰。2018年8月27日发生的"江苏昆山反杀案"被作为最高检第12批指导性案例之一发布之后,涌现出一批参照指导性案例规则、精神办理的被社会广泛关注的重大、疑难、热点案件,如赵宇案、"涞源反杀案"、董民刚案、盛春平案、唐雪案等正当防卫案件。②课题组收集的检察文书中,检察官援引第12批指导性案例的有5例,其中作出不起诉决定4例,不支持申诉决定1例。此外,还有6例行政裁判文书、7例民事裁判文书,行政相对人(原告、上诉人)、民事被告援引第12批指导性案例用来主张自己的行为的正当性,这说明检察指导性案例的影响范围不断扩大,应用主体从司法人员覆盖到案件当事人、律师,应用的空间也不仅限于刑事案件,对于行政乃至民事案件均有一定的参照借鉴意义。

随着移动互联网的普及和发展,儿童接触网络的机会增多,近年来利用网络性侵儿童的案件呈高发严峻态势,亟需引起全社会重视并寻求解决对策。根据中国少年儿童文化艺术基金会女童保护基金、北京众一公益基金会共同发布的《"女童保护"2018年性侵儿童案例统计及儿童防性侵教育调查

---

① 2015年5月13日发布的《〈最高人民法院关于案例指导工作的规定〉实施细则》第11条规定:在办理案件过程中,案件承办人员应当查询相关指导性案例。在裁判文书中引述相关指导性案例的,应在裁判理由部分引述指导性案例的编号和裁判要点。

② 史兆琨:《"正当防卫"一年间——每个案件都是一堂全民普法课》,载《检察日报》2020年4月27日第3版。肖俊林:《不让正义迟到不向不法让步》,载《检察日报》2019年6月18日第1版。史兆琨:《"让老百姓越来越相信法治的力量"》,载《检察日报》2019年3月4日第2版。

报告》，在 2018 年媒体报道的 317 起网络性侵案例中，网络性侵 39 起（包括线上和线下作案），占比 18.57%。在 39 起网友作案的网络性侵儿童案例中，有 16 起是在网络聊天平台、社交视频平台上实施犯罪的，不法分子诱骗儿童发送裸照、裸体视频、进行裸聊、做猥亵动作等。前些年，对于不发生身体接触的"网络猥亵""隔空猥亵"是否构成犯罪以及构成何种犯罪形态的问题，不仅在学术界存在很大争议，在公检法之间及其内部都存在明显分歧。① 2018 年 11 月，最高检第 11 批未成年人权益保护主题指导性案例发布后，各地司法机关依法查办了一批利用网络"隔空"猥亵儿童的案件，及时斩断了网络背后的"黑手"，这背后既有司法理念的进步，更离不开指导性案例对于司法规则的确立以及对司法实践的推动和引导。② 2019 年"两会"期间，检察机关未成年人权益保护工作受到代表委员们广泛关注，其中最高检发布第 11 批指导性案例、向教育部发出"一号检察建议"等一系列保护未成年人权益的刚性举措得到代表委员们关注。有全国人大代表建议检察机关进一步加大对未成年人保护指导性案例的宣传力度。同时，建议家长在报案时，把相关指导性案例向警方出示，如果仍不予立案，可持不予立案通知书，到检察院申请立案监督。③ 其中的"一号检察建议"即根据最高检办理的齐某强奸、猥亵儿童案，针对校园安全管理规定执行不严格、教职员工队伍管理不到位，以及儿童和学生法治教育、预防性侵害教育缺位等问题向教育部正式发出，是历史上首次以最高检名义发出的检察建议。2019 年以来，最高检把抓好"一号检察建议"落实作为一项重要工作，纳入院党组重要督办事项。一年来，全国检察机关单独或者联合教育部门查访中小学校、幼儿园 3.86 万所，监督整改安全隐患 6668 个，起诉教职员工性侵学生案件 841 人。最高检与教育部赴 8 个省市调研督导、实地检查 26 所学校，从校园性侵强制报告、女生宿舍封闭管理等入手，推动健全未成年人保护法网，四级检察院 3000 余名检察长、2.2 万余名检察官担任中小学法治副校长。2020 年 4 月 30 日，最高检发布《关于加强新时代未成年人检察工作的意见》，提出全面推行侵害未成年人案件强制报告和入职查询制度。加快推

---

① 参见丁小琼：《从罪刑法定主义看"裸聊"》，载《社会与法制》2010 年 10 月（下）。
② 课题组收集的司法文书中，检察机关参照第 11 批指导性案例提起公诉的有 5 例，提出抗诉的有 3 例。审判机关参照并作出有罪判决的有 17 例。
③ 谢文英：《代表委员聚焦惩防"网络猥亵"——最高检第十一批指导性案例成为两会建言线索》，载《检察日报》2019 年 3 月 5 日第 6 版。韩亚聪：《重拳出击，斩断伸向儿童的"网络黑手"》，载《中国妇女报》2020 年 4 月 27 日第 4 版。

进、完善侵害未成年人案件强制报告制度,督促有关部门、密切接触未成年人行业的各类组织及其从业人员严格履行报告义务。积极沟通协调,联合公安部、教育部等部门,建立教职员工等特殊岗位入职查询性侵害等违法犯罪信息制度,统一管理,明确查询程序及相应责任,构筑未成年人健康成长的"防火墙",切实维护未成年人合法权益,推进未成年人保护社会治理体系现代化建设。

总体而言,检察指导性案例的发布频次、应用情况以及影响力呈稳步增长、总体向好的态势,社会各界对指导性案例的关注度、认同感以及研究热度持续上升。指导性案例不仅对司法理念、司法办案以及社会风尚发挥着示范引领作用,而且给人民群众带来越来越多"看得见的正义"。各级检察机关积极落实习近平总书记"一个案例胜过一打文件"的重要指示,在学懂弄通的基础上真正把指导性案例用好用足,充分发挥指导性案例在事实认定、证据运用、法律适用、政策把握以及办案方法等方面的释法说理、教育引导作用,借助指导性案例提升办案质效和法律监督能力,主动满足新时代人民群众对公平正义的更高要求,确保司法办案的政治效果、法律效果和社会效果的有机统一。

四、制约指导性案例应用的因素

课题组通过问卷调查了解到,虽然各级检察机关对指导性案例普遍抱有很大的热情,但是结合司法办案参照应用指导性案例仍然存在主客观方面的制约因素,导致指导性案例应用率不理想,对司法办案的示范引领作用,保障法律统一正确实施制度设计的初衷并未充分发挥。主要有以下几个方面的问题:

(一)认识因素

相当一部分检察人员对案例指导工作熟悉程度不够,问卷调查中有54.05%受访者对指导性案例"一般了解",16.61%"了解一部分",对指导性案例"非常了解"的仅占27.91%,另有1.43%"完全不了解"。关于学习方式,60.96%的受访者通过自学,24.30%通过单位集中组织学习,8.50%通过专题培训学习,另有6.24%通过其他方式。虽然在2015年、2019年《最高人民检察院关于案例指导工作的规定》中,专门要求各级检察院应当将指导性案例纳入业务培训,加强对指导性案例的学习应用。但是，实际执行情况及学习效果并不理想。一方面，部分一线检察人员还没有充分认识到案例对办案工作的指导作用，甚至对最高检发布了哪些指导性案例都不是很清楚，更谈不上应用。另一方面，是由于上级检察机关、检察官学院未系统组织相应专题授课，未对检察人员开展案例分析方法、法律推理等方面的专门培训，造成指导性案例学习、应用的"短板"。

（二）数量因素

问卷调查中，关于制约指导性案例应用的重要原因，是"指导性案例数量少，无法为司法实践提供指导""'四大检察''十大业务'覆盖不均衡"。截至目前，最高检发布的指导性案例仅24批93件。93件检察指导性案例中，目前已知被司法实践援引适用的仅21件，应用比例占发布数量的22.6%。[①] 特别是刑事指导性案例目前仅涉及刑法分则中的50个罪名，覆盖率仅为10.1%。发布数量少、覆盖面有限是制约指导性案例应用的重要因素。

（三）技术因素

有59.67%的受访者反映制约指导性案例应用的另一个重要因素是"没有统一的数据库，不便于检索"。《最高人民检察院关于案例指导工作的规定》提出，建立指导性案例数据库，为各级检察院和社会公众检索、查询、参照适用指导性案例提供便利。但时至今日，最高检仅发布了93件指导性案例，对于典型案例则并没有进行统一管理，检察案例数据库至今仍然没有真正建立起来，导致检索使用很不方便。另一个制约指导性案例应用的因素，是相对于法院系统的中国裁判文书网，人民检察院案件信息公开网的司法文书公开数量十分有限[②]，还有大量内部工作文书因客观原因不便公开，而全国检察机关统一业务应用系统并不具有关键词、文书内容的检索功能，不仅造成承办人查找、检索的不便，也造成研究人员收集、研究检察机关应用指导性案例相关文书的困难。

[①] 截至2019年12月31日，最高人民法院发布24批139例指导性案例，已被应用于司法实践的有91例，未被应用的有48例，援引指导性案例的案例共5104件。参见郭叶、孙妹：《最高人民法院指导性案例2019年度司法应用报告》，载《中国应用法学》2020年第3期。

[②] 截至2021年3月4日，中国裁判文书网公开的法律文书累计116,020,808篇，中国检察网公开的法律文书累计6,735,293篇。

（四）制度因素

虽然问卷调查中，有94.71%的受访者认为"有必要在司法实践中参照适用指导性案例"，认为"我国非判例法国家，没有必要"仅占3.60%，但是在"有无参照适用指导性案例"问题上，"从未参照过"的却占86.02%。这既跟指导性案例数量偏少、指导性不强，不能满足办案需要有关，还跟检察官多年来形成的办案习惯有很大关系。我国是传统的成文法国家，对于一个正在办理的案件，检察官首选还是习惯去找法律法规和司法解释，其次是去查找法学专著或者教材，有收集和查找案例习惯的比例并不是很高。

（五）考评激励因素

考核评价以及激励机制的缺失，是影响指导性案例应用的因素之一。如部分受访者表示"无明文规定必须参照指导性案例，不参照也没有相应后果"，而一旦"明示"援引，还要承担释法说理的责任，所以有71.80%的受访者选择"隐性"援引，"在内部工作文书中引述，用于增强承办人意见的依据"。为保障指导性案例制度的有效运行，应当尽快建立配套的考评激励机制。例如《〈最高人民法院关于案例指导工作的规定〉实施细则》第14条规定，各级人民法院对于案例指导工作中做出突出成绩的单位和个人，应当依照《中华人民共和国法官法》等规定给予奖励。遗憾的是，2019年修订《最高人民检察院关于案例指导工作的规定》时未对考核评价、激励机制作出规定，造成广大检察人员应用指导性案例的积极性、主观能动性难以发挥。

五、完善建议

做好新时代案例指导工作，应当充分认识检察指导性案例的重要作用，以新发展理念为指导，贯彻落实十九届四中全会精神，准确把握检察工作面临的新形势新任务新问题，着力加强检察机关案例指导制度构建，应当着重完善以下几方面的工作：

（一）研究制定实施细则，激活指导性案例活力

虽然案例指导制度已被写入新修订的《人民检察院组织法》，最高检也

于 2019 年在《最高人民检察院关于案例指导工作的规定》中对"应当参照"指导性案例作出明确规定，但是并未进一步规定违反案例指导制度的后果，也未对参照适用指导性案例的具体条件、方式和效力作出明确规定。应当适时研究制定《最高人民检察院关于案例指导工作的规定》实施细则，对指导性案例的效力准确定位，协调好指导性案例与司法解释之间的关系，明确指导性案例的效力仅次于司法解释，定位为"准司法解释"，对同类案件具有事实、制度上的拘束力，可以通过上诉、抗诉、申诉、审判监督等诉讼机制赋予指导性案例"应当"参照适用的效力。

此外，最高检应当及时将指导性案例确立的司法规则转化为司法解释或者规范性文件。如果指导性案例提炼的法律适用规则已经比较成熟，则可以通过一定程序及时上升为司法解释或者立法，这样就可以直接作为办案依据，也有助于更好地统一法律适用标准。①

（二）规范相似性判断和援引规则，细化背离报告制度

建立案例指导制度的目的是通过规范"同案同判"以保障法律统一正确实施，这里就涉及相似性的判断，只有在"同案"的基础之上，才能参照并适用指导性案例"同判"。相似性判断方法主要是指运用类比推理的方法，通过比较分析待决案件与指导性案例在主要事实、主要法律适用问题以及主要争议问题之间是否具有相似性，只有二者之间具有相似性，才能参照并适用指导性案例，进而实现"同判"的适用效果。如果指导性案例在司法文书中得不到规范正确的援引，案例指导制度将形同虚设。明确指导性案例的判断规则与援引规则，不仅仅是一个技术问题，更是一个制度运行的问题，直接影响到指导性案例效力和作用的发挥。最高检在实施细则中，应当详细规定承办检察官在制作工作文书、法律文书时，应查找所办理案件相类似的指导性案例要旨，并在相关报告中载明是否参照适用并阐述理由，对于当事人、律师提交指导性案例作为诉讼请求根据的，应当进行书面回应，落实提交检委会讨论的复杂疑难案件主动检索指导性案例报告制度，细化背离（偏离）报告。

实践中，检察官办理案件应当检索有无类似指导性案例。如果有应当参

---

① 如最高检第 24 号、第 39 号指导性案例要旨，被"两高"作为《关于办理操纵证券、期货市场刑事案件适用法律若干问题的解释》（法释〔2019〕9 号）的内容。《刑法修正案（十一）》进一步将"抢帽子交易操纵"规定为新型操纵市场行为以追究刑事责任。

照的指导性案例，则区分三种情况处理：第一种是参照指导性案例的要旨和指导意义，案件事实清楚，证据确实充分的，则检察官可以自己作出处理决定；第二种是虽然参照了指导性案例，但检察官仍然难以自己作出决定的，提交检察官联席会议或者检察委员会讨论；第三种是检察官结合该案具体情况，认为不应当参照适用指导性案例的，提交检察委员会讨论。如果检察委员会决定参照指导性案例办理的，则检察官执行检察委员会决定；如果检察委员会同意检察官不参照指导性案例办理意见的，则应当书面报告上一级检察院批准。

（三）建立检察案例数据库，实现案例资源共享

在当前科技条件下，做好检察案例指导工作，离不开数据库的支撑，检察机关应当以新发展理念为指导，积极利用信息网络技术，建设智能化的检察案例数据库，实现快捷检索、类案推送、结果比对、数据分析、裁判文书提取、办案瑕疵提示等智能化办案辅助。截至目前，最高检尚未完成指导性案例数据库的建设，在案例收集与检索方面远远落后于中国裁判文书网、北大法宝、无讼、法信、openlaw 等法律数据库，似乎与海量信息的大数据时代不相称。要推进指导性案例的应用，提高案例查阅、检索的便利，应当尽快建立全国范围的检察案例数据库，按照"四大检察""十大业务"进行目录编排，增加每个案例的辨识度，方便法官、检察官、律师、当事人及社会公众检索与使用。

第一，检察案例数据库建设应当充分发挥各省级检察院的作用，按照"分头建设、整合使用"的原则，将检察案例数据库分为总库和子库。最高检和各省级检察院都应当建设一个检察案例数据库作为子库，这些子库汇集成总库，即全国检察案例数据库。最高检案例数据子库包括三类案件：最高检发布的指导性案例和典型案例，最高检内设业务部门发布的典型案例。各省级检察院都应当建设一个本省的检察案例数据子库，也包括三类案件：本省级检察院、本省级检察院内设业务部门和本省地市级检察院发布的典型案例。最高检负责自身子库和总库即全国检察案例数据库平台建设，各省级检察院案例数据子库之间应当做到互联互通。

第二，及时引入法院的案例数据库。就每年办案数量来讲，全国检察机关办理的案件还不到全国法院办理案件数量的十分之一。法院的案例数据库经过多年建设，已经颇具规模，并且这些案例多数都与检察工作有关，对于检察官的办案工作同样可以起到参考或者借鉴作用。本着"开放共享、为

我所用"的原则，建议"两高"加强沟通协调，争取早日把两家的案例数据库互联互通。各省级检察院也要积极与省高级法院沟通协调，将本省的检察案例数据库与高级法院的参考性案例数据库互联互通。

第三，共商共享公安部、司法部以及其他行政执法机关的案例数据库。鉴于法律监督工作涉及到其他政法机关和行政执法机关，最高检应当注重与有关机关的沟通协调，打通检察案例数据库与其他机关案例数据库的壁垒，共商共享政法机关和其他行政执法机关的案例数据库。

第四，注重管理检察案例数据库。最高检和各省级检察院要加强对各自检察案例子库的管理，及时发现和妥善解决入库案例与国家法律法规、司法解释或者其他入库案例之间存在的矛盾或者不协调之处，及时废止和定期清理已经失效的或者年代久远名存实亡的"僵尸"案例，各负其责地确保检察案例数据库的健康和活力。此外，为充实数据库的内容，还可以将参照援引指导性案例的司法文书等相关材料纳入数据库中，加强司法公开的同时，最大限度满足司法实践对指导性案例的需求。①

（四）开展案例研习及法学方法、案例分析法培训，提升司法应用水平

司法是一门实践性很强的专业活动。一方面，由于我国法学教育、司法考试更侧重于法学理论、法律条文的教授，忽视对法学方法特别是案例分析法的培养。另一方面，由于我国并不具备判例法的司法环境，遇到疑难复杂问题，大家第一时间想到的是从法律法规、司法解释甚至教科书中寻求帮助，并不注重案例的积累。有鉴于此，最高检应当进一步加强对案例研习以及案例分析方法的培训与指导，促进法官、检察官以及律师之间的交流，教会司法人员如何查找、检索指导性案例，如何将待决案件与指导性案例进行类比推理、重要性判断，如何正确参照适用指导性案例要旨，如何援引指导性案例撰写司法文书以及如何在指导性案例应当宣告失效或者情势变更时，背离（偏离）指导性案例作出决定等，提升办案人员学习、参照指导性案例的意识，熟练掌握参照适用方法，形成案例参照适用思维与习惯。其次，各级检察院都应当有计划地组织学习上级检察院的指导性案例和典型案例，同时，还可以从其他省的检察案例数据子库中选择对本地办案工作有借鉴意义的典型案例进行学习研究。虽然检察官在办案中不能直接引用指导性案例

---

① 李文峰：《检察机关案例指导工作回顾与制度构建》，载《人民检察》2020第7期。

和典型案例作为案件处理依据,但是通过学习研究和消化吸收,可以潜移默化地逐步提高检察官在认定事实、运用证据、适用法律、把握政策和释法说理等方面的能力。再次,建议最高检创设《检察案例研究》刊物,刊登全国检察干警和专家学者等对检察案例进行研究的文章。适时向中国法学会案例法学研究会提出申请,成立检察案例研究专业委员会,吸引和凝聚检察系统内外的专业力量,定期组织法律实务界和理论界的专业研讨,不断提高检察案例研究水平。

(五) 建立考评激励机制,提高参照适用积极性

建立指导性案例激励机制,应当提高检察人员参照适用指导性案例的收益,同时降低其应用的成本。一方面,完善对检察官办理案件和其他检察业务的质量、效率、效果等进行考核评价,将推荐、入选、参照适用指导性案例纳入员额检察官绩效考核系统,在检察官职级晋升、评选检察业务专家方面优先考虑,提升检察官创制、应用指导性案例的成就感。另一方面,通过上诉、抗诉、申诉、审判监督等诉讼程序以及上级检察机关案件质量评查监督,强化参照适用指导性案例的刚性。

六、结语

自 2010 年建立检察案例指导制度至今已走过十个年头。我国的案例指导制度是对中国特色社会主义法律体系的发展完善,是对成文法传统的必要补充,是对人类一切优秀司法文明成果的吸收和借鉴,有助于统一法律正确实施、完善法律体系、维护司法公正、提高司法效率、总结司法经验,对于发展和完善中国特色司法制度,促进国家治理体系和治理能力现代化具有重要意义。课题组通过对最高检指导性案例发布及应用情况进行分析,虽然检察案例指导制度目前还有进一步完善的空间,实践中还有许多的问题需要解决,但是总体而言,检察指导性案例的发布频次、应用情况以及影响力呈稳步增长、整体向好的态势,社会各界对指导性案例的关注度、认同感以及研究热度持续上升。做好新时代检察机关案例指导工作,需要从思想上充分认识发布和应用指导性案例的重要意义,需要各级检察机关特别是一线办案人员的共同努力,更要准确把握检察工作面临的新形势新任务新问题,着力加强检察机关案例指导制度和案例应用制度构建。

智能办案辅助系统在检察环节的应用[*]

杨承志[**]

一、对智能办案辅助系统的梳理

课题组以贵州省检察机关智能办案辅助系统的应用为基础,同时参考了其他省份的建设成果,整理 7 项智能办案辅助子系统的研发背景与设计成果,并以此作为研究对象。

(一)简案快办模块系统

1. 研发背景

检察机关办理的案件绝大多数是由基层检察院办理,而基层检察院办理

---

[*] 本文系 2018 年度最高人民检察院检察理论研究重点课题"智能办案辅助系统在检察环节的应用"(项目批准号:GJ2018B09)的研究成果。

[**] 课题主持人:杨承志,贵州省人民检察院副检察长;课题组成员:冯涛,最高人民检察院检察技术信息研究中心副主任;石瑛,贵州省安顺市人民检察院检察长;刘南翔,贵州省黔南州人民检察院副检察长;秦晔,贵州省人民检察院检察技术部四级调研员。

的绝大多数案件为事实清楚、证据确实充分,且犯罪嫌疑人对被指控的基本事实能够稳定供述的这类"小案""简案",比例约占 80%,其他疑难复杂案件约占 20%。为了提高办案效率,将有限的办案资源集中到复杂疑难案件的办理上,在办案辅助系统中研发了两类办案模式,即"简案快办"和"繁案精办"模式。对于事实清楚、证据确实充分,且犯罪嫌疑人对被指控的基本事实能够稳定供述的案件,适用"简案快办"模式。对于犯罪嫌疑人否认被指控的基本犯罪事实的案件,不能确定犯罪嫌疑人是否认罪的案件,犯罪嫌疑人出现翻供等不确定性因素的案件,重大复杂疑难案件,均适用"繁案精办"模式。对适用简案快办模式的案件,承办人对证据进行审查,重点审查量刑证据。对适用繁案精办模式的案件,承办人要按照司法办案辅助系统的设计要求审查并填录好相关信息。着重审查影响定罪量刑关键证据的合法性、客观性、关联性,重点对案件事实的审查认定。通过两类办案模式,一是实现繁简分流,简单案件侧重于量刑,注重效率;复杂案件侧重于证据审查和事实认定,既切实破解案多人少难题,又实现提速增效,以看得见的方式实现公平正义。二是检察官的办案过程能在软件系统中完全记载和呈现,检察官办案质效一目了然,真正做到"谁办案谁负责"。

2. 设计成果

一是受案、立案信息,承办人进入一个案件后,系统首先提示以下信息供承办人填录或选择,同步统一业务系统案卡信息,自动获取的案件信息底色与其他信息项做区分,承办人可修改系统自动同步过来的数据。二是犯罪嫌疑人情况,多嫌疑人可进行添加,同步统一业务系统案卡信息,自动获取的案件信息底色与其他信息项做区分,承办人可修改系统自动同步过来的数据。三是犯罪事实审查,首先是审查认定的案件事实及证据,存在多桩犯罪事实时,可进行添加,每桩犯罪事实以独立页签表示;其次是审查重点,每个嫌疑人一个页签,可添加犯罪嫌疑人。四是需要说明的问题,系统罗列出高检院规定的 14 项问题,承办人自行勾选。五是承办人意见,功能复制采用原快速办理模式的承办人意见,只将页面样式做调整与当前系统风格保持一致即可。六是文书生成表单式审查报告,点击文书编写选择生成审查报告,系统将承办人在"案件审查模块"各个页签下勾选、填录的全部数据,形成表单式的审查报告,不再生成 word 版审查报告。七是文书生成,文书编写生成起诉书,与目前普通模式生成的 word 版文书保持一致,此功能未进行调整。八是文书编写生成量刑建议书,与目前普通模式生成的 word 版文书保持一致,此功能未进行调整。

（二）繁案精办模块系统

1. 研发背景

将检察机关有限的办案资源集中到复杂疑难案件的办理上，对于这类案件的办理要采取"繁案精办"的模式。此模式主要适用于犯罪嫌疑人否认被指控的基本犯罪事实的案件，不能确定犯罪嫌疑人是否认罪的案件，犯罪嫌疑人出现翻供等不确定性因素的案件，重大复杂疑难案件等。对适用繁案精办模式的案件，着重审查影响定罪量刑关键证据的合法性、客观性、关联性，并重点审查认定案件事实。

2. 设计成果

设计方案基础版本，是否认罪是区分简案快办和繁案精办的标准之一，按照认罪且简单和不认罪或重大疑难复杂的分类标准，设计简案快办和繁案精办两种审查模式进行繁简分流，制定了《贵州省检察机关公诉部门适用快速和普通办案模式的规定》，文件出台目的，基于基层院办理案件大多数属于简单案件，适用简易模式审理；还有部分省份对认罪认罚从宽处理的试点工作，案件流程更为简单。力争将20%的人力用于办理80%的简单案件，将80%的人力用于办理20%的重大疑难复杂案件，实现简案快办，繁案精办。

在基础版本上的升级完善版本，是在繁案精办模式中，要素关联的步骤过于繁琐，且如何关联的操作没有明确规定，造成证据关联要素时费神费力；还有操作界面不够优化，操作步骤繁琐，审查报告等文书修改后数据丢失等问题。升级版从要素关联推送、界面优化、步骤简化等方面，从繁琐的操作过程解放出来。

（三）量刑计算模块系统

1. 研发背景

2010年，最高人民检察院印发《人民检察院开展量刑建议工作的指导意见（试行）》，量刑建议工作在检察机关开展走向日常化、规范化。经过多年的努力，量刑建议虽然大有改观，但在司法实践中，量刑建议工作仍然存在诸多问题，如不同检察院之间，同一检察院不同检察官之间的量刑建议存在差距，存在估摸量刑的情况，不利于维护检察机关的司法权威，通过相关技术的辅助，确保精准量刑、全程留痕，实现同案同办，维护司法权威，已成为公诉工作必须面对、解决的问题。研发该系统的法律规范标准是

《中华人民共和国刑法》《刑事诉讼法》及司法解释；《人民检察院开展量刑建议工作的指导意见（试行）》《〈最高人民法院量刑指导意见〉与"两高三部"〈关于规范量刑程序若干问题的意见〉》《贵州省高级人民法院贯彻〈最高人民法院关于常见犯罪的量刑指导意见〉实施细则》等文件。

2. 设计成果

（1）设计目的

一是实现精准量刑，根据量刑基本方法、常见量刑情节的适用，将量刑过程通过软件系统进行规范，并科学地归纳和总结量刑过程中的步骤和规律，引导检察官逐步完成案件情节的相关选择，实现规范量刑；二是实现全程留痕，在量刑过程中，对承办人确定的量刑情节自动带入，对量刑幅度、量刑情节、量刑增减幅度实时记录，实现全程留痕；三是实现文书生成，在统一业务运用系统中，量刑建议书仍然需承办人制作，通过使用量刑模型，能将建议刑期、量刑要素等自动带入，实现量刑建议书的自动生成，无需承办人修改，一案一份。

（2）实现步骤

第一步，确定量刑起点幅度，同情形分别在相应的幅度内确定量刑起点；第二步，在量刑起点幅度的基础上，确定量刑起点，如量刑起点幅度为"三年至五年有期徒刑"的，给出文本框，让承办人自行确定一个确定值，具体为几年几月；第三步，增加刑罚量，以故意伤害罪为例：在量刑起点的基础上，可以根据伤害后果、伤残等级、手段残忍程度等其他影响犯罪构成的犯罪事实增加刑罚量；第四步，确定基准刑，量刑起点与增加刑罚量之和，便为确定的基准刑；第五步，将在审查过程中确定的量刑要素按法定量刑情节、酌定量刑情节、其他量刑情节（无具体量刑幅度的情节）先后顺序带入量刑模型，调节增减刑幅度；第六步，根据刑法总则规定的量刑方法运算，给出量刑计算结果；第七步，建议量刑区间，建议区间包括主刑和附加刑，建议主刑应该明确几年几月至几年几月，建议附加刑的采取勾选的形式体现是罚金、剥夺政治权利、驱逐出境、没收财产。

（四）出庭支持模块系统

1. 研发背景

在现有办案辅助系统的基础上，完全依托于已审查形成的数据，将审查过程中得到的数据直接带入出庭用于举证和辅助答辩。此模块不额外增加承办人的负担，作为辅助承办人进行庭审的工具，由承办人根据具体案件情况和自身需要自主选择是否使用该模块。出庭支持模块仅适用于法庭采用普通程序审理的案件（也就是办案辅助系统中繁案精办模式办理的不认罪案件），该模块设置于工作网上，并支持单机版。

2. 设计成果

出庭支持模块分为三个主要的子模块和二个辅助性子模块，三个主要的子模块：举证支持、答辩支持、庭审观摩，分别在庭审的举证质证、法庭辩论和观摩、评议庭审上给予承办人帮助。另提供公诉意见书、讯问提纲二个辅助性子模块，进一步完善出庭模块功能。

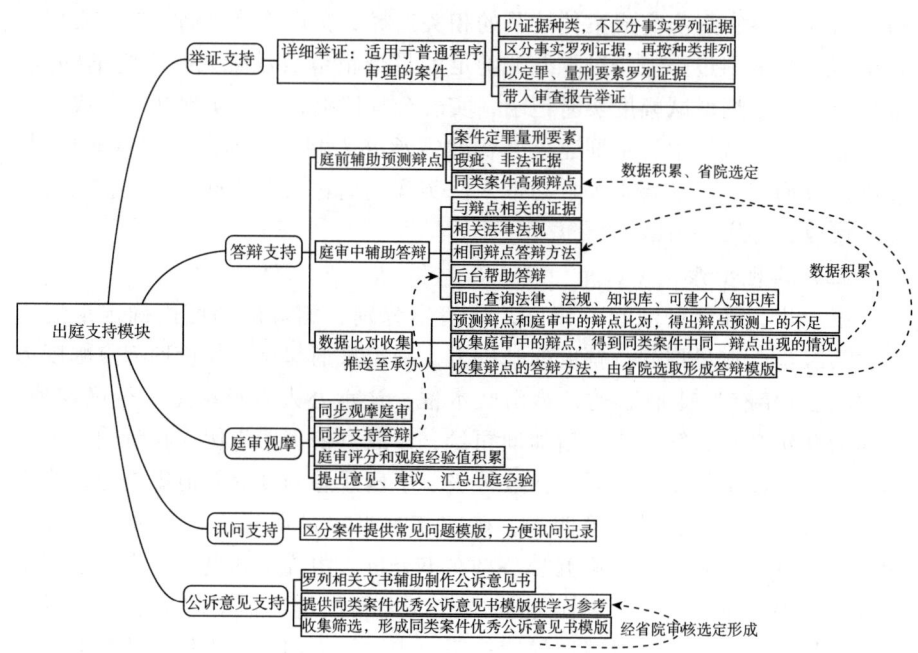

出庭支持模块总构架图

（五）逮捕条件审查判断模块

1. 研发背景

逮捕作为最严厉的刑事强制措施之一，事关人的人生自由，因此审查批准逮捕必须谨慎，必须要达到批准逮捕的事实证据、刑罚、社会危险性的三个条件。司法办案辅助系统逮捕条件审查判断模块，结合审查逮捕案件办案需求，围绕逮捕事实证据条件、刑罚条件、社会危险性条件，分别设置相应构成要素，为检察官办理审查逮捕案件提供指引，检察官审查判断后勾选相应选项，系统直观呈现逮捕三个条件的证据证明情况，辅助检察官对各个逮捕条件进行判断，正确作出捕或不捕决定，严格把好审查逮捕关，确保办案质量。

另外，系统通过对审查判断过程全程留痕，引导检察官牢固树立"逮捕必须谨慎"的理念，养成良好的审查判断习惯，将"构罪即捕""以捕代侦""重配合轻监督、走程序、办手续"等错误观念从思想深处彻底根除，切实践行"正确批捕是成绩，正确不批捕是主要成绩"的业绩观，真正做到"凡逮捕均依法逮捕、凡不捕均依法不捕"。

2. 设计成果

司法办案辅助系统逮捕条件审查判断模块设立案件基本情况、犯罪事实证据条件审查判断、刑罚条件审查判断、社会危险性条件审查判断、需要说明的问题、处理意见等界面。

（1）基本情况

案件基本情况，承办人进入一个案件后，系统首先提示以下信息供承办人填录或选择。同步统一业务系统案卡信息，自动获取相关信息，承办人可修改系统自动获取的信息。

犯罪嫌疑人基本情况，一案多人的案件，犯罪嫌疑人可进行添加。同步统一业务系统案卡信息，自动获取相关信息，承办人可修改系统自动获取的信息。

（2）犯罪事实证据条件审查判断

证据审查及分析，存在多桩犯罪事实时，可进行添加，每桩犯罪事实以独立页签表示。"有证据证明有犯罪事实"选项下的三个选项支持多选，同时勾选三个选项后，系统提示"该起事实符合逮捕的事实证据条件，应当进一步审查刑罚条件和社会危险性条件。""有证据证明没有犯罪事实、有犯罪事实但不需要追究刑事责任或现有证据不足以证明有犯罪事实"选项下的七个选项支持多选，勾选任一选项后，系统提示："该起事实不符合逮捕的事实证据条件，不需进入刑罚条件、社会危险条件审查环节。""有证据证明有犯罪事实但证据略有欠缺"选项下的两个选项为单选，勾选"侦查机关补证可能性大"，系统提示"侦查机关补证可能性大，也存在无法补正的情况，逮捕可能存在风险；勾选"侦查机关补证可能性小"，系统提示"侦查机关补证可能性小，逮捕风险较大"。承办人审查判断后，根据犯罪嫌疑人可能判处的刑罚勾选相应选项，系统作出相应的提示。一案多人的案件，犯罪嫌疑人可进行添加。办案人根据刑事诉讼法规定的逮捕三种情形,分析犯罪嫌疑人是否有逮捕必要。系统按照高检院统一业务系统罗列选项,承办人自行勾选,勾选后填录相应内容。

(六) 大数据证据合法性审查系统设计成果

1. 设计背景

根据中央司改推进会精神以及贵州省司法大数据的要求,贵州省公检法三机关已将"证据标准指引"分别嵌入各自司法办案辅助系统当中,实现有效指导办案、流程控制等功能。但这仅是从形式上,静态地完成单一证据审查要点的展示,更深层次的需求在于流程控制和智能化。

将证据标准指引嵌入系统,且让计算机为司法办案提供辅助,实现流程控制和智能化,就必须解决计算机能否具备自行识别、审查、认定证据材料的功能,司法实践中证据材料审查主要看是否具备"三性",即合法性、关联性、客观性(真实性),必须攻破"计算机能够智能审查证据的'三性'问题"之技术难题,才能让大数据手段辅助司法人员办理案件。目前计算机只能辅助承办人审查证据的合法性和关联性,对于证据真实性必须由检察官确定。

2. 实现步骤(证据"三性"审查)

第一步,证据合法性审查。对于单个证据合法性审查,目的在于解决证据的资格问题,也就是该份材料是否能作为证据的资格条件。证据材料审查就是将不具有证据资格的材料排除在诉讼程序之外。系统依托于电子卷宗,对证据标准指引进行计算机深度学习,与正在审查的证据进行比对分析。举例说明,户籍证明材料:①系统对这份材料提取结构化数据,②定位推送户籍证明材料需要审查的要点,即该户籍证明是否为相应户籍管理部门出具,是否有印章、签名,是否有照片等内容,③系统自动计算犯罪嫌疑人案发时的年龄,户籍信息与其他已录入的证据材料进行比对碰撞,如犯罪嫌疑人在案发时未满14周岁,系统提示主体不适格,如讯问时未满18周岁的犯罪嫌疑人,系统提示应当有代理人在场,等等。通过自动提取数据、定位推送标准、智能比对三个环节,来审查单个证据以及证据之间的合法性。再如伤情鉴定意见:①系统对这份材料进行结构化数据提取,至少提取鉴定意见结论部分;②系统定位推送关于伤情鉴定意见需要注意的审查要点,比如鉴定人签名、鉴定机构盖章等;③系统自动比对鉴定人、鉴定机构是否在数据库中查询到,并应具备相应资质,甚至鉴定人签名是否为本人签署进行技术比对。

第二步，证据关联性审查。审查证据是否具有关联性，目的在于检验证据的证明力问题，不具有关联性的证据就对认定案件没有任何意义。这里的关联包括正向关联和反向关联，特别强调的是反向关联，它具有否定某一要素或至少发现矛盾之处的功能价值，对预防冤假错案的发生具有积极意义。如犯罪结果的证据材料审查，承办人仅将"张三"的名字输入相应证据形式框中，计算机不仅能推送出"犯罪结果"的要素，而且通过正向关联、反向关联，将相应的证据材料关联至相应要素之下，实现证据关联性审查。

如何实现计算机智能关联是技术难题，目前只能先通过司法逻辑规则预设的方式解决要素关联问题。待技术进一步突破后，可以通过计算机的深度学习，不断提高自动关联的准确性。如故意伤害罪的犯罪结果，计算机在该案所有电子卷宗中搜索定位关于被害人伤情鉴定的证据材料，实现定位推送、自动关联。

第三步，证据客观性（真实性）审查。这部分最难，目前计算机未实现自然语言识别的技术难题，而且证据材料的客观性、真实性必须放置于整个案件审查当中，通过综合分析判断才能得出证据是否具备客观性、真实性的结论，这个目前只能由承办检察官进行分析判断。电脑可以从审查判断证据中的矛盾点进行有益探索、尝试。比如同一证人的证言内容前后矛盾，不同证人的证言内容之间矛盾，证人证言与其他证据矛盾的比对碰撞技术。

（七）大数据案件智能研判系统设计成果

1. 研发背景

大数据智能研判系统是将承办人在司法办案辅助系统中办理的案件所认定的定罪量刑要素直观体现出来，并自动与裁判文书、起诉意见书等文书中的相关要素进行比对，确保类案同办、同案同判。所包含的内容主要有四部分：

一是案件事实画像、嫌疑人画像。将案件要素、证据材料、案件要素与证据材料的关联关系，分别从犯罪事实和犯罪嫌疑人两个维度进行全面展示，并按时间轴线展现各类证据材料，供承办人参考。

二是要素偏离度分析，将侦查机关、检察机关、审判机关认定的案件要素进行解构，运用"犯罪构成知识图谱"对案件要素、证据材料和关联关系进行数字画像，比对分析同一案件在公安机关、检察机关和法院认定的案件要素是否发生偏离，对发生偏离的查明偏离原因，比如前科、自首、立功等，会自动触发案件评查。有偏离度不代表错，而是给承办人一个风险预警,提示要素认定有偏离;通过对比类似案件量刑的刑种分布、刑期分布(前提是相同要素),这样确保量刑合理,有效防止类案不同诉、不同判,解决司法任意性问题。

三是量刑研判,根据数据库录入案件情况,把具备相同量刑情节的案件的量刑情况以图像的方式展示,并计算出历史案件中量刑的范围和最多的量刑值,给承办人提示和参考。

四是采集案件研判中用户形成的知识点,以用户为中心自定义知识库,积累研判后形成标准知识库为办案辅助系统提供知识支持。

2. 设计成果

首先进入大数据案件智能研判系统,进入系统后显示页面及内容如下,每个案件列出了序号、案号、案件名称、案由、嫌疑人、承办人、受案日期等案件信息。空白框里可以填入有关案件基本信息进行案件搜索,序号下是已办案件或待办案件。点击具体某一个案件,则进入具体案件的智能研判系统页面。

进入具体案件的智能研判页面后,展示内容如下图片。案件智能研判包含四个部分:数字画像、偏离度、量刑、知识库。数字画像部分包括犯罪事实画像和犯罪嫌疑人画像。犯罪事实画像是以起诉意见书识别的事实为基点,自动关联匹配与事实相关的被害人、证据、嫌疑人等要素,每个要素又有若干个其他的要素与之进行关联,在众多的关联过程中,形成一张结构图,这就是对犯罪事实的画像,案件相关信息在画像中一目了然。同理,犯罪嫌疑人画像,就是以犯罪嫌疑人为基点,自动匹配与之相关的其他要素,最后形成一张结构图,这就是犯罪嫌疑人画像。

案件智能研判的偏离度部分包含四个方向的偏离度模式:第一个是公安文书要素与案件认定要素偏离度分析,第二个是法院裁判文书要素与案件认定要素偏离度分析,第三个是起诉书要素与案件认定要素偏离度分析,第四个是审查报告要素与案件认定要素偏离度分析。各种偏离度由系统进行自动分析后,以图标、图形方式显示出来,承办人对相关偏离度的预警,根据案件具体情况进行回应。

在量刑部分,包括量刑研判分析和查看量刑结果两部分。量刑研判分析主要是系统基于历史案件和历史数据的量刑情况,尤其是把相似或相同案件情节的案件的量刑结果通过数据图表、图形显示出来,给予承办人有关提示。案件承办人再根据本案的具体情节进行量刑选择,然后在查看量刑结果部分显示出来。每一个新案件的情节和量刑结果都会成为下一个新案件的基础比对参考数据,随着案件的累积,数据量特别大时,体现出大数据技术的精准度和智能化。

知识库是采集案件研判中承办人形成的知识点,这些知识点可以是刑法、刑事诉讼法的内容,也可以是与案件相关的其他学科的内容,对这些内容进行记录后汇总,就是知识库。该知识库支持承办人在自己的界面下自定义知识库,经过积累研判后形成标准知识库,从而为办案辅助系统提供知识支持。

二、智能辅助办案系统的定位

在对"智能辅助办案系统"研发背景和设计成果整理基础上,课题组系统论述了智能辅助办案系统的定位。具体如下:

人工智能在司法领域中的运用有很大局限,这源于机器学习与人脑学习的差异——算法是人工智能的核心。从目前的技术看,算法升级是一个非常艰难的过程,同时算法也不可能自主升级,所以机器学习是在算法不更新的情况下通过海量数据的输入进行优化,属于"数据驱动";而人脑学习则是"算法驱动",虽然人类数据摄入的速度缓慢,但每次摄入都会带来思维上的长进,这决定了只有人脑可以应对世界上出现的新情况,而机器只有在算法能够覆盖的前提下才对数据有着解读能力。所以"人工智能究竟能帮助法律人做些什么"这一问题,就变成了司法过程中有哪些数据可以通过算法进行解释,从而利用机器的算力对人脑进行补充。以检察官所从事业务为例,对于检察官来说,最直接的可利用数据,莫过于行使量刑建议权时所涉及的数据。

量刑的难点在于其确定过程要对众多酌定情节进行考量,而这些情节并未被法律所明文规定,也就是说这些酌定情节是缺乏算法的。这些酌定情节是否能转化成算法呢?显然,酌定情节也是可以进一步量化的——酌定情节主要取决于犯罪嫌疑人及犯罪行为的人身危险性、主观恶性和社会危害性。如果掌握了这三个方面,也就掌握了酌定情节转化成算法的"维度"。

具体到人身危险性及主观恶性,承办人便可以将所有"维度"的数据在办案的过程中录入计算机。比如,是一般犯罪还是暴力性犯罪,是单位犯罪还是集团犯罪,是初犯还是偶犯,是过失还是故意……而一旦出台新的法律法规,相应的"维度"可以即时在计算机中新增,计算机会如同搜索引擎一样自动识别、归类录入的数据。

这一过程事实上也是连成一体的计算机将多人联结成了一个整体：一个人的思考便是多人的思考，一个人的数据选择便是多人的数据选择。计算机辅助人类跨越了交流障碍、遗忘曲线与情绪波动的影响，既能够填补法律与世界相脱节的制度空白，也能够保持不同地区对同一法律法规适用的同一性。

更直观的说法是，计算机可以穷尽所有数据，这种强大的算力弥补了人脑的不足，从而使传统时代几年甚至几十年才能出现一次的算法革命加快到每个月甚至每天一次。人工智能所提供的，正是法定与酌定的空间地带最缺的速度。

但是，人工智能毕竟只是工具，它还无法代替人类思考。从量刑建议权的人工智能化路径来看，人工智能能为检察官所做的事情还有很多——但凡可以被"维度"化的司法工作，人工智能都可以做到，至少，能让检察官更方便地做到。当然，数据中所包含的信息哪些才是真正有用的，最终还是需要人类去判断，谋杀与激情杀人哪个恶性更大？这样的问题，从目前来看，计算机解释不出来，它所拥有的只是一个答案。这种答案只能源于数据录入，源于检察官的数据"选择"。

从以上分析来看，人工智能辅助对检察官的自主决策起到一定的辅助作用，但绝不能代替检察官的自主决策，因为纠纷、矛盾或犯罪都是人生产和制造的，只能通过中立的第三人运用人类共识性的公正标准去评价人行为的对错（公正的确会有偏差，但人类有自我修正能力），由机器人来主导评价本身就犯了主体错误和对象错误的逻辑关系，把机器人赋予与人一样的法律主体地位和人格身份，不仅不可靠和不可取，更是一种十分荒谬和违背人性的做法，其结局是改变了人是一切社会关系总和的真理定性，也是人类的自我否定和毁灭。

三、智能辅助办案系统的作用分析

在明确智能辅助办案系统的定位后，课题组深度分析了智能辅助办案系统的作用。具体如下：

（一）个案中的辅助性

为缓解"案多人少"的矛盾，智能辅助办案系统为检察官在案件办理环节提供了智能化辅助，明显提升了检察办案质效，同时也保证了案件质量。

1. 对查明个案事实的辅助

（1）证据指引辅助

证据问题是诉讼的核心问题，在任何一起案件的办理过程中，都需要通过证据和证据形成的证据链，再现还原事件的本来面目，依据充足的证据而作出的裁判才有可能是公正的裁判。为了解决证据取证和证据采信标准的问题，智能辅助办案系统通过全流程数字画像，将嫌疑人、犯罪事实与被害人关联，同时提供证据与事实的关联画像，辅助检察官判定事实。截至目前，该系统已镶嵌入 50 大类 241 项证据审查指引，其中包括实体类和程序类证据。实体类证据包括，询问笔录、证人证言以及各类证明文件等；程序类证据包括，立案决定书、拘留证等。案件从公安机关的立案侦查、检察机关批捕起诉一直到法院最终裁判过程，不同阶段承办人对案件审查视角、证据采信标准不尽相同。为了确保各阶段承办人对案件事实认定统一，系统开发了偏离度分析功能，从而实现证据采信标准化。

（2）案情事实分析

威格摩尔图示法是一种较为实用的证据分析方法，拥有一套精炼完备的符号系统，该系统能够促进分析者对证据的精确理解、分析和评价。借助威格摩尔图示法，智能辅助办案系统，针对公安移送的起诉意见书进行实体识别，获取案件事实内容和证据内容，展示要素证据与嫌疑人之间的关联关系。观察在特定案件中，需要审查的全部法律要素及对应的支持证据证明力，展示案件的法律特征、证据特征以及嫌疑人特征，辅助检察官查看案件的全貌，并形成清晰明确的逻辑链条，真实客观的评判案件事实经过。

（3）发现证据能力上的瑕疵

证明领域是一个极其重要且十分复杂的领域，很多案件会出现证据能力上的不足，例如，刑事案件的"雷同笔录"，即两份以上的笔录存在内容重复的现象，极有可能是侦查人员对前一份笔录"复制、粘贴"后形成的新的一份笔录。多份笔录能够互相"印证"，达到"坐实"犯罪嫌疑人、被告人存在犯罪行为的目的。但是，后一份笔录至少是"客观性"存疑的，至于前一份笔录，则有可能是"孤证"，无法得到其他证据的印证，也就无法证明相应的事实。那么针对此问题，智能辅助办案系统可以对笔录进行重复部分查找，确保侦查机关在取证过程中的证据具备客观性，没有复制、粘贴的现象，并能够及时发现取证主体不适格的情况。

（4）进行非法证据排除的辅助

对非法证据排除不仅是保障人权、维护法治尊严的需要，而且还可以促进还原案件实体真实。智能辅助办案系统专门建设了非法证据知识库，系统会通过知识库的证据规则以及海量案例的积累，辅助检察官排除非法证据。

2. 对法律适用的辅助

法律适用具备法定性、权威性、被动性以及独立性，为了辅助检察官更加精准高效的进行判断以及分析，智能辅助办案系统将会辅助检察官进行罪名分析以及量刑预测。

（1）罪名的分析

截至目前，我国现行刑法有468个罪名，各地检察机关围绕罪名构建数学模型，笔者所在省院针对高发案件，研发构建了"故意伤害罪、故意杀人罪、抢劫罪及盗窃罪"四种罪名的"犯罪构成知识图谱"，建立各罪名案件数学模型，将检察官案件办理流程数据和案件实体数据全部采集进行可视化分析，按照"是否认罪""是否重大疑难复杂案件"等相关分类标准，设计快速和普通审查两种模式进行繁简分流。

（2）量刑的预测

在知识库的基础上，智能辅助办案系统运用深度学习、自然语言处理、数据挖掘等技术，在现有的模型和深度学习框架上构建分布式训练模型。模型管理将模型数据存储在模型库中，通过记录海量的案件数据，对类似案件的量刑情况从刑种分布、刑期分布等不同维度进行分析，从全新的视角为检察官指导和管理案件提供参考，辅助检察官进行量刑监督。

3. 对办案流程的辅助

面对"案多人少"的压力，智能辅助工具的出现显著提升了检察官的办案效率，不仅给检察办案带来了便捷，司法程序的正义也有了更加刚性的保障。其中智能消息提醒、智能文书生成、智能案卡回填的应用，不仅实现了及时主动性、针对目的性、便捷高效性，更使法律监督程序更加严谨，使检察官的法律监督能力大幅提升。

（1）智能消息提醒

智能消息提醒在检察办案过程中，弥补了办案自动化的不足，提高了办案效率，并可以大幅减轻检察官的办案压力。以案件办理的一般流程为例，公安机关移送案件证据材料及法律意见书时，检察官可以直接运用智能辅助办案系统，对公安机关移送的法律文书和证据材料进行分析，从中总结公安机关在侦查阶段审查认定的法律要素点，判断公安机关的侦查取证工作是否完备。

（2）智能文书生成

在业务发展需求方面，为解决复杂案件的文书制作问题，以及为实现

"繁简分流",即简单案件快速办,复杂案件精细办,而引入计算机深度学习及应用。通过机器去大量地学习起诉书、判决书等文书,获取经验,直至能够自动生成文书。截至目前,实现了两种情况下的文书自动生成:一种情况是格式化文书自动生成,通过格式化文书模板与流程节点绑定(如立案、开庭排期等节点),批量生成相应的格式文书,并自动加盖电子签章;另一种是裁判文书的制作,通过对起诉状、答辩状、庭审笔录、原审文书等材料的文本分析和信息智能提取,结合办案系统案件信息,根据文书模板自动生成裁判文书初稿,复制、粘贴文书内容、关联卷宗材料,借助计算工具等完成裁判文书的制作。

(3) 智能案卡回填

以往人工提请批准逮捕书或起诉意见书等法律文书,从文书中摘录填录案卡所需的数据项,再将数据项逐一填录至统一软件案卡中,填录过程繁琐、花费时间长,案卡填写可能存在不规范的情况,导致数据统计不准确,还可能影响检察院业务分析。尤其对于聚众犯罪、共同犯罪、集团犯罪等犯罪嫌疑人较多的案件,受案人员可能需要花费几个小时甚至几天的时间才能完成案卡信息的录入工作。针对此现象,采用了 OCR 技术和实体识别技术,对文书中的信息进行智能识别和提取(例如:案件基本信息、犯罪嫌疑人基本信息、犯罪嫌疑人涉案情况、强制措施情况等),经过可视化的文书解析,系统会模拟案卡数据预览,智能提示核对确认,最后系统将确认无误的数据以静默的方式自动填录至案卡界面。截至目前,智能辅助办案系统可以支持案件管理部门进行案件登记,帮助受理案件的检察官自动、完整、规范地填录案卡信息,节省检察官的工作时间,提升检察院案件流转速度。因此,当检察官面对受理案件量大、案件复杂程度高的情况,智能案卡回填功能可以辅助检察官智能、自动、规范的进行案卡填录,加快案件流转速度,进一步提升检察院整体办案效率。

(二) 类案中的指导性

所谓类案指导,是指通过对一定时期内案件性质相同、情节相似的申诉案件进行分析对比后,找出一类案件在判决、裁定的法律适用上矛盾之处,指导检察官进行法律监督,促使其统一法律适用标准的一种监督模式。"类案指导"是"个案分析"的提升,通过试验和探索,这种监督模式不仅能促使法律统一适用,还可以对类案背后的深层次原因进行研究分析,提出完善社会管理体制的检察建议。

1. 类案的标准与生成机制

类案的核心是"类",即两个案件如何才能被视为是同类案件,应当以什么样的标准去判断。建立类案标准,不能脱离类案同判目的,否则类案标准将无法真正实现其价值目标。

(1) 犯罪构成上的类案(实体)

基于"犯罪构成知识图谱",系统会对案件的相关犯罪要素,通过相对时空条件下,针对经刑事诉讼程序并在量刑情节上具有相同性或高度相似性案件,进行比对、分析,从而对案件定性。进而通过类案指导检察官,对法院定罪的案件进行判断及监督。

(2) 办理阶段上的类案(程序)

案件从立案侦查、批捕起诉一直到法院最终裁判,各个阶段承办人对案件审查视角不尽相同,即便是同一阶段,人工判断也不能保证最大限度的客观性,智能辅助办案系统有助于弥补上述不足,实现程序正义。

(3) 不良类案的排除

实践中,很多案件具备相同的文本信息,虽然彼此之间可能会有一部分共性,但是还不足以称之为类案,也不足以满足类案的定性标准。针对这些没有价值的信息,系统会针对单纯文本性的相似案件进行排除,确保每一起案件都有价值,都符合类案的定性标准。

2. 类案中的案件管理

按照职责分工,案管中心对案件的审批手续、办案时限、证据材料以及文书格式等多个办案环节的实体以及程序内容进行质量监控以及评估,类案的指导是对案件质量监控的重要手段。通过类案各项质量监控信息与个案进行详细比对,从而进行案件质量监控,辅助案管人员进行案件质量管理。同时案管中心通过类案比对的方式,对同类案件的定罪、量刑等进行偏离度分析,监督检察环节裁判尺度的统一。

3. 类案的指导意义

(1) 优秀类案推荐

客观地讲,无论是法官还是检察官在面对各式各样、繁简不一的案件时,都希望可以有同类案件的优秀案例进行参考。智能辅助办案系统实现了在检察办案的各个环节进行优秀类案推荐:一方面可以为检察官提供类似案件的相似点,辅助、指导检察官判断以及办案,提高质效;另一方面可以很大程度上促进司法办案的公平公正性。

(2) 新型案件指导

经验再丰富的检察官，也总会遇到比较特殊的新型案件。面对新型案件，如果仅凭检察官的经验分析，很难对案件进行高质量的法律监督。智能辅助办案系统会根据对案件细化的大数据分析，推荐出细节上有相似点、共同点的类案供检察官进行判断分析。通过细节点，逐步结合到整个案件，辅助检察官进行人工决策和分析，从而为检察官对司法判断的准确性提供依据。

(3) 共性问题监督

类案对于整体检察业务的指导不仅是一个辅助的功能，也是推动法律监督能力最大化的过程。建立统一的类案标准，进行类案管理和类案的业务指导，让人工智能带动检务管理，实现共性监督，是智能辅助办案系统的功能之一。

(三) 区域案件的前瞻性

通过对区域性案件的分析，加强对未来的洞察力以及预见性，做好"预防工作、法制宣传"，从根本上降低犯罪率，是智能辅助办案系统的重要功能。

1. 案发特征的分析

办案中，从一堆数据提取信息时，需要工具来帮助找到有关联的和重要的信息，并探讨不同的情景。一份报告，不管是印在纸上，还是出现在屏幕上，都是数据的二维表示，是行和列构成的表格。数据立方体是二维表格的多维扩展，如同几何学中立方体是正方形的三维扩展一样。因此，可以把三维的数据立方体看作是一组类似的互相叠加起来的二维表格。以上便是案件整体分布情况的分析思路，依此，智能辅助办案系统可清晰显示案件的整体分布情况，并进一步分析同类案件的时空分布特点，不同区域的案件特殊规律，不同因素之间的关系，将对总结工作以及预测未来工作侧重点作用显著。

2. 犯罪人层面的分析

通过智能辅助办案系统很好地利用大数据分析，从不同数据项对不同犯罪人进行多元化分类、分析，从而总结出犯罪人的人格，以及各类犯罪人作案时空分布的特征。进而从犯罪人的角度进行分类，对于犯罪研究的深入和拓展，深有裨益。

3. 犯罪预测与办案压力分析

通过智能辅助办案系统的大数据分析、可视化展示，可以清晰地展示某年各类案件立案数量，时空分布以及逐年同比上升下降等情况。借此预知未来工作的重点，并且推动犯罪治理机制的创新发展。

（1）犯罪的变化与趋势分析

根据对犯罪状况的科学估量，发现犯罪趋势在犯罪现象发展变化中，具有一定的客观普遍性和规律性。通过大数据分析、掌握犯罪现象的本质特征及发展变化规律，预测和把握犯罪变化和犯罪趋势，主要从"案件的整体分布情况、同类案件的时空分布特点、不同区域案件的特殊规律、犯罪人的人格"等多方面进行体现，从而加强对犯罪趋势的分析和研究，使执法、司法工作更具针对性和主动性。

（2）执法、司法与犯罪的关系分析

以未成年人犯罪为例，未成年人对犯罪的认知能力较差，通过智能辅助办案系统的大数据分析可以清晰地展示未成年人在哪些方面容易出现冲动性犯罪，然后通过宣传教育的方式警示以及预防未成年人犯罪的增加。通过执法、司法机关的紧密联系，掌控可能发展为犯罪的主观思想，并通过一系列手段方法降低各类案件的客观条件，从而控制、降低犯罪率。

（3）办案压力与办案资源配置

根据大数据分析，进行犯罪预测，明确未来检察工作的侧重点，根据各地区检察院办案压力进行相应的人员分配及调动，减轻各院办案压力，合理进行办案资源配置，对检察工作进行整体规划。

四、智能辅助办案系统在检察环节应用的法律关系

根据智能辅助办案系统的定位及作用，课题组进而论述智能辅助办案系统的法律规制问题。具体如下：

（一）智能辅助办案系统的应用规范

主要论述三大原则：自愿与强制结合原则，全程留痕原则，定期自查原则。

1. 自愿与强制结合原则

有些时候，自愿与强制并非成对立面。根据应用场景的不同，对于辅助应用的限度仁者见仁、智者见智，尺有所短、寸有所长。

（1）各自的适用场景

为了响应最高人民检察院"统一规划、统一标准、统一设计、统一实

施"的要求，早在 2013 年 10 月，统一业务应用系统就在全国检察机关进行全面部署。该系统通过受案、立案、办案、审批、监督等功能于一体的执法办案管理系统对执法办案活动进行动态监督、管理以及预警，实现了检察机关信息共享，互联互通的目标。

最高人民检察院通过对各级检察机关强制适用统一业务应用系统，使检察机关信息化建设经历了一次重要改革，对促进科学化管理、规范执法行为具有积极意义。

在执法办案流程以外，我们认为各检察工作环节都存在着一套标准，多种方式的工作理念。那么在不影响质量的前提下，部分辅助应用的适用可以遵循自愿原则。

（2）强制适用的风险

智能辅助办案系统的确可以大幅提升检察官的执法办案效率，减少案多人少的压力。并且通过司法公正力度的提升，有效控制同案不同判的舆论。那么智能辅助办案系统真的没有弊端吗？答案一定是有的。如果强制适用智能辅助办案系统的工作模式，很可能会引发一系列的风险，可能使办案人员形成路径依赖。

目前智能辅助办案系统提升的工作效率有限，但随着技术的快速发展，办案人员将彻底告别"案多人少"的压力。呈现在办案人员面前的案件不再是之前那样的一摞卷宗，而是经过系统分析后，层次分明、条分缕析的证据链。这将大大提高办案人员的结案率，但是也可能导致惰性的滋生。既然办案人员可以信赖证据模型构建出证据链，是否还需要阅读全案的卷宗，是否按照系统的提示查看证据就足够了。笔者认为，无论智能辅助办案系统的准确率有多高，办案人员都应亲自阅读全案卷宗。一方面是为了保证案件的正确。毕竟再精密完善的系统也会有出错的时候，如果因为没有发现智能辅助办案系统的错误而酿成冤假错案，那将是追悔莫及之事。另一方面也是为了磨练自己的办案能力。霍姆斯大法官曾说："法律的生命不在于逻辑，而在于经验"。经验不会凭空而来，长期依赖系统办案，只会使办案技能如逆水行舟一般不进则退。

（3）对同一证据模型可能产生不同的理解

智能辅助办案系统的工作范围覆盖了刑事案件的侦查、起诉、审判三个阶段，有人会提出疑问，三阶段使用同一个证据模型是否会造成起诉阶段和审判阶段被侦查阶段的结论绑架的情况，使本来就稀少的无罪判决彻底消失。应当说，这种担心是大可不必的。首先，公检法三机关本来就一直使用一个共同的标准审查案件,那就是刑诉法中的"事实清楚,证据确实、充分"。对公安机关认为"事实清楚,证据确实、充分"的案件,检察机关依然会作出不起诉决定,同样法院也会对检察机关认为"事实清楚,证据确实、充分"的案件作出无罪判决。其次,虽然是同一个证据模型,但公检法三机关对其中证据标准和证据规则的理解是不相同的。一般规律为公安机关相对宽松,检察院较为严格,法院的认定标准最高。看待证据标准要如孟建柱书记说的那样,"侦查、起诉、审判各环节证据标准指引的规则一致,但内涵各有差异和侧重"。最后,智能辅助办案系统的定位是办案人员的工具,不替代司法人员独立判断,认定有罪与否是办案人员依靠经验和内心进行的判断,无论系统的证据模型如何变化不会影响案件的结果。

(4) 同案同判可能引出新问题

为了解决同案不同判需要向智能辅助办案系统内录入大量的案件数据,但是录入的数据都来自已经办结的案件,因此就造成一个面对过去和现在的系统,在未来的新环境中能否正确运行是一个未知数。具体来说,就是在政治环境、经济环境、文化环境发生变化时,系统依然按照固有模型推演出的结果,能否符合当时的大环境。例如美国联邦最高法院在1940年和1943年,对案情相同的两起"国旗致敬案",作出了截然相反的两次判决。第一次判决宾夕法尼亚州要求学生向国旗致敬合法;第二次判决西弗吉尼亚州强迫学生向国旗致敬的法律违宪,应当废除。短短三年间发生如此大的转折,就是因为大环境发生了变化,在第一次判决后,很多歧视活动大行其道,最高法院的法官们开始反思自己的立场。像这个例子中的社会大环境变化,智能辅助办案系统是无法感知的。为了防止沿着惯性作出错误的判断,我们要随时关注社会大环境的变化、两高发布的指导性案例、最新的司法判决趋势,并将采集到的数据输入系统,矫正其运行轨道。

(5) 自愿适用的限度

对一些年长的检察官,他们经验丰富,传统的办案工作方式已经根深蒂固。智能辅助办案系统虽然可以大幅提高执法办案工作效率,但信息化的介入会打乱他们原有的工作习惯,甚至需要付出更高的学习成本才能适用智能辅助办案系统,这种情况我们认为可以选择自愿适用。虽然秉承自愿适用原则,但必须以高效、高质量完成办案工作为限度进行。

2. 全程留痕原则

截至2018年底,贵州省各市州及基层院共组成441个办案单元,283名检察长、副检察长进入办案单元参与计算机自动轮案。通过案件网上受理、网上办理、网上监控、网上考评,做到检察官、检察官助理履职全程数据留痕,办案活动全程实时、动态监控,实现了案件办理"事前预警、事中提醒、事后甄别"。

(1) 全程留痕的必要性

不受约束的司法是危险的,没有记录的干预是难以问责的。以往,在有些上下级司法机关之间,存在着上级干预下级、上级插手指挥下级具体案件的情况。有些司法机关内部存在着办案人之间互相打招呼的潜规则,滋生了关系案、人情案、金钱案。由于没能当场留下记录,往往到了出事情的时候找不到人来追究责任,这就给司法不公埋下了隐患,给司法公信力造成了损害,也破坏了党和国家在人民心中的形象。

最高检公布的《关于完善人民检察院司法责任制的若干意见》强调健全检察管理与监督机制,要求司法办案工作应当在统一业务应用系统上运行,实现办案信息网上录入、办案流程网上管理、办案活动网上监督。检察长(分管副检察长)和业务部门负责人对办案工作审核、审批,应当在统一业务应用系统上进行。

贵州省运用统一业务应用系统,完善检察官、检察官助理、书记员办案权限精细化管理,办案活动全程数据留痕,司法责任更加明晰。

(2) 具体留痕的内容

①办案流程留痕

办案流程"事前预警,事中纠偏"。通过细化规章、智能筛选、多纬监控、严控办案、跟踪分析等,实现对案件办理的全程、实时、动态监控和管理,及时有效地发现问题并作相对应的处置,并对办案全过程、监控全过程进行数据留痕,出具流程监控报告,从本质上提高检察机关"执法规范化"水平。

其中,对正在受理的案件,重点监控案件是否属于本院管辖;案卷材料是否齐备、规范;移送的款项或物品与移送清单是否相符等。在强制措施方面,重点监督、审查适用、变更、解除强制措施是否依法办理审批手续、法律文书是否齐全;是否依法及时通知被监视居住人、被拘留人、被逮捕人的家属;强制措施期满是否依法及时变更或者解除等。对涉案财物查封、扣押、冻结、保管、处理等工作,重点监督、审查是否未立案即采取查封、扣押、冻结措施;是否未开具法律文书即采取查封、扣押、冻结措施;查封、扣押、冻结的涉案财物与清单是否一致;查封、扣押、冻结涉案财物时,是否依照有关规定进行密封、签名或者盖章等。在文书制作、使用方面,重点监督、审查文书名称、类型、文号、格式、文字、数字等是否规范；应当制作的文书是否制作；是否违反规定开具、使用、处理空白文书；是否依照规定程序审批；是否违反规定在统一业务应用系统外制作文书等。在办案期限方面，应当重点监督、审查是否超过法定办案期限仍未办结案件；中止、延长、重新计算办案期限是否依照规定办理审批手续；是否依法就变更办案期限告知相关诉讼参与人等。在诉讼权利保障方面，重点监督、审查下列内容：是否依法告知当事人相关诉讼权利义务；是否依法答复当事人、辩护人、诉讼代理人；是否依法听取辩护人、被害人及其诉讼代理人意见等。对拟向外移送、退回的案件，重点监督、审查下列内容：案卷材料是否齐备、规范；是否存在审查逮捕案件、审查起诉案件符合受理条件却作出退回侦查机关处理决定的情形；是否存在审查起诉案件受理后未实际办理却作出退回补充侦查决定的情形等。已经移送人民法院、侦查机关或者退回侦查机关补充侦查的案件，重点监督、审查下列内容：已经作出批准逮捕或者不批准逮捕决定的案件，三日以内是否收到侦查机关的执行回执；退回补充侦查的案件，一个月以内是否重新移送审查起诉等。在司法办案风险评估方面，重点监督、审查下列内容：对应当进行司法办案风险评估的案件是否作出评估；对存在重大涉检信访或者引发社会矛盾的风险是否及时向有关部门提示；对存在办案风险的案件是否制定、落实相应司法办案风险预警工作预案等。在统一业务应用系统使用方面，重点监督、审查下列内容：是否违反规定在统一业务应用系统外办理、审批案件；在统一业务应用系统上运行的办案进程与实际办案进程是否一致、同步；是否违反规定修改、删除统一业务应用系统中的案件、线索等。在案件信息公开方面，重点监督、审查下列内容：是否存在应当公开的案件信息被标记为不公开或者未及时办理公开事项的情形；是否存在不应当公开的案件信息却公开的情形等。

②办案质量留痕

办案质量"一案一评，事后甄别"。通过案件质量评查系统，建立"一案一查"机制，从事实认定、证据采信、法律适用等不同维度"背靠背"对案件质量进行客观量化评价，发现问题及时督促整改。

贵州省人民检察院运用案件质量评查智能辅助系统对所办理的全部案件进行智能检查、自动比对，并根据系统自动检查情况和工作需要，综合运用常规抽查、重点评查、专项评查等方式开展人工评查。

对于本院办理的案件，以独任检察官和检察官办案组为单元，随机选取一定数量或者比例的案件进行常规抽查，每位检察官每年被抽查的案件数不少于本人当年办案量的百分之五，且最低不少于两件；对于下级人民检察院检察长、副检察长、检察委员会专职委员办理的案件，上级人民检察院可以进行常规抽查；对于常规抽查的案件，对每个案件确定具体评查结论，并形成评查情况综合报告，全面反映常规抽查情况，提出相应的工作意见、建议；常规抽查应当在每年业绩考核工作开始前完成。

对于本院或者下级人民检察院办理的下列案件，作为重点评查案件，逐案进行评查：批准或者决定逮捕后作不起诉处理，或者提起公诉后又撤回起诉，或者人民法院判决无罪、免予刑事处罚的案件；在流程监控等管理活动中发现存在严重程序违规、不当干预、缺少制约程序等问题的案件；案件质量评查智能辅助系统提示可能存在重大问题或者与类案偏离度较大的案件；最高人民检察院、省级人民检察院确定的其他需要重点评查的案件。

对于本院或者下级人民检察院办理的特定类型案件或者案件的特定环节、特定问题，每年至少开展一次专项评查。对于专项评查的案件，对有关情况进行深度分析研究，并形成评查情况专项报告。专项评查应当在每年十月底前完成。

常规抽查、重点评查由案件管理部门组织开展，经检察长批准，也可以由相关办案部门组织开展。专项评查由相关办案部门组织开展，也可以由案件管理部门单独或者会同办案部门组织开展。各办案部门应当负责对本部门、本业务条线案件办理工作的日常监督管理，对案件质量的评查实现日常化、制度化。

开展案件质量评查，着重从证据采信、事实认定、法律适用、办案程序、文书制作和使用、释法说理、办案效果、落实司法责任制等方面进行检查、评定。

开展案件质量评查，依据下列标准，客观、公正、全面地评价办案质量：证据采信与排除符合法律规定，证明标准达到法律要求；认定事实清楚；适用法律正确；办案程序合法、规范；文书使用正确、规范，文书制作基本要素完整，说理充分；开展以案释法及时、有效；办案的法律效果、政治效果、社会效果有机统一；符合检察机关司法责任制关于办案组织、案件分配、办案权限、文书签发、监督管理等方面的相关规定；符合其他相关规定。

对于常规抽查、重点评查和专项评查案件，应当确定评查结果等次。

评查结果等次分为优质案件、合格案件、瑕疵案件和不合格案件。

（3）留痕后的处置方式

"与党风廉政建设接轨，与政绩考核体系挂钩"，所有的办案人员都会按照"办案全面覆盖、打破条块隔阂、遵循司法规律、确保公开公正"的原则，对司法办案活动用数据进行考核评价，促进司法责任制落到实处。

考核内容包括个人基本信息、办案强度、办案质量、办案效率、办案效果、办案安全、其他项等。针对不同角色相应的功能模块数量不一样。其中，个人基本信息模块的主要功能在于确定和标明档案所属人的个人身份及其他相关信息；办案强度会结合办案实际情况，根据本类案件系统可读取的诸如涉案人数、涉及罪名、涉案事实、卷宗页数、是否认罪、讯（询）问次数、取证份数、涉及金额等要素进行考评；办案质量，通过对统一业务系统和案件质量评查系统等的自动检索，查找案件在案件质量评查系统中的办案质量，并进行考评；办案效率，主要功能在于对比办案时长与全省该类型办案的平均办案时间以及读取办案是否存在"超期办案"等情况；办案效果，系统针对每一案件类型录入不同的办案效果考评指标，建立办案效果考核项目库；办案安全，所办理案件发生安全事故的，根据发生后果程度进行考评；其他项，如果检察官存在系统无法自动考核的其他事项，会在系统中手动录入考评情况。

3. 定期自查原则

人无完人，在执法办案工作过程中，可能会出现工作疏漏或办案瑕疵等问题。那么通过智能辅助办案系统对整个办案过程中的网上监控以及数据留痕，可以清晰地看到自身的问题。

（1）定期自查的意义

①提高司法公信力

自2014年司法体制改革试点工作开展以来，贵州检察公信力稳步提升。贵州省人大代表对贵州检察工作的赞成率逐年提高，人民群众对检察工作的满意度大幅度提升，人民群众从司法体制改革中感受到了公平正义。主要体现在办案质量提高、办案效率提高。

原来的案件一般由案件承办人、科长、检察长进行三级审批办案模式，通过完善贵州省检察院司法责任制体系后，现在的案件一般由独任检察官承办，重大、疑难、复杂案件也可以由检察官办案组承办。独任检察官、主办检察官对检察长（分管副检察长）负责，在职权范围内对办案事项作出决定。相较改革以前，员额制检察官的司法责任更加重大，对自己办理的案件要终生负责。因此，对个人办案流程、办案质量定期自查，及时发现问题，改正问题，从而提升司法公信力，让人民群众从司法体制改革中感受到检察工作的公平正义。

②提高司法考核成绩

为响应最高人民检察院"强调健全检察管理与监督机制",现司法办案工作全部在统一业务应用系统上运行,办案信息全部网上录入、办案流程全部网上管理、办案活动全部网上监督,并且全流程留痕,对办案人员司法办案活动用数据进行考核评价。因此,办案人员进行定期自查、复盘、改正问题,规范办案流程,提升办案质量,不仅可以提升个人素质,还可以提高司法考核成绩。

(2) 自查的重点

智能辅助办案系统的到来,大幅提升办案人员工作效率。但在提升工作效率的同时,也要牢牢把握自查重点。目前,对全部案件的评查主要运用信息化平台,依托案件质量评查系统、流程监控系统和统一业务应用系统开展评查,一般情形下不再调取案件归档卷宗。重点评查和专项评查在查阅办案系统内的电子卷宗、办案流程和法律文书的同时,调取案件归档卷宗开展评查。

(3) 自查结果的反馈

在开展重点评查和专项评查时,均要求承办检察官首先要对本人办理的案件进行自查,然后再由检察管理监督部门组织评查。在评查过程中,贵州省检察机关坚持边查边改,发现被评查案件存在不规范问题时,随时与承办检察官沟通反馈,督促他们及时修改,如果承办检察官对评查等级有异议,可以按照程序提出异议,最后所有评查等级的认定都经过检察委员会进行审议。如确定存在问题,办案人员通过回顾、反思、探究、改正四个过程,清楚问题产生的原因,进行改正,并避免同样的错误不要再犯。

(二) 智能辅助办案系统的职责划分

主要含办案主体确信原则和技术解释义务两部分
1、办案人的主体确信原则
(1) 业务场景确定

①构建"犯罪构成知识图谱",建立各罪名案件数学模型,将检察官案件办理流程数据和案件实体数据全部采集进行可视化分析,按照"是否认罪""是否重大疑难复杂案件"等相关分类标准,设计快速和普通审查两种模式进行繁简分流;

②通过对案件进行数据解构,自动识别和关联案件要素、证据材料以及相关法条,对关键性证据进行程序管控;通过将各类证据程序性审查要求表单化,形成证据审查指引和审查重点,从中筛选出计算机能够根据业务规则

进行自动检查的，交由系统进行自动检查，检查结果提供给承办人参考；

③在出庭支持中，将案件审查过程中形成的全案数据，包括事实、罪名、证据摘要、证据分析、嫌疑人、认定要素等，按犯罪事实、犯罪嫌疑人等不同维度提供给公诉人，便于公诉人出庭时全面把握案件全貌，并建立法律法规库、案例库、出庭知识库（如答辩技巧、鉴定知识等），提供答辩提纲和多媒体出庭示证支持。同时，还为检察官在办案过程中提供法律文书辅助生成、类案推送等司法办案辅助智能化服务，提高检察官办案效率。

④通过对案件全程数字画像，全面、真实、客观对案件进行数字化分析研判；通过要素偏离度和量刑偏离度分析，对不同诉讼环节犯罪事实认定情况，量刑的刑种分布、刑期平均值等进行比对和综合分析，将大量案件的偏离数据和质量评查数据进行关联分析，总结提炼出容易导致案件要素偏离和量刑偏离的原因和证据材料，形成业务规则嵌入案件审查中作为审查指引流程控制节点，实现数据挖掘二次利用，帮助检察官作出决定，充分发挥大数据对检察官司法办案的参谋作用。

（2）输入输出明确

所有检察官案件办理流程数据和案件实体数据都是按照规范化、标准化的数据采集要求进行输入的，确保数据的根源没有被污染。通过对案件进行数据解构，自动识别和关联案件要素、证据材料以及相关法条等不同场景数据的输出，确保输出内容有参考价值。

（3）业务逻辑再现

检察大数据建设是实现司法公正的需要。习近平总书记深刻指出："努力让人民群众在每一个司法案件中都感受到公平正义"。司法公正是法治中国建设的基本要求。在司法实践中，由于司法人员对刑事政策和法律规定的理解存在区别，有时会出现类似案件办理结果差异较大的情况。检察大数据利用大量历史案件素材，给办案人员提供类案参考，实现同案同办、同案同诉。

例如在量刑建议过程中，智能量刑辅助系统可以根据案件情节、要素进行智能辅助量刑，同时体现案件所在地区的区域独特性。在量刑阶段过程中，根据大数据规律挖掘出相似案件的量刑规律，并可根据点击"下拉菜单"展示相似案例，给出量刑统计分析结果。

提供量刑情节、构成要件要素选择界面，从客观行为、法定从重情节、法定从轻、减轻或者免除情节，酌定从重情节，酌定从轻情节等选项类型中，确认分析当前案情，根据所选条件进行案件分析。

(4) 办案人员确认

伴随着科技发展，人工智能遍布各个行业。司法机关也不例外，贵州省检察院已经进入智慧检务时代。但智能辅助办案系统研发的目的，是通过改革让检察工作深度融合大数据技术，向理念、科技、规范要生产力，缓解公诉工作案多人少、队伍年轻化、流动性较大等现实问题。随着辅助办案系统智能化水平越来越高，办案人将摆脱查看大量卷宗的低效劳动，只需依赖系统分析后的审查结果，这将大大提高办案人员的审查效率，但也可能让办案人对案情和证据的审查力度降低。在辅助办案系统根据证据模型整理的证据面前，办案人员是按照系统的提示查看证据就够了，还是审查全案卷宗，是需要权衡的问题。无论辅助系统的准确率有多高，还是应当坚持其辅助定位，办案人员应当审查全案证据。一方面，证据模型是固定的，但个案具有复杂、多样性，证据模型很难囊括个案可能出现的各种证据冲突，防止由于审查疏忽而发生错案。另一方面，办案毕竟不同于机械的流水线作业，如果依赖辅助系统办案而不去思考，就会造成办案手段单一、办案能力持续下滑的局面。

因此，在使用智能辅助办案系统的过程中，办案人应该时刻秉持着对案件负责任的态度，审查全案卷宗和证据，在办案人自主确认的情况下，对智能辅助办案系统的结果进行认定和使用。

2. 技术解释义务

(1) 技术原理的公开

现如今，越来越多的新技术、新思路如雨后春笋般生长。智能辅助办案系统在规划过程中，除了积极使用新技术、顺应新思路之外保证应用系统的稳定可靠，确保使用者的信任程度也是很重要的。

如何让应用系统使用者对应用系统的准确程度、客观程度进行认可？经过反复思考和讨论，我们决定对应用系统业务相关的算法和数据进行检察机关内部公开化解释和推广。

近年来，以国内各大互联网厂商为代表的"算法分发"模式席卷全球IT行业。但各界对算法的非议也慢慢浮现，有的认为它"计算不准"，有的认为它"恶意推荐"，甚至还出现了"算法技术应退出时代舞台"的论调。与此同时，各大互联网厂商也首次面向行业公开了算法原理，引发社会关注。

算法作为一个新生事物，公众对它有担心，媒体对它有质疑，是正常的。所有科技上的新生事物——包括我们今天使用的电脑、智能手机，都曾经历过这样的成长阶段。

事实上,很多人在吐槽算法技术不好的时候,对算法技术的理解是十分模糊的:有的人把算法当魔法,认为它控制、引导人性,无所不能;有的人把算法当算数,认为什么东西阅读量高它就推荐什么东西,没有技术含量。在此情景下,软件应用开发者们断不应该虚与委蛇甚至用对立、赌气的态度来面对这些质疑。相反,软件应用开发者们应该老老实实地正视不足,更透明、公开地回答社会和媒体质疑。

对有关软件应用开发者们来说,这样的算法公开本应更早、更主动。以算法推荐为主要技术工具的科技企业们有责任向社会公布,算法技术如何影响人们的行为,同时如何被人影响。这是计算问题,也是机制问题。让这个机制是透明、科学、为社会所认可的,而非神秘、模糊、众说纷纭的,那么全社会就更容易找到算法技术的真正痛点,然后解决它,避免社会对算法"因噎废食"。

(2)技术参数的可调整

贵州省各级检察机关由于其地理位置的特殊性以及行政管理范畴的不一致,对智能辅助工具系统的具体要求也是不尽相同。为保证智能辅助办案系统可以满足各地需要,我们在规划阶段就考虑将系统技术参数设置为可调整、可配置的。来满足各地不同环境下导致的业务需求不一致的问题。

在混沌系统应用中,为了设计一个满意的控制系统,不论是通常的反馈控制系统,还是最优控制系统,必须事先掌握描述系统运动规律的数学模型及其随环境等变动的情况,否则,用一般的反馈控制方法或最优控制方法是难以设计出满意的控制系统。然而,某些被控对象的数学模型及其环境情况难以明确描述,某些被控对象的特性和环境在系统运行中会发生不可预测的变动,而这是设计者所不能完全掌握的。这些情况的存在,很自然地促使人们产生两种想法:一种是人们根据所有参数都事先设计好,这种方法的代表就是PID调节器;另一种想法就是设计出这样一种调节器或控制器,它不需要人们在现场不断调节,不需要事先详知被控对象的特性,而能在系统运行中自己辨识对象,自行调节控制器本身的结构和参数来满足系统性能的要求,这就是自适应控制思想。利用自适应控制能够解决一些常规的反馈控制所不能解决的复杂控制问题,能大幅度地提供系统的稳定精度和跟踪精度。

在检察信息化探究的路上,我们也考虑使用这样的方式来实现自动化控制技术参数的形成,在省级检察院采用一套技术参数指标,在地市级检察院使用一套技术参数指标,在区县院也使用一套技术参数指标。通过这样的部署、实现技术参数指标的可配置性，在通用化技术参数指标的基础之上进行个性化的定制开发，从而实现人员、技术、业务、组件、案例等方面的长期积累、通过专注和复用来推动信息化系统的不断改进。

（3）技术路线的可修正

信息技术和现代管理学知识的飞速发展和迅速普及，使得政府、企业对于 IT 应用的需求越来越强烈和苛刻，但是不容忽视的事实却是"软件项目的规模和复杂程度在不断增加"。对政府、企业中的软件项目管理人员来说，把项目管理的理论和方法落实到工作实践中去，是提高软件开发质量的重要手段。

软件质量的高低，由符合软件质量要素要求的程度来决定。软件的质量要素包括功能性、可靠性、易用性、效率、可维护性、可移植性等 6 个方面。软件开发过程中从需求、设计、编码、测试到上线验收的任何一个环节，都将对软件质量要素产生重要影响，因此为了开发出符合高质量的软件产品，必须加强对软件开发全过程的项目管理。

软件项目管理是按需求确定范围、按目标制定项目计划、按计划执行管理的过程。对软件开发各阶段加强项目管理的根本目的在于增强对软件开发的控制能力，提升软件开发的质量。软件项目的建设按软件工程的生命周期法可分为项目立项、启动、需求分析、系统设计、系统开发、系统测试、系统上线、项目验收和上线后评估等 9 个阶段进行。

加强软件项目管理，就是以软件工程的各个环节为管理主线，将报考项目管理贯穿其中，通过对软件开发的项目范围、项目进度、项目质量、项目沟通、人力资源、项目成本六大核心要素的集成管理，实现软件开发管理效能优化，从而大大提高软件开发质量。

除以上内容外，在实际软件开发过程中我们还需要主动成长、多多思考，随时准备好顺应时代的发展与技术的变革，即时修正技术路线，从而更好地实现检察信息化。

（三）智能辅助办案系统的救济措施

自查、业务专查、定期复查三种模式及处理方式

1. 自查自纠模式

（1）办案人自查

案件在办理过程或结束后，都可能会存在案件质量问题，例如，在量刑期间证据考虑不充分、在证据审查期间证据存在瑕疵、事实认定不准确等方

面。因此需要办案人对自身承办的案件进行自查。

《检察官法》规定：检察机关工作人员办案期间应该积极进行自查自纠方面的工作，从而确保即时发现问题、整改问题，并针对特定问题防患于未然。

检察官开展案件自查工作，一方面能够让检察官发现办案中存在的瑕疵、错误等问题，及时知晓并进行纠正，减少错案发生；另一方面根据自查发现问题提出具有针对性的整改意见，帮助检察官更好地解决问题，及时吸取教训，从而不断提高执法水平，促进办案质量提高。办案人应始终秉持"案件质量是办理案件的第一生命线"的理念，通过开展案件质量自评自查工作，严格围绕办案的各项规范和要求，力求做到精准发现问题、积极指出问题、及时整改问题，促使案件质量大幅度提升。让人民群众在每一个案件中感受到司法的公平正义。

（2）技术辅助自查

在智能辅助办案系统发展与探索过程中，我们开发出了一种专门的智能辅助办案系统—"量刑辅助系统"来帮助办案人在定罪量刑方面做出合理有效的决策。"量刑辅助系统"一方面可以帮助办案人对当前案件进行分析、给出合理的量刑建议，也可以在办案人办理案件自查过程中给出参考，帮助办案人在自查过程中判断自己给出的刑罚建议是否合理。

在量刑辅助系统研发的初期，我们确立了自身的原则："罪与刑相适应"。以保证重罪重判、轻罪轻判，罚当其罪，罪刑相称。量刑辅助系统分为两部分："大数据量刑"以及"规范化量刑"其中，"大数据量刑"通过实体识别引擎来处理百万计的案件信息，从而实现类案推送功能并实现量刑建议的给出。"标准化量刑"则是通过量刑标准的研究，对当前案件卷宗信息进行规范化拆分，将其中的有效信息进行识别，从而实现量刑建议书的生成。

在实际办案过程中，办案人通过对案件的审查，得到人工量刑结果，随后可参考量刑辅助系统给出的量刑建议以及相似案件。若两者量刑结果有差异，办案人应该展开自查程序，查看系统内办案数据，结合案件具体情况，判断是否量刑存在问题。

（3）人工自查与机器辅助的关系

人工自查可以确保办案人的自由裁量权，保证司法的公平独立性。量刑辅助系统可以有效地进行大数据分析，从而帮助检察官实现量刑有规范、有依据。但办案人员办案过程中可能会存在难以避免的瑕疵或疏漏，量刑辅助系统也并不总是"全知全能、面面俱到"。所以，将人工自查与机器辅助相结合才是确保办案人员办案质量的最有力保障。

对于计算机量刑，张军检察长认为：计算机量刑虽然无形中提高了司法机关的权威，但实际上是用计算机的冷漠替代了司法工作者的居间不偏和公允，仅仅将自由裁量权当做了司法工作者的一种权力而不是责任。

量刑辅助系统也不是全知全能的，我国的刑法第 69 条中的"酌情"对于并罚执行刑的裁量具有重要意义。可"酌"之"情"包括两个方面：并罚数罪整体的社会危害性程度和数罪行为人的人身危险性大小，其中前者是并罚执行刑裁量的主要根据。通过依据一定的因素进行综合评判，如果并罚数罪整体的社会危害性和数罪行为人的人身危险性越大，并罚执行刑就应离总和刑期越近；反之，就应离总和刑期越远。这就造成检察官在对法官判案进行监督或给出量刑建议的时候，依据的标准不只是刑法中的刑罚年限，要将"法"与"理"充分结合，给出适当的量刑建议。这就是量刑辅助系统作为一个人工智能所欠缺的地方，它可以提供给办案人海量的真实案件信息，但是没办法为办案人做出相应的决策。

在我国刑罚制度存在模糊宽泛、司法实践有时存在量刑失衡的情况下，办案人的自查自纠就对量刑结果的标准度起到重要作用。规范量刑自由裁量权其实是一件好事，量刑标准可求均衡保公正。司法活动是一个能动的过程，人的创造性应当肯定，但人性是有弱点的，如不加以制约，就可能出现偏差。而量刑标准则可以统一量刑，缩小偏差，保证在辖区内刑事案件量刑的均衡，从而能在一定的时空范围内保证司法的公正，这对社会的稳定是有促进作用的。

所以笔者认为，在此环境下，智能辅助办案系统辅助与检察官自查模式的结合就显得尤为重要。办案人办案期间，应结合实际情况，以实际案情为导向，以量刑辅助系统中的过往案例为参考，对自身给出的量刑建议进行自查自纠，判断是否合理。同时，让办案人自查有助于提高办案人工作质量、确保案件完成度。

机器是冷漠的、客观的；而人，是有血有肉、富于情感的，将冰冷的机器和有血有肉的人相结合，才是推动检察工作发展与繁荣的正确方式。

2. 业务专查模式

案件在办理过程中或结束后，还要进行案件专项问题审查以防止可能存在的案件质量问题。案件专查工作是指对人民检察院办理的案件，依照法律和有关规定，对专项办案质量进行检查、评定的业务管理活动。案件专查工作是检察机关强化内部专项监督、提升司法公信力的重要途径。当前随着检察改革不断深入,检察工作在迎来新发展的同时也面临新的挑战,检察机关必须强化内部监督,不断完善案件专查工作机制,实现对办案人办案质量的有效监督,促进其规范司法行为,提高专项质量,回应人民群众对司法公平正义的新期待。

3. 定期复查模式

(1) 复查范围设置

为保障办案人自查以及业务专查在与智能辅助办案系统配合过程中的准确率以及使用效率,采用定期复查的工作模式对过往案件进行复查,以保证自查与专查相结合工作模式的效率并用于提升智能辅助办案系统的系统性能。案件定期复查的范围是固定时间范围内的全量案件,复查采用的方式是抽查全量重点案件以及随机抽查剩余部分案件相结合。

(2) 复查标准设置

对案件复查相应标准也进行了细化,比如:文书中已填写的一审判决生效日期是否准确、上诉过程中,二审裁判情况案卡是否填写完整、抗诉案件中,关联的二审抗诉流程中二审裁判的认定被追诉人是否有罪、系统内部的《羁押必要性建议书》及其审批表是否齐备。

(3) 复查结果运用

案件复查过后,会对评查的所有案件的案件数量、发现的程序问题、实体问题、文字差错、卷面瑕疵等情况进行梳理汇总,并将相应数据反馈回应用系统,从而实现智能辅助办案工具缺陷的处理并进行迭代。

在迭代过程中,我们采用敏捷开发模式,定期复查、定期迭代。积极解决现有问题、进行小幅度提升和迭代。通过缩短迭代周期,在短时间内大幅度提升系统的易用性和准确性。同时也可以减少中间过程无用的资源消耗。

五、智能辅助办案系统在检察环节应用的未来取向

课题组基于对智能辅助办案系统应用效果、作用分析、法律规制的研究,提出智能辅助办案系统在检察环节应用的未来取向。

(一) 应用领域的界限更为清晰

1. 从部分业务领域向全业务领域发展

目前,智能辅助办案系统还处在持续发展阶段,以智能辅助办案系统为

例,截至2018年,系统仅涵盖4个罪名、202个要素、268种证据材料,镶嵌入50大类241项证据审查指引。未来,智能辅助办案系统将含括各个业务领域、各个业务环节。

2. 从侧重于初级场景转向全流程的辅助

当下,智能辅助办案应用主要以知识辅助的方式,为检察办案提供帮助。在探索开发的大数据司法办案辅助系统,通过构建"犯罪构成知识图谱"和各罪名案件数学模型,将检察官案件办理流程数据和案件实体数据采集,进行可视化分析,按照"是否认罪""是否重大疑难复杂案件"等相关分类标准,设计快速和普通审查两种模式进行繁简分流,便是知识辅助应用的典型,系初级场景的应用。目前实体辅助的智能化已开始研发应用,全办案流程覆盖已在各地推广,智能辅助办案系统的辅助效能进一步深化。

(二) 工具和平台的作用更为明显

1. 以工具化做积累

在检察业务流程工具化的过程中,选择以分批上线的形式对办案辅助工具进行研发与上线。将辅助办案工具按功能集成到平台上,加载和使用更加轻便;将工具按照功能划分,减小系统之间的粒度,大幅降低辅助办案工具的系统资源占用率。针对当前需求进行定制开发,将工具进行细分,每个工具可以更好地满足当前的需要。同时针对具体的业务细节进行开发,也能保证工具产生数据的一致性,方便后期对数据进行批量利用与处理。

2. 平台上的工具化衔接

将辅助办案工具按功能集成到平台上,根据功能划分进行分别开发,此时平台就可以视作"一棵大树",具体的辅助办案工具就是各个"枝桠"。大树上的每个"枝桠"按功能进行划分,可以清晰地区分各个需求点的差异。同时,针对单一特定功能点,也可以在"大树"上寻找最好的解决方案。依此思路,将辅助办案工具按功能集成到平台上,每部分的功能相对独立,模块和模块之间一般情况下不进行交互影响。这样,既保证了功能模块的绝对闭环,加强了办案数据的安全性,又方便了各个功能模块的升级迭代过程。

(三) 数据使用效益提升

数据中蕴含着金矿,颇具价值。但是受限于技术复杂度、数据质量、业务探索能力等客观条件,目前的数据使用效益还有待提升。

1. 系统优化方案框架

一是将案件要素重新定义为承办人在案件办理过程中关注的焦点（如作案工具去向等）；二是改变现在由承办人人工勾选确认案件要素的方式，不再要求承办人在办案过程中勾选确认（保留该功能，由承办人自行选用），调整为直接对电子卷宗做批注（在卷宗上拉框，系统自动对框内内容进行识别后，供承办人使用，承办人可编辑），批注按类别进行色标，系统自动收集识别归类批注，同一内容的批注可关联在一起比对和显示；三是对证据的辅助审查（如程序性审查）系统后台运行，设定比对规则和阀值（部分比对工作交由面向业务的应用支撑平台去完成，如签名图片比对），达到条件的推送给办案人员参考；四是各项功能全部工具化，支持从前序环节带入数据，也支持工具模块单独使用，使用时再录入数据；五是不再只是两种审查模式，改为阅卷笔录，提供多种繁简不同程度的记录方式，如繁案中可以只关联到犯罪事实，也可继续关联到人，还可继续关联到关注焦点（即现在的要素），支持一对多关联。

2. 数据沉淀价值

数据在系统使用中不断沉淀、积累下来，如何合理的利用这部分数据，寻找其中蕴含的信息，发挥其价值，是需要进一步解决的问题。具体包括：优化模型参数，用真实的办案数据对数据模型进行调教，使其在应用模拟过程中变得更加准确、具体；构建新的模型，积极发现新的问题，把新的问题归纳总结，构建出新的模型供检察官进行参考；规划新的智能工具，积极听取检察官的意见与建议，深入分析具体需求从而规划出新的智能工具，并将其应用到办案工作。

3. 数据使用的跟踪问题

在智能辅助工具的实际使用过程中，给每一个用户打上某一类特定的标签，并按照标签对这一类用户产生的数据进行分类处理，按照不同的分类进行分析与统计，依此统计结果，规划出相应的案件模型或是特定类别的用户画像。当用户完成一次辅助办案流程，可以对辅助办案结果及辅助办案系统输出的结论进行评价，收集评价并依据这些评价对辅助工具输出的成果进行调整与适应。在案件处理完成后，案件承办人将现实中案件的真实办理结果输入进系统中，系统会将案件结果和系统给出的建议进行比对和分析，提升系统输出结果的准确率。

后记：对智能办案辅助系统质效的分析

　　智能办案辅助系统的价值，体现在三个方面：一是提升办案效率，典型的应用如按卡回填、文书组装、自动编目等；二是提高办案规范性，此项功能需要同统一业务软件结合应用予以实现；三是服务于办案质量，典型如文书纠错、量刑计算等功能。实现上述三个价值，需要三方面能力：一是通用的 AI 能力；二是行业的 AI 能力（根据司法特征，在通用 AI 基础上加上自己的特征）；三是面向用户的辅助办案工作和系统。此三方面能力，决定能否建设一套有用的智能办案辅助系统。同时，在系统构建过程中，需要数据基础和业务基础予以支撑。数据基础，简言之即侦查、检察、审判等环节的数据，就检察机关的智能办案辅助系统而言，目前严重缺乏审判机关的数据，因此数据基础仍是最为薄弱的一个环节，少了审判数据，系统依据的仅是一个过程数据而不是一个最终数据。业务基础，就行业 AI 能力而言，讲究各种模型、算法，一般是先有数据模型，然后是业务模型，最后才是算法，业务模型需要算法去实现，很可能出现模型有了，但算法跟不上的情况。由于通用 AI 能力对基础数据有依赖，行业 AI 能力对业务有依赖，而各地的基础数据和业务能力是存在差异的。所以，类似于浙江的虚假诉讼和巡回检察、广州的技术案件自动轮案、江苏的羁押必要性审查等智能办案辅助系统，都是基于基础数据和业务能力的优势而建成的。因此，智能办案辅助系统，全国可以统一业务规则、流程、使用和交付，但因基础数据各地存在差异，不适合构建一套辅助办案系统支配全国，各地应结合自身实际探索创新。